現代税制の現状と課題

租税手続編

著　品川　芳宣（筑波大学名誉教授）

新日本法規

は　し　が　き

　新日本法規出版株式会社は、創立70周年を記念し、『現代税制の現状と課題』を出版することとなったが、本書は、その記念出版の一環としての「租税手続編」である。租税手続とは、租税の確定及び徴収の手続をいい、租税手続に関する法を租税手続法という。この租税手続法については、本来、国税及び地方税共に関わるものであり、双方に共通する部分もあれば、それぞれ独自の定めを設けている場合もある。しかし、それらの基本となっているものは、国税に関する手続法であり、かつ、実務上の問題も国税に関するものが大部分である。そこで、本書では、国税に関する手続法に限定して、手続規定の概要とその解釈論を論じる中で、課題となる点を指摘することとする。

　ところで、筆者は、平成14年の税理士法改正によって税理士の補佐人制度が導入されたことに対応し、筑波大学、慶應義塾大学及び早稲田大学の補佐人講座において、「租税手続・争訟法」という科目で、国税手続の基本規定を定めている国税通則法とその特則を定めている各個別税法の手続規定との関係について延べ14年間にわたって講義してきた。その講義（講義内容については、品川芳宣『国税通則法講義』（日本租税研究協会、平成27年）参照。）においては、受講される税理士の方が、国税通則法のような手続法をあまり理解されていないことを認識させられてきた。その理由の一つは、国税通則法のような重要な税法が税理士試験科目に入っていないことにあると考えられる。他方、国税庁においても、筆者の勤務経験に照らし、縦割り行政の弊害が指摘されるように、横断的な手続規定を定めている国税通則法についての教育が十分に行われているようにも思われない。

　しかしながら、国税通則法のような手続法を理解することは、租税法全体の体系的理解に必須であるばかりではなく、租税実務における

手続上のトラブルを解釈し、あるいはそのようなトラブルを未然に回避するために不可欠である。そのことは、平成23年の国税通則法の改正によって税務調査手続が大幅に改正されたこともあって、一層重視されている。もっとも、筆者は、長年税務調査手続のあり方を研究してきたが故に、当該国税通則法の改正に当たっては、それらを批判的に論じてきた（拙著「納税環境整備（税務調査手続・理由附記の法制化）の問題点」税経通信平成23年3月号17頁、同「国税通則法の改正案の問題点とあるべき方向（上）（下）」税務事例平成23年11月号11頁、同平成23年12月号9頁、同「「国税通則法」を改称するな！」税理士新聞平成23年7月15日号4頁等参照。）。

　以上のように、租税手続全体が重要視される中、長年、租税法等の実務法令の研究、解釈等に多大な貢献をしてきた新日本法規出版株式会社が、創立70周年の記念出版に当たって、「租税手続編」を加えたことは、前述のような実務上の要請に応えるためのものと敬意を表している。そして、筆者としても、そのことに賛同し、本書の執筆を引き受けることとした。

　そこで、本書では、筆者の国税庁時代の実務経験や前記各大学での補佐人講座での講義経験を生かし、学説、判例等も踏まえ、国税通則法の法理と各税法上の手続規定との関係を明らかにし、租税手続実務において問題となる事項（課題）を指摘し、その解決方法を検討（示唆）することとする。この場合、国税通則法には、全体を通しての「基本通達」が存在していないため、できる限り関連する「個別通達」を参照しつつ、かつ、国税当局におけるいわゆる有権解釈が定かでないところ等については、できる限り関係裁判例等を引用することによって論述することとする。

　また、本書のテーマである「租税手続」についての「課題」については、それらを一括して論じることなく、各章における現状説明にお

いて随時解釈・立法上の問題点を指摘し、何が「課題」であるかを明らかにするようにする。

　なお、租税手続については、民法の規定を準用等するところがあるところ、関連する民法の改正が平成29年5月26日に可決成立（翌6月2日に改正法が公布）しているが、同改正法は、公布後3年以内で政令で定める日に施行することになっているので、本書では改正前の条文を引用することとしている。また、国税通則法の平成29年改正は、その大部分が平成30年4月1日に施行されるのであるが、原則として、当該改正法に基づいて記述、解説している。

　最後に、本書の発行に当たって、本書の企画、編集等に御尽力された新日本法規出版株式会社の諸氏には、深甚なる謝意を表し御礼申し上げたい。

　平成29年12月

　　　　　　　　　　　　　　　品　川　芳　宣

著　者　略　歴

品川　芳宣（しながわ　よしのぶ）
　筑波大学名誉教授
　　　昭和49年　三次税務署長
　　　昭和63年　国税庁直税部資産評価企画官
　　　平成 4 年　国税庁徴収部管理課長
　　　平成 7 年　高松国税局長
　　　平成 7 年　筑波大学大学院ビジネス科学研究科教授
　　　平成17年　早稲田大学大学院会計研究科教授
　　　現在　　　筑波大学名誉教授、税務大学校客員教授、日本税理士会
　　　　　　　　税制審議会会長代理、日本医師会医業税制検討委員会委
　　　　　　　　員長、日本商工会議所税制委員会特別委員、中小企業庁
　　　　　　　　事業承継を中心とする事業活性化に関する検討会座長、
　　　　　　　　野村資産承継研究所理事長、弁護士、税理士

【主要著書】
　　『国税通則法の理論と実務』（単著、ぎょうせい、平成29年）
　　『国税通則法講義』（単著、日本租税研究協会、平成27年）
　　『重要租税判決の実務研究〔第三版〕』（単著、大蔵財務協会、平
　　　成26年）
　　『附帯税の事例研究〔第四版〕』（単著、財経詳報社、平成24年）
　　　日税研究奨励賞受賞
　　『現代税務全集37　法人税の判例』（単著、ぎょうせい、平成6年）
　　　租税資料館賞受賞
　　『課税所得と企業利益』（単著、税務研究会出版局、昭和57年）
　　　日税研究賞受賞

略　語　表

＜法令・通達の表記＞

　根拠となる法令・通達の略記例及び略語は、次のとおりである。

　国税通則法第15条第2項第1号＝通則法15②一

通則法	国税通則法	措法	租税特別措置法
通則令	国税通則法施行令	徴収法	国税徴収法
通則規	国税通則法施行規則	徴収令	国税徴収法施行令
行審法	行政不服審査法	法法	法人税法
行訴法	行政事件訴訟法	法令	法人税法施行令
刑訴法	刑事訴訟法	民訴法	民事訴訟法
国犯法	国税犯則取締法	所基通	所得税基本通達
酒法	酒税法	措通	租税特別措置法関係通達
酒令	酒税法施行令	徴基通	国税徴収法基本通達
消法	消費税法	通基通	国税通則法基本通達（徴収部関係）
所法	所得税法		
所令	所得税法施行令	評基通	財産評価基本通達
相法	相続税法	法基通	法人税基本通達
相令	相続税法施行令		

＜判例の表記＞

　根拠となる判例の略記例及び出典の略称は、次のとおりである。

　最高裁判所昭和55年7月1日第三小法廷判決、最高裁判所民事判例集
　34巻4号535頁＝最判（三小）昭55・7・1（民集34・4・535）

民集	最高裁判所民事判例集	訟月	訟務月報
刑集	最高裁判所刑事判例集	判時	判例時報
裁集民	最高裁判所判例集民事	判タ	判例タイムズ
高民	高等裁判所民事判例集	税資	税務訴訟資料
行月	行政裁判月報	裁事	裁決事例集
行集	行政事件裁判例集		

参考文献一覧

- 安部和彦「事前通知に係る平成26年度改正」税理平成26年6月号
- 臼井滋夫『国税犯則取締法』（信山社、平成2年）
- 大蔵財務協会『改正税法のすべて〔平成26年版〕』（大蔵財務協会、平成26年）
- 大蔵財務協会『改正税法のすべて〔平成29年版〕』（大蔵財務協会、平成29年）
- 金子宏『租税法〔第21版〕』（弘文堂、平成28年）
- 金子宏『租税法〔第22版〕』（弘文堂、平成29年）
- 金子宏『別冊ジュリストNo.79（租税判例百選〔第二版〕）』（有斐閣、昭和53年）
- 金子宏ほか『別冊ジュリストNo.120（租税判例百選〔第三版〕）』（有斐閣、平成4年）
- 国税庁「平成3年　改正税法のすべて」
- 国税庁「平成15年　改正税法のすべて」
- 品川芳宣『租税法律主義と税務通達』（ぎょうせい、平成15年）
- 品川芳宣『附帯税の事例研究〔第四版〕』（財経詳報社、平成24年）
- 品川芳宣『重要租税判決の実務研究〔第三版〕』（大蔵財務協会、平成26年）
- 品川芳宣『国税通則法講義』（日本租税研究協会、平成27年）
- 品川芳宣『資産・事業承継対策の現状と課題』（大蔵財務協会、平成28年）
- 品川芳宣『国税通則法の理論と実務』（ぎょうせい、平成29年）
- 品川芳宣「長男が代行した修正申告の効力」TKC税研情報平成13年10月号
- 品川芳宣「最新判例研究」T&Amaster平成15年10月27日号、平成16年8月9日号、平成17年8月1日号、平成21年7月20日号、平成21年11月16日号、平成22年9月13日号、平成23年1月17日号、平成26年8月11日号、平成27年2月9日号、平成28年6月6日号、平成29年6月12日号
- 品川芳宣「資産の無償等譲渡をめぐる課税と徴収の交錯(4)」税理平成16年4月号
- 品川芳宣「資産の無償等譲渡をめぐる課税と徴収の交錯(5)」税理平成16年5月号

- 品川芳宣「租税回避行為に対する包括的否認規定の必要性とその実効性」税務事例平成21年9月号
- 品川芳宣「租税法における第二次納税義務の意義とその態様」税理平成21年9月号
- 品川芳宣「納税環境整備（税務調査手続・理由附記の法制化）の問題点」税経通信平成23年3月号
- 品川芳宣「「国税通則法」を改称するな！」税理士新聞平成23年7月15日号
- 品川芳宣「国税通則法の改正案の問題点とあるべき方向（上）」税務事例平成23年11月号
- 品川芳宣「国税通則法の改正案の問題点とあるべき方向（下）」税務事例平成23年12月号
- 品川芳宣「国税通則法改正後の更正の請求をめぐる諸問題」税理平成25年3月号
- 品川芳宣「国税通則法改正後の税務調査手続等の問題点」税経通信平成25年4月号
- 品川芳宣「国税通則法の実務解説－国税手続等の法理と実務上の問題点を解明－（第4回）」租税研究平成26年1月号
- 品川芳宣「国税通則法の実務解説－国税手続等の法理と実務上の問題点を解明－（第6回）」租税研究平成26年4月号
- 品川芳宣「税法における信義則の適用について－その法的根拠と適用要件－」税務大学校論叢8号
- 品川芳宣＝緑川正博『相続税財産評価の理論と実践』（ぎょうせい、平成17年）
- 志場喜徳郎ほか『国税通則法精解〔平成8年改訂〕』（大蔵財務協会、平成8年）
- 志場喜徳郎ほか『国税通則法精解〔平成16年改訂〕』（大蔵財務協会、平成16年）
- 志場喜徳郎ほか『国税通則法精解〔平成25年改訂〕』（大蔵財務協会、平成25年）
- 司法研修所「推計課税の合理性について」（司法研究報告書第30輯第1号、法曹会、昭和56年）

- 税制調査会「国税通則法の制定に関する答申（税制調査会第二次答申）及びその説明」（昭和36年7月）
- 税務大学校「国税通則法（平成26年度版）」
- 武田昌輔『DHCコンメンタール国税通則法』（第一法規、昭和57年）
- 武田昌輔『DHCコンメンタール相続税法』（第一法規、昭和56年）
- 武田昌輔『DHCコンメンタール法人税法』（第一法規、昭和54年）
- 中里実「大島訴訟」月刊税務事例創刊400号記念出版『戦後重要租税判例の再検証』（財経詳報社、平成15年）
- 平田敬一郎ほか『昭和税制の回顧と展望（上巻）』（大蔵財務協会、昭和54年）
- 水野忠恒ほか『別冊ジュリストNo.207（租税判例百選〔第五版〕）』（有斐閣、平成23年）
- 森文人『法人税基本通達逐条解説〔六訂版〕』（税務研究会出版局、平成23年）
- 山田二郎＝大塚一郎『租税法判例実務解説』（信山社、平成23年）
- 我妻栄『新版新法律学辞典』（有斐閣、昭和48年）

目　　次

第1章　総　則　　　　　　　　　　　　　　　　　ページ

第1節　租税手続の基本法と個別税法等との関係………………… 3
　1　国税に係る税法の体系……………………………………… 3
　　(1)　共通税法と個別税法………………………………… 3
　　(2)　実体法と手続法……………………………………… 4
　2　国税通則法と個別税法との関係………………………… 4
　3　国税通則法と一般行政法等との関係…………………… 6

第2節　国税通則法の目的………………………………………… 7
　1　国税通則法の目的………………………………………… 7
　2　行政手続法の目的とその対応…………………………… 7

第3節　国税通則法上の用語の定義……………………………… 8
　1　第2条による定義………………………………………… 8
　2　第2条以外による定義…………………………………… 9

第4節　国税の納付義務の承継…………………………………… 10
　1　相続における承継………………………………………… 10
　　(1)　民法との関係………………………………………… 10
　　(2)　承継の内容…………………………………………… 10
　　(3)　納付義務承継の事例………………………………… 11
　2　その他の承継……………………………………………… 12
　　(1)　合　併………………………………………………… 12
　　(2)　人格のない社団等の法人成り等………………… 13
　　(3)　信託法改正に伴う承継…………………………… 13

第5節　国税の連帯納付義務……………………………………… 14
　1　民法の準用………………………………………………… 14
　　(1)　準用規定……………………………………………… 14
　　(2)　民法上の連帯債務…………………………………… 14
　2　相続税・贈与税の連帯納付義務………………………… 15
　　(1)　平成23年改正前の相続税法34条………………… 15
　　(2)　連帯納付義務の事例………………………………… 15

2　　　　　　　　　　　　　目　　次

　　（3）　平成23年改正後の相続税法34条………………………16
　3　その他の連帯納付義務…………………………………………17
　　（1）　共有物等に係る国税の連帯納付義務………………………17
　　（2）　法人の分割に係る連帯納付の責任………………………17

第2章　納税義務の成立・税額の確定

第1節　租税法律関係…………………………………………………21
　1　租税法律主義と納税義務……………………………………21
　2　租税法律関係の性質論………………………………………21
　　（1）　権力関係説……………………………………………………21
　　（2）　債務関係説……………………………………………………22
　3　小括（租税法律関係の特徴）………………………………22
第2節　納税義務の成立………………………………………………23
　1　納税義務の成立と税額確定の関係…………………………23
　2　税目別納税義務の成立………………………………………23
　3　納税義務の成立の法的効果…………………………………25
第3節　税額の確定方式………………………………………………27
　1　税額の確定手続………………………………………………27
　2　自動確定方式…………………………………………………27
　　（1）　法律上の意義…………………………………………………27
　　（2）　主要税目の問題点……………………………………………28
　3　申告納税方式…………………………………………………29
　　（1）　申告納税制度の沿革…………………………………………29
　　（2）　法律上の意義…………………………………………………30
　　（3）　対象となる主要税目…………………………………………31
　4　賦課課税方式…………………………………………………31
　　（1）　法律上の意義…………………………………………………31
　　（2）　対象となる主要税目…………………………………………32
第4節　期間及び期限…………………………………………………32
　1　税額確定手続等との関係……………………………………32
　　（1）　納税者の手続…………………………………………………32
　　（2）　課税庁の手続…………………………………………………33

2　期間の計算‥‥‥‥‥‥‥‥‥‥‥‥‥‥‥‥‥‥‥‥‥‥‥‥34
　　　(1)　期間の意義‥‥‥‥‥‥‥‥‥‥‥‥‥‥‥‥‥‥‥‥‥34
　　　(2)　期間の初日‥‥‥‥‥‥‥‥‥‥‥‥‥‥‥‥‥‥‥‥‥34
　　　(3)　暦による計算‥‥‥‥‥‥‥‥‥‥‥‥‥‥‥‥‥‥‥‥35
　　　(4)　遡及期間の計算‥‥‥‥‥‥‥‥‥‥‥‥‥‥‥‥‥‥35
　　3　期限の特例‥‥‥‥‥‥‥‥‥‥‥‥‥‥‥‥‥‥‥‥‥‥‥35
　　　(1)　期限の意義‥‥‥‥‥‥‥‥‥‥‥‥‥‥‥‥‥‥‥‥‥35
　　　(2)　日祭日等の特例‥‥‥‥‥‥‥‥‥‥‥‥‥‥‥‥‥‥35
　　4　災害等による期限の延長‥‥‥‥‥‥‥‥‥‥‥‥‥‥‥‥36
　　　(1)　制度の趣旨‥‥‥‥‥‥‥‥‥‥‥‥‥‥‥‥‥‥‥‥‥36
　　　(2)　延長の方法‥‥‥‥‥‥‥‥‥‥‥‥‥‥‥‥‥‥‥‥‥37
　　　(3)　延長の効果等‥‥‥‥‥‥‥‥‥‥‥‥‥‥‥‥‥‥‥37
第5節　送　達‥‥‥‥‥‥‥‥‥‥‥‥‥‥‥‥‥‥‥‥‥‥‥‥‥38
　　1　税額確定手続等との関係‥‥‥‥‥‥‥‥‥‥‥‥‥‥‥‥38
　　2　書類の送達‥‥‥‥‥‥‥‥‥‥‥‥‥‥‥‥‥‥‥‥‥‥‥39
　　　(1)　郵便又は信書類による送達‥‥‥‥‥‥‥‥‥‥‥‥39
　　　(2)　交付送達‥‥‥‥‥‥‥‥‥‥‥‥‥‥‥‥‥‥‥‥‥‥40
　　3　相続人に対する送達の特例‥‥‥‥‥‥‥‥‥‥‥‥‥‥‥41
　　　(1)　特例の必要性‥‥‥‥‥‥‥‥‥‥‥‥‥‥‥‥‥‥‥41
　　　(2)　代表者の指定‥‥‥‥‥‥‥‥‥‥‥‥‥‥‥‥‥‥‥41
　　　(3)　被相続人の名義でした処分の効力‥‥‥‥‥‥‥‥‥41
　　4　公示送達‥‥‥‥‥‥‥‥‥‥‥‥‥‥‥‥‥‥‥‥‥‥‥‥42
　　　(1)　要　件‥‥‥‥‥‥‥‥‥‥‥‥‥‥‥‥‥‥‥‥‥‥‥42
　　　(2)　方法と効力公示‥‥‥‥‥‥‥‥‥‥‥‥‥‥‥‥‥‥42

第3章　納税申告

第1節　問題の所在‥‥‥‥‥‥‥‥‥‥‥‥‥‥‥‥‥‥‥‥‥‥45
第2節　納税申告の種類‥‥‥‥‥‥‥‥‥‥‥‥‥‥‥‥‥‥‥‥45
　　1　期限内申告‥‥‥‥‥‥‥‥‥‥‥‥‥‥‥‥‥‥‥‥‥‥‥45
　　2　期限後申告‥‥‥‥‥‥‥‥‥‥‥‥‥‥‥‥‥‥‥‥‥‥‥46
　　3　修正申告‥‥‥‥‥‥‥‥‥‥‥‥‥‥‥‥‥‥‥‥‥‥‥‥47
　　4　還付申告‥‥‥‥‥‥‥‥‥‥‥‥‥‥‥‥‥‥‥‥‥‥‥‥47

第3節　修正申告等の特例……………………………………48

　　1　相続税等の特則………………………………………48

　　2　税務調査後の修正申告等の勧奨…………………49

第4節　修正申告の効力………………………………………51

　　1　学説上の争い…………………………………………51

　　2　立法による解決………………………………………52

第5節　納税申告書の提出手続………………………………52

　　1　納税申告書の提出先の原則………………………52

　　2　相続税の提出先の特例………………………………53

　　3　納税申告書の提出時期………………………………54

　　　（1）　発信主義の適用……………………………………54

　　　（2）　対象となる書類……………………………………55

第6節　納税申告の法的性格…………………………………56

　　1　私人による公法行為…………………………………56

　　2　行政処分性……………………………………………56

　　3　要式性…………………………………………………57

第7節　納税申告の瑕疵と救済………………………………58

　　1　民法上の意思主義……………………………………58

　　2　申告の撤回……………………………………………60

　　　（1）　裁判例の動向………………………………………60

　　　（2）　取扱通達の疑義……………………………………61

　　3　心裡留保………………………………………………62

　　4　錯　　誤………………………………………………62

　　5　詐欺又は強迫…………………………………………63

　　6　代　　理………………………………………………64

第4章　更正の請求

第1節　更正の請求制度の沿革………………………………69

　　1　昭和21年の創設時……………………………………69

　　2　昭和45年改正…………………………………………69

　　　（1）　更正の請求期限の延長……………………………69

　　　（2）　後発的事由に基づく更正の請求の整備…………70

3	平成18年改正 ……………………………………………………	70
（1）	通達否定判決への当初の対応 ………………………………	70
（2）	通達否定判決への対応の変更 ………………………………	72
4	平成23年改正 ……………………………………………………	72
（1）	更正の請求期限の延長等 ……………………………………	72
（2）	更正の請求事由の拡大 ………………………………………	74

第2節　更正の請求制度の趣旨 ………………………………………… 76
　1　不当利得の返還 ……………………………………………………… 76
　2　返還の制限（法律関係の安定とのバランス）…………………… 77
第3節　国税通則法上の更正の請求 …………………………………… 79
　1　通常の更正の請求 …………………………………………………… 79
　（1）　請求の事由 ……………………………………………………… 79
　（2）　納税義務成立後の契約解除（合意）………………………… 79
　（3）　1項と2項との関係 …………………………………………… 81
　2　後発的事由に基づく更正の請求 ………………………………… 82
　（1）　請求の事由 ……………………………………………………… 82
　（2）　請求の事由をめぐる論点 …………………………………… 85
　（3）　請求の手続等 ………………………………………………… 92
第4節　個別税法上の更正の請求 ……………………………………… 95
　1　所得税法 ……………………………………………………………… 95
　（1）　過年分損失計上の原則 ……………………………………… 95
　（2）　事業を廃止した場合 ………………………………………… 96
　（3）　資産の譲渡代金等が回収不能となった場合 ……………… 96
　（4）　更正の請求の特例 …………………………………………… 97
　2　法人税法 ……………………………………………………………… 97
　（1）　前期損益修正 ………………………………………………… 97
　（2）　仮装経理の修正 …………………………………………… 101
　3　相続税法 …………………………………………………………… 103
　（1）　更正の請求ができる事由 ………………………………… 103
　（2）　更正の請求の期限等 ……………………………………… 105

第5章 更正・決定・賦課決定

第1節 更正又は決定……………………………………………109
  1 更 正…………………………………………………………109
  2 決 定…………………………………………………………109
  3 再更正………………………………………………………110
  4 国税局職員等の調査による更正又は決定…………………110
  5 更正又は決定の手続………………………………………111
  6 更正等の効力………………………………………………111
  7 更正又は決定の所轄庁………………………………………112
第2節 賦課決定…………………………………………………113
  1 課税標準等…………………………………………………113
  2 賦課決定の手続……………………………………………114
  3 賦課決定の所轄庁…………………………………………115
第3節 更正又は決定の特例（青色申告に係る更正等）………115
  1 青色申告の意義と趣旨………………………………………115
  2 帳簿調査に基づく更正………………………………………116
  3 更正の理由附記……………………………………………116
    （1） 理由附記の法的効力………………………………………116
    （2） 理由附記の趣旨・程度……………………………………117
  4 青色申告承認の取消理由の附記……………………………121
    （1） 青色申告承認の取消理由…………………………………121
    （2） 取消理由の附記の程度……………………………………122
第4節 更正又は決定の特例（推計課税）………………………123
  1 推計課税規定の法的性格……………………………………123
    （1） 規定の概要…………………………………………………123
    （2） 創設（効力）規定説………………………………………124
    （3） 確認規定説…………………………………………………124
  2 推計の必要性………………………………………………126
  3 推計方法の合理性…………………………………………126
    （1） 合理的となる基礎的要件…………………………………126
    （2） 推計方法……………………………………………………127
  4 推計課税の類似制度………………………………………128

目　次　　7

第5節　更正又は決定の特例（同族会社等の行為計算の否認
　　　等）……………………………………………………………… 130
　1　同族会社等の行為計算の否認規定とその法的性格………… 130
　　(1)　規定の概要……………………………………………………… 130
　　(2)　確認規定説……………………………………………………… 130
　　(3)　創設（効力）規定説…………………………………………… 131
　2　組織再編成等に係る行為計算の否認規定…………………… 132
　3　仮装行為等に対する否認……………………………………… 133
　　(1)　仮装行為否認の論拠………………………………………… 133
　　(2)　仮装行為否認の限界………………………………………… 134
　　(3)　権利濫用による否認………………………………………… 135
　4　包括的否認規定の必要性と実効性…………………………… 135
　　(1)　個別的否認規定の限界……………………………………… 135
　　(2)　国税通則法制定答申の再検討……………………………… 136
第6節　更正又は決定の特例（仮装経理に係る更正）…………… 137
　1　規定の概要……………………………………………………… 137
　2　解釈上の問題点………………………………………………… 138
第7節　「調査」と「処分」との関係…………………………… 139
　1　「処分」の前提としての「調査」…………………………… 139
　2　「調査」の違法性と「処分」との関係……………………… 140
　3　「調査」の意義と程度………………………………………… 140
　　(1)　「調査」の意義……………………………………………… 140
　　(2)　「調査」の程度……………………………………………… 141
　4　犯罪捜査との関係……………………………………………… 143

第6章　税務調査
第1節　質問検査権規定の統合とその解釈……………………… 147
　1　質問検査権規定の統合………………………………………… 147
　2　質問検査権規定の概要………………………………………… 148
　3　「調査」と「行政指導」との区分…………………………… 149
　　(1)　調査通達による「調査」の定義…………………………… 149
　　(2)　調査通達上の行政指導との区分…………………………… 151

(3)　「調査」と「行政指導」の区分の必要性……………152
　4　その他の解釈上の論点……………………………………153
　　(1)　「当該職員」の意義……………………………………153
　　(2)　「納税義務がある者」・「納税義務があると認められ
　　　る者」の意義…………………………………………154
　　(3)　「帳簿書類その他の物件」の範囲……………………155
第2節　提出物件の留置き………………………………………156
　1　留置きの意義……………………………………………156
　2　返還されない場合の不服申立て………………………157
第3節　調査の事前通知…………………………………………158
　1　事前通知の方法と内容…………………………………158
　　(1)　規定の概要……………………………………………158
　　(2)　解釈上の論点…………………………………………160
　2　事前通知内容の変更等…………………………………161
　　(1)　調査の開始日及び場所………………………………161
　　(2)　通知以外の非違事項…………………………………162
　　(3)　反面調査先の事前通知………………………………163
　3　事前通知を要しない場合………………………………164
　　(1)　規定の概要……………………………………………164
　　(2)　解釈（運用）上の論点………………………………165
第4節　調査終了時の手続………………………………………168
　1　規定の意義………………………………………………168
　2　申告是認通知……………………………………………168
　　(1)　規定の概要……………………………………………168
　　(2)　解釈上の論点…………………………………………169
　3　調査結果の説明と修正申告等の勧奨…………………171
　　(1)　規定の意義……………………………………………171
　　(2)　説明の内容……………………………………………172
　　(3)　修正申告等の勧奨……………………………………174
　　(4)　説明の相手方…………………………………………176
　4　調査の再開………………………………………………178

|　(1)　調査再開規定の意義……………………………………178
|　(2)　調査再開ができる場合………………………………179
|　(3)　「新たに得られた情報」の内容等…………………179
第5節　その他の調査手続…………………………………………181
　1　関係団体に対する諮問及び官公署等への協力要請…………181
　2　身分証明書の携帯等…………………………………………182
第6節　行政手続法との関係………………………………………182
　1　国税通則法と行政手続法との異同……………………………182
　2　行政手続法の適用除外………………………………………183
　(1)　行政手続法による適用除外…………………………183
　(2)　国税通則法による適用除外…………………………184
　3　処分の理由附記の強制………………………………………185
　(1)　強制（改正）前の趣旨………………………………185
　(2)　強制の影響…………………………………………186

第7章　納付・徴収

第1節　納付・徴収の実務上の位置付け…………………………189
第2節　国税の納付…………………………………………………190
　1　納付の手続……………………………………………………190
　(1)　金銭による納付………………………………………190
　(2)　印紙による納付………………………………………191
　(3)　物納による納付………………………………………191
　2　口座振替納付…………………………………………………192
　3　納付の委託……………………………………………………193
　4　申告納税方式における国税の納期限………………………193
　(1)　期限内申告……………………………………………193
　(2)　期限後申告、更正等…………………………………194
　(3)　加算税の賦課決定……………………………………194
　5　第三者による納付……………………………………………194
第3節　国税の徴収…………………………………………………196
　1　納税の告知……………………………………………………196

(1)　納税の告知の手続……………………………………196
　　　(2)　納税の告知の法的性格………………………………196
　　　(3)　納税の告知と調査との関係…………………………199
　　2　督　　促…………………………………………………200
　　3　繰上請求……………………………………………………202
　　　(1)　繰上請求の意義………………………………………202
　　　(2)　確定した税額の繰上請求……………………………202
　　　(3)　未確定の税額の繰上請求（繰上保全差押え）……203
　　4　債権者代位権・詐害行為取消権…………………………204
　　　(1)　民法規定の準用………………………………………204
　　　(2)　債権者代位権…………………………………………205
　　　(3)　詐害行為取消権………………………………………206
　　　(4)　第二次納税義務との関係……………………………208
　　5　その他の徴収処分等………………………………………211
　　　(1)　強制換価の場合の消費税等の徴収…………………211
　　　(2)　滞納処分の開始………………………………………211
　　　(3)　納付委託………………………………………………212
　　　(4)　徴収の所轄庁…………………………………………212
　第4節　納税・徴収の猶予等…………………………………214
　　1　納税の猶予の趣旨…………………………………………214
　　2　納税の猶予の要件等………………………………………214
　　　(1)　災害による場合………………………………………214
　　　(2)　災害、罹病、事業廃止等による場合………………215
　　　(3)　税額確定の遅延による場合…………………………216
　　　(4)　担保の徴収……………………………………………217
　　　(5)　納税の猶予の期間の延長……………………………217
　　3　納税の猶予の手続等………………………………………218
　　　(1)　申請の手続……………………………………………218
　　　(2)　納税の猶予の通知……………………………………218
　　　(3)　納税の猶予の効果……………………………………219
　　　(4)　納税の猶予の取消し…………………………………219

4	換価の猶予	220
(1)	制度の趣旨	220
(2)	職権による換価の猶予	220
(3)	申請による換価の猶予	221
5	滞納処分の停止	222
(1)	制度の趣旨	222
(2)	滞納処分の停止の要件	222
(3)	滞納処分の停止の効果	223

第5節　担　保 224
1　担保を徴する場合 224
2　担保の種類とその価額 224
3　担保に係る手続 226
(1)　担保の変更等 226
(2)　担保の処分 227
第6節　還付及び還付加算金 228
1　還　付 228
(1)　還付の手続 228
(2)　還付金等の意義と種類 230
(3)　還付金等の発生時期 231
2　充　当 232
(1)　充当の要件と順位 232
(2)　充当の効果と手続 232
3　還付加算金 233
(1)　還付加算金の意義 233
(2)　還付加算金の割合 233
(3)　加算期間（期間の始期） 235
4　予納額の還付の特例 238
(1)　特例の趣旨 238
(2)　予納の要件と効果 239
第7節　滞納処分 240
1　滞納処分の意義 240

12 目　次

```
2  財産の差押え ································································ 240
  (1)  差押えの通則 ·················································· 240
  (2)  差押えの手続 ·················································· 243
  (3)  差押禁止財産 ·················································· 246
  (4)  差押えの解除 ·················································· 247
3  交付要求 ···························································· 248
  (1)  交付要求の意義 ·············································· 248
  (2)  交付要求の手続 ·············································· 249
  (3)  参加差押えの手続 ·········································· 249
4  財産の換価 ······················································ 250
  (1)  換価の通則 ···················································· 250
  (2)  公　売 ·························································· 251
5  換価代金等の配当 ············································ 253
  (1)  配当の意義及び配当すべき金銭 ····················· 253
  (2)  配当の原則 ···················································· 253
6  財産の調査 ······················································ 254
  (1)  滞納処分等と調査 ·········································· 254
  (2)  質問及び検査 ················································ 254
  (3)  捜　索 ·························································· 255
  (4)  その他の手続 ················································ 257
```

第8章　期間制限・消滅時効

```
第1節  更正決定等の期間制限の原則 ································ 261
  1  通常の更正決定等 ············································ 261
    (1)  国税通則法上の原則 ······································ 261
    (2)  他税法による特則 ········································ 261
    (3)  期間制限の趣旨 ············································ 263
    (4)  裁判例の動向 ·············································· 264
  2  純損失等に係る更正 ········································ 267
  3  更正の請求に係る更正 ···································· 267
  4  「偽りその他不正の行為…税額を免れ」た場合 ········ 269
```

（1）　期間制限の延長の内容……………………………………269
　　（2）　重加算税の賦課要件との関係……………………………269
　第2節　更正決定等の期間制限の特例…………………………………270
　　1　裁決等による原処分の異動等があった場合………………270
　　2　経済的成果の消失等に伴う場合……………………………271
　　3　その他の場合…………………………………………………272
　第3節　徴収権の消滅時効………………………………………………273
　　1　消滅時効の原則………………………………………………273
　　2　時効の援用……………………………………………………274
　　3　民法の準用……………………………………………………274
　　（1）　準用の趣旨…………………………………………………274
　　（2）　時効の中断…………………………………………………274
　　（3）　時効の停止…………………………………………………276
　　4　時効の中断及び停止…………………………………………277
　　（1）　処分等による中断と進行…………………………………277
　　（2）　「偽りその他不正の行為…税額を免れ」た場合の停
　　　　止…………………………………………………………278
　　（3）　延納、納税の猶予等に係る停止…………………………281
　　（4）　延滞税及び利子税の時効…………………………………282
　　（5）　他税法による特則…………………………………………282
　第4節　還付金等の消滅時効……………………………………………283
　　1　消滅時効の内容………………………………………………283
　　2　徴収権の消滅時効規定の準用………………………………284

第9章　不服審査・訴訟

　第1節　行政不服審査制度の改正………………………………………287
　　1　行政不服審査制度見直しの趣旨と経緯……………………287
　　2　国税の不服申立制度の見直しの経緯………………………288
　　3　行政不服審査法改正（平成26年6月）の概要………………289
　　（1）　公正性の向上………………………………………………289
　　（2）　国民の利便性の向上………………………………………290

（3）　適用時期 ……………………………………………………292

4　国税通則法改正（平成26年6月）の概要 ………………292

第2節　不服審査の法的性格 …………………………………………296

1　不服審査の概要 …………………………………………………296

2　不服審査の法的性格 ……………………………………………296

3　国税不服審判所の機能 …………………………………………298

第3節　不服審査の総則 ………………………………………………299

1　不服申立制度の基本構造 ………………………………………299

（1）　不服申立ての通則 …………………………………………299

（2）　国税局職員等が調査した処分等 ………………………300

（3）　再調査の請求後の審査請求 ……………………………301

（4）　解釈上の論点 ………………………………………………303

2　適用除外 …………………………………………………………309

3　不服申立期間 ……………………………………………………310

（1）　不服申立期間の原則 ……………………………………310

（2）　「正当な理由」がある場合 ……………………………312

4　標準審理期間 ……………………………………………………312

5　国税不服審判所関係 ……………………………………………313

（1）　国税不服審判所 …………………………………………313

（2）　国税審判官等 ……………………………………………314

6　行政不服審査法との関係 ………………………………………315

第4節　再調査の請求 …………………………………………………316

1　再調査の請求書の記載事項等 …………………………………316

2　再調査の請求書の提出先 ………………………………………318

3　再調査の請求の決定手続 ………………………………………319

（1）　口頭意見陳述 ……………………………………………319

（2）　決定の方法 ………………………………………………321

（3）　決定機関の特則 …………………………………………322

第5節　審査請求 ………………………………………………………323

1　審査請求書の記載事項等 ………………………………………323

2　審査請求書の提出先とみなす審査請求……………………… 324
　　（1）　審査請求書の提出先……………………………………… 324
　　（2）　みなす審査請求………………………………………… 325
　3　実質審理前の審理手続………………………………………… 327
　　（1）　形式審理………………………………………………… 327
　　（2）　審査請求書の補正……………………………………… 327
　　（3）　実質審理前の却下裁決………………………………… 328
　4　実質審理の手続………………………………………………… 329
　　（1）　審理手続の計画的遂行………………………………… 329
　　（2）　答弁書の提出等………………………………………… 329
　　（3）　担当審判官の指定……………………………………… 330
　　（4）　反論書等の提出………………………………………… 331
　　（5）　口頭意見陳述…………………………………………… 332
　　（6）　証拠書類等の提出……………………………………… 333
　　（7）　審理のための質問、検査等…………………………… 334
　　（8）　審理手続の計画的遂行………………………………… 337
　　（9）　審理関係人による物件の閲覧等……………………… 338
　　（10）　審理手続の終結………………………………………… 341
　　（11）　裁　決…………………………………………………… 342
第6節　雑　則……………………………………………………… 348
　1　併合審理等……………………………………………………… 348
　　（1）　併合審理………………………………………………… 348
　　（2）　あわせ審理……………………………………………… 349
　2　不服申立てと国税の徴収との関係………………………… 351
　　（1）　不服申立てと徴収との関係…………………………… 351
　　（2）　執行不停止の原則……………………………………… 351
　　（3）　換価の停止……………………………………………… 352
　　（4）　再調査審理庁等による徴収の猶予等………………… 353
　　（5）　国税不服審判所長の求めによる徴収の猶予等……… 354
　　（6）　徴収の猶予等の取消し………………………………… 355
　3　不服申立人の地位の承継…………………………………… 356

4　代理人……………………………………………………………357
　　　（1）　代理人制度の意義…………………………………………357
　　　（2）　代理人制度の内容…………………………………………358
　　5　総　　代…………………………………………………………359
　　6　参加人……………………………………………………………360
　　7　不服申立ての取下げ……………………………………………361
　　　（1）　不服申立人による取下げ…………………………………361
　　　（2）　みなす取下げ………………………………………………362
　　8　教　　示…………………………………………………………363
　　　（1）　3月後の教示………………………………………………363
　　　（2）　誤った教示をした場合の救済…………………………364
　　9　首席国税審判官への権限の委任………………………………366
　　10　国税庁長官に対する審査請求書の提出等……………………368
　第7節　訴　　訟…………………………………………………………370
　　1　税務訴訟の機能と特徴…………………………………………370
　　　（1）　不服審査との関係…………………………………………370
　　　（2）　訴訟の審理方法……………………………………………371
　　　（3）　立証責任…………………………………………………372
　　　（4）　判例法と解釈等への影響…………………………………373
　　2　行政事件訴訟法との関係………………………………………375
　　　（1）　国税通則法上の例外規定…………………………………375
　　　（2）　税務訴訟からみた行政事件訴訟法の骨子………………375
　　3　不服申立て（審査請求）の前置………………………………383
　　　（1）　前置の原則…………………………………………………383
　　　（2）　前置を要しない場合………………………………………384
　　4　原告が行うべき証拠の申出……………………………………386
　　　（1）　制度の内容…………………………………………………386
　　　（2）　制度の趣旨…………………………………………………387
　　　（3）　立証責任との関係…………………………………………388

第10章　行政手続上の雑則・罰則

第1節　国税通則法上の雑則・罰則……………………………………391
第2節　雑　　則………………………………………………………392
　　1　納税管理人………………………………………………………392
　　2　国税の端数計算…………………………………………………393
　　　（1）　国税の課税標準……………………………………………393
　　　（2）　国税の確定金額……………………………………………393
　　　（3）　還付金等……………………………………………………394
　　3　供　　託…………………………………………………………394
　　4　国税に関する相殺………………………………………………395
　　5　納税証明書の交付等……………………………………………396
　　　（1）　納税証明書の交付…………………………………………396
　　　（2）　証明する事項………………………………………………396
　　　（3）　証明書の交付手続等………………………………………398
　　6　書類提出者の氏名及び住所の記載等…………………………398
第3節　罰　　則………………………………………………………399
　　1　煽動・脅迫等……………………………………………………399
　　2　守秘義務違反……………………………………………………400
　　3　質問検査権行使に対する非協力等……………………………401
　　4　両罰規定…………………………………………………………402

第11章　犯則事件の調査・処分

第1節　国税通則法編入の趣旨………………………………………405
　　1　編入の趣旨………………………………………………………405
　　2　課税調査と犯則調査との区分…………………………………407
第2節　犯則調査手続の改正内容……………………………………408
第3節　犯則事件の調査………………………………………………412
　　1　犯則事件の調査の意義…………………………………………412
　　2　任意調査と強制調査……………………………………………412
　　3　任意調査…………………………………………………………414
　　　（1）　任意調査の内容……………………………………………414

(2)　質問等の意義……………………………………………414
　4　強制調査…………………………………………………415
　　(1)　強制調査の内容………………………………………415
　　(2)　臨検等の意義…………………………………………416
　　(3)　強制調査の主要手続…………………………………417
第4節　犯則事件の処分………………………………………422
　1　間接国税以外の国税に関する告発……………………422
　2　間接国税に関する犯則事件についての報告等………423
　3　間接国税に関する犯則事件についての通告処分等…424
　　(1)　通告処分の意義………………………………………424
　　(2)　通告処分の手続………………………………………424
　4　間接国税に関する犯則事件についての通告処分の不履
　　行（告発）………………………………………………425
　5　その他の手続……………………………………………426
第5節　国税通則法改正後の課題……………………………426

第1章

総　　則

2

第1節　租税手続の基本法と個別税法等との関係

1　国税に係る税法の体系

(1)　共通税法と個別税法

国税に係る税法を区分する場合には、各個別税法に共通する事項を定めた共通税法と税目ごとの法律関係を定めた個別税法に分けることができる。共通税法に該当するものとしては、従前は、国税通則法、国税徴収法及び国税犯則取締法であったが、平成29年度税制改正において、主として、脱税事件に係る査察調査手続を定めていた国税犯則取締法が国税通則法に吸収されることになった。これらの共通税法のうち、国税徴収法は、国税の滞納処分の手続を定めるものであり、その滞納処分手続は、地方税や公共料金の徴収にも準用される場合が多い。

国税通則法は、国税徴収法が定める以外の国税に係る共通事項を定めるものであり、納税義務の成立、税額の確定と是正、納付と徴収、附帯税、不服審査、訴訟、国税犯則等の課税及び徴収の一般的共通事項に及んでいる。その点では、国税通則法は、共通税法の中でも最も普遍的な共通税法といえる。

しかしながら、国税通則法に定める共通的手続は、それによって完結的に定められているわけではなく、個別税法にその特則が定められている場合が多い。そのため、国税に係る諸手続については、それらを総合して理解する必要がある（例えば、国税通則法23条に定める更正の請求制度については、所得税法152条、153条、法人税法80条の2、82条、相続税法32条等に多くの特則が設けられている。）。

このように、共通税法が国税通則法及び国税徴収法の2法から構成されていること、国税通則法に定める共通的手続が各個別税法に定める特則と併せて理解されるべきこと等を考慮した場合には、平成23年12月の国税通則法改正の当初の改正案が国税通則法の名称を「国税に係る共通的な手続並びに納税者の権利及び義務に関する法律」に改めようとしたが、その改称名が当該法律の実体を表していないことを理解できる[注1]。

(注1)　前掲「はしがき」品川芳宣「国税通則法の改正案の問題点とあるべき方向（上）」税務事例平成23年11月号11頁、同「「国税通則法」を改称するな！」税理士新聞平成23年7月15日号4頁等参照

4　第1章　総　則

(2)　実体法と手続法

どの法分野においても、当該法律関係は、実体法と手続法によって構成されている。民法と民事訴訟法又は刑法と刑事訴訟法などが、そのよい例である。租税法の分野においても、租税実体法と租税手続法に区分して、それぞれの内容が論述されることによって、租税法の体系的理解に役立てられている(注2)。そして、租税実体法の代表的なものとして、所得税法や法人税法等の個別税法が、租税手続法の代表的なものとして、国税通則法や国税徴収法が挙げられる。

しかしながら、租税法の分野においては、個々の法律によって実体法と手続法が区分されているわけではない。すなわち、租税手続法の代表とされる国税通則法においても、附帯税、納税義務の成立・承継、納税者の債権（還付請求権）等の実体法的規定が設けられている。また、逆に、前記(1)で述べたように、租税実体法の代表とされる所得税法や法人税法においても、租税手続の特則が定められている。

このようなことは、租税法の全体を理解するためには、実体法と手続法を総合的に理解する必要があり、その中でも、手続法の中核となっている国税通則法を理解することが不可欠であることを意味している。

しかしながら、「はしがき」及び前記(1)で述べたように、租税実務において国税通則法の理解が得られていないし、その上、税理士試験においては、各個別税法における所得金額や税額の計算問題が中心となっており、手続法それ自体が軽視されている。これでは、特に、租税法の実践的な解釈・適用において、体系的・総合的な理解が覚束なくなるのも止むを得ないものと考えられる。その点では、本書（本編）は、このような租税実務の実態に警鐘を鳴らし、かつ、租税法解釈のあるべき方向を示すことを意図しているということで、評価されるべきである。

2　国税通則法と個別税法との関係

前述したように、国税に係る税法を共通税法と個別税法とに区分した場合には、国税通則法は、共通税法の代表的な存在ではあるが、同法のみが共通的な事項を定めているわけではない。

(注2)　金子宏『租税法〔第22版〕』（弘文堂、平成29年）第二編、第三編等参照

第1章 総 則 5

　また、国税に係る税法を実体法と手続法に区分した場合には、国税通則法は、手続法の代表的な存在ではあるが、租税手続は、他の個別税法にも定めがあるので、それを総合しないと租税手続全体が理解できないことになる。また、国税通則法は、租税手続のみを規定しているわけではなく、加算税等の附帯税の賦課規定等が定められているので、実体法として機能していることにも留意する必要がある。

　これらの関係について、更正の請求を例にとると、次のとおりである。まず、国税通則法23条1項には、納税者の申告が法律の規定に従っていなかったこと等のように、申告段階に誤りがあったことによる過大納付等に対する更正の請求（通常の更正の請求）の定めがあり、同条2項には、申告段階では適法に申告が行われていても、通常の更正の請求の期限後に生じた事由によって結果的に生じることになる過大納付等に対する更正の請求（後発的な事由による更正の請求）の定めがある。

　このような国税通則法の規定に対し、各個別税法には、次のような特例（特則）が設けられている。

　すなわち、所得税法152条及び153条には、後発的事由によって各種所得の金額に異動が生じた場合等の更正の請求が設けられており、法人税法80条の2及び82条には、前事業年度の法人税額等の更正等に伴う更正の請求の特例が設けられており、相続税法32条には、相続人に異動が生じた場合等に伴う更正の請求の特則が設けられている（その他、贈与税、消費税等についても、更正の請求の特則が定められている。）。

　このように、国税通則法に基本規定があって、各個別税法に特例又は特則が設けられているという関係は、何も更正の請求に限られるわけではない。このことは、国税に係る税法の解釈・適用においては、国税通則法と各個別税法との関係を常に注視しなければならないことを意味している。もっとも、このような問題は、平成23年12月の国税通則法の改正によって、各個別税法に定められていた質問検査権に係る規定を国税通則法にまとめられたが、そのような方法によって解決することも可能である。しかし、それも、質問検査権の規定に限られただけであって、他の同様な規定は放置されている。

　このような関係は、国税の徴収に係る国税通則法と国税徴収法においてもみられるところであるので、本書においても、国税徴収法上の滞納処分手続

6   第1章　総　則

について論じることとする。

　なお、国税通則法4条は、「この法律に規定する事項で他の国税に関する法律に別段の定めがあるものは、その定めるところによる。」とし、国税通則法と他の税法との一般規定と特別規定の関係を定めている。

3　国税通則法と一般行政法等との関係

　国税通則法は、行政法の一環を占めるのであるが、国税に関して独自の規定を設けているため、他の一般的な行政法との関係では、特別法として位置付けられる。国税通則法と関係の深い一般的な行政法には、行政手続法、行政不服審査法及び行政事件訴訟法がある。このような一般法と特別法との関係からすれば、国税の手続については、特別法である国税通則法の規定が優先適用されることとなり、国税通則法に定めのない事項については、一般法の規定が適用されることになる。これらの具体的な適用関係は、国税通則法に個別に定められている。

　まず、国税通則法74条の14は、行政手続法の適用除外を定めている。行政手続法は、行政手続の全般について定めるものであるから、国税の手続についても最も深い関係にある。しかしながら、昭和37年に制定された国税通則法において、既に国税の手続が定められていること等の理由により[注3]、平成5年に行政手続法が制定された際には、行政手続法の諸規定がほとんど除外された（平成23年改正前の国税通則法74条の2参考）。ところが、平成23年国税通則法改正によって、行政手続法8条、14条等の規定が国税に係る部分について全面的に適用されることになった。この詳細については、追って詳述する。

　また、国税通則法80条には、国税通則法と行政不服審査法との関係が定められており、国税通則法114条には、国税通則法と行政事件訴訟法との関係が定められている。これらの規定は、不服審査及び訴訟に係る規定であるので、それらの事項を論じるに当たって詳述する。

　その他、国税通則法は、国税の納付及び徴収に関する基本事項を定めているが故に、国の財政収入（租税収入）を管理する財政法、会計法等との関係

（注3）　志場喜徳郎ほか共編『国税通則法精解』（大蔵財務協会、平成8年）734頁等参照

第1章　総　則　　7

では、特別法として位置付けられている。したがって、これらの関係についても、国税通則法を理解するために論じる必要はあるが、納税者（税理士）の実務に直接関係するものではないので、詳述を省略する。

　なお、国税手続については、民法の規定に関わる部分があり、本書においても、民法の関係条項を引用等しているが、「はしがき」で述べたように、その民法の関係規定の一部が平成29年5月26日に改正（改正法の成立）されたが、同改正法が成立後3年以内の政令で定める日から施行されることになっているので、本書では改正前の規定を引用等している。

第2節　国税通則法の目的

1　国税通則法の目的

　国税に係る税法は、多くの場合、その1条に、当該税法の趣旨（所法1、法法1、相法1、消法1等）又は目的（徴収法1、通則法1）を定めている。国税通則法1条は、同法の目的について、次のように定めている。

　「この法律は、国税についての基本的な事項及び共通的な事項を定め、税法の体系的な構成を整備し、かつ、国税に関する法律関係を明確にするとともに、税務行政の公正な運営を図り、もつて国民の納税義務の適正かつ円滑な履行に資することを目的とする」

　本条に定める目的は、次の3つに要約されている。
①　国税の基本的事項等を定めることによる税法の体系的な構成の整備
②　国税の基本的な法律関係の明確化
③　税務の改善合理化と納税関係の適正円滑化
　以上の目的は、結局、国税に係る手続の整備・明確化によって実現されることになる。

2　行政手続法の目的とその対応

　国税通則法及び行政手続法は、いずれも行政手続を律する法律であるが、国民の権利保護と行政効率との関係をみると、国税通則法が行政効率を重視しているのに対し、行政手続法は国民の権利保護を重視しているといわれ

る^(注4)。この行政手続法1条は、同法の目的等として、次のように定めている。

「この法律は、処分、行政指導及び届出に関する手続並びに命令等を定める手続に関し、共通する事項を定めることによって、行政運営における公正の確保と透明性（行政上の意思決定について、その内容及び過程が国民にとって明らかであることをいう。第46条において同じ。）の向上を図り、もって国民の権利利益の保護に資することを目的とする。

2　処分、行政指導及び届出に関する手続並びに命令等を定める手続に関しこの法律に規定する事項について、他の法律に特別の定めがある場合は、その定めるところによる。」

以上のように、1項の目的においては、国税通則法が税務行政の公正な運営と国民の納税義務の適正な履行を重視しているのに対し、行政運営の透明性と国民の権利利益の保護が強調されている。

このような行政手続法の特徴は、平成23年12月の国税通則法の改正に影響している。

また、2項は、行政手続法が行政手続の一般法であるが故に、国税通則法のような特別法に特別の定めがあれば、その定めが優先的に適用されることが確認的に定められている。

第3節　国税通則法上の用語の定義

1　第2条による定義

国税に係る税法は、そのほとんどがその2条において、当該法律における重要な用語について定義をしている。国税通則法2条においても、「国税」など10の用語を定義している。例えば、同条5号に定める「納税者」については、「国税に関する法律の規定により国税（源泉徴収による国税を除く。）を納める義務がある者〔略〕及び源泉徴収による国税を徴収して国に納付しなければならない者をいう。」と定められている。

そして、このような「納税者」については、国税通則法16条、17条、38条、

(注4)　志場喜徳郎ほか共編『国税通則法精解』（大蔵財務協会、平成25年）122頁参照

第1章 総 則 9

60条、65条、68条等の多くの条文において用いられ、その意義が当該条項の解釈に重要な影響を及ぼし、問題となることがある^(注5)。[注5]したがって、国税通則法3条以下の条文において用いられている用語の解釈が問題となる場合には、当該用語が同法2条においてどのように定義されているかを確認しておく必要がある。

2 第2条以外による定義

他の税法と同様に、国税通則法は、2条の定義規定のみならず、3条以下の条文においても、一定の用語を定義し、当該条文以外の用語解釈を統一しているものがある。例えば、国税通則法3条は、「法人でない社団又は財団で代表者又は管理人の定めがあるもの（以下「人格のない社団等」という。）は、法人とみなして、この法律を適用する。」と定めている[注6]。このように、3条以下で用語を定義している例は、5条1項において「相続（包括遺贈を含む。以下同じ。）」、「相続人（包括受遺者を含む。以下同じ。）」というように、各条文の中で非常に多用されている。

もっとも、国税通則法58条1項1号イでは、「更正若しくは第25条（決定）の規定による決定又は賦課決定（以下「更正決定等」という。）」と定義しておきながら、同法74条の11第1項では、「更正決定等（第36条第1項（納税の告知）に規定する納税の告知（同項第2号に係るものに限る。）を含む。以下この条において同じ。）」と定め、同じ法律の中で用語の統一性を欠くものも見受けられる。

(注5) 例えば、国税通則法68条1項が重加算税の賦課要件について「納税者が〔略〕事実の全部又は一部を隠蔽し、又は仮装し、……」と定めているところ、会社の従業員が社長の命により消費税の「納税者」を装って還付申告した事案につき、京都地裁平成15年7月10日判決（税資253順号9392）は、当該従業員は「納税者」に該当しないとして、当該重加算税の賦課決定を違法であるとしたのに対し、控訴審の大阪高裁平成16年9月29日判決（税資254順号9760）は、当該従業員が「納税者」に該当するとして、当該賦課決定を適法としている。

(注6) 「人格のない社団等」については、他の税法では、2条で定義している場合が多い（所法2①八、法法2八、消法2①七等）。また、他の税法が全て「人格のない社団等」を法人とみなしてそれぞれの法律を適用しているわけではない（相続税法、相続特別措置法の法人税の特例以外の特例等参照）。

第4節　国税の納付義務の承継

1　相続における承継

(1)　民法との関係

　民法896条は、「相続人は、相続開始の時から、被相続人の財産に属した一切の権利義務を承継する。ただし、被相続人の一身に専属したものは、この限りではない。」と定めている。この規定からは、「被相続人の財産」に積極的財産（資産）と消極的財産（債務）が含まれると解されるにしても、被相続人の租税債務が直ちに相続人に承継されるものか否かが定かではない。

　また、仮に、被相続人の租税債務が相続人に承継されるものと解されるとしても、承継されるべき租税債務の範囲、相続人が複数いる場合の分担方法、遺産分割が行われない場合と行われた場合の分担方法等は、民法の規定から定かではないし、民法が定める事項であるとも考えられない。

　そのため、被相続人の租税債務をどのようにして相続人に承継させるべきかについては、当該租税債務が国税に係るものであれば、国税に関する法律によって律する必要がある。それを定めたのが、国税通則法5条である。

(2)　承継の内容

　相続（包括遺贈を含む。）があった場合は、相続人（包括受遺者を含む。）又は民法951条の法人(注7)は、その被相続人（包括遺贈者を含む。）に課されるべき、又はその被相続人が納付し、若しくは徴収されるべき国税（その滞納処分費を含む。）を納める義務を承継する。この場合において、相続人が限定承認をした時は、その相続人は、相続によって得た財産の限度においてのみその国税を納付する責めに任ずる（通則法5①）。

　この規定によって、国税の納付義務の承継が行われるのは、民法上の相続に限定されることなく、包括遺贈も含まれることである。また、承継される国税の範囲は、単に被相続人が生前に滞納していたものに限らず、当該相続（包括遺贈を含む。）によって被相続人に課されるべき国税(注8)と滞納処分費

（注7）　相続人のあることが明らかでないときは、相続財産は、法人とされる（民法951）。
（注8）　例えば、被相続人の有する譲渡所得の基因となる資産が、限定承認に係る相続又は法人に対する遺贈によって移転した場合には、当該被相続人に対して、当該資産をその時価によって譲渡したものとして、所得税が課されることがある（所法59①）。

第1章　総　則　　11

も含まれることになる。

　次に、相続による納付義務の承継において、相続人が2人以上あるときは、各相続人が承継する国税の額は、承継すべき国税の額を民法900条から902条までの規定によるその相続分により按分して計算した額とされる（通則法5②）。この場合、民法900条には、いわゆる法定相続分が定められており、同法901条には、代襲相続人の相続分が定められており、同法902条には、遺言による相続分の措置が定められている。いずれにしても、相続税法5条2項の規定によって各相続人が承継する国税の額は、民法が定める相続分によって配分されるのであって、各相続人が実際に相続した財産の価額が反映されないことになる。そのため、相続税法5条3項は、相続人のうちに相続によって得た財産の価額が2項の規定により計算した国税の額を超える者があるときは、その相続人は、その超える価額を限度として、他の相続人がその他の承継する国税を納付する責めに任ずる、ことにしている。

(3)　納付義務承継の事例

＜東京地裁平成10年6月26日判決（判時1668・49）＞

　ア　事案の概要

　X（原告）は、大正11年に創立された政党であるが、政党交付金の交付を受ける政党等に対する法人格の付与に関する法律（平成6年制定）に基づき法人格を取得（平成7年取得）するまでは、所得税法上の人格のない社団等であった。Xは、平成3年3月20日、Xの戦前の中央幹部であったNの妻甲が死亡したことにより、甲が所有していたXゆかりの建物及び土地について、一部を除き包括遺贈を受けた。

　これに対し、所轄税務署長は、甲のXに対する包括遺贈について、甲に課税の対象となる資産の譲渡があったものとみなし（所法59）、これによって甲が負担すべきこととなった納税義務をXが承継したものと認定し、平成6年10月17日、納付すべき所得税額1億3,003万円余とする決定等をした。

　Xは、当該決定等の取消しを求めて本訴を提起し、①個人の政治献金に関して遺贈者側に租税を負担させるべきではないから、みなし譲渡所得課税は適用すべきではない、②みなし譲渡所得課税が適用されるにしても、租税特別措置法40条が適用されるから非課税になる、③本件の遺贈は包括遺贈ではないから、国税通則法5条は適用されない、等を主張した。このようなXの主

張に対し、前掲東京地裁判決は、①Xは、本件相続開始当時、人格のない社団等であったが、所得税法上法人とみなされ、所得税法59条の規定によりみなし譲渡所得課税が生じる、②租税特別措置法40条の適用については、同条が国、地方公共団体又は公益活動を行う「法人」に対する贈与等について適用されるところ、Xが公益活動を行っていたとしても、Xのような人格のない社団等は同条において「法人」とみなされていないから、同条の適用は認められない、③本件の遺贈は包括遺贈に該当する、等とXの主張を斥け、当該決定等を適法と判断した。

　イ　解　説

　本件は、第1節で述べた「租税手続の基本法と個別税法等との関係」及び第3節で述べた「国税通則法上の用語の定義」に関し、格好の教材を提供するものである。

　まず、各税法における人格のない社団等の取扱いについては、国税通則法3条、所得税法4条、法人税法3条等は、法人とみなして課税関係を定めているが、法人税法の特例を除く租税特別措置法、相続税法等は、法人とみなす規定を設けていない。そのため、本件のような甲（個人）からX（人格のない社団等）に対する包括遺贈については、所得税法59条が適用されてみなし譲渡所得課税が行われることになるが、租税特別措置法40条については、Xが同条に定める「公益目的事業を行う法人」に該当しないから、同条が適用されることはない。

　他方、Xが本件の包括遺贈により取得した財産については、相続税法12条が「宗教、慈善、学術その他公益を目的とする事業を行う者が相続又は遺贈により取得した財産で当該公益を目的とする事業の用に供することが確実なもの」を非課税としているところ、当該「……行う者」が法人の該非を要件としていないため、本件においても、Xに対する相続税は課税されていない。

　なお、本件の遺贈が包括遺贈に該当することについては、本判決も認めている。

2　その他の承継

(1)　合　併

法人が合併した場合には、合併後存続する法人又は合併により設立した法

第1章　総　則　　13

人は、合併により消滅した法人（被合併法人）に課されるべき、又は被合併法人が納付し、若しくは徴収されるべき国税を納める義務を承継する（通則法6）。この規定は、法人の合併の場合において、合併法人が被合併法人の権利義務を承継することは一般私法上の原則であるところ（会社法750等参照）、この法理が国税債務についても当然適用があることを明らかにしたものである。また、承継される国税債務の範囲（「課されるべき」、「納付し、徴収されるべき」）については、相続の場合と同様に解されている[注9]。

(2)　人格のない社団等の法人成り等

法人が人格のない社団等の財産に属する権利義務を包括して承継した場合には、その法人には、その人格のない社団等に課されるべき、又はその人格のない社団等が納付し、若しくは徴収されるべき国税を納める義務を承継する（通則法7）。

この場合、その承継が権利義務の一部についてされたときは、その国税の額にその承継の時における人格のない社団等の財産のうちにその法人が承継した財産の占める割合を乗じて計算した額の国税を納める義務を承継することになる（通則法7かっこ書）。

この規定が適用されるのは、通常、人格のない社団等が私法等において法人格を得た場合が考えられるが、当該条項にいう「法人」には、人格のない社団等も含まれるわけであるから、人格のない社団等が別の人格のない社団等へ移行した場合も考えられる。

(3)　信託法改正に伴う承継

最近の社会経済の発展に対応するため、平成18年に、信託法が大幅に改正された。同改正を受け、関係税法の改正も行われ、国税通則法においても、信託に係る国税の納付義務の承継が新設された。当該承継の基本的規定として、信託法56条1項各号に掲げる事由により受託者の任務が終了した場合において、新たな受託者が就任したときは、当該新受託者は当該受託者に課されるべき、又は当該受託者が納付し、若しくは徴収されるべき国税を納める義務を承継する（通則法7の2①）ことが定められている。

その他、受託者が2人以上ある場合等の事実関係に応じた納付義務の承継が規定されている（通則法7の2②〜⑥）。

（注9）　前掲（注4）177頁参照

第5節　国税の連帯納付義務

1　民法の準用

(1)　準用規定

　国税の納付義務は、納税者自らが納税申告によって税額を確定した場合又は税務官庁の当該納税者に対する処分によって税額が確定した場合に生ずるのみではなく、前節で述べたように、被相続人等の納付義務を承継する場合等にも生じるが、その問題点について前述した。

　また、国税においては、特定の法律関係を有する者間の連帯納付義務を定めている場合もある。そして、この連帯納付においては、民法上の連帯債務の法律関係が準用されるので、当該納税者の予測可能性を一層困難にさせる。すなわち、国税通則法8条は、「国税に関する法律の規定により国税を連帯して納付する義務については、民法第432条から第434条まで、第437条及び第439条から第444条まで（連帯債務の効力等）の規定を準用する。」と定めている。

　したがって、民法上の連帯債務は、当事者が契約を締結することによる当事者の意思によって生じるのであるが、税法上は、そのような意思とは関係なく、一定の法律関係にある者が第三者の国税の納付義務について連帯債務を負うことになるので留意を要する。

(2)　民法上の連帯債務

　国税通則法8条が準用する民法規定のうち、特に、重要な条項を引用すると、次のとおりである。すなわち、「数人が連帯債務を負担するときは、債権者は、その連帯債務者一人に対し、又は同時に若しくは順次にすべての連帯債務者に対し、全部又は一部の履行を請求することができる。」（民法432）、「連帯債務者の一人について法律行為の無効又は取消しの原因があっても、他の連帯債務者の債務は、その効力を妨げられない。」（民法433）、「連帯債務者の一人に対する履行の請求は、他の連帯債務者に対しても、その効力を生ず。」（民法434）等である。これらの規定に照らしてみるに、国税の債権者（国）にとっては、強力な債権回収の権限が与えられることになり、反面、連帯納付義務を負う者にとっては、本来、第三者が納付すべき国税についても厳しい納付義務を負わされることになる。

2 相続税・贈与税の連帯納付義務

(1) 平成23年改正前の相続税法34条

　国税の連帯納付義務については、実務において最も留意を要するのが、相続税法34条の規定である。相続税法34条は、①同一の被相続人から相続等によって財産を取得した共同相続人における当該相続に係る相続税、②同一の被相続人から相続等によって財産を取得した共同相続人における当該被相続人に係る相続税及び贈与税、③相続税又は贈与税の課税価格計算の基礎となった財産を贈与等した場合に、当該受贈者等における当該相続税及び贈与税、及び④財産を贈与した者における当該受贈者に係る贈与税について、連帯納付義務を課している。この場合、平成23年改正前の相続税法34条においては、主たる納税者が納付困難となった場合には、当該連帯納付義務者に対して、何ら予告なくして督促状の送付が可能であった。そのため、当該連帯納付義務者は、当該督促状を受領後10日以内に当該税額を完納しない場合には、財産の差押え等の滞納処分を強制された（通則法40）。このような連帯納付義務については、租税手続上の違法性（憲法31条違反等）が指摘され、多くの訴訟を惹起した(注10)。当該訴訟の代表例を次に紹介する。

(2) 連帯納付義務の事例

＜大阪地裁平成15年1月24日判決（平13（行ウ）80）、大阪高裁平成16年2月20日判決（平15（行コ）15）＞(注11)

　　ア　事案の概要

　X（原告、控訴人）は、平成2年9月20日、共同相続人Aらとともに、被相続人Bを相続し、平成3年3月19日、自己の相続税額1,006万円余を申告・納付した。Aは、平成3年3月19日、相続税を申告し、延納の申請をし、同年7月8日付けで許可されたが、その後、延納税額の納付が困難となり、平成12年10月4日付けで、当該延納の許可が取り消された。これにより、Xは、平成12年10月16日付けで、Aの滞納税額2億5,469万円余について、それを納付するよう督促状の送付を受けた。Xは、本件督促状の発出が、①憲法29条に違反す

(注10)　大阪地判昭51・10・27（行集29・4・522）、大阪高判昭53・4・12（行集29・4・514）、最判（三小）昭55・7・1（民集34・4・535）、大阪地判平15・1・24（平13（行ウ）80）、大阪高判平16・2・20（平15（行コ）15）等参照

(注11)　当該各判決の評釈については、品川芳宣・T&Amaster平成16年8月9日号22頁参照

る、②憲法31条に違反する、③徴収権の乱用に当たる、等を主張して、当該処分の取消しを求めて本訴を提起した。

前掲の大阪地裁判決は、租税法の定立については、財政・経済・社会政策等の国政全般からの総合的な政策判断のみならずきわめて専門技術的な判断を必要とし、裁判所は基本的には立法府の裁量的判断を尊重せざるを得ないというべきであるところ、相続税法34条1項の規定が必ずしも不合理であるとはいえない等を判示して、Xの請求を棄却した。また、前掲の大阪高裁判決も、原判決の理由に加え、相続税法34条1項の連帯納付義務において督促状の発出の前に告知や通知を要しないことに疑問が残るが、納付義務の具体的内容が各相続人固有の相続税の納税義務の確定に伴い、自動的に決せられること、当該督促処分の不服審査・取消訴訟において、連帯納付義務の存否・範囲を争うことが可能であること等を考慮すると、違法であることもできない旨判示した。

　イ　解　説

前述のように、本件の各判決は、いずれも督促状の発出前に連帯納付義務の内容の告知・通知を必要としないとする相続税法34条の規定は合憲である旨判示し、Xの請求を棄却した。このような結論が出された背景には、前掲大阪地裁判決が判示しているように、租税法の違憲審査においても立法府が定立した法律を尊重すべきとした最高裁昭和60年3月27日大法廷判決（民集39・2・247）（注12）や相続税法34条の規定を合憲としている先例となった最高裁昭和55年7月1日第三小法廷判決（民集34・4・535）（注13）がある。このような合憲判決とは別に、相続税法34条の規定の改正・廃止を求める見解も強く、それが平成23年に同条について次のような改正を導いた。

(3)　平成23年改正後の相続税法34条

かくして、平成23年には、相続税法34条は、大幅に改正されることになった。まず、連帯納付義務の範囲については、連帯納付義務の対象となる税額が確定した日（法定申告期限又は修正申告、更正等があった日）から5年を経

（注12）　この判決の評釈については、金子宏・別冊ジュリストNo.120「租税判例百選〔第三版〕」4頁、中里実「大島訴訟」月刊税務事例創刊400号記念出版『戦後重要租税判例の再検証』（財経詳報社、平成15年）12頁等参照
（注13）　事案の内容については、（注11）参照

過した場合には、当該連帯納付義務を解消することとし（相法34①一）、延納の許可があった場合には、当該納税義務者に係る当該猶予された相続税額を連帯納付義務から解除することとした（相法34①二）。

　また、連帯納付の手続に関しては、税務署長は、連帯納付の対象となる相続税額を滞納した納税義務者が督促状が発せられその日から1月を経過する日までに完納されないときには、当該連帯納付義務者に対してその旨を通知（予告）することとし（相法34⑤）、当該連帯納付義務者から徴収しようとするときには、納付すべき金額等を記載した納付通知書によって通知することとし（相法34⑥）、当該連帯納付義務者が当該通知書発送後2月以内に完納しないときには、督促状を発することとしている（相法34⑦）。このような納付・徴収手続については、後述するところの国税通則法35条が定める納期限、同法37条が定める督促、同法40条が定める督促後の滞納処分の要件を大幅に緩和するものであり、それらとの整合性を欠くことになる。

　本来、当該手続については、第二次納税義務等との兼ね合い上、何らかの通知制度を設ければ足りたはずにもかかわらず、他の税目よりも督促・滞納処分の手続要件を大幅に緩めることに疑問が残る。

3　その他の連帯納付義務

(1)　共有物等に係る国税の連帯納付義務

　共有物、共同事業又は当該事業に属する財産に係る国税は、その納税者が連帯して納付する義務を負う（通則法9）。共有物に係る国税には、共有物について登記・登録の申請をした共有者が追徴される登録免許税等がある。また、共同事業に係る国税には、源泉徴収による所得税、課税資産の譲渡等に係る消費税等がある。次に共同事業に属する財産に係る国税には、共同事業により製造された酒類の移出に係る酒税等がある。

　なお、地方税法10条の2では、共有物及び共同事業に係る地方税のほか、共同使用物及び共同行為に係る地方税について連帯納付義務を定めている。実務的には、国税よりも、地方税である固定資産税、事業税等において問題となることが多いので、留意を要する。

(2)　法人の分割に係る連帯納付の責任

　法人が分割（分社型分割を除く。）をした場合には、その分割により事業を承継した分割承継法人は、その分割法人の分割前の国税について、その分割

法人から承継した財産の価額を限度として、連帯納付責任を負う（通則法9の3、法法81の28）。

　この場合、分割法人の分割前の国税には、次のようなものがある（通則法9の3一・二）。

① 　分割の日前に納税義務の成立した国税（源泉所得税、法人税、消費税等）
② 　分割の日の属する月の前月末日までに納税義務の成立した移出に係る酒税等及び航空機燃料税

　このような措置は、法人が分割した場合には、その分割法人の分割前の国税の引当財が減少することから、その国税の確実な徴収確保のために設けられたものである。

　なお、法人の合併又は分割を無効とする判決が確定した場合には、別途連帯納付義務が定められている（通則法9の2）。

第2章

納税義務の成立・税額の確定

20

第2章　納税義務の成立・税額の確定　　21

第1節　租税法律関係

1　租税法律主義と納税義務

　国税通則法に定める納税義務の成立と税額の確定手続は、各個別税法に定める租税負担を具体的に算定する前提となるものである。そのため、当該租税負担を国民に要請する原則規定を理解しておく必要がある。この点につき、まず、憲法30条は、「国民は、法律の定めるところにより、納税の義務を負ふ。」と定めている。次いで、憲法84条は、「あらたに租税を課し、又は現行の租税を変更するには、法律又は法律の定める条件によることを必要とする。」と定めている。このような憲法で定められている納税の義務及び租税法律主義の要請に基づき、国税通則法を含めた各個別税法において国民の具体的な租税負担の額とその納付方法等が定められているのであるが、その結果は国家と国民との間に具体的な租税法律関係（債権・債務関係）を生じさせることになる。よって、その租税法律関係については、その性質論を理解しておく必要がある。そのことは、後述する。なお、前記の租税法律主義は、国家と国民との法律関係の性質論のみではなく、国民の経済取引社会において、個々の経済取引における税負担が予め明確にされているということで、経済取引等における予測可能性と法的安定性を与えるという機能を有していることになる[注14]。

2　租税法律関係の性質論
(1)　権力関係説

　この説は、租税法律関係を国民が国家の課税権に服従する関係としてとらえ、そこでは、国家が優越的・権力的な主体として現れるという典型的な権力関係とみる考え方である。すなわち、租税法においては、法律の定める抽象的要件（課税要件）が充足されても直ちに納税義務が発生するものではなく、課税処分等の行政行為を通じて発生し、発生した納税義務は徴収処分又は租税罰則という行政行為によって履行されるものである。

　しかし、このような説は、後述する租税法律主義内の一面しか見ていない

[注14]　前掲（注2）75頁等参照

ものと考えられるので租税法律関係の全てを表していない。

(2) 債務関係説

この説は、租税法律関係を国家が納税者に対して租税債務の履行を請求する関係としてとらえ、国家と納税者とが法律のもとにおいて債権者と債務者という対立し合う公法上の債務関係として位置付ける考え方である。この債務関係説は、権力関係説が租税法律関係を権力関係を重視して租税法を行政法の特別法の一種であると位置付けようとしたのに対し、課税要件等の観念を用いて租税債務の関係を租税法の中心に据えることによって、租税法を行政法とは独立した法分野であることを可能にするともいわれている(注15)。

3 小括（租税法律関係の特徴）

租税法律関係の性質については、前述のような権力関係説と債務関係説の対立がある。しかし、実際の実体租税法を考察した場合には、その中には種々の法律関係があり、租税法律関係を一元的に権力関係又は債務関係によって割り切ることは困難である。けだし、現行の租税法に定める納税義務の成立・確定とその履行関係を考察した場合には、むしろ債務関係説がおおむね適合するようにも考えられるが、例えば、更正・決定・賦課決定や差押え等の徴収処分を考慮した場合には、法技術面には権力関係として位置付けられることになる。したがって、租税法律関係については、債務関係と権力関係が混合した複合的な関係にあると理解せざるを得ないことになる。このような租税法律関係における租税債務については、私法上の債務関係に比し、次のような特色がある(注16)。

① 租税債務は、法的債務であるから、私法上の債務のような当事者の合意によってその内容が定まるものではない。

② 現行法の租税債務の履行等は公法上の法律関係であるから、それをめぐる法律上の争訟は、行政事件としても行政不服審査法若しくは行政事件訴訟法又はそれらの特別法である国税通則法の適用を受けることになる。

③ 租税が公共サービスの資金調達として強い公益性を有しており、その課税（確定）と徴収が公平、確実かつ迅速に行われなければならないから、

(注15)　前掲（注2）25頁等参照
(注16)　前掲（注2）28頁等参照

第2章 納税義務の成立・税額の確定　23

租税債権者である国家の手に、私法上の債権者には見られない種々の特権が留保されている。

以上のように、租税法律関係については、その性質面については複合的なものと理解でき、そこから派生するその特徴においても、私法上の債務関係と異なったものと認識できる。そして、そのような租税法律関係の性質や特徴が、後述するところの納税義務の成立・税額の確定手続や第3章以下で述べる確定した税額（又は確定していない税額）の是正手続に種々の影響を及ぼすことになることについて理解しておく必要がある。

第2節　納税義務の成立

1　納税義務の成立と税額確定の関係

前節で述べたように、租税法律関係は、基本的には、国家と納税者との債権・債務の関係にある。そのため、その債権・債務の内容である国税の納税義務の成立と税額の確定は、租税法律関係の出発点でもある。

かくして、国税通則法15条1項は、「国税を納付する義務（源泉徴収による国税については、これを徴収して国に納付する義務。以下「納税義務」という。）が成立する場合には、その成立と同時に特別の手続を要しないで納付すべき税額が確定する国税を除き、国税に関する法律の定める手続により、その国税について納付すべき税額が確定されるものとする。」と定めている。

この規定から、まず、「納税義務の成立」という概念があり、納付すべき税額の確定については、成立と同時に何ら特別の手続を要しないで確定する国税と国税に関する法律の定める手続によって確定する国税が存することになる。この税額確定についての前者は、後述する自動確定方式と称せられるものであり、後者には、後述する申告納税方式と賦課課税方式がある。

2　税目別納税義務の成立

国税通則法15条2項は、「納税義務は、次の各号に掲げる国税（第1号から第12号までにおいて、附帯税を除く。）については、当該各号に定める時（当該国税のうち政令で定めるものについては、政令で定める時）に成立する。」と

24　　第2章　納税義務の成立・税額の確定

定め、14項目（うち、12号までがいわゆる本税であり、13号及び14号が附帯税である）の国税について、それぞれ納税義務の成立の時を定めている。それらのうち、主要なものは、次のとおりである。

① 所得税（源泉徴収による所得税を除く。）……暦年の終了の時

　この所得税は、いわゆる期間税でかつ暦年課税であり、その年の1月1日から12月31日までに生じた所得^(注17)に対して課税されるものであり、その年の12月31日が終了した時点でその年の所得の金額が算定し得るから、その時点で納税義務が成立する。

② 源泉徴収による所得税……利子、配当、給与、報酬、料金その他源泉徴収をすべきとされている所得の支払の時

　この所得税は、①のように期間的に課税標準となる所得金額が算定されるものではなく、当該所得が支払われる都度源泉徴収を要することになるから、その「支払の時」に納税義務が成立する。この納税義務の成立については、後述するように、種々の法律問題が生じることになる。

③ 法人税……事業年度終了の時

　法人税も、①の所得税と同様に事業年度ごとに課される期間税であるから、その期間（事業年度）の終了の時に納税義務が成立する。

④ 相続税・贈与税……相続若しくは遺贈（贈与者の死亡により効力を生ずる贈与を含む。）又は贈与（贈与者の死亡により効力を生ずる贈与を除く。）による財産の取得の時

　これらの国税は、相続等により取得した財産の価額を課税の対象としているから、当該取得の時点で納税義務が成立することになる。

⑤ 消費税……課税資産の譲渡等の時

　消費税は、課税期間ごとに当該課税期間に国内で行った課税資産の譲渡等に係る消費税額を申告・納付する（消法45①）ことになるから、所得税や法人税のような一種の期間税であるともいえる。しかし、消費税法は、課税の対象を「資産の譲渡等」とし（消法4①）、課税標準を「課税資産の譲渡等の対価

（注17）　税法上の所得概念については、賃金、利潤、利子、地代等のように反復・継続的に生じる経済的利得のみを所得と認識する制限的所得概念と、全ての経済的利得を所得と認識する包括的所得概念の対立があるが、現行税法の「所得」は、原則的には、後者を基にしている。

の額」としている（消法28①）ので、納税義務の成立もそれに対応したものとなっている。

⑥　各種加算税……法定申告期限の経過の時又は法定納期限の経過の時

過少申告加算税、無申告加算税、不納付加算税及びそれらに代えて課されている重加算税は、それらの基礎となる本税が適法に申告・納付されたか否かの判定時期が法定申告期限又は法定納期限であることに鑑み、それらの期限の経過の時に行政制裁たる当該加算税の納税義務が成立することになる。

しかし、重加算税については、後述するように、納税義務の成立と隠蔽・仮装の時期との関係が問題となることがある。なお、国税通則法施行令5条では、納税義務の成立時期の特例として、11項目について、それぞれの特例を定めている。そのうち実務上主要なものは、次のものがある。

①　予定納税に係る所得税……その年6月30日（特別農業所得者に係るものについては、その年10月31日）を経過する時

②　年の中途において死亡した者又は年の中途において出国する者に係るその年分の所得税……その死亡又は出国の時

③　相続時精算課税において相続又は遺贈により取得したものとみなされる財産に係る相続税……特定贈与者の死亡の時

④　国税に関する法律の規定により一定の事実が生じた場合に直ちに徴収するものとされている消費税等……当該事実が生じた時

3　納税義務の成立の法的効果

租税法律関係における国家と納税者との間の債権・債務関係の対象となるものは、原則として、確定した（又は確定すべき）税額である。然すれば、税額が確定する前（又は同時）に、「納税義務が成立する」という概念を明らかにすることの意義が問題となる。この点については、現行の国税通則法において、次のような規定や解釈が問題となっていることに留意する必要がある。

①　繰上請求との関係

税務署長は、納税者の財産につき強制換価手続が開示されたときなどの6項目の事由に該当する場合には、納付すべき税額の確定した国税でその納期限までに完納されないと認められるときは、その納期限を繰り上げ、その納付を請求することができる（通則法38①）。このような繰上請求は、納付すべ

き税額の確定した国税に限らず、税務署長は、納税義務の成立した国税等について、国税通則法38条1項に定める6項目の事由に該当し、その確定後においては当該国税の徴収を確保することができないと認められるときは、予め、滞納処分を執行することを要すると認められる金額を決定し、その税務署の当該職員に対し、その金額を限度として、直ちにその者の財産を差し押さえさせることができる（通則法38③）。すなわち、税務署長は、所得税であれば、1月1日以降いつでも前年分の所得税について徴収すべき税額を決定し滞納処分を行い得ることになる。納税義務の成立に関し、このような強行な滞納処分が認められていることは、同成立の最重要の実務上の問題である。この問題については、第7章第3節で詳述する。

② 重加算税の賦課決定における隠蔽・仮装の時期

前記2で述べたように、重加算税の納税義務者は、法定申告期限の経過の時又は法定納期限の経過の時に成立する（通則法15②十三・十四）。そして、例えば、過少申告加算税に代えて課される重加算税は、「納税者がその国税の課税標準等又は税額等の計算の基礎となるべき事実の全部又は一部を隠蔽し、又は仮装し、その隠蔽し、又は仮装したところに基づき納税申告書を提出していたとき」（通則法68①）に課される。これらの規定から、法定申告期限後の隠蔽・仮装行為が重加算税の賦課要件を充足することになるのか否かが問題となるが、裁判例では、その見解が分かれている[注18]。

③ その他の問題

そのほか、国税通則法9条の3は、法人の分割に係る連帯納付の責任につき、当該分割により事業を承継した法人が、当該分割した法人の分割の日前に納税義務の成立した国税について連帯納付の責任を負うと定めている。また、国税通則法46条1項1号は、災害等に係る国税の納税猶予につき、その災害のやんだ日又はその災害のやんだ日の属する日の末日以前に納税義務が成立した国税であることを条件としている。

（注18） 法定申告期限後の隠蔽・仮装行為は、原則として、重加算税の賦課要件を充足しないとする裁判例として、大阪地判昭50・5・20（税資81・602）、大阪高判平5・4・27（税資195・169）等を、重加算税の賦課要件を充足するとする裁判例として、東京地判平16・1・30（税資254順号9542）、東京高判平16・7・21（税資254順号9703）等を参照。詳細については、品川芳宣『附帯税の事例研究〔第四版〕』（財経詳報社、平成24年）383頁、同『国税通則法の理論と実務』（ぎょうせい、平成29年）305頁等参照。

第2章　納税義務の成立・税額の確定　　27

第3節　税額の確定方式

1　税額の確定手続

　前節で述べたように、納税義務は、財産の取得のような所定の事実又は暦年の終了のような所定の期間の終了によって成立する。そして、納税義務が成立した場合には、繰上請求の要件の一つを満たすなど一定の法的効果が生じることもあるが、成立した納税義務は、一般的には、抽象的な租税の債権債務関係にとどまり、具体的な履行の対象となる債権債務関係を意味するものではない。

　そのため、そのような債権債務関係を確定させる方法が必要となる。それが、税額の確定手続である。税額の確定手続について、国税通則法15条1項は、「国税を納付する義務〔略〕が成立する場合には、その成立と同時に特別の手続を要しないで納付すべき税額が確定する国税を除き、国税に関する法律の定める手続により、その国税についての納付すべき税額が確定されるものとする。」と定めている。この規定により、税額の確定手続については、次の3方式が定められている（通則法15③・16）。

①　自動確定方式
②　申告納税方式
③　賦課課税方式

2　自動確定方式

(1)　法律上の意義

　前述したように、国税通則法15条1項は、納税義務の「成立と同時に特別の手続を要しないで納付すべき税額が確定する」方式（自動確定方式）を定めている。そして、同条3項は、納税義務の成立と同時に特別の手続を要しないで納付すべき税額が確定する国税として、次のものを挙げている。

①　予定納税に係る所得税
②　源泉徴収による国税
③　自動車重量税
④　印紙税（印紙税法11条及び12条の適用を受けて申告納税方式による印紙税及び過怠税を除く。）

28　　第2章　納税義務の成立・税額の確定

⑤　登録免許税
⑥　延滞税及び利子税

　このような自動確定方式による国税については、納税義務の成立後、自動的に確定した税額を納付することになるが、納付しなければ課税処分を要することなく、徴収処分へ移行することになる。また、このような自動確定方式が採用されている国税については、その税額等の算定が一義的に明確かつ容易になされ得るものと解されている^(注19)が、次のような問題もある。

(2)　主要税目の問題点

　前述のように、自動確定方式が採用されている理由については、当該国税の税額算定が一義的に明確かつ容易である、ということであるが、実務では種々の問題が生じている。特に問題となるのが、源泉徴収による所得税についてである。源泉徴収による所得税については、従業員等に対して毎月定期的に支給される給与であれば、当該給与の支払の都度納税義務が成立し（通則法15②二）、当該成立によって確定した税額については所得税法の定め（所法185①・別表2等）によって容易に算定し得るから、源泉徴収義務者も、当該確定した税額を翌月10日までに国に納付すれば足りる（所法181①）。

　しかしながら、例えば、法人の役員が当該法人の金員を横領等したとき等に役員給与と認定（課税）される場合^(注20)、法人が役員に対して退職所得たる退職慰労金を支給したときに課税庁から給与所得たる給与（役員賞与）と認定（課税）された場合^(注21)等には、当該源泉徴収義務者にとっては、そもそも当該所得税についての源泉徴収義務の要否の判断も困難であろうし、退職所得と給与所得との区分が困難でいずれに該当するかによって適用される所得税法上の税額算定のための別表も異なるから、正確な税額算定は期待し難いことになる。よって、このような場合に、自動確定方式の適用には疑義があるが、それらの問題は、第7章において、国税通則法36条に定める「納税の告知」の法的性格を論じる際に詳述する。

　また、延滞税及び利子税については、各種加算税の場合と異なって国税通則法15条2項において納税義務の成立の時が明記されないで、同法15条3項に

（注19）　前掲（注4）257頁、東京高判昭55・10・27（税資115・269）等参照
（注20）　京都地判平14・9・20（税資252順号9198）、大阪高判平16・9・29（税資254順号9760）等参照
（注21）　東京地判昭53・5・25（訟月24・9・1827）、東京高判昭55・10・27（税資115・269）、最判（二小）昭57・1・22（税資122・43）等参照

よって、「納税義務の成立と同時に特別の手続を要しないで納付すべき税額が確定する」と定められている。この場合、国税通則法60条2項、同法64条1項等の規定に照らせば、延滞税及び利子税は、原則として、法定納期限等の翌日から当該国税の完納までの間、日々納税義務が成立し、当該税額が日々確定するものと解される。そして、納税者は、当該確定した税額について、自主的に納付することが期待されている。

　しかしながら、実務においては、滞納税額について本税額を納付した後に、所轄税務署長から延滞税の納付について「催告通知」がなされる場合が多い。この場合、延滞税の税額の計算期間やその特例（通則法61・62・63等）が複雑であるため、当該催告通知の違法性が訴訟で争われることがままある。しかし、裁判例では、当該催告通知の処分性が否定され、納税者が当該催告通知の違法性を争うことはできないとされている[注22]。もっとも、同じ自動確定方式が採用されている源泉徴収による国税に係る納税の告知（通則法36①二）については、処分性が認められている[注23]。この納税の告知の法的性格論については、第7章第3節で詳述する。

3　申告納税方式

(1)　申告納税制度の沿革

　我が国の税額の確定方式は、昭和20年以前には、一貫して賦課課税方式が採用されてきた。それが、昭和20年に、資本金500万円以上の大法人等に対し、現行制度に類似した申告制度が導入され、昭和21年には、財産税及び戦時補償特別税に対し、次いで昭和22年には、所得税、法人税、相続税のような主要税目に対し、申告納税方式が本格的に採用されることになった。

　このような申告納税方式の導入は、第二次世界大戦後の我が国の民主化に対応したものと解されがちであるが、現実には、財産税等における財産の所在を納税者に申告させる必要があり、また、予算課税制度の下で早期に税収を確保する必要があったという執行上の要請に基づくものであった[注24]。

(注22)　札幌地判昭50・6・24（訟月21・9・1955）、長崎地判昭54・11・12（税資109・313）、東京地判平4・11・17（税資193・448）等参照
(注23)　最判（一小）昭45・12・24（民集24・13・2243）等参照
(注24)　平田敬一郎ほか編『昭和税制の回顧と展望（上巻）』（大蔵財務協会、昭和54年）169頁以下参照

その点について、当時の税制改正に関与した者は、次のように、説明している(注25)。

「それは正直なところ、民主化というよりも、向こうの意図としては、またこっち側も、予算課税をしなければならんということになると、四回にも割って賦課課税なんかやれるはずはないのだからね。それで、当然、申告納税制度をとる以外に方法がないのですよ。そうだとすれば、民主化なり何なりに結びつけてやらなきゃならない。確かにこっち側にもそういう意図はあった。ただ、向こうの予算課税をやれということも、また、こっち側が、予算課税をやるということも、要するに、ことしの税金をことしとるということが主要なる目的であったことは間違いないと思う。"民主化"と言ったにしても、それはつけ足しのことであって、一番の根本は、予算課税をするとそれには申告納税にするしか方法がないと、そういうところから出発しておることは事実ですよ。」。

このように、国税における申告納税制度の導入は、税収を早期に確保しようとする税務執行上の要請にあったとのことであるが、そのことが、申告納税方式の運用にどのような影響を及ぼすかについては留意を要する。

(2) 法律上の意義

国税通則法16条1項1号は、申告納税方式について、次のように定義している。

「納付すべき税額が納税者のする申告により確定することを原則とし、その申告がない場合又はその申告に係る税額の計算が国税に関する法律の規定に従つていなかつた場合その他当該税額が税務署長又は税関長の調査したところと異なる場合に限り、税務署長又は税関長の処分により確定する方式をいう。」

この規定から理解されるように、申告納税方式とは、納税者の申告によって納付すべき税額を確定することを原則としながらも、当該申告がない場合や当該申告が法律の規定に従っていない場合があることを想定して、税務署長等による調査があることとその調査に基づく処分によって税額が確定されることを意味している。

(注25) 前掲（注24）278頁（前尾発言）。なお、引用文中、発言者は、当時主税局長を務めた前尾繁三郎氏であり、「向こう」側とは、アメリカ進駐軍司令部（GHQ）を指す。

第2章　納税義務の成立・税額の確定　　31

　そのことが、納税者による申告・納付をした（又はそれらをしなかった）
後の、税務署長等による調査・処分における諸手続の法律問題を惹起するこ
との原点になる。これらの問題は、第5章において詳述する。

(3)　対象となる主要税目

　申告納税方式が適用される国税は、納税義務が成立する場合において、納
税者が、国税に関する法律の規定により、納付すべき税額を申告すべきもの
とされているものである（通則法16②一）。

　例えば、所得税法120条1項は、「居住者は、その年分の総所得金額、退職所
得金額及び山林所得金額の合計額が〔略〕雑損控除その他の控除の額の合計
額を超える場合において、〔略〕所得税の額の合計額が配当控除の額を超える
ときは、〔略〕第3期（その年の翌年2月16日から3月15日までの期間をいう。
〔略〕）において、税務署長に対し、次に掲げる事項を記載した申告書を提出
しなければならない。」と定めている。また、所得税法120条1項に基づいて確
定申告書を提出した居住者は、納付すべき税額があるときは、第3期において、
当該金額に相当する金員を国に納付しなければならない（所法128）。このよう
な申告納税方式は、法人税（法法74①・76）、相続税（相法27①・33）、消費税（消
法45①・49）、酒税（酒法30の2・30の4）等の主要税目について採用されている。

4　賦課課税方式

(1)　法律上の意義

　前述した申告納税方式に対し、賦課課税方式は、我が国の税制において伝
統的に採用されてきた。しかし、現行では、申告納税方式が主流となってい
るところ、国税通則法16条1項2号は、賦課課税方式につき、「納付すべき税額
がもっぱら税務署長又は税関長の処分により確定する方式をいう。」と定め
ている。もっとも、賦課課税方式であるからといって、税務署長等によって
のみ納付すべき税額が確定されるわけではなく、当該税額確定手続について、
税目によっては、納税者に対しても、所定の手続を履行することが要求され
ている。すなわち、国税通則法31条1項は、「賦課課税方式による国税の納税
者は、国税に関する法律の定めるところにより、その国税の課税標準を記載
した申告書をその提出期限までに税務署長に提出しなければならない。」と
定めている。この規定にいう申告書は、課税標準申告書と称されている（通
則法31②）。

（2） 対象となる主要税目

賦課課税方式が適用される国税は、特別の事実関係において課される消費税、酒税等の間接税と行政制裁として課される各種加算税及び過怠税とがある。前者の主要な国税は、次のとおりである。

① 輸入郵便物、入国者の携帯品等に係る消費税等（消法47②、関税法6の2①等）

② 外交官用として免税を受けた輸入貨物が輸入後2年以内にその用途以外に供された場合の消費税等（酒法30の3②等）

③ 課税物件が製造場において飲用、喫煙、消費又は使用され、かつ、それらが製造者の責めに帰し得ない場合に、その飲用者等に課される酒税、たばこ税等（酒法6の3②、たばこ税法6①等）

④ 特定用途免税物品の購入者等がこれをその用途以外の用途に供し、又は譲り渡した場合に課される揮発油税等（揮発油税法16の3⑥等）

第4節　期間及び期限

1　税額確定手続等との関係

（1）　納税者の手続

国税通則法においては、期間及び期限は、①総則の中に規定されているので、当該各条項の解釈も、例えば、「初日算入、不算入」というような文言上の理解に終始しがちである。そのことが、実務において、国税通則法の規定を疎遠にする一つの原因になっている。そこで、本節では、期間及び期限が、前節で述べた税額確定手続の中で、どのように機能しているかについて照準を当てて論じることとする。

もちろん、期間及び期限は、徴収処分等にも関わるが、本節では、税額確定手続を中心に論じることとする。まず、納税者側の手続としては、申告納税方式における申告期限が問題となるが、国税通則法では、当該申告期限等を「国税に関する法律の規定」（通則法16②一）に委ねており、当該法律の規定により納税申告書を提出すべき期限を「法定申告期限」という（通則法2七）。この法定申告期限については、例えば、所得税であれば、第3期すなわち翌年2月16日から3月15日までであり（所法120①）、法人税であれば、当該事業年度終了の翌日から2月以内であり（法法74①）、相続税であれば、相続の開始を知

第2章　納税義務の成立・税額の確定　　33

った日の翌日から10月以内であり（相法27①）、贈与税であれば、贈与のあった年の翌年2月1日から3月15日までであり（相法28①）、消費税であれば、課税期間の末日の翌日から2月以内である（消法45）。これらの法定申告期限内に申告書を提出しなければ、無申告加算税（通則法66）等が課されることになる。

　また、国税に関する法律の規定により国税を納付すべき期限、すなわち法定納期限（通則法2八）は、原則として、前述の法定申告期限と同じである（所法128、法法77等）。なお、法定申告期限後に納付すべき税額が生じた場合の具体的な納期限は、修正申告書及び期限後申告書を提出した場合には、当該提出した日であり、更正決定等があった場合には、更正通知書等が発せられた日の翌日から起算して1月を経過する日である（通則法35②）。このような法定納期限内に国税を納付しなければ、原則として、延滞税の負担が発生し（通則法60）、具体的納期限は、延滞税の税率算定の基礎となる（通則法61）（注26）。

　そのほか、納税者の税務署長等に対する申請、不服申立て等についても、それらに対応した提出期限が設けられている。例えば、青色申告の承認の申請は、所得税はその年の3月15日（所法144①）、法人税は当該事業年度開始の日の前日であり（法法122①）、相続時精算課税の適用の届出は、当該贈与税の法定申告期限内であり（相法21の9②）、消費税の簡易課税は、届出書を提出した日の属する課税期間の翌課税期間以降に適用される（消法37①）。また、不服申立ては、原則として、処分があったことを知った日の翌日から起算して3月以内にしなければならないし（通則法77①）、再調査の請求を経た後の審査請求は、再調査決定書の送達があった日の翌日から起算して1月以内にしなければならない（通則法77②）。

(2)　課税庁の手続

　前節で述べた税額の確定手続においては、税務署長等による各種の処分を伴うことになる。すなわち、賦課課税方式においては、賦課決定（通則法32）によって税額が確定するのが当然であるが、申告納税方式においても、同方式の定義規定の中で税務署長等による「処分」による確定を予定し（通則法16①一）、税務署長の調査によって更正（通則法24）又は決定（通則法25）が行われ

（注26）　延滞税の税率は、原則として、年率14.6％であるが、具体的な納期限までの期間又は納期限の翌日から2月を経過する日までの期間は年率7.3％となる（通則法60②）。そして、この税率については、租税特別措置法94条において特例（低率）が設けられている。

ることになる。これらの各処分については、当該国税に係る法定申告期限等から、原則として、3年、5年、6年、7年又は9年を経過した日以降においては、することはできないとされている（通則法70、相法36等）。また、このような各処分に対する期間制限は、税額の確定処分にとどまらず、各種の徴収処分にも関係する。すなわち、国税の徴収を目的とする国の権利（以下「国税の徴収権」という。）は、原則として、その国税の法定納期限から5年間行使しないことによって、時効によって消滅する（通則法72①）から、国税の徴収を目的とする納税の告知（通則法36①）、督促（通則法37）、財産の差押え（徴収法47）等の各種徴収処分も時効によって消滅する前に行う必要がある。

2　期間の計算

（1）　期間の意義

国税通則法10条1項は、「国税に関する法律において日、月又は年をもつて定める期間の計算は、次に定めるところによる。」と定めているが、この場合の期間とは、ある時点からある時点まで継続した時の区分である。

ただし、その期間の計算というのは、確定日から確定日までというような明確で疑問の余地のない場合をいうのではなく、「…から50日以内」（通則法37②）とか、「…から2月以内」（通則法46①）とか、「…5年以内」（相法38①）というように計算して当該期間を明らかにする必要があるもの、つまり、日、月又は年をもって定められている期間の計算をいうものである。したがって、期間の計算を行う必要がない確定日から確定日まで、例えば、所得税の法定申告期限である「2月16日から3月15日まで」という期間については、ここにいう期間の計算の適用がなく、国税通則法10条2項に定める期限の特例の適用を受けることになる。

（2）　期間の初日

期間が日、月又は年をもって定められている場合には、原則として、初日は算入しない（通則法10①一）。例えば、「その理由のやんだ日から2月以内に限り」（通則法11）の場合は、理由のやんだ日の翌日を第1日として計算することになる。

ただし、その期間が午前零時から始まるとき、又は国税に関する法律に別段の定めがあるときは、初日不算入は適用されない。例えば、「事業年度終了の日の翌日から2月以内」（法法74①）の場合の「事業年度終了の日の翌日」は、午前零時から始まるから、その日は算入することになる。また、国税に関す

る法律に別段の定めがあるとき、例えば、「…した日から起算して」（通則法14③、所法116等）又は「…の定める日以後」（法法13②）とされているものをいうが、このような場合は、当該「した日」又は「定める日」が期間の初日となる。

(3) 暦による計算

期間を定めるのに月又は年をもってしたときは、暦に従う（通則法10①二）。この場合において、月又は年の初めから期間を起算しないときは、その期間は、最後の月又は年においてその起算日に応当する日の前日に満了する。ただし、最後の日にその応当する日がないときは、その月の末日に満了する（通則法10①三）。暦に従うとは、1月を30日又は31日とか、1年を365日のように換算して計算するのではなく、例えば、1月の場合は、翌月のその起算日に応当する日の前日を、1年の場合は、翌年のその起算日に応当する日の前日を、それぞれの期間の末日として計算することをいう。また、最後の日に応当する日がないときとは、例えば、12月30日から起算して2月といえば、2月30日という応当日がないから、2月28日又は2月29日に満了する。

(4) 遡及期間の計算

過去に遡る期間の計算は、明示規定がないので、国税通則法10条1項の規定を準用して計算する。例えば、国税徴収法95条1項は、税務署長が差押財産を公売に付するときは、「公売の日の少なくとも10日前までに」公売財産の名称、数量、性質及び所在、公売の方法、公売の日時及び場所等を公告しなければならない、と定めている。この場合には、その公売の日の前日を第1日として、遡って10日目に期間が満了することになるので、その前日の11日目の日までに公売公告をしなければならないとされている（徴基通10−2）。

3 期限の特例

(1) 期限の意義

前記1で述べたように、国税に関する法律に定める申告、申請、届出、各種の手続等については、所定の期限が定められている。この期限とは、法律行為の効力の発生若しくは消滅又はこれらの法律行為若しくは事実行為の履行が一定の日時の到来にかかっている場合における、その一定の日時をいう。期限には、3月15日、7月31日等の確定日によるもののほか、期間の末日も含まれる。

(2) 日祭日等の特例

国税に関する法律に定める申告、申請、請求、届出その他書類の提出、通

知、納付又は徴収に関する期限（時をもって定める期限その他の政令で定める期限を除く。）が日曜日、国民の祝日に関する法律に規定する休日その他一般の休日又は政令で定める日に当たるときは、これらの日の翌日をもってその期限とする（通則法10②）。この場合、「政令で定める日」とは、土曜日又は12月29日、同月30日若しくは同月31日のことをいう（通則令2②）。また、「その他一般の休日」には、1月2日及び3日が該当するものと解されている（徴基通10−4）。

　なお、当該期限が日曜日等に該当する場合であっても、それが「時をもって定める期限その他の政令で定める期限」に該当するときには、期限延長の特例は認められないことになる（通則法10②かっこ書）。例えば、保税地域から引き取る課税貨物についての消費税は、その「引き取る時」に納付しなければならないことになっている（消法50①）。

　また、政令で定める期限については、所得税について出国の時その他の時をもって定めた期限、保税地域から課税貨物に係る消費税の納付期限、残余財産の最後の分配又は引渡しが行われる日の前日をもって定めた法人税の申告期限、国税徴収法99条に定める見積価額の公告の期限その他公売の日の前日をもって定めた期限など9項目について定められている（通則令2①）。

4　災害等による期限の延長
(1)　制度の趣旨

　前記1から3までに述べてきたことは、納税者が納税申告書を所轄税務署長に対して提出して税額を確定するとき等、又は、税務署長が納税者に対して更正決定等の処分によって税額を確定したり確定している税額を是正するとき、いずれの場合にも、期間的制限がある。しかし、災害等が生じたときには、当該期間的制限に係る期間の計算方法及び期限について何らかの特例を定める必要がある。これらの場合、特に問題となるのが、納税者が所定の期限内に納税申告書を提出しなかった場合に、無申告加算税が課され、かつ、延滞税が課されるという行政制裁が行われることになるが、当該不提出等が当該納税者の責に帰し得ないようなやむを得ない事情によるときにも、当該行政制裁を機械的に行うことは酷なことになる。

　もっとも、このような納税者の窮状を救済するためには、個々の納税者ごとに、当該無申告について「正当な理由」を認めて（通則法66①）、無申告加算税を課さないこととしたり、国税の納付が困難な者に対して納税を猶予すること（通則法46）等とする方法もある。しかしながら、災害等によってその地

域全体の納税者が期限内申告書の提出等が困難となる場合があるので、その地域全体の延長を図る方が、納税者の利益に一層適うこととなり、行政の効率性を考慮した場合にも望ましいこととなる。そのため、国税通則法11条は、災害その他やむを得ない理由により、納税者が所定の期限までに申告等ができないと認められるときは、当該地域ごとに当該期限の延長を行うことを定めている。

(2)　延長の方法

国税通則法11条は、「国税庁長官、国税不服審判所長、国税局長、税務署長又は税関長は、災害その他やむを得ない理由により、国税に関する法律に基づく申告、申請、請求、届出その他書類の提出、納付又は徴収に関する期限までにこれらの行為をすることができないと認めるときは、政令で定めるところにより、その理由のやんだ日から2月以内に限り、当該期限を延長することができる。」と定めている。この場合にも、国税庁長官は、都道府県の全部又は一部にわたり災害その他やむを得ない理由により申告等ができないと認めるときには、地域及び期日を指定して当該期限を延長することにしている（通則令3①）。また、このような国税庁長官の地域指定による期限延長がない場合にも、国税庁長官、国税不服審判所長、国税局長、税務署長又は税関長は、同様な理由により申告等をすることができないと認めるときは、当該行為をすべき者の書面による申請により、個別に期日を指定して当該期限を延長するものとしている（通則令3②③）。

なお、国税通則法11条にいう「災害」とは、地震、暴風、豪雨、豪雪、津波、落雷、地滑りその他自然現象の異変による災害及び火災、火薬類の爆発、ガス爆発、交通途絶、その他の人為による異常な災害のほか、害虫、害獣その他の生物による異常な災害をいい、「その他やむを得ない理由」とは、申告等をする者の重傷病その他自己の責めに帰さないやむを得ない事実をいい、資金不足又はその者の責めにより納付等ができないと認められる事実を含まない、と解されている（徴基通11－1）。

(3)　延長の効果等

以上のような期限の延長によって、法定申告期限が延長された場合は、当該延長された期限が法定申告期限となり、法定納期限が延長された場合は、当該延長された期限が法定納期限となる。また、法定納期限以外の納期限（第二次納税義務者又は保証人に対する納付通知に係る納期限を含む。）、延納に係る期限、納税の猶予に係る期限又は徴収の猶予若しくは換価の猶予に係る期限を延長した場合は、その延長された期間に対応する部分の延滞税や利子

税は免除される（通則法63②③）。

　なお、この措置は、国税債務の履行期限の延長を認めるものであるから、その延長に係る期限までは、督促等の請求手続又は滞納処分手続をとり得ないことはもちろんである。したがって、災害等の後にこれらの期限が到来する国税について、督促状発付後に、その納期限が延長されたときは、それらの督促等の手続は効力を失うことになる。

　以上のように、国税通則法11条に基づく期限の延長は、納税者にとって、一次的には、法定申告期限等が延長されるという期間的利益を得ることになるが、実質的には、それぞれの期限延長の期間に対応した延滞税又は利子税の負担を免れるという金銭的利益を得ることになる。そのほか、法人税法においては、災害その他やむを得ない事由により決算が確定しない場合、会計監査人の監査を受けなければならない場合等には、確定申告書の提出期限の延長が認められているが、その場合には、その延長期間に対応した利子税の負担を要することになる（法法75・75の2・81の23・81の24）。

第5節　送　　達

1　税額確定手続等との関係

　前節で述べたように、納税者が納税申告書を提出して税額を確定する場合等においても、又は、課税庁が更正決定等によって税額を確定する場合等においても、それぞれ期間及び期限の制限を受けることになる。この場合、問題となるのは、当該期限内に当該関係書類が相手方（名宛人）に到着している必要がある（到達主義）のか、あるいは、当該期限内に当該関係書類を郵便等によって発送していれば足りる（発信主義）のか、である。この問題に関しては、課税庁の処分等については、全面的に到達主義が採用されているのに対し、納税者の申告等については、一部例外を除き[注27]、発信主義が採

（注27）　納税者側に到達主義が適用されるものとしては、差押換えの請求（徴収令19①）、酒類・酒母・もろみの製造方法の申告書（酒令53③）等の税務官庁において必要な審査期間の確保やその後の事務に支障を来す書類、又は、給与所得者の扶養控除等（異動）申告書（所法194①）、租税条約に関する届出書（租税条約等の実施に伴う所得税法、法人税法及び地方税法の特例等に関する法律の施行に関する省令2①等）等の源泉徴収義務者等における源泉徴収事務等に支障を来す書類がある。

第 2 章　納税義務の成立・税額の確定　　39

用されている(注28)。よって、課税庁において到達主義が採用されている場合
には、当該書類の送達が問題となる。

　すなわち、送達とは、特定の名宛人に対し、行政処分等の内容を予知する
機会を与えるために、その内容を記した書類を相手方に届けることをいい、
それは独立の行政行為でなく、一種の仲介的行為である。国税の賦課、徴収
等の行政処分に係る手続の執行は、その多くが書類によって行われ、書類が
送達されることによって当該行政処分の効力が発生する。換言すると、当該
行政処分の所定の期限内に当該書類の送達が行われないと、当該行政処分は
なかったことになる。

　もっとも、国税に関する税額確定等の行政処分は、大量かつ反復的に行わ
れることから、国税通則法では、書類の送達方法を具体的に定め、書類送達
の補充規定として公示送達を定めている。

2　書類の送達

(1)　郵便又は信書類による送達

　税務署長が発する書類は、原則として、郵便又は信書便によって送達され
る。国税通則法12条1項は、「国税に関する法律の規定に基づいて税務署長そ
の他の行政機関の長又はその職員が発する書類は、郵便若しくは民間事業者
による信書の送達に関する法律〔略〕第2条第6項〔略〕に規定する一般信書
便事業者若しくは同条第9項に規定する特定信書便事業者による同条第2項に
規定する信書便（以下「信書便」という。）による送達又は交付送達により、
その送達を受けるべき者の住所又は居所（事務所及び事業所を含む。以下同
じ。）に送達する。」と定めている。この場合、その送達を受けるべき者に納
税管理人がいるときは、その住所又は居所に送達することになる（通則法12①
ただし書）。

　このような郵便又は信書便によって書類を送達した場合には、その郵便物
又は信書便物は、通常送達すべきであった時に送達があったものと推定され
る（通則法12②）。この規定は、「推定する」のであるから、書類の送達を受け
るべき者から、当該書類の「通常送達すべきであった時」に送達がなかった
ことが反証されたときには、その時には送達がなかったことになる。そのた

(注28)　納税者側に発信主義が適用されるものとしては、第3章第5節において、国税通
　　則法22条を説明する際に詳述する。

め、郵便等による送達は、通常、書留便等が利用されることになるが、その送達を確実にするために、「税務署長その他の行政機関の長は、前項に規定する場合には、その書類の名称、その送達を受けるべき者〔略〕の氏名〔略〕、あて先及び発送の年月日を確認するに足りる記録を作成して置かなければならない。」（通則法12③）と定められている。

　(2)　交付送達

　前述のように、税務署長等が発する書類は、原則として、郵便又は信書便によって送達されるのであるが、それらによっては、当該書類に係る行政処分の期限に間に合わないような場合がある。そこで、国税通則法12条4項は、「当該行政機関の職員が、第1項の規定により送達すべき場所において、その送達を受けるべき者に書類を交付して行なう。」ことを定めている。この送達を交付送達という。

　しかし、送達すべき場合において送達を受けるべき者に書類を直接交付することが困難である場合等には、次の方法によって交付することができる。

①　出会送達

　送達を受けるべき者に異議がないときは、職員と出会った場所その他住所及び居所以外の場所（送達を受けるべき者の勤務先等）で交付することができる（通則法12④ただし書）。

②　補充送達

　送達すべき場所において書類の送達を受けるべき者に出会わない場合は、その交付に代えて、送達を受けるべき者の使用人その他の従業者又は同居の者で書類の受領について相当のわきまえのある者に書類を交付することができる（通則法12⑤一）。この場合、「相当のわきまえのある者」については、昭和53年5月22日裁決（裁事16・1）が、小学校6年生の長男に交付した事案につき、「その子は、書類の受領につき事理を弁識する能力を有すると認められる」と判断し、当該交付を有効としている。

③　差置送達

　書類の送達を受けるべき者若しくは補充送達を受けるべき者が送達の場所にいないとき、又はこれらの者が正当な理由なく書類の受領を拒んだ場合には、送達を受けるべき者への交付に代えて、送達すべき場所（玄関内、郵便受箱等）にその書類を差し置くことによることができる（通則法12⑤二）。

第2章　納税義務の成立・税額の確定　　41

3　相続人に対する送達の特例

(1)　特例の必要性

相続があった場合には、第1章第4節で述べたように、被相続人の国税の納税義務は相続人に承継されることになる（通則法5①）。そのため、当該相続人が、当該納税義務の履行を要求する税務署長等の相手方である当事者となる。

したがって、被相続人に係る書類の送達は、原則として、相続人に対してそれぞれ行われることになるが、その相続人が複数いる場合には、個々の相続人に書類を送達すること等が困難になる場合がある。そこで、次のような特例が設けられている。

(2)　代表者の指定

相続人が2人以上あるときは、これらの相続人は、国税に関する法律の規定に基づいて発せられる書類（滞納処分に関するものを除く。）で被相続人の国税に関するものを受領する代表者をその相続人のうちから指定することができる（通則法13①）。この場合において、その指定に係る相続人は、その旨を当該税務署長等へ届け出なければならない（通則法13①）。

また、その代表者は、その被相続人の死亡時の住所又は居所と同一の住所又は居所を有する相続人その他書類の受領につき便宜を有する相続人のうちから定められなければならない（通則令4①）。このような相続人による代表者の指定に関し、相続人のうちにその氏名が明らかでないものがあり、かつ、相当の期間内（おおむね相続の開始後3月以内）に相続人による届出がないときは、税務署長その他の行政機関の長は、相続人の1人を指定し、その者を代表者とすることができる（通則法13②）。この場合において、その税務署長等は、その旨をその指定に係る相続人に通知しなければならない（通則法13②）。

(3)　被相続人の名義でした処分の効力

被相続人の国税につき、その者の死亡後、その死亡を知らないでその者の名義でした国税に関する法律に基づく書類で送達を要するものがある場合に、その相続人の1人にその書類が送達された場合には、当該国税につき、全ての相続人に対してされたものとみなされる（通則法13④）。

なお、この場合の書類には、代表者の指定の場合と異なって、滞納処分に関するものも含まれることに留意を要する。

4 公示送達

(1) 要 件

前記２及び３の書類による送達は、その送達を受けるべき者の住所等が明らかでない限りすることはできない。しかし、住所等が明らかでない場合にも、税務署長等は、当該納税者に対する処分を放棄することはできない（仮に、放棄することになれば、納税者は、その住所等を不明にして容易に納税義務を免れることができる。）。そこで、国税通則法14条1項は、「第12条（書類の送達）の規定により送達すべき書類について、その送達を受けるべき者の住所及び居所が明らかでない場合又は外国においてすべき送達につき困難な事情があると認められる場合には、税務署長その他の行政機関の長は、その送達状に代えて公示送達をすることができる。」と定めている。

この場合、「住所及び居所が明らかでない場合」とは、税務署又は国税局内における帳簿書類の調査、実地調査、市町村役場等における調査等所在を確認するため通常必要と認められる調査をしても、なお住所及び居所その他送達すべき場所のいずれもが不明の場合をいい、単に郵便物又は信書便物が宛先不明で返却されたことを理由として、所要の調査をしないで公示送達をしてもその効力は生じないものと解されている（徴基通14−1）。また、「外国においてすべき送達につき困難な事情がある場合」とは、①その外国につき国交の断絶、戦乱又は天災があって書類の送達ができないと認められる場合、②法令の規定に基づき外国に郵便物の送達ができないとされている場合等をいう（徴基通14−2）。

(2) 方法と効力公示

公示送達は、送達すべき書類の名称、送達を受けるべき者の氏名及びいつでもその書類の送達を受けるべき者に交付する旨を税務署等の掲示場に掲示して行う（通則法14②）。この掲示は、公示送達の効力が発生する時まで継続して行う必要がある。

また、送達すべき書類は、その効力の発生後でも、その書類に関係のある国税の納税義務が消滅するまで、また、不服申立て及び訴訟が継続している場合は、その係属している期間中保管しておく必要がある。公示送達の効力については、掲示を始めた日から起算して7日を経過したときは、書類の送達があったものとみなされる（通則法14③）ので、その時に発生する。

なお、公示送達の効力が発生した場合で、法令の規定に基づき書類が発せられた日又は発生した日を基準として期間を計算する場合（例えば、滞納処分をすることができる日（通則法40））には、公示送達に係る書類は、公示送達書の掲示を始めた日に発せられ又は発したことになる（徴基通14−4）。

第３章

納税申告

44

第1節　問題の所在

第2章で述べたように、国税の納税義務は、税目ごとに一定の事実が生じた時に成立し、成立後の税額は、それぞれの税目に応じて、自動確定方式、申告納税方式又は賦課課税方式によって確定する。

しかし、それらの場合においては、納税義務が成立した後に、原則として、納税者の申告によって税額を確定することになるが、確定すべき税額が未確定であったり、納税者の申告又は税務署長等の処分によって一旦確定した税額についても誤りがあるときがある。このような誤り等については、国税通則法の下では、納税者側の手続によって是正される場合と税務署長等による調査・処分によって是正される場合とを予定している。前者については、期限後申告及び修正申告と更正の請求がある。

ここでは、税額の確定手続である納税申告の意義を明らかにし、納税者による税額の是正方法である期限後申告及び修正申告について論じることとする。これらの申告手続に関しては、納税申告の種類、納税申告書の提出手続、納税申告の法的性格、納税申告に瑕疵があった場合の救済手続等を明らかにする必要がある。よって、ここでは、納税申告に関わる法律問題を総合的に検討した上で、実務上問題になりがちな期限後申告又は修正申告の法的判断に資するようにする。なお、ここで論じることは、更正の請求とも深く関わることになるが、それについては第4章で論じることとする。

第2節　納税申告の種類

1　期限内申告

申告納税方式による国税の納税者は、国税に関する法律の定めるところにより、納税申告書を法定申告期限までに提出しなければならない（通則法17①）。

この規定による納税申告書は、期限内申告書という（通則法17②）。この場合の「国税に関する法律の定めるところ」については、例えば、所得税法が、

「居住者は、〔略〕第3期（その年の翌年2月16日から3月15日までの期間をいう。〔略〕）において、税務署長に対し、次に掲げる事項を記載した申告書（編注＝確定申告書）を提出しなければならない。」（所法120①）と定め、法人税法が、「内国法人は、各事業年度終了の日の翌日から2月以内に、税務署長に対し、確定した決算に基づき次に掲げる事項を記載した申告書を提出しなければならない。」（法法74①）と定め、相続税法が、「相続又は遺贈〔略〕により財産を取得した者及び当該被相続人に係る相続時精算課税適用者は、〔略〕その相続の開始があつたことを知つた日の翌日から10月以内〔略〕に課税価格、相続税額その他財務省令で定める事項を記載した申告書を納税地の所轄税務署長に提出しなければならない。」（相法27①）と定めている。

　以上のように、期限内申告は、必ず、各税法に定めた法定申告期限内に申告書（期限内申告書）を提出しなければならないこととされている。これは、国税通則法16条1項に定める申告納税方式における税額確定の原則を各税法で定めているものといえる。

2　期限後申告

　期限内申告書を提出すべきであった者は、その提出期限後においても、国税通則法25条に定める税務署長の決定があるまでは、納税申告書を税務署長に提出することができる（通則法18①）。この規定により提出する納税申告書を、期限後申告書という（通則法18②）。この期限後申告書には、その申告に係る国税の期限内申告書に記載すべきものとされている事項を記載し、添付すべきものとされている書類を添付しなければならない（通則法18③）。この場合、「…提出することができる。」とされていることは、申告納税方式が、期限内申告がなければ税務署長の調査による処分によって税額を確定することを予定し（通則法16①一）、税務署長が調査に基づいて決定することを原則としている（通則法25）のであるが、その決定があるまでは、当該納税者はいつでも自己の裁量によって期限後申告書を提出できるという趣旨である。これは、期限後申告書を提出した方が、無申告加算税が軽減されたり（通則法66⑤）、延滞税が軽減される（通則法60②）ことがあるためでもある。よって、期限後申告書の提出は、本来、後述するところの当該職員の勧奨（通則法74の11③）を待って提出するものではない。なお、当該職員の勧奨の問題は、本章第3節の2及び第5章において論じることとする。

第3章 納税申告 47

3 修正申告

　申告書を提出した場合は、次のいずれかに該当する場合には、その申告について国税通則法24条に定める税務署長の更正があるまでは、その申告に係る課税標準等又は税額等を修正する納税申告書を税務署長に提出することができる（通則法19①）。

① 　先の納税申告書に記載した税額に不足額があるとき

② 　先の納税申告書に記載した純損失等の金額が過大であるとき

③ 　先の納税申告書に記載した還付金の額に該当する税額が過大であるとき

④ 　先の納税申告書に納付すべき税額を記載しなかった場合において、その納付すべき税額があるとき

　また、このような納税申告書の提出については、国税通則法24条から26条までの規定によって更正又は決定を受けた者についても、次の更正があるまでは、同じように定められている（通則法19②）。以上の規定により提出する納税申告書等を、修正申告書という（通則法19③）。また、修正申告書には、その申告前又はその申告後の課税標準等及び税額等の所定の事項の記載を要し、所定の書類を添付しなければならない。なお、修正申告書について「更正があるまでは、……税務署長に提出することができる。」とされていることについては、前述した期限後申告書の提出と同じように、納税者が課税上有利と判断したときに提出することを予定していることである。

4 還付申告

　還付申告という独自の納税申告があるわけではないが、所得税であれば、期限内申告書である確定申告書に、控除しきれなかった源泉徴収税額や予定納税額が記載されている場合には、それらは別の規定によって当該税額が還付される（所法138①・139①）。また、純損失の繰戻しによる還付の請求もできる（所法140）。

　このような還付制度は、法人税法（法法78～80）や消費税法（消法52～55）においても定められている。このような還付申告による還付税額（過誤納金）は、原則として、当該申告によって確定することとなり、税務署長等は「遅滞なく、金銭で還付しなければならない。」（通則法56①）ことになる。また、過大な還付税額を請求する還付申告については、過少申告加算税や重加算税の賦

課決定の対象となる(注29)。このような還付申告については、近年検討されているような低額所得者等に対する負の所得税や消費税の申告による還付制度が創設されるようになると、一層複雑な法律問題が惹起されるものと予測される。

第3節　修正申告等の特例

1　相続税等の特則

　前節で述べた各種納税申告の原則的規定に対し、それらの特例的ともいえる規定がある。その一つは、相続税法における期限後申告及び修正申告の特則である。相続税は、相続開始後10月以内に期限内申告書を提出しなければならない（相法27①）が、相続という特別の事情もあって、当該申告書の提出後も、当該相続税の課税価格等に影響を及ぼす種々の事由が生じることもある。

　そのため、当該事由によって、期限内申告書に記載した税額が過大となったり、過少になったりすることになるが、それらが、相続人によって異なる場合もある。そこで、相続税法は、このような事由によって、先の申告又は決定に係る税額等が過大であった場合に、当該事由が生じたことを知った日の翌日から4月以内に限り、更正の請求を認めることとし、その事由を制限的に列挙している（相法32）。そして、更正の請求ができる事由のうち、特定の事由によって、相続税の申告を要することになったり、先の申告に係る税額が過少となる場合には、期限後申告書又は修正申告書を提出することができるとされている（相法30①・31①）。その特定の事由の主要なものは、次のとおりである（相法32①一～六、相令8）。

①　遺産が未分割であったため法定相続分によって申告している場合（相法55）に、その遺産分割が行われたこと

（注29）　過大還付申告について過少申告加算税が賦課された例として、水戸地判平8・2・28（訟月43・5・1376）、東京高判平9・6・30（税資223・1290）等、虚偽の還付申告について重加算税が賦課された例として、京都地判平15・7・10（税資253順号9392）、大阪高判平16・9・29（税資254順号9760）等を参照

第3章　納税申告　　49

② 認知の訴え（民法787）、推定相続人の廃除（民法892）等に関する裁判が確定したことにより相続人に異動が生じたこと

③ 遺留分による減殺の請求に基づき返還すべき又は弁償すべき額が確定したこと

④ 遺贈に係る遺言書が発見され、又は遺贈の放棄があったこと

⑤ 条件付物納が許可された場合において、当該条件に係る物納に充てた財産の性質その他の事情に関し所定の事情（土壌汚染の発覚等）が生じたこと（相令8①）

⑥ ①から⑤までの事由に準ずるものとして政令で定める事由が生じたこと
　この⑥にいう政令が定める事由には、①相続若しくは遺贈又は贈与により取得した財産についての権利の帰属に関する訴えについての判決があったこと、②相続開始後に認知された者の価額の支払請求（民法910）により弁済すべき額が確定したこと、及び③条件付の遺贈について、条件が成就したこと、がある（相令8②）（以上のほか、相法32①七～十）。

　以上の各事由が生じた場合に、贈与税の課税価格等にも影響を及ぼすときには、贈与税の期限後申告書の提出（相法30②）又は贈与税の修正申告書の提出（相法31④）もできることとされている。

　なお、以上のような期限後申告書又は修正申告書の提出は、国税通則法18条又は19条と同様に、納税者の任意によって行えばよいのである。しかし、相続税法31条1項に規定する者は、民法958条の3第1項（特別縁故者に対する相続財産の分与）の規定により同項に規定する相続財産の全部又は一部を与えられた場合には、その与えられた者が被相続人か遺贈により取得したものとみなされるのである（相法4）が、それによって既に確定した相続税額に不足が生じると、当該事由が生じたことを知った日の翌日から10月以内に修正申告書を提出しなければならないとされている（相法31②）。これは、新たに遺贈によって財産を取得したことと同視し得るということで、実質的な期限内申告を義務付けたものと解される。

2　税務調査後の修正申告等の勧奨

　前節で述べたように、国税通則法の下における申告納税方式（通則法16①一）においては、納税者の申告による税額確定を原則とし、税務署長の調査・処分による税額確定を予定しているところ、税務署長は、納税者を調査して申

告の誤りを発見したときにはその調査に基づいて更正又は決定することとし（通則法24・25）、当該更正又は決定があるまでは、納税者は、そうすることが課税上有利であると判断できれば、任意に期限後申告（通則法18）又は修正申告（通則法19）をすることができることになっている。

　ところが、平成23年の国税通則法改正で設けられた国税通則法74条の11第3項では、同条2項が、「国税に関する調査の結果、更正決定等をすべきと認める場合には、当該職員は、当該納税義務者に対し、その調査結果の内容（更正決定等をすべきと認めた額及びその理由を含む。）を説明するものとする。」と定めたことに対応して、次のように定めている。

　「前項の規定による説明をする場合において、当該職員は、当該納税義務者に対し修正申告又は期限後申告を勧奨することができる。この場合において、当該調査の結果に関し当該納税義務者が納税申告書を提出した場合には不服申立てをすることはできないが更正の請求をすることはできる旨を説明するとともに、その旨を記載した書面を交付しなければならない。」

　このような規定は、近年の税務調査後において、当該職員が修正申告を慫慂することが慣例となっていることを考慮した上で、それを立法化したものと推測される。

　しかし、前述した国税通則法18条、19条、24条及び25条の規定をそのままにしておき、同法74条の11第3項において「当該職員は、当該納税義務者に対し修正申告又は期限後申告を勧奨することができる。」と定めることは、国税通則法全体の整合性を失うことになり、実務を混乱させることにもなる(注30)。

　また、このように、法定したことは、実務で行っていることであるという肯定論もあろうが、当該実務自体が国税通則法18条、19条、24条及び25条の文理に反しているわけであるから、当該実務を正当化するのであれば、上記条項についても改正を必要とするはずである。いずれにしても、修正申告の勧奨等は、通達等によって指示すれば足りることであって、国税通則法の法体系まで崩して、法定することでもないと考えられる。また、修正申告等の後の不服申立て又は更正の請求についても、関係条項に明記していることで

（注30）　品川芳宣「国税通則法改正後の税務調査手続等の問題点」税経通信平成25年4月号22頁等参照

第3章　納税申告　　51

あるから、通達等によって注意を促せば足りるのであって、法定化すること
ではないと考えられる。

第4節　修正申告の効力

1　学説上の争い

　税額等の確定手続において修正申告が行われると、新たな税額等が確定さ
れることになるので、先の申告、更正又は決定によって確定している税額等
との関係（効力）が問題となる。これらの関係については、更正に関しても
生じるのであるが、従来から次のような考え方（学説）が対立していた(注31)。
① 　併存説
　後の修正申告又は更正の効力は、これによって増加し又は減少する（更正
のみ）部分の税額についてのみ生じ、これらの行為と先の申告、更正又は決
定とは全く別個の行為として併存する。
② 　吸収説
　後の修正申告又は更正により、先の申告、更正又は決定の効力はその行為
時に遡ってなかったものとされ、後の修正申告又は更正の効力は、改めてそ
の国税につき既に確定した税額の全部について生ずる。
　このような学説のうち、併存説によると、後に修正申告等があっても、先
の申告等はなおその効力を維持することになるので、先の申告等に基づく納
付、差押え等の処分の効力が維持されるが、他方、争訟において一個の納税
義務についてされた複数の更正等の処分を統一的に審理することができない
という難点がある。他方、吸収説によると、後の修正申告等により、先の申
告等はなかったことになる結果、先の申告等に基づいて納付や徴収処分が行
われているときは、納付された税額は過誤納金となり、あるいは徴収処分は
無効になるなどの不合理が生じることになるし、先の納税者の自主的な申告
までもが納税者の意思とは関係なくなかったことにもなる。

（注31）　前掲（注4）317頁、384頁参照

52　　　　　　　第3章　納税申告

2　立法による解決

　そこで、国税通則法では、この問題を立法によって解決することとした。すなわち、同法20条は、「修正申告書で既に確定した納付すべき税額を増加させるものの提出は、既に確定した納付すべき税額に係る部分の国税についての納税義務に影響を及ぼさない。」と定めた。この規定が適用される修正申告は、税額を増加させるものに限定される[注32]。

　この立法趣旨は、修正申告の効力について、これにより追加的に確定される納付すべき税額すなわち増差税額についてのみ生じさせるものであって、それにより先の申告、更正又は決定がなかったことにならないことを明らかにすることにある。したがって、税額を増額する修正申告があっても、先の申告、更正又は決定に基づいてされた税額に係る納付や徴収処分が無効にならないことになる。

第5節　　納税申告書の提出手続

1　納税申告書の提出先の原則

　納税申告書は、提出の際におけるその国税の納税地（現在の納税地）を所管する税務署長に提出しなければならない（通則法21①）。この納税地については、税目ごとに各税法が定めることになるが、主要税目については、次のとおりである。

① 所得税

　原則として、ⓐ国内に住所を有する場合　その住所地、ⓑ国内に居所のみ有する場合　その居所地、ⓒ国内に恒久的施設を有する非居住者　その事業に係る事業所等の所在地（所法15・16）等である。

② 法人税

　原則として、内国法人については、その本店又は主たる事務所の所在地であり、外国法人については、恒久的施設である事務所等の所在地である（法法16・17・17の2）。また、国税局長による納税地の指定がある（法法18）。

（注32）　修正申告には、税額を増加させるもののほか、純損失等の金額を減少させるもの等の課税標準等に係るものもある。

③　相続税・贈与税

　無制限納税義務者については、原則として、この法律の施行地にある住所地であり、制限納税義務者については、当該納税義務者が納税地を定めて申告するか、国税庁長官が指定するかである（相法62）。なお、相続税については、後記２の特例がある。

④　消費税

　個人事業者は、原則として、その住所地又は居所であり（消法20・21）、法人は、本店又は主たる事務所の所在地である（消法22）。

　また、住所、居所、本店、事務所等は、課税期間中又は課税期間後に異動する場合がある。そこで、国税通則法21条2項は、「所得税、法人税、地方法人税、相続税、贈与税、地価税、課税資産の譲渡等に係る消費税又は電源開発促進税に係る納税申告書については、当該申告書に係る課税期間が開始した時〔略〕以後にその納税地に異動があつた場合において、納税者が当該異動に係る納税地を所轄する税務署長で現在の納税地を所轄する税務署長以外のものに対し当該申告書を提出したときは、その提出を受けた税務署長は、当該申告書を受理することができる。この場合においては、当該申告書は、現在の納税地を所轄する税務署長に提出されたものとみなす。」と定めている。

2　相続税の提出先の特例

　前記１で述べたように、相続税の申告書の提出者は、相続税法本法では、当該相続人の納税地とされている。

　しかし、現行の相続税法が制定された昭和25年の同法附則3項は、次のように定めている。

　「相続又は遺贈により財産を取得した者〔略〕の当該被相続人の死亡の時における住所がこの法律の施行地にある場合においては、当該財産を取得した者については、当分の間、第27条第1項若しくは第3項又は第29条第1項の規定により申告すべき相続税に係る納税地は、第62条第1項及び第2項の規定にかかわらず、被相続人の死亡の時における住所地とする。ただし、当該納税地の所轄税務署長又は国税局長がした当該相続税に係る処分は、その者の住所地の所轄税務署長又は国税局長がしたものとみなして、当該住所地の所轄税務署長又は国税局長に対し再調査の請求をし、又は訴えを提起することを

妨げない。」

　かくして、現行の実務では、被相続人の納税地を所轄する税務署長に対して相続税の申告書を提出することになり、それが恒久的に継続しているが、この附則における「当分の間」についての法律上の意義については、別の問題が生じている（注33）。また、申告書の提出先の税務署長がした処分については、相続人の住所地の所轄税務署長に対して不服申立て等ができることに留意する必要がある。

3　納税申告書の提出時期
(1)　発信主義の適用
　第2章第5節で述べたように、税法上の書類の提出（又は交付）が期限内に行われたか否かの判定基準として、発信主義と到達主義がある。納税申告書の提出は、その発信主義が適用される典型でもある。

　すなわち、国税通則法22条は、次のように定めている。

　「納税申告書（当該申告書に添付すべき書類その他当該申告書の提出に関連して提出するものとされている書類を含む。）その他国税庁長官が定める書類が郵便又は信書便により提出された場合には、その郵便物又は信書便物の通信日付印により表示された日（その表示がないとき、又はその表示が明瞭でないときは、その郵便物又は信書便物について通常要する送付日数を基準とした場合にその日に相当するものと認められる日）にその提出がされたものとみなす。」

　この場合に発信主義が適用されるのは、郵便物又は信書便物の通信日付印によって判断されるものであるから、当該通信日付印が不明な場合に「通常要する送付日数」を基に判断するときにも、郵便物又は信書便物（注34）に限定

（注33）　例えば、従前、医療法人の持分に対する課税（評価）は、非上場株式と同様にその価額が評価（課税）され、事業承継税制のような特例も同様に扱われてきたが、平成18年の医療法改正により、医療法人の持分が原則として廃止され、同改正法附則によって、「当分の間」医療法人の持分は従前どおりとされたことに対応し、当該持分の価額の評価（課税）は従前どおりであるが、持分あり医療法人の永続性が乏しいということで事業承継税制の特例は除外された。これは、前述の相続税法上の「当分の間」に比し、「当分の間」の解釈が恣意的に行われたものといえる。
（注34）　信書便物に該当するものは、「民間事業者による信書の送達に関する法律」2条3項に規定するものに限られる（通則法12①②）。

第3章　納税申告　　　55

されるので、法定申告期限の翌日に他の宅配便によって申告書が提出された
としても期限内申告になることはない^(注35)。

（2）　対象となる書類

このような発信主義が適用される書類は、当初、納税申告書とそれに添付
すべき書類に限定され、不服申立て等について、国税通則法22条を準用する
方法（通則法23⑦・31②・77④等参照）が採られていた。そのため、準用していな
い書類の提出については、到達主義が適用されるため、実務の混乱を招いて
いた。

そこで、平成18年の国税通則法の改正によって、同法22条に、「その他国税
庁長官が定める書類」を加えることとした。国税庁は、平成18年国税庁告示
7号を発し、次の書類等について発信主義を適用することとした。

〔提出期限の定めがある書類〕

①　所得税の予定納税の減額申請書（所法112）

②　個人事業の開業等届出書（所法229）、法人設立届出書（法法148）

③　青色申告承認申請書（所法144、法法122）

④　青色事業専従者給与に関する届出書（所法57②）

⑤　たな卸資産の評価方法の届出書（所令100②、法令29②）

⑥　減価償却資産の償却方法の届出書（所令123②、法令51②）等

〔提出期限の定めがある書類に準ずるもの〕

①　源泉所得税の過誤納金の還付請求書（所令313②、通則令24③）

②　所得税の納税地の変更に関する届出書（所法16③）

③　消費税課税事業者選択（不適用）届出書（消法9④⑤）

④　消費税簡易課税制度選択（不適用）届出書（消法37①）等

なお、後続の手続に影響を及ぼすおそれのある書類又は提出時期に具体的
な制約がない書類については、到達主義が適用されるが、次のようなものが
ある。

①　差押換えの請求書（徴収令19①）

②　給与所得者の扶養控除等（異動）申告書（所法194①）

③　納税地の異動に関する届出書（所法20、法法20①、消法25）

④　青色事業専従者給与に関する変更届出書（所令164②）

___

（注35）　平成17年1月28日裁決（裁事69・1）等参照

56 第3章 納税申告

⑤ 消費税課税事業者届出書（消法57①一）
⑥ 納税証明書交付請求書（通則令41④）等

第6節　納税申告の法的性格

1　私人による公法行為

　納税申告の過誤をめぐる法律問題は、当該納税申告の法的性格に帰することになる。この法的性格については、税制調査会「国税通則法の制定に関する答申の説明」（昭和36年7月）において、次のように説明されている（同説明第4章第2節2−2の1）。

　「納税者たる私人によってされる行為であり、その行為に納税義務の確定等公法上の法律効果が付与されるものであることは疑いがない。さらに、この申告が国家の行政に対する納税者の関与協力の発現である〔略〕これを法律的にみた場合に、どのように解釈するかについては、種々の考え方がある。この申告の主要な内容をなすものは課税標準と税額であるが、その課税標準と税額が租税法の規定により、すでに客観的な存在として定まっている限り、納税者が申告するということは、これらの基礎となる要件事実を納税者が確認し、定められた方法で数額を確定してそれを政府に通知するにすぎない性質のものと考えられるから、これを一種の通知行為と解することが適当であろう。」

　このような納税申告は、一般に、「私人によってなされる公法行為」[36]であると説明されているが、私法上の法律関係と公法上の法律関係が交錯するという複雑な法律問題を包含している。

2　行政処分性

　申告納税方式における税額の確定は、納税者の申告によることを原則としているが、当該申告が誤っていたり、申告すべきであるにもかかわらず申告がなかった場合には、税務署長の調査・処分によることとしている（通則法16

（注36）　前掲（注2）826頁等参照

①一）。この場合、税務署長の調査があった後には、税務署長は、原則として、更正又は決定をすることになっており（通則法24・25）、それまでは、納税者は、いつでも期限後申告又は修正申告ができることになっている（通則法18・19）。

　しかし、近年の実務では、税務職員は、調査後、納税者に対して、修正申告又は期限後申告を慫慂することを慣例的に行ってきた。そして、そのことが、平成23年の国税通則法の改正において明文化されている（通則法74の11③）。そうなると、税務職員の慫慂によって行われた修正申告又は期限後申告に過誤があった場合には、更正又は決定と同様に処分性を認めて争訟（不服申立て、取消訴訟等）の対象にすべきであるとする見解もみられる。

　この点について、新潟地裁昭和38年12月17日判決（訟月10・2・402）は、納税者のした修正申告の無効確認を求める等の訴えにつき、「修正申告は行政庁の処分ではないけれども、その性質上行政庁の処分と同視できる」旨判示して、その行政処分性を肯定した（しかし、その無効確認を求める訴えについては、無効事由がなく不適法として却下した。）。しかし、控訴審の東京高裁昭和40年9月30日判決（訟月12・2・275）は、「申告行為は、公法関係における行為ではあるが、一私人のものであるから、行政事件訴訟法3条にいう処分とはいえない」旨判示して、行政処分性を否定した。そして、上告審の最高裁昭和42年5月26日第二小法廷判決（訟月13・8・990）も、「法律上存在し得ない処分の取消しを求めるものであって、不適法といわざるを得ない」旨判示して、その行政処分性を否定している。

　このように、納税申告行為の行政処分性を否定するような考え方は、その後の裁判例[注37]にも引き継がれており、判例として確立しているともいえる。そのため、修正申告等を勧奨できるとしている国税通則法74条の11第3項も、当該修正申告等について不服申立てができないことを明らかにしている。

3　要式性
　納税申告は、各個別税法所定の事項を記載した納税申告書を税務署長に提出しなければならない（通則法17①・18③・19④）のであって、要式行為である。この納税申告の要式性に関しては、申告書作成の基礎となる決算書類が申告

（注37）　新潟地判昭54・3・12（訟月25・7・1967）等参照

期限内に提出されたとしても申告書が提出されていない以上申告期限内に確定申告があったものとはいえないとした大阪地裁昭和39年10月16日判決（訟月11・2・338）、土地売却による譲渡所得の計算について証明書類の添付等所定の手続を経由しないときは租税特別措置法による課税の特例は認められないとした東京地裁昭和49年7月15日判決（訟月20・10・139）等がある。

　また、「仮申告書」という表示がされた法人税確定申告書の提出行為が、有効な申告行為といえるか否かが争われた事案につき、和歌山地裁昭和52年7月11日判決（訟月23・8・1517）は、民法93条ただし書を類推適用してこれを無効としたが、控訴審の大阪高裁昭和53年6月29日判決（訟月24・10・2149）は、右申告書に「仮申告書」なる表示がある等の事情があったとしても、右申告書の提出行為は法人税の確定申告をする意思に基づく有効な確定申告というべきである旨判示している。

　この場合の民法93条ただし書と申告の関係については、次節1及び3において詳述する。

第7節　納税申告の瑕疵と救済

1　民法上の意思主義

　前節で述べたように、納税申告は、一次的には、「納税者たる私人によってされる行為」であり、納税者による「一種の通知行為」であると解される。その点では、民法上の契約等における意思主義（意思の欠缺があった場合の救済）がどの程度認められるかが問題となる。そこで、納税申告に関連する民法の規定を指摘すると、次のとおりである。

① 　心裡留保

　民法93条は、「意思表示は、表意者がその真意でないことを知ってしたときであっても、そのためにその効力を妨げられない。ただし、相手方が表意者の真意を知り、又は知ることができたときは、その意思表示は、無効とする。」と定めている。この規定に関しては、裁判例を通じて後述する。

② 　虚偽表示

　民法94条1項は、「相手方と通じてした虚偽の意思表示は、無効とする。」と

定めている。納税申告については、当該申告後、納税者側から虚偽の申告である旨の申立てはままあるが、税務官庁側と通じて虚偽の申告が行われることは想定できない。

③　錯　誤

　民法95条は、「意思表示は、法律行為の要素に錯誤があったときは、無効とする。ただし、表意者に重大な過失があったときは、表意者は、自らその無効を主張することができない。」と定めている。納税申告の過誤が問題となるのは、納税者からの錯誤に基づく申告である旨の主張が最も多いようである。この問題については、裁判例を通じて後述する。

④　詐欺又は強迫

　民法96条1項は、「詐欺又は強迫による意思表示は、取り消すことができる。」と定めている。この規定が納税申告において問題とされるのは、税務調査後の修正申告又は期限後申告の際に、当該職員による強制的な修正申告等の慫慂があったか否かである。特に問題になるのは、「修正申告等に応じなければ税務調査を延長する」旨の強迫等の有無である。しかし、このような問題は、争訟事件の中では、事実認定が困難であることもあってうやむやにされることが多いが、それらの事例も追って説明する。

　もっとも、平成23年改正後の国税通則法74条の11の規定によれば、当該職員は、調査の結果を説明して修正申告等を勧奨した後には、「新たに得られた情報に照らし非違があると認めるとき」（通則法74の11⑥）以外は再調査ができなくなるので、前述のような強迫的な修正申告の慫慂等もなくなるものと想定される。

⑤　代　理

　民法99条1項は、「代理人がその権限内において本人のためにすることを示してした意思表示は、本人に対して直接にその効力を生ずる。」と定めている。また、民法100条は、「代理人が本人のためにすることを示さないでした意思表示は、自己のためにしたものとみなす。ただし、相手方が、代理人が本人のためにすることを知り、又は知ることができたときは、前条第1項の規定を準用する。」と定めている。

　次いで、表見代理に関し、民法109条は、「第三者に対して他人に代理権を与えた旨を表示した者は、その代理権の範囲内においてその他人が第三者との間でした行為について、その責任を負う。ただし、第三者が、その他人が

代理権を与えられていないことを知り、又は過失によって知らなかったとき
は、この限りでない。」と定め、同法110条は、「前条本文の規定は、代理人が
その権限外の行為をした場合において、第三者が代理人の権限があると信ず
べき正当な理由があるときについて準用する。」と定めている。

　納税申告については、その多くは税理士等の代理人によって行われている
ので、当該代理行為の違法性が問題となることが多い。それらの問題は、追
って詳述する。

2　申告の撤回
(1)　裁判例の動向

　納税申告書を提出した後に何らかの誤りが発覚した場合に、その申告書の
撤回が認められるか否かが問題となる。

　この場合、税額等を過小に申告したというのであれば修正申告をすれば足
り、過大に申告したというのであれば更正の請求をすれば足りるが、法定申
告期限内に誤りを発見したときには、当該申告書の撤回を認めても支障が少
ないようにも考えられる。しかし、いかなる場合にも、納税申告によって税
額等を確定するという公法上の効果を生じさせるものであるから、安易な申
告書の撤回を容認することは、当該税額確定手続を否定することになり、そ
の弊害も大きいはずである。そこで、鳥取地裁昭和44年6月19日判決（税資57・
27）は、「申告納税制度の趣旨に徴し、確定申告書の是正は法律で定められた
方法によるべきであって、確定申告書の撤回は許されない。」と判示して、当
該撤回を否定している。また、控訴審の広島高裁松江支部昭和45年9月28日
判決（税資60・478）も、原判決を支持している。さらに、東京地裁昭和49年5月
15日判決（税資75・406）は、「確定申告は、租税債務を確定する効果を有するい
わゆる私人の公法行為に該当し、いったんなされた以上、これを自ら自由に
取り消し、撤回することは許されないと解すべきである。」と判示している。
そして、控訴審の東京高裁昭和50年4月28日判決（税資81・435）も、原判決を支
持している。

　このように、税務署長に対して一旦提出した納税申告書を撤回することは、
判例上、それを否定する考え方が確立しているといえる。そのことは、税務
署内の税務処理においても重要なことであるため、実務上の処理として、法
定申告期限内に先に提出された確定申告書に記載した税額を是正（増額）す

第3章　納税申告　　61

るために、「訂正申告書」を提出させ、先に提出された確定申告書と一体となって期限内申告書として取り扱うこととしている。このことは、納税申告の法的性格にも対応した便宜的な実務処理として容認されるべきであろう(注38)。

(2)　取扱通達の疑義

　このような納税申告について撤回を認めないとする考え方は、国税庁のかねてからの主張が法廷で認められたものといえる。

　ところが、最近の国税庁の通達は、納税者による納税申告書の撤回を安易に認める取扱いを定めるに至っている。すなわち、所得税基本通達120－4は、同一人から2以上の申告書が提出された場合に、次のように取り扱うことにしている。

　「法定申告期限内に同一人から法第120条に規定する申告書、法第122条に規定する申告書又は法第123条（確定損失申告）に規定する申告書のうち種類を異にするものが2以上又は種類を同じくするものが2以上提出された場合には、特段の申出（法定申告期限内における申出に限る。）がない限り、当該2以上の申告書のうち最後に提出された申告書をもって、それぞれの規定により提出された申告書とする。

(注)　上記の取扱いは、法定申告期限内においては、事務に支障のない限り、申告書の差替えを認める趣旨のものであるから、先に提出された申告書に還付金が記載されており、かつ、その還付金につき既に還付の処理が行われていたような場合には、この取扱いは適用できないことに留意する。」

　また、所得税基本通達121－2は、確定申告を要しない者から提出された確定申告書の撤回につき、次のように取り扱うとしている。

　「申告書に記載されたところによれば法第121条各項の規定に該当することとなる者から提出された申告書で第3期分の税額が記載されているものにつき、これらの者から当該申告書を撤回したい旨の書面による申出があったときは、その申出の日に当該申告書の撤回があったものとし、当該申告書に係る既納の第3期分の税額を還付する。

（注38）　このような増額是正については、厳格には修正申告書の提出を要することであろうが、修正申告に伴う課税処理（過少申告加算税の賦課処理等）を避ける必要もある。

（注）1 申告書を撤回した者は、改めて確定申告書を提出するまでの間は、無申告者となることに留意する。

2 当該第3期分の税額に係る過誤納金については、その撤回の日に更正の請求に基づく更正があったものとして通則法第58条第1項（還付加算金）の規定を適用するものとする。」

これらの取扱いをみると、所得税の目先の事務処理上の都合のみが配慮されており、納税申告書の提出における国税通則法上の税額確定手続の法理が全く無視されているようである。いかに国税庁の事務処理が税目別の縦割りで行われているとはいえ、所得税という基本的な税目の取扱いにおいて、全税目の税法の解釈・適用に共通する国税通則法の法理（しかも、かつて国税庁の主張によって確立されたもの）が無視されることは、理解に苦しむことである。

3 心裡留保

前記1で述べた民法93条に定める心裡留保が租税法に適用されることは、稀なことである。この点について、前節で述べたように、「仮申告書」という表示がされた法人税確定申告書の提出についてその効力が争われた事案につき、和歌山地裁昭和52年7月11日判決（訟月23・8・1517）は、民法93条ただし書を類推適用してこれを無効と判断している。

これは、「仮申告書」という表示について真実の納税申告をする意思がないということを税務署長側も知り得るとの考えに基づいているものと解される。しかしながら、控訴審の大阪高裁昭和53年6月29日判決（訟月24・10・2149）は、「仮申告書」なる表示がされる等の事情があったとしても、右申告書の提出行為は法人税の確定申告をする意思に基づく有効な納税申告であると認定し、民法93条ただし書の適用を回避している。

4 錯 誤

納税申告においては、錯誤によって過大申告が生じることが比較的多い。この場合、従前の裁判例においては、民法の分野における意思主義の原則を尊重し、民法の錯誤の規定を類推適用しようとする見解[注39]と納税申告の公

（注39） 名古屋地判昭29・10・12（行集5・10・2315）、名古屋地判昭31・8・30（行集7・8・2008）、盛岡地判昭33・12・9（行集9・12・2681）等参照

第3章　納税申告　　63

法的性格を重視して民法上の意思主義が制限されるとする見解(注40)に分かれていた。

しかし、最高裁昭和39年10月22日第一小法廷判決（民集18・8・1762）(注41)が、「確定申告書の記載内容の過誤の是正については、その錯誤が客観的に明白且つ重大であって前記所得税法の定めた方法（編注＝更正の請求制度）以外にその是正を許さないならば、納税義務者の利益を著しく害すると認められる特段の事情がある場合でなければ、所論のように法定の方法によらないで記載内容の錯誤を主張することは、許されないものといわなければならない。」と判示したことから、一応の結着がついている。

その後の裁判例では、この最高裁判決の考え方に沿った判断が行われている(注42)が、税務官庁の担当職員の誤指導があった場合には、その重大性に鑑み、錯誤による無効主張が認められる傾向にある(注43)。もっとも、担当職員の誤指導があった場合にも、当該納税者の多額な脱税に比し、誤指導に係る過大納付税額が少額なときには、当該修正申告を有効とした事例(注44)も見受けられる。

5　詐欺又は強迫

税務調査等の段階において、税務職員から詐欺又は強迫を受けて、誤って修正申告書等を提出した旨の納税者側の主張も多い。

しかし、税務職員による強迫等の有無については、その事実認定も困難であり、また、ある程度の強迫行為があったとしても、それが納税申告の取消事由になるか否かも定かではない。裁判例においても、納税者側の税務職員による詐欺又は強迫があったとする主張に対し、納税申告に民法の当該規定が適用されるか否かはともかくとして、当該事案では民法上の取消権が時効

（注40）　名古屋高判昭30・12・28（行集6・12・2896）、和歌山地判昭37・4・28（行集13・4・623）、京都地判昭37・12・26（行集13・12・2292）等参照

（注41）　同判決の評釈については、藤浦照生・別冊ジュリストNo.120（租税判例百選〔第三版〕）150頁等参照

（注42）　東京地判昭45・1・22（判時583・46）、神戸地判昭61・3・26（税資151・429）、東京地判平3・9・25（税資186・584）、大阪地判平6・10・26（税資206・66）等参照

（注43）　京都地判昭45・4・1（行集21・4・641）、東京地判昭56・4・27（行集32・4・661）、札幌地判昭63・12・8（税資166・669）等参照

（注44）　大阪地判平6・10・26（税資206・66）参照

64 第3章 納税申告

によって消滅しているとした事例(注45)や強迫行為を否定した事例(注46)等においては、いずれも当該主張が否定されている。

6 代 理

　納税申告は、代理人によって行うことができる（通則法124①）が、通常、税理士法2条1項1号に基づき、税理士が税務代理として行う場合が多い。このような場合には、納税申告の効力についての代理をめぐる法律問題が生じることは少ないが、それ以外の代理人による納税申告について問題が生じやすい。そこで、それらの事例を概観する。例えば、東京地裁昭和45年11月30日判決（訟月17・4・656）は、納税者の秘書によってなされた所得税修正申告及びその増差税額の納付行為につき、民法110条の表見代理の規定の適用の有無が争われた事案において、右秘書の行為には「原告不知の間に、かつ、その意に反してなされたものであり、その後原告がこれらの無権行為を追認したと認めるべき証拠もない」とした上で、「法律行為その他これに準ずべき私法行為の代理に関し取引相手方保護のために設けられた民法第110条の表見代理の規定は、その適用がない」と判示して、当該納税申告を無効とした。

　しかし、控訴審の東京高裁昭和47年2月9日判決（訟月18・6・935）は、秘書と納税者本人との関係を詳細に認定した上、秘書の行為は納税者本人の具体的指示若しくは包括的指示を受けて当該修正申告及び納税を代行したものと認めざるを得ない旨判示し、原判決を取り消した。上告審の最高裁昭和48年7月5日第一小法廷判決（税資70・586）も、原判決を支持している。その他、代理人がした申告の効力が争われた事案としては、税務処理の一切を納税者から委任されていた弁護士が、納税者の委任状を添付せず、国税局の係員が作成した修正申告書に代理人として自ら押印して提出した修正申告書を有効なものと認めた最高裁昭和43年2月16日第二小法廷判決（税資53・274）、会社の実質的経営者が会社の代表者から法人税修正申告書の提出の委任を受け、その記載を税務職員に代行させて行った納税申告を有効とした大阪高裁昭和53年2

（注45）　大阪地判昭62・11・25（税資160・643）、大阪高判昭63・9・27（税資165・791）参照
（注46）　盛岡地判平7・11・24（税資214・484）。同判決の評釈については、品川芳宣「長男が代行した修正申告の効力」TKC税研情報平成13年10月号16頁参照

月24日判決（税資97・284）、無権代理人によって土地の売買契約が締結された
場合の譲渡所得について確定申告がされた後、右確定申告が納税者の代理人
によって追認された場合に、当該売買の効力は当該申告の効力に何らの消長
を来さないとした徳島地裁昭和56年11月26日判決（訟月28・3・515）及び高松高
裁昭和58年3月9日判決（シュトイエル260・2）等がある。また、納税申告は、家
族間において代行して行われることもままある。

　例えば、最高裁昭和50年6月12日第一小法廷判決（税資81・817）は、所得税の
修正申告書につき、納税者の代理人である母の承諾のもとに履行補助者が記
載、押印、提出したもので真正に成立したものと認め、札幌地裁平成7年11月
28日判決（税資214・514）及び札幌高裁平成8年12月26日判決（税資221・1038）は、
納税者が代理権を与えていない妻がした修正申告は無効である旨主張したの
に対し、妻は納税者に代わって確定申告を行い、納税者の脱税にも協力し、
税務調査にも立会いを納税者から任されていたこと等から、当該修正申告は
代理人によるもので有効である旨判示している。他方、宮崎地裁平成10年5
月25日判決（税資232・163）及び福岡高裁宮崎支部平成12年6月13日判決（税資
247・1175）(注47)は、理容業を営む納税者の修正申告を長男（納税者と独立して
理容業を営む。）が代行した場合に、当該納税者の意思によらないもので、長
男に修正申告書の作成を依頼したものでないから、不適法である旨判示して
いる。

（注47）　これらの判決の評釈については、品川芳宣「長男が代行した修正申告の効力」
　　　TKC税研情報平成13年10月号16頁参照

第4章

更正の請求

68

第1節　更正の請求制度の沿革

1　昭和21年の創設時

　更正の請求制度は、申告納税制度と深い関係にあり、修正申告とは裏腹の関係にある。すなわち、納税申告は、既に述べたように、自己の成立した納税義務について申告によって税額を確定させるものであるが、その税額の算定において、過少に誤る（過少申告）こともあれば、過大に誤る（過大申告）こともある。

　前者においては、納税者からの是正手続として修正申告があり、後者においては、納税者からの是正手続として、税務署長に対して減額更正を求めるための更正の請求がある。よって、我が国が申告納税制度を導入した昭和21年には、同時に更正の請求制度も導入され、申告書を提出した者が過大に申告した税額等の是正を求めさせることとした。

　しかし、この時の更正の請求は、申告期限から1月以内に限られた。そして、この1月以内の制限は、昭和37年に制定された国税通則法の中で、通常の更正の請求に統一された際にも引き継がれ、約20年続いた。そして、昭和41年の税制改正では、「1月」では短すぎるということで、「法定申告期限から2月以内」に延長された。

　このように、更正の請求の創設時には、更正の請求の期限が厳しく制限され、租税の法律関係の早期安定化（租税収入の確保）が優先されてきたといえる。

2　昭和45年改正
(1)　更正の請求期限の延長

　昭和45年の税制改正において、更正の請求の期限が、「法定申告期限から1年以内」に延長された。この延長は、昭和43年7月の税制調査会の「税制簡素化についての第三次答申」に起因するが、同答申は、次のように述べている。

　「現行制度において、更正の請求の期限を定めているのは、期限内申告の適正化、法律関係の早期安定、税務行政の能率的運用等の諸般の要請を満たすため、権利として更正を請求できる期限を定める一方、当該期限内に請求がない場合においても、税務署長は、職権調査により申告税額が過大である

と認めたときは、積極的に減額更正をすることにより、納税者の正当な権利
は保護されるという趣旨に出たものであると認められる。したがって、この
期限を安易に延長することは、必ずしも適当ではないが、現行の2か月の期限
は短きに過ぎるという主張にも無理からぬ点があるとともに、納税者が自ら
誤りを発見するのは、通常は、次の申告期限が到来するまでの間であるとい
う事情をしんしゃくすれば、この請求期限を次のように改めることが適当で
あろう。更正の請求の期限は、原則として申告期限から1年とする。」

このように、昭和45年の改正の趣旨は、更正の請求の期限について、法律
関係の早期安定等の見地から安易に延長することは適当ではないが、従前の
2月の期限は短きに過ぎるという主張を容認し、納税申告の誤りを自ら発見
するのは通常次の申告期であること等を考慮し、「法定申告期限から1年以内」
に延期することにしたものである。

(2) 後発的事由に基づく更正の請求の整備

また、昭和45年の税制改正では、後発的事由に基づく更正の請求を国税通
則法の中で整備することにした。従前、後発的事由に基づく更正の請求は、
各個別税法において当該税目の事情に基づいて個々に定められていたが、各
個別税法に共通的に適用されるべき事由について国税通則法の中でとりまと
めることとし、その事由の拡充を図った。

なお、この後発的事由に基づく更正の請求については、納税申告書を提出
せず決定を受けた者に対しても適用できることとした。このような措置は、
昭和43年7月の税制調査会の「税制簡素化についての第三次答申」に基づくも
のであるが、同答申は、次のように提言している。

「このように期限を延長しても、なお、期限内に権利が主張できなかつた
ことについての正当な事由があると認められる場合の納税者の立場を保護す
るため、後発的な事由により期限の特例が認められる場合を拡張し、課税要
件事実について、申告の基礎となつたものと異なる判決があつた場合これら
に類する場合を追加するものとする。」

3 平成18年改正

(1) 通達否定判決への当初の対応

前述のように、昭和45年の税制改正により、通常の更正の請求の期限が「法
定申告期限から1年以内」に延長されるとともに、国税通則法において、各税

法共通の後発的事由に基づく更正の請求が整備拡充された。この結果、国税通則法23条2項の1号から3号までに、更正の請求ができる後発的事由が掲げられ、同3号の委任を受けて、国税通則法施行令6条1項の1号から4号までの4項目の後発的事由を制限的に定めることとした。このように、拡充・整備された更正の請求制度は、約35年続いた。

　しかし、後発的事由に関しては、それが制限的に限定されているため、その拡充を求める要請も強かった。それが最初に法的に問題になったのは、東京高裁昭和54年6月26日判決（行集30・6・1167）が、借入金で取得した土地を譲渡した場合の譲渡所得の金額の計算上、当該借入金利子を取得費として認めなかった従前の国税庁の取扱いに反し、当該借入金利子を取得費と認め得るとして、当該課税処分を取り消し、国税庁がその取扱いを変更した時である(注48)。

　当時、このような借入金利子の取得費算入に関する事案が多かったため、当該東京高裁判決又は国税庁の通達変更を事由に、後発的事由に基づく更正の請求又は不当利得返還等を求める争訟事件が多発した。しかし、更正の請求に関し、京都地裁昭和56年11月20日判決（税資121・374）は、前掲東京高裁昭和54年6月26日判決は国税通則法23条2項1号にいう「判決」に該当しないから、更正の請求は認められないとした。また、宮崎地裁昭和56年3月30日判決（訟月27・7・1299）は、同様の理由により更正の請求は認められず、かつ、当該課税処分が無効となるものではないから、不当利得の返還も認められない旨判示した。さらに、名古屋地裁昭和57年8月27日判決（税資127・649）は、前掲東京高裁昭和54年6月26日判決後の取扱通達の変更があったとしても、当該通達を遡及適用して減額更正をしなくとも、信義則違反を問われることはない旨判示している。

　かくして、昭和54年の前掲東京高裁判決と取扱通達の変更については、いわゆる「眠れる権利者は保護されず」の法理の如く、当該判決を勝ち取った者のみが救済されることとされた。

（注48）　変更後の現行所得税基本通達38−8は、「固定資産の取得のために借り入れた資金の利子〔略〕のうち、その資金の借入れの日から当該固定資産の使用開始の日〔略〕までの期間に対応する部分の金額は、業務の用に供される資産に係るもので、37−27又は37−28により当該業務に係る各種所得の金額の計算上必要経費に算入されたものを除き、当該固定資産の取得費又は取得価額に算入する。」と定めている。

72 第4章 更正の請求

(2) 通達否定判決への対応の変更

ところが、最高裁平成17年2月1日第三小法廷判決 (判時1893・17) (注49)が、親から贈与を受けたゴルフ会員権を譲渡して譲渡所得の金額を計算する場合に、その名義書換料が取得費に算入し得るか否かが争われた事案（当該名義書換料の取得費算入を否認した課税処分の適否）について、当該取得費算入を容認して上告人の請求を認容したところ、国税庁は、前掲東京高裁昭和54年6月26日判決の時とは異なって、何ら法的根拠を示さず、窓口対応で（非公式に）、同様の事案を有している者が申し出れば減額更正に応じることとした。

このような国税庁の対応は、一見、納税者の権利救済を図ったように見えるが、かえって、租税法律主義における合法性の原則に反し、その機能たる予測可能性と法的安定性を害することになる。そのことを考慮してか、平成18年の税制改正では、国税庁の取扱いが裁決や判決で否定され、当該取扱いを変更した時には、それを後発的事由として更正の請求を認めることとした。それが、現行の国税通則法施行令6条1項5号の規定である。その規定の内容と問題点については、追って検討する。

4 平成23年改正

(1) 更正の請求期限の延長等

前述したように、昭和45年の税制改正によって、通常の更正の請求の期限が、法定申告期限から2月以内が1年以内に延長された。これは、更正の請求における納税者の権利救済と租税法律主義の早期安定化（租税収入の確保）のバランスを図ったものとして評価されてきており、40年余継続することになった。

しかしながら、課税の実務においては、法定申告期限から1年を経過した後にも過大納付が発覚することがまま生じることがある。この場合、納税者(その代理人たる税理士) 側では、税務署長には法定申告期限から5年間は減額更正をする権限が与えられている（平成23年改正前の国税通則法70条2項参照）

(注49) 一審の東京地裁平成12年12月21日判決（税資249・1238）及び控訴審の東京高裁平成13年6月23日判決（判タ1127・129）は、当該課税処分を適法としている（詳細については、品川芳宣・T&Amaster平成17年8月1日号18頁参照）。

第 4 章　更正の請求　　73

ことから、「嘆願」という方法によって税務署長に対して減額更正を求めるようになった。しかし、この嘆願については、税務署長に対する法的拘束力がないため、税務署長側の裁量（判断）に依存せざるを得ない状態が続いた。これでは、租税の専門家である税理士としても、税務署に対し従属的な地位に服さざるを得ず、時には、屈辱的にならざるを得ないことにもなるといわれてきた。そのため、税理士会側は、長年、通常の更正の請求期限を税務署長の減額更正の期限に合わせて5年にすべきであるとする主張を繰り返してきた。

　他方、近年の更正の請求をめぐる裁判例においても、租税法律関係の安定よりも、納税者の権利救済を重視する判決が見られるようになった。例えば、東京地裁平成21年2月27日判決（平19（行ウ）322）(注50)は、従前、法定申告期限後の当事者の合意による契約解除は成立した納税義務に影響を及ぼさない（当該契約解除を事由に更正の請求はできない）と解されていたところ(注51)、相続税の法定申告期限経過後の遺産分割の再分割（合意解除）を事由とする更正の請求を適法である旨判示した。

　この判決は、法定申告期限後の合意解除による更正の請求については、①通常の更正の請求期限以内であること、②税務調査が開始される前であること、③やむを得ない事情が存すると認められること等の特段の事情があれば、これを認めるべきである旨判示している。また、最高裁平成21年7月10日第二小法廷判決（民集63・6・1092）(注52)は、平成23年改正前の法人税法68条3項が、所得税額控除について、「第1項の規定は、確定申告書に同項の規定による控除を受けるべき金額及びその計算に関する誤納の記載がある場合に限り、適用する。この場合において、同項の規定による控除をされるべき金額は、当該金額として記載された金額を限度とする。」と定めていたところ、当初の確定申告書に記載した所得税額控除額が計算誤り等によって過少に記載

（注50）　評釈については、品川芳宣・T＆Amaster平成21年7月20日号22頁参照
（注51）　大阪地判平12・2・23（税資246・908）、大阪高判平12・11・2（税資249・457）等
　　　参照
（注52）　同判決の評釈については、品川芳宣・T＆Amaster平成21年11月16日号14頁参照。
　　　なお、下級審の熊本地裁平成18年1月26日判決（税資256順号10287）及び福岡高裁平成18
　　　年10月24日判決（判タ1274・148）は、当該所得税額控除を否認した課税処分を適法とし
　　　ていた。

した場合には、当該控除額について正当な計算による金額に基づいて更正の請求を認めるべきである旨判示した。このような判決は、更正の請求の事由を拡充することに、大きな影響を及ぼしたものと考慮される。

かくして、平成23年の国税通則法改正では、当時の政権が租税法律関係の安定（租税収入の確保）よりも、納税者の権利救済を重視していたこともあって、国税通則法上の更正の請求について、次のような改正を行った。

① 通常の更正の請求期限を法定申告期限から5年以内に延期する。なお、贈与税については6年とし、法人税の純損失等の金額に係るものについては、9年とする。

② 更正の請求の基礎となる「事実を証明する書類」の添付を義務化する。

③ 「偽り」の更正の請求書を提示した場合に、1年以下の懲役又は50万円以下の罰金を科す。

(2) 更正の請求事由の拡大

次に、更正の請求事由の範囲を拡大するために、関係税法において、次の改正を行うこととした。

〔当初申告要件を廃止する措置〕

① 給与所得者の特定支出控除（所法57の2）

② 資産の譲渡代金が回収不能となった場合等の所得計算の特例（所法64）

③ 純損失の繰越控除（所法70）

④ 雑損失の繰越控除（所法71）

⑤ 変動所得及び臨時所得の平均課税（所法90）

⑥ 資産に係る控除対象外消費税額等の必要経費算入（所令182の2）

⑦ 受取配当等の益金不算入（法法23・81の4）

⑧ 外国子会社から受ける配当等の益金不算入（法法23の2）

⑨ 国等に対する寄附金、指定寄附金及び特定公益増進法人に対する寄附金の損金算入（法法37・81の6）

⑩ 会社更生等による債務免除等があった場合の欠損金の損金算入（法法59）

⑪ 協同組合等の事業分量配当等の損金算入（法法60の2）

⑫ 所得税額控除（法法68・81の14）

⑬ 外国税額控除（法法69・81の15、所法95）

⑭ 公益社団法人又は公益財団法人の寄附金の損金算入限度額の特例（法令73の2）

第4章　更正の請求　　　75

⑮　引継対象外未処理欠損金額の計算に係る特例（法令113）
⑯　特定株主等によって支配された欠損金等法人の欠損金の制限の5倍要件の判定の特例（法令113の2⑬⑬）
⑰　特定資産に係る譲渡等損失額の損金不算入の対象外となる資産の特例（法令123の8③五）
⑱　特定資産に係る譲渡等損失額の計算の特例（法令123の9）
⑲　配偶者に対する相続税額の軽減（相法19の2）
⑳　贈与税の配偶者控除（相法21の6）
㉑　相続税額から控除する贈与税額相当額等（相令4）
〔控除額の制限を見直す措置〕
①　受取配当等の益金不算入（法法23・81の4）
②　外国子会社から受ける配当等の益金不算入（法法23の2）
③　国等に対する寄附金、指定寄附金及び特定公益増進法人に対する寄附金の損金算入（法法37・81の6）
④　所得税額控除（法法68・81の14）
⑤　外国税額控除（法法69・81の5、所法95）
⑥　試験研究を行った場合の法人税額の特別控除（措法10・42の4・68の9）
⑦　試験研究を行った場合の法人税額の特別控除の特例（措法10の2・42の4の2・68の9の2）
⑧　中小企業者等の機械等を取得した場合の特別償却又は法人税額の特別控除（措法10の3・42の6・68の11）
⑨　沖縄の特定中小企業者が経営革新設備等を取得した場合の特別償却又は法人税額の特別控除（措法10の5・42の10・68の14）
⑩　法人税の額から控除される特別控除額の特例（措法10の6・42の11・68の15）
⑪　青色申告特別控除（65万円）（措法25の2）
⑫　電子証明書を有する個人の電子情報処理組織による申告に係る所得税額の特別控除（措法41の19の5）
⑬　沖縄の特定地域において工業用機械等を取得した場合の法人税額の特別控除（措法42の9・68の13）

第2節　更正の請求制度の趣旨

1　不当利得の返還

　前節で述べたように、更正の請求制度は、申告納税方式の導入と同時に創設されたものであるが、それは、納税者が行う税額確定手続において誤りがあって税額を多額に納付等した場合に、当該納税者にその是正手続を認めたものといえる。

　すなわち、更正の請求は、税額計算等において、法律の規定に従っていなかったこと、又は当該計算に誤りがあったことによって、納付した税額が過大となったこと、還付を受けた税額が過少になったこと等があった場合に、その是正を求めるものである。また、このような過大納付等を放置することは、当該租税の債権者たる国において、不当利得が生じることを意味する。さらに、このような不当利得は、申告当時は法律の規定に従って税額計算が行われた場合であっても、当該税額計算の基礎となった契約が解除されたり、売上げの未収代金（売掛金等）が後日貸倒れ等によって回収できなかった場合等に生じることがある。かくして、このような国側に生じた不当利得を納税者にどのような形で返還すべきかが問題となる。その返還手続が更正の請求制度にほかならないが、その返還等の根底にある考え方について、最高裁昭和49年3月8日第二小法廷判決（民集28・2・186）（注53）は、所得税の雑所得として課税された利息損害金債権が後日貸倒れにより回収不能となった場合の不当利得の返還に関し、次のように判示している。

　「……課税庁自身による前記の是正手続（編注＝減額更正）が講ぜられない限り納税者が先の課税処分に基づく租税の収納を甘受しなければならないとすることは、著しく不当であって、正義公平の原則にもとるものというべきである。それゆえ、このような場合には、課税庁による是正措置がなくても、課税庁又は国は、納税者に対し、その貸倒れにかかる金額の限度においてもはや当該課税処分の効力を主張することができないものとなり、したがって、右課税処分に基づいて租税を徴収しえないことはもちろん、既に徴収

（注53）　この判決の評釈については、芝池義一「租税判例百選〔第二版〕」（別冊ジュリストNo.79）148頁、加藤雅信「租税判例百選〔第三版〕」（別冊ジュリストNo.120）144頁等がある。

第4章　更正の請求　　77

したものは、法律上の原因を欠く利得としてこれを納税者に返還すべきもの
と解するのが相当である。」

　この最高裁判決は、納税者が申告等によって過大に納付した税額について
は、国の不当利得として返還すべきことを明確にしたが、当該返還と更正の
請求制度との関係（更正の請求を行わなかった場合の返還の要否）について
は明確にしなかった。

2　返還の制限（法律関係の安定とのバランス）

　しかしながら、前掲最高裁昭和49年3月8日第二小法廷判決が判示した不当
利得の返還に関しては、その後の裁判例において、当該返還の具体的手続と
して更正の請求制度が認められている以上、更正の請求を経ずに民法上の不
当利得の返還を求めることはできないとする考え方が大勢を占めるに至っ
た。例えば、名古屋高裁昭和52年6月28日判決（訟月23・7・1242）は、次のよう
に判示している[注54]。

　「このように特別法である同法（編注＝所得税法）に実質的に不当利得返
還の方途を講じているのに、これによらず直ちに一般法である民法上一般の
不当利得返還の請求を許すとすれば右規定は空文化するのみならず、納税者
の恣意を許し、課税の公平を期しがたいし、被控訴人主張のごとく現行税法
に準拠した実務処理との間に権衡を失わせるなどの弊害をもたらし現行税法
体系を崩すおそれがあるからである。したがって、控訴人らとしては先ずも
って右是正方法を先行させるべきものであり、このことはその部分の存否、
範囲につき課税庁の認定判断を留保させるなど右是正措置の設けられた趣旨
からして当然のことと考えられる。そして右是正措置請求が可能であるのに
これをしなかったために税法上の救済が受けられないことになった者は原則
としてさらに不当利得等による別途の請求もなしえないと解するのが相当で
ある。」

　かくして、納税者が税額を過大納付等した場合の不当利得の返還は、税法
上の更正の請求に限定して行われるべきとする考え方が確立されてきたので
あるが、その場合にも、平成23年改正前の国税通則法が請求期限を法定申告
期限から1年以内に制限してきたため、その当否が問題とされてきた。

────────────────
（注54）　同旨最判（一小）昭53・3・16（訟月24・4・840）等参照

しかし、このような請求期限の制限については、納税者の権利救済と租税法律関係の早期安定のバランスを図るという点で、多くの裁判例において支持されてきた。その代表的な判示として、盛岡地裁平成5年3月26日判決（税資194・1080）は、次のように判示している（注55）。

「法人税等の国税の税額の確定について、申告納税方式を採用するとともに、納税申告書の記載内容の過誤の是正について特別の規定（修正申告・更正の請求）を設けた趣旨は、これらの国税の課税標準等の決定については最もその間の事情に通じている納税義務者自身の申告に基づくものとし、その過誤の是正は、法律が特に定めた場合に限る建前とすることが、租税債務をできるだけ速やかに確定させる国家財政上の要請にかなうとともに、納税義務者に対しても過当な不利益を強いるおそれがないことを認めたというところにある。」

以上のように、更正の請求制度の本質は、納税者の税額の過大納付に係る国の不当利得の返還にあるが、その返還方法は、更正の請求に限られている。そして、更正の請求は、無制限に認められているわけではなく、請求期限と請求事由が制限されている。この請求期限については、通常の更正の請求の期限が、約40年余の間、法定申告期限から1年以内と定められてきたが、この制限は、判例においても、納税者の権利救済と租税法律関係の早期安定（租税収入の確保）とのバランスを図る上で適切なものであると容認されてきた。

ところが、平成23年税制改正では、前述のように、通常の更正の請求の期限を法定申告期限から5年以内に大幅に延長し、更正の請求事由も大幅に拡充し、納税者の権利救済と租税法律関係（早期安定）のバランスを大きく崩すこととなった。このような制度改正は、租税政策としての是非が問われることになろうが（注56）、以下、現行法の内容と解釈上の問題点について論じることとする。

（注55）　同旨の裁判例として、東京地判昭42・5・30（訟月13・8・994）、東京高判昭43・2・22（税資52・551）、仙台高判昭59・11・12（税資140・209）、東京地判平5・10・15（税資199・253）、東京高判平7・11・30（税資214・639）等参照

（注56）　通常の更正の請求の期限が「法定申告期限から1年以内」が短か過ぎ、「嘆願」では権利救済ができないというのであれば、その期限を2〜3年以内としたり、国税通則法施行令6条1項に「6号」を加え、「その他当該国税の法定申告期限後に生じた前5号に類するやむを得ない事情が判明したこと」等と定め、納税者の権利を法的に救済する方法もあったはずである。

第4章　更正の請求　　79

第3節　国税通則法上の更正の請求

1　通常の更正の請求

(1)　請求の事由

国税通則法23条1項は、通常の更正の請求について、次のように定めている。

「納税申告書を提出した者は、次の各号のいずれかに該当する場合には、当該申告書に係る国税の法定申告期限から5年（第二号に掲げる場合のうち法人税に係る場合については、9年〔編注：平成30年4月1日からは10年〕）以内に限り、税務署長に対し、その申告に係る課税標準等又は税額等（当該課税標準等又は税額等に関し次条又は第26条（再更正）の規定による更正（以下この条において、「更正」という。）があつた場合には、当該更正後の課税標準等又は税額等）につき更正をすべき旨の請求をすることができる。

一　当該申告書に記載した課税標準等若しくは税額等の計算が国税に関する法律の規定に従つていなかつたこと又は当該計算に誤りがあつたことにより、当該申告書の提出により納付すべき税額（当該税額に関し更正があつた場合には、当該更正後の税額）が過大であるとき。

二　前号に規定する理由により、当該申告書に記載した純損失等の金額〔略〕が過少であるとき、又は当該申告書〔略〕に純損失等の金額の記載がなかつたとき。

三　第一号に規定する理由により、当該申告書に記載した還付金の額に相当する税額〔略〕が過少であるとき、又は当該申告書〔略〕に還付金の額に相当する税額の記載がなかつたとき。」

以上のように、更正の請求ができる事由は、「国税に関する法律の規定に従っていなかつたこと」又は「計算に誤りがあつたこと」によって、納付すべき税額が過大になったこと等のいわゆる過大申告があったときである。また、納税申告書を提出した後に更正があった場合には、当該更正後の税額等が更正の請求の対象になることが各号に定められている。

(2)　納税義務成立後の契約解除（合意）

第2章で述べたように、申告納税方式による国税は、通常、課税期間の終了等によって納税義務が成立し、成立した納税義務を申告によって税額を確定させる。よって、更正の請求の対象となる確定税額は、成立した納税義務

（税額）と同じことになる。

　この場合、納税義務成立後から通常の更正の請求期限までに生じた経済的成果の喪失（契約解除等）を納税申告又は更正の請求にいかに反映させるべきかが問題となるが、税法において特段の規定を設けていない。例えば、申告すべき所得税については、暦年終了によって納税義務が成立するが、当該成立後に前年の経済的成果（所得）の基となった契約が当事者の合意によって解除された場合に、当該経済的成果の喪失を納税申告又は更正の請求にいかに反映させるべきかという問題である（後述する後発的事由に基づく場合を除く。）。この問題については、当事者の合意による契約解除が法定申告期限までに行われていれば、当該解除は税法上も有効であり、当該解除の経済的成果に基づいて納税申告すれば足りると解されてきた(注57)。

　しかし、そのことは、法定申告期限後の合意解除は税法上の効力を有しないことを意味し、法定申告期限後の合意解除に基づく更正の請求等は認められないとされてきた(注58)。ところが、東京地裁平成21年2月27日判決（平19（行ウ）322）(注59)は、相続税の期限内申告書を提出した後、当事者の合意により遺産分割をやり直して更正の請求等をした事案につき、当該更正の請求を認めるべき旨判示した。その判決理由は、①申告者が、更正請求期間内に、かつ、課税庁の調査時の指摘、修正申告の勧奨、更正処分を受ける前に、自ら誤信に気付いて、更正の請求をし、②更正の請求期間内に、新たな遺産分割の合意による分割内容の変更をして、当初の遺産分割の経済的成果を完全に消失させており、かつ、③その分割内容の変更がやむを得ない事情により誤信の内容を是正する一回的なものであると認められる場合のように、更正請求期間内にされた更正の請求においてその主張を認めても、租税法律関係の安定、申告納税制度の趣旨・構造等を害する（背馳する）ことにはならない、というものである。この判決については、国も控訴を断念しているので、このような考え方が更正の請求の実務に定着していくものと考えられる。

　しかしながら、前掲東京地裁判決に関しては、当時、通常の更正の請求期

（注57）　前掲（注2）123頁、最判（三小）平10・1・27（税資230・152）、大阪地判平12・2・23（税資246・908）、大阪高判平12・11・2（税資249・457）等参照
（注58）　前掲（注57）各判決等参照
（注59）　前掲（注50）参照

限が法定申告期限から1年に制限されていたので、租税法律関係の安定等に
支障が生じることも少なかったであろうが、現行のように5年に延長されて
いる場合に、その期限内であれば、当事者の合意による契約解除の税法上の
効力を認めるとするのは、余りに租税法律関係の早期安定を害するものと危
惧される。かといって、前掲東京地裁判決に倣って「1年以内」と解すること
についても、現行では法的根拠を失っているだけに、説得力を失うことにな
る。よって、この問題は、今後も論争の的になるものと考えられる。

(3)　1項と2項との関係

　後述する後発的事由に基づく更正の請求を定めている国税通則法23条2項
柱書は、「納税申告書を提出した者又は第25条（決定）の規定による決定〔略〕
を受けた者は、次の各号のいずれかに該当する場合（納税申告書を提出した
者については、当該各号に定める期間の満了する日が前項に規定する期間の
満了する日後に到来する場合に限る。）には、同項の規定にかかわらず、当該
各号に定める期間において、その該当することを理由として同項の規定によ
る更正の請求〔略〕をすることができる。」と定めている。

　この規定の文言に従えば、不動産を譲渡した売主が、その譲渡所得を申告・
納税した後、国税通則法23条1項に定める更正の請求期限内（法定申告期限か
ら5年以内）に、買主の当該売買契約について解除権を行使したことによって
当該譲渡所得が消滅した場合（通則法23②、通則令6①二参照）に、当該売主は、
同条2項に基づく更正の請求はできないし、申告段階では、「当該申告書に記
載した課税標準等若しくは税額等の計算が国税に関する法律の規定に従って
いなかったこと又は当該計算に誤りがあったこと」（通則法23①一）に該当する
わけでもないので、文理上は同条1項に基づく更正の請求もできないことに
なる。

　しかし、このような問題に関し、東京高裁昭和61年7月3日判決（税資153・9）
は、次のように判示し、1項の請求期限以内に2項に定める事由が生じた場合
には、1項に基づく更正の請求ができると解すべきであるとしている。また、
この判決を支持する見解(注60)もある。

　「同条2項において、前記のように、同項による更正請求のできる期間の満
了する日が同条1項の更正請求のできる期間の満了する日よりも後でなけれ

───────────

（注60）　武田昌輔監修『DHCコンメンタール国税通則法』（第一法規）1441の3頁等参照

ば2項による更正の請求を認めないとした趣旨は、同条1項の期間内であれば1項による更正の請求が認められることによるものと解するのが相当であるから、同条1項に規定する更正の請求の要件のうち1号の「課税標準等若しくは税額等の計算が国税に関する法律の規定に従つていなかつたこと又は当該計算に誤りがあつたことによつて、税額が過大となつた場合」のうちには同条2項が規定する場合も含まれていると解するのが相当である。」

　しかしながら、このような考え方については、いくつかの問題がある。そもそも、国税通則法23条2項は、同項各号に定める事由が生じた場合には、それを理由として1項の規定による更正の請求をすることができる旨を定めているのであるから、前掲東京高裁判決を妥当とするのであれば、2項かっこ書による更正の請求の制限を廃止すれば足りることになる。その方が、国税通則法23条1項1号にいう「国税に関する法律の規定に従つていなかつたこと又は当該計算に誤りがあつたこと」という文理を牽強付会的に解釈する必要もなくなるはずである。また、2項かっこ書の更正の請求の制限は、平成23年改正前のように、1項の更正の請求期限が法定申告期限から1年以内に制限されていた時には、それなりの意義があったかもしれないが、現行のように、法定申告期限から5年以内に延長されると、2項各号に定める後発的事由のほとんどが法定申告期限から5年以内に生じることが見込まれるから、2項かっこ書の制限は、一層意義を失うことになる。

　さらに、1項と2項との関係において、実質的に問題となるのは、1項の更正の請求ができる者が、「納税申告書を提出した者」に制限されているのに対し、2項の更正の請求ができる者は、「納税申告書を提出した者」のほか「決定を受けた者」も含まれることである。そうなると、前述のように、1項と2項との垣根を取り払うのみでは解決されず、「更正の請求ができる者」の整理も必要となる。いずれにしても、1項と2項との関係については、請求事由の統合を行うなど立法的解決を必要としているものと考えられる。

2　後発的事由に基づく更正の請求

(1)　請求の事由

　前記1の(3)で述べたように、国税通則法23条2項では、納税申告書を提出した者又は決定を受けた者は、次のいずれかに該当する場合には、同条1項の規定にかかわらず、次に掲げる期間において、その該当することを理由とし

第4章　更正の請求　　83

て1項の規定による更正の請求をすることができる、と定めている。これを、一般に、後発的事由に基づく更正の請求と称している。

①　その申告、更正又は決定に係る課税標準等又は税額等の計算の基礎となった事実に関する訴えについての判決（判決と同一の効力を有する和解その他の行為を含む。）により、その事実が当該計算の基礎としたところと異なることが確定したとき。　その確定した日の翌日から起算して2月以内（1号該当）

②　その申告、更正又は決定に係る課税標準等又は税額等の計算に当たってその申告をし、又は決定を受けた者に帰属するものとされていた所得その他課税物件が他の者に帰属するものとする当該他の者に係る国税の更正又は決定があったとき。　当該更正又は決定があった日の翌日から起算して2月以内（2号該当）

③　その他当該国税の法定申告期限後に生じた前2号に類する政令で定めるやむを得ない理由があるとき。　当該理由が生じた日の翌日から起算して2月以内（3号該当）

　上記のうち、②の2号該当については、例えば、父親名義で事業を行い、当該事業所得を父親名義で申告・納税したところ、当該事業所得が息子に帰属するものとして決定が行われた場合に、当該父親が更正の請求ができることを定めている。

　しかし、このような場合には、通常、当該父親に対して減額更正が行われているから、この2号該当によって更正の請求が行われることはほとんどないし、実務上問題となることもないものと考えられる。また、上記③に該当することとなる政令で定めるやむを得ない理由とは、次に掲げる理由とされている（通則令6一～五）。

①　その申告、更正又は決定に係る課税標準等又は税額等の計算の基礎となった事実のうちに含まれていた行為の効力に係る官公署の許可その他の処分が取り消されたこと。

②　その申告、更正又は決定に係る課税標準等又は税額等の計算の基礎となった事実に係る契約が、解除権の行使によって解除され、若しくは当該契約の成立後生じたやむを得ない事情によって解除され、又は取り消されたこと。

③　帳簿書類の押収その他やむを得ない事情により、課税標準等又は税額等

の計算の基礎となるべき帳簿書類その他の記録に基づいて国税の課税標準等又は税額等を計算することができなかった場合において、その後、当該事情が消滅したこと。

④　我が国が締結した所得に対する租税に関する二重課税の回避又は脱税の防止のための条約に規定する権限のある当局間の協議により、その申告、更正又は決定に係る課税標準等又は税額等に関し、その内容と異なる内容の合意が行われたこと。

⑤　その申告、更正又は決定に係る課税標準等又は税額等の計算の基礎となった事実に係る国税庁長官が発した通達に示されている法令の解釈その他の国税庁長官の法令の解釈が、更正又は決定に係る審査請求若しくは訴えについての裁決若しくは判決に伴って変更され、変更後の解釈が国税庁長官により公表されたことにより、当該課税標準等又は税額等が異なることとなる取扱いを受けることとなったことを知ったこと。

　上記の請求事由のうち、①については、例えば、農地の売買において、農業委員会又は知事の許可が所有権移転の要件とされているところ、当該許可が取り消されて当該売買が効力を失うこと等が考えられるが、実務上、特に問題とされることはない。②については、特に、「やむを得ない事情」の存否をめぐって争われることがあるので、追って詳述する。③については、例えば、査察事件において、帳簿書類等が押収されて国税当局に長期にわたって保管されることがあるが、実務上、次の納税申告等において当該帳簿書類が必要な時には、国税当局の許可において閲覧できる方法等が採用されているので、その場合には、更正の請求も要しないものと考えられる。④については、通常、国税当局等において、減額更正等の対応措置が執られるので、この場合も、通常、更正の請求を要することもないものと考えられる。⑤については、第1節3で述べたように、平成18年の税制改正で付加されたものである。

　この場合、留意しなければならないことは、前記①から④までの事由（本法の1号該当及び2号該当を含む。）による更正の請求については、当該更正の請求の時期に応じて税務署長の減額更正の期限制限が延長されるのであるが（通則法71①二、通則令30・24④）、⑤による更正の請求については、当該減額更正の期間制限が他の減額更正と同様に法定申告期限から5年以内に制限されていることである（通則法71①二、通則令30・24④かっこ書）。

第4章　更正の請求　　85

　この点に関しては、最高裁平成22年7月6日第三小法廷判決（民集64・5・1277）[注61]が、生命保険契約の保険事故（被相続人の死亡）に基づいて支払われた年金払保障特約年金を所得税の雑所得とした課税処分を相続税との二重課税（違法）であるとして取り消した際、当時の財務大臣は、上記の減額更正の期間制限を無視して、同様の事件について法定申告期限から5年を超えても減額更正をする旨記者会見したことがある[注62]。これなどは、国税通則法の規定が軽視されている（租税法律主義における合法性の原則違反）証左であるといえる。

(2)　請求の事由をめぐる論点

ア　「訴えについての判決」の意義

　前記(1)で述べた後発的事由に基づく更正の請求の請求事由のうち、争訟事件において最も論争されてきたのが、国税通則法23条2項1号に定める「…計算の基礎となつた事実に関する訴えについての判決（判決と同一の効力を有する和解その他の行為を含む。）」（以下「訴えについての判決」という。）の解釈である。この「訴えについての判決」についても、その内容は多様であるが、態様別には、次のような問題がある。

①　馴れ合い訴訟の判決

　租税法律主義の機能は、経済取引における予測可能性と法的安定性を保障することにある。かくして、経済人として行動する納税者は、租税負担の最小を企図し、関係租税法令について当該企図における合理的解釈を基にして経済取引を行うことになる。しかし、当該合理的解釈が誤りであったことに気付いたり、税務調査の段階で税務当局から否認されることがある。その場合には、当該経済取引の基となる契約を解約することが考えられるが、それが早期の解約（例えば、法定申告期限以内等）であれば、前記1で述べたように、通常の更正の請求をすることによって救済される場合もある。

　しかしながら、通常の更正の請求の機会を逸した場合には、当事者間で通謀（談合）して、当該契約を無効等とする訴訟（いわゆる「馴れ合い訴訟」）を提起し、判決によって当該契約を解消し、当該判決を「訴えについての判

(注61)　この判決の問題点については、品川芳宣・T＆Amaster平成22年9月13日号20頁等参照
(注62)　前掲（注61）参照

決」として、更正の請求をすることがある。このような馴れ合い訴訟に係る判決が「訴えについての判決」に該当しないことについて、横浜地裁平成9年11月19日判決（訟月45・4・789）は、次のように判示している。

「右規定（編注＝国税通則法23条2項1号）は、納税者において、申告時には予想し得なかったような事態が後発的に生じたため、課税標準等又は税額等の計算の基礎に変更をきたし、税額の減額をすべき場合に、法定申告期限から1年を経過していることを理由に更正の請求を認めないとすると、帰責事由のない納税者に酷な結果となることから、例外的に更正の請求を認め、納税者の保護を拡充しようとしたものである。

右の趣旨からすれば、申告後に、課税標準等又は税額等の計算の基礎となる事実について判決がされた場合であっても、右判決が当事者がもっぱら税金を免れる目的で馴れ合いによって得たものであるなど、客観的・合理的根拠を欠くものであるときは、同条2項1号の「判決」には当たらないと解すべきである。」

このような馴れ合い訴訟に係る判決が「訴えについての判決」に該当しないことについては、上記判決の控訴審判決である東京高裁平成10年7月15日判決（訟月45・4・774）のほか、多くの裁判例において支持されている[注63]。もっとも、このような当事者の通謀（合意）によると認められる馴れ合い訴訟については、当該通謀（合意）の有無や客観的・合理的根拠の有無について事実認定を要するところ、当該事実認定いかんによっては、納税者の請求が容認される場合がある[注64]。

② 青色申告承認の取消処分の取消訴訟の判決

青色申告の承認が取り消されると、その取消し以降の申告書は、青色申告書以外の申告書とみなされる（所法150①、法法127①）。

この場合、当該取消処分を受けた納税者が、当該取消処分の取消訴訟を提起して取消判決を得た場合に、当該納税者は、当該取消判決が「訴えについ

（注63） 仙台地判昭51・10・18（訟月22・12・2870）、名古屋地判平2・2・28（訟月36・8・1554）、福岡高判平13・4・12（訟月50・7・2228）、最判（二小）平15・4・25（訟月50・7・2221）、広島高判平14・10・23（税資252順号9215）、高知地判平22・1・22（訟月58・1・233）、高松高判平23・3・4（訟月58・1・216）等参照

（注64） 前掲（注63）の福岡高判平13・4・12の原審である熊本地判平12・3・22（税資246・1333）等参照

第4章　更正の請求　　87

ての判決」に該当するとして、過年（度）分の課税標準等に関し更正の請求
ができるか否かが、国と納税者間で争われてきた。国は、当初、「訴えについ
ての判決」は私法上の事実に限られることから、当該取消判決は「訴えにつ
いての判決」に該当しない旨主張し、当該取消判決によって納税者が救済さ
れるためには、青色申告承認の取消し後も青色申告書を提出し、白色申告扱
いの課税処分を受けた後、当該課税処分の違法性を争う争訟を提起する必要
がある旨主張していた。これに対し、岡山地裁昭和55年3月31日判決（税資
110・1145）は、国が主張するような争訟手続については、「右手段が理論的・
実際的にみて必ずしも十分その機能を果たし得るものか疑問が多い以上、少
なくとも、納税者が更正の請求という手段を選択して、白色申告扱いの更正
処分の是正を求めてきた場合に、前記通則法23条2項1号によつて認容するこ
とが制度として妥当である。」と判示し、国の主張を排斥した。

　また、広島地裁昭和56年2月26日判決（税資116・388）は、前掲岡山地裁判決
と同様に、国が主張するように、右「事実」を課税計算の基礎となった「私
法上の事実」のみに限定すべき理由は見出し難いとし、「右「事実」は、必ず
しも「私法上の事実」に限らず、広く課税計算の基礎、若しくは前提となっ
て、その事実により特定の課税計算の内容を明確に左右するようなものであ
れば、これら諸事実をすべて含むものと解される。」と判示して、国側の主張
を排斥している。

　このような経緯を経て、最高裁昭和57年2月23日第三小法廷判決（民集36・
2・215）(注65)は、青色申告承認の取消処分の取消判決が国税通則法23条2項に
定める更正の請求事由に該当することを判示した原判決（東京高判昭51・7・19
税資89・300）の考え方を支持した上で、次のように判示した。

　「本件更正処分等の後にされた青色申告の承認の取消処分の取消によつて、
訴外会社は遡及的に青色申告法人としての地位を回復し、青色申告書以外の
申告書によるものとみなされた本件事業年度についての確定申告も青色申告
による申告であつたことになるから、青色申告書以外の申告書による確定申
告に対するものとして繰越欠損金の損金算入を否認してされた本件更正処分
は、その限度において課税標準額及び税額を過大に算定したこととなつて、

（注65）　同判決の評釈については、南博方「更正の請求の可否」別冊ジュリストNo.120（租
　　税判例百選〔第三版〕）154頁参照

青色申告の承認の取消処分の取消によつて、後発的・遡及的に生じた法律関係には適合しないことになる。しかしながら、このような場合、課税庁としては、青色申告の承認の取消処分を取り消した以上、改めて課税標準額及び税額を算定し、先にした課税処分の全部又は一部を取り消すなどして、青色申告の承認の取消処分の取消によつて生じた法律関係に適合するように是正する措置をとるべきであるが、被処分者である納税者としては、国税通則法23条2項の規定により所定の期間内に限り減額更正の請求ができると解するのが相当である。」

　もっとも、青色申告承認の取消処分の取消訴訟においては、青色申告に係る帳簿書類の備付け、記録又は保存が財務省令で定めるところに従って行われているか否か等（所法150①、法法127①参照）が審理されるのみであるから、当該取消判決も、当該審理に関する判断が示されるのみであって、直接的には、国税通則法23条2項1号にいう「課税標準等又は税額等の計算の基礎となつた事実に関する訴えについての判決」とは言い難い。その意味では、かつての国の主張も首肯できるところがある。しかしながら、当該取消判決は、青色申告書以外の申告書から青色申告書に復帰させる法的効果を有するものであるから、結果的（間接的）には、「課税標準等又は税額等の計算の基礎となった事実」に関わることになる。そのため、前掲の最高裁判決、広島地裁判決等の判示が説得力を有することになる。かくして、青色申告承認の取消処分の取消判決が「訴えについての判決」に該当することについては、結着がついている。問題は、前掲の最高裁判決、広島地裁判決等の考え方は、更正の請求の本旨である国の不当利得を返還せしめようとするものであるから、他の類似の事案にも影響を及ぼすものと考えられ、その範囲をどのように判断するかである。その意味では、前掲の最高裁判決、広島地裁判決等は、現在的意義を有することになる。

③　刑事（脱税）訴訟

　査察官によって告発される脱税事件は、検察官によって起訴され、法廷では、刑事事件（罰金又は懲役の要否）として審理され、犯則所得金額を確定して、罰金等の基礎となる。

　他方、課税関係については、査察実務でも、その大部分が告発前に修正申告書が提出されているので、その時点で結着がつくことになるが、刑事事件の審理において確定した犯則所得金額と修正申告に係る所得金額と異なる場

第4章　更正の請求　　　89

合（後者の方が多い場合）がある。かくして、犯則所得金額を確定した刑事
事件判決を後発的事由として、先の修正申告に関して更正の請求ができるか
が問題となる。この点に関し、大阪地裁平成6年10月26日判決（税資206・66）
は、査察官の指導によって必要経費を過少に計上して過大修正申告した事案
について、次のように判示し、当該刑事事件が「訴えについての判決」に該
当しないとしている(注66)。

　「ここにいう判決（編注＝国税通則法23条2項1号にいう「判決」）とは、申
告に係る課税標準等又は税額等の計算の基礎となった事実（例えば契約の成
否、相続による財産取得の有無、特定の債権債務を発生させる行政処分の効
力の有無等）を訴えの対象とする民事事件の判決を意味し、刑事事件の判決
はこれには当たらないと解せられる。」

　確かに、脱税額（犯則所得金額）を審理する刑事事件に係る刑事判決は、
納税義務を変更させる「訴えについての判決」と異なることは理解されよう
が、その刑事判決の犯則所得金額が正しければ、結果的に、国に不当利得が
生じることも事実である。もっとも、当該事案のように査察官の誤指導によ
って過大申告が生じたというのであれば、第3章第7節で述べたように、当
該修正申告の効力（無効）を争う余地はあるが、前掲大阪地裁判決では、当
該事案における脱税額が多額であったこともあって、当該修正申告も有効で
ある旨判示している。

④　財産の帰属をめぐる訴訟の判決

　やや特殊な事例ではあるが、神戸地裁平成14年2月21日判決（税資252順号
9072）及び大阪高裁平成14年7月25日判決（税資252順号9167）では、被相続人か
ら遺贈又は相続により不動産を取得した原告（控訴人）らが、当該不動産を
相続財産に含めて相続税の申告をした後、当該不動産につき親族との間でそ
の帰属を争った別件訴訟（当該親族らは、被相続人から生前贈与があった等
を主張）において敗訴したので、当該敗訴判決が「訴えについての判決」に
当たるとして更正の請求をした事案につき、前掲各判決は、別件訴訟の進行
中に当該親族らの取得時効が成立して原告らが敗訴したものであるから、当
該敗訴判決は「訴えについての判決」に当たらない旨判示した。

（注66）　同旨の判決については、大阪高判昭59・8・31（税資139・486）、最判（二小）昭
　　60・5・17（税資145・463）等参照

90　　　　　　　　第4章　更正の請求

　すなわち、生前贈与があったということで原告らが敗訴したというのであれば、当該不動産は当該相続開始時に原告らの相続財産でなかったから、当該敗訴判決を理由に更正の請求はできるが、別件訴訟の進行中に原告らが時効を止めるための対抗策を講じないで取得時効が成立したというのであれば、当該不動産は当該相続開始時には原告らの相続財産であったから、当該敗訴判決を理由に更正の請求はできない、というものである。

　このような論理は、法律論としては理解し得るとしても、結果的に相続税額を過大に納付した納税者としては理解し難い問題を残している。そのこともあってか、前掲大阪高裁判決があった後の平成15年税制改正において、相続税法の更正の請求の特則を定める同法32条1項6号の規定を受けて、相続税法施行令8条2項1号に更正の請求ができる事由の一つとして、「相続若しくは遺贈又は贈与により取得した財産についての権利の帰属に関する訴えについての判決があったこと。」を付加した。このような請求事由が付加されたことについては、立法当局から特段の説明はされていないが(注67)、その文言からみて、前掲神戸地裁判決及び大阪高裁判決の事案にも適用し得るように解せられる。

　　イ　「やむを得ない理由」の要否
　前述してきたように、国税通則法23条2項は、更正の請求ができる後発的事由として、1号の「訴えについての判決」、2号の所得等の帰属違いの処分に対する対応、及び3号の「前2号に類する政令で定めるやむを得ない理由」を挙げている。そして、その3号を受けて、国税通則法施行令6条は、5項目の後発的事由を定めているが、その中で、「やむを得ない」という文言を使用しているのは、2号の「当該契約の成立後生じたやむを得ない事情によつて解除され、又は取り消されたこと」及び3号の「帳簿書類の押収その他やむを得ない事情により、…税額等を計算することができなかつた場合において、その後当該事情が消滅したこと」の2項目である。そのため、国税通則法23条2項に定める後発的事由については、各号が定める事実が生じていれば更正の請求ができるのであって、個々に「やむを得ない理由（事情）」の存否を判断する必要がないように解釈される。ところが、最高裁平成15年4月25日第二小法

(注67)　国税庁「平成15年　改正税法のすべて」520頁参照

第4章　更正の請求

廷判決（訟月50・7・2221）(注68)は、通謀虚偽表示により遺産分割協議が成立した外形を作出し、これに基づいて相続税の申告を行った後、当該遺産分割協議の無効を確認する判決があり、それにより、国税通則法23条2項1号に基づいて更正の請求ができるか否かが争われた事案につき、次のように判示している。

　「上告人は、自らの主導の下に、通謀虚偽表示により本件遺産分割協議が成立した外形を作出し、これに基づいて本件申告を行った後、本件遺産分割協議の無効を確認する判決が確定したとして更正の請求をしたというのである。そうすると、上告人が、法23条1項所定の期間内に更正の請求をしなかったことにつきやむを得ない理由があるとはいえないから、同条2項1号により更正の請求をすることは許されないと解するのが相当である。」

　また、高知地裁平成22年1月22日判決（訟月58・1・233）及び高松高裁平成23年3月4日判決（訟月58・1・216）では、有限会社出資持分の売買について税務調査の段階で低額譲渡であるとしてみなし贈与課税を受けたので、当該売買契約が錯誤により無効である旨の確認判決を得て、当該判決により売主側の所得税について国税通則法23条2項1号に基づく更正の請求が認められるか否かが争われた事案につき、前掲高知地裁判決も、「本件確認判決は、納税申告時には予想し得なかった事由その他やむを得ない事由に基づき課税標準等又は税額等の基礎となった事実を変更するものということはできず、通則法23条2項1号に定める「判決」に当たらないものというべきである。」と判示し、控訴審の前掲高松高裁判決は、原判決を維持（控訴棄却）し、その理由について、次のように判示している。

　「このように、納税者が同条（編注＝国税通則法23条）1項所定の期間内に更正の請求をしなかったのもやむを得ないと認められる特段の事情がある場合には、期間経過後であっても、当該障害が解消してから一定期間は更正請求を認めることにより納税者の権利救済の途を拡充しようとした制度であることに鑑みると、同条2項1号の場合についても、同条1項所定の期間内に更正請求をしなかったことにつきやむを得ない理由があると認められるような場合であることを当然の前提としているものというべきである。」

（注68）　下級審の熊本地判平12・3・22（税資246・1333）は、当該更正の請求を容認し、福岡高判平13・4・12（平12(行コ)12、裁判所ウェブサイト）は、当該更正の請求は認められないとしている。

第4章　更正の請求

　以上のような各判決において、民事上の当初契約等を無効とする確認判決が「訴えについての判決」に該当しないことについては、前記ア①で述べた「馴れ合い訴訟」に係る判決の一種として位置付けることができる。

　しかし、上記各判決において問題となるのは、国税通則法23条2項に基づく更正の請求に当たっては、同条1項に基づく更正の請求ができなかったことについて「やむを得ない理由（事情）」が必要であることを強調していることである。けだし、このような要件は、前述したように、国税通則法23条2項各号の文言に照らした場合には、特に強調する必要があるようにも解されないからである。もっとも、同項1号及び2号に定める事由にせよ、国税通則法施行令6条1項各号に定める事由にしても、前述のような解釈論（例えば、「訴えについての判決」に関するもの）を整理すると、それらの事由に該当することは、必然的に、通常の更正の請求ができなかったことに「やむを得ない理由（事情）」が内在しているものとも解される。また、前記の各判決は、国税通則法23条1項に基づく更正の請求が法定申告期限から1年以内に制限されていた時の事案に係るものであるが、現行法のように5年以内に延長されたとなると、その5年以内に当初申告に係る契約について無効確認判決を得ることも容易となるから、それに基づいて国税通則法23条1項に基づく更正の請求も可能になる。その場合に、それを適法な更正の請求として認めるべきか否かという問題を惹起することになる。この問題は、前記1においても指摘したところである。いずれにしても、平成23年国税通則法改正は、このような問題も惹起していることに留意を要する。

（3）　請求の手続等

　ア　証明書類の添付義務と罰則

　第1節4で述べたように、平成23年の国税通則法改正は、通常の更正の請求の請求期限を法定申告期限から5年に延長し、かつ、請求事由も大幅に拡大して、納税者の権利救済と国家財政上の要請のバランスにおいて、前者に一層重点を置くこととしたが、納税者に対し、更正の請求を真実に基づき誠実に行うよう、証明書類の提出を義務付け、それとの関連において新たな罰則を設けている。すなわち、国税通則法23条3項が、「更正の請求をしようとする者は、〔略〕その更正の請求をする理由、当該請求をするに至つた事情の詳細その他参考となるべき事項を記載した更正請求書を税務署長に提出しなければならない。」と定めているところ、同法施行令6条2項は、改正前は「その

第4章　更正の請求　　　93

理由の基礎となる事実を証明する書類を〔略〕添附するものとする。」と定めていたものを次のように定めて、当該証明書類の添付を義務付けている。

「更正の請求をしようとする者は、その更正の請求をする理由が課税標準たる所得が過大であることその他その理由の基礎となる事実が一定期間の取引に関するものであるときは、その取引の記録等に基づいてその理由の基礎となる事実を証明する書類を法第23条第3項の更正請求書に添付しなければならない。その更正の請求をする理由の基礎となる事実が一定期間の取引に関するもの以外のものである場合において、その事実を証明する書類があるときも、また同様とする。」

また、国税通則法127条は、「次の各号のいずれかに該当する者は、1年以下の懲役又は50万円以下の罰金に処する。」と定め、その1号に、「第23条第3項〔略〕に規定する更正請求書に偽りの記載をして税務署長に提出した者」と定めている。

このような証明書類の提出義務や新たな罰則規定については、納税者の権利救済の拡充を図った反面納税者に対しても厳しい措置を講じたものとして解する向きもあるが、実務上、納税者にとってそれほど厳しい変更をもたらすものとも解されない。けだし、更正の請求それ自体は、納税申告又は更正若しくは決定によって確定している税額等の更正を請求するものであるから、請求する者が当該証明書類を提出することは当然のことでもある。また、税務署長は、後述するように、「調査」をして更正又は更正をすべき理由がない旨の処分をするのであるから、当該証明書類の提出（添付）がないからといって、即、「調査」もしないで更正をすべき理由がない旨の処分をすることができないものと解されることに通じている。

このようなことは、国税通則法97条4項の規定とも対比できる。同項は、「国税不服審判所長は、審査請求人等〔略〕が、正当な理由がなく、第1項第1号から第3号まで又は第2項の規定による質問、提出要求又は検査に応じないため審査請求人等の主張の全部又は一部についてその基礎を明らかにすることが著しく困難になつた場合には、その部分に係る審査請求人等の主張を採用しないことができる。」と定めている。

したがって、同項の規定によって審査請求人の主張を認めない裁決が行われたとしても、当該裁決が違法になるものとは解されない。そうすると、国税通則法施行令6条2項に定める証明書類の添付義務は、法的拘束力を有しな

い訓示的な規定を設けたにすぎないと解される(注69)。

　次に、新たな罰則規定は、不正な更正の請求を行って減額更正を受けた場合に科せられる逋脱犯に対する罰則(注70)と併存（併科）することになる。この場合、それらの構成要件となる「偽りの記載」をして更正の請求書を提出することと、逋脱犯における「偽りその他不正の行為により、〔略〕所得税を免れ」(所法238、同旨法法159等)ることとの差異をどのように解するかが問題となる。しかも、前述の証明書類の添付義務等との関係を考察すると、更正の請求が否認されて税務署長から更正をすべき理由がない旨の通知処分が行われると、ほとんどの場合、更正請求書に「偽りの記載」をしたことになりかねない。その場合に、刑罰の構成要件に必要な故意（認識）の立証をどうするのかも問題となる。いずれにしても、税務行政における租税手続に係る秩序罰の刑事訴追（告発等）が極めて困難であり、従前もそのようなことがほとんど行われていないことに照らすと、国税通則法127条1号の規定による罰則も、その実効性は疑わしいものと考えられる(注71)。

　　イ　更正の請求に対する処分等
　国税通則法23条4項は、「税務署長は、更正の請求があつた場合には、その請求に係る課税標準等又は税額等について調査し、更正をし、又は更正をすべき理由がない旨をその請求をした者に通知する。」と定めている。この規定により、税務署長は、まず、「調査」をし、減額更正処分を行うか、更正をすべきか理由がない旨の通知処分を要することになる。この場合の「調査」については、国税通則法24条以降に定める更正決定等の前提となる「調査」との関係（異同）が問題となるので、同条以降の説明において一括して論じることとする。また、国税通則法23条5項は、「更正の請求があつた場合においても、税務署長は、その請求に係る納付すべき国税〔略〕の徴収を猶予しない。ただし、税務署長において相当の理由があると認めるときは、その国税の全部又は一部の徴収を猶予することができる。」と定めている。このよ

(注69)　品川芳宣「国税通則法改正後の更正の請求をめぐる諸問題」税理平成25年3月号78頁等参照
(注70)　虚偽の更正請求書を提出したことにより逋脱犯の成立を認めた裁判例として、東京地判昭61・3・19（税資155・387）、東京地判昭61・3・24（税資162・1676）、東京地判昭61・4・11（税資161・471）等参照
(注71)　前掲（注69）78頁等参照

第4章　更正の請求　　　95

うな更正の請求を行った場合の執行不停止の原則は、国税通則法105条に定める不服申立てと国税の徴収との関係においても共通する問題であるので、当該条項の説明において併せて論じることとする。

第4節　個別税法上の更正の請求

1　所得税法

(1)　過年分損失計上の原則

　所得税法51条2項は、「居住者の営む不動産所得、事業所得又は山林所得を生ずべき事業について、その事業の遂行上生じた売掛金、貸付金、前渡金その他これらに準ずる債権の貸倒れその他政令で定める事由により生じた損失の金額は、その者のその損失の生じた日の属する年分の不動産所得の金額、事業所得の金額又は山林所得の金額の計算上、必要経費に算入する。」と定めている。

　そして、所得税法施行令141条は、政令で定める損失について次に掲げる事由で不動産所得等を生ずべき事業の遂行上生じたものと定めている。

①　販売した商品の返戻又は値引き（これらに類する行為を含む。）により収入金額が減少することとなったこと。

②　保証債務の履行に伴う求償権の全部又は一部を行使することができないこととなったこと。

③　不動産所得等の金額の計算の基礎となった事実のうちに含まれていた無効な行為により生じた経済的成果がその行為の無効であることに基因して失われ、又はその事実のうちに含まれていた取り消すことのできる行為が取り消されたこと。

　このような過年分の資産損失も、それが生じた年分の必要経費に算入するとしていることは、所得税法上の各種所得の金額が暦年ごとに行われるという原則（所法36・37等参照）に従うことを明確にしたことに他ならない。

　しかし、このような原則については、所得税が事業の転廃業等が多い個人の所得に対して課税されるという特性に鑑み、次のような例外が設けられている。

(2) 事業を廃止した場合

所得税法63条は、「居住者が不動産所得、事業所得又は山林所得を生ずべき事業を廃止した後において、当該事業に係る費用又は損失で当該事業を廃止しなかつたとしたならばその者のその年分以後の各年分の不動産所得の金額、事業所得の金額又は山林所得の金額の計算上必要経費に算入されるべき金額が生じた場合には、当該金額は、政令で定めるところにより、その者のその廃止した日の属する年分（同日の属する年分においてこれらの所得に係る総収入金額がなかつた場合には、当該総収入金額があつた最近の年分）又はその前年分」の必要経費に算入することを定めている。

そして、所得税法施行令179条は、当該必要経費に算入されるべき金額の多寡等に応じて、当該廃止した日の属する年分又はその前年分の必要経費に算入することを定めている。このように、個人が事業を廃止した後に当該事業に係る必要経費が生じた場合には、当該必要経費を当該事業を廃止した日が属する年分又はそれ以前の年分の必要経費に算入することとしている。

(3) 資産の譲渡代金等が回収不能となった場合

代金等が回収不能となった場合、所得税法64条1項は、「その年分の各種所得の金額〔略〕の計算の基礎となる収入金額若しくは総収入金額〔略〕の全部若しくは一部を回収することができないこととなつた場合又は政令で定める事由により当該収入金額若しくは総収入金額の全部若しくは一部を返還すべきこととなつた場合には、政令で定めるところにより、当該各種所得の金額の合計額のうち、その回収することができないこととなつた金額又は返還すべきこととなつた金額に対応する部分の金額は、当該各種所得の金額の計算上、なかつたものとみなす。」と定めている。

そして、所得税法施行令180条1項は、「政令で定める事由」として、国家公務員退職手当の処分による返還を挙げ、回収不能額等の多寡に応じて、収入金額等がなかったものとみなす具体的方法を定め、同条2項は、回収不能額の算定方法を定めている。また、所得税法64条2項は、「保証債務を履行するため資産〔略〕の譲渡〔略〕があつた場合において、その履行に伴う求償権の全部又は一部を行使することができないこととなつたときは、その行使することができないこととなつた金額〔略〕を前項に規定する回収することができないこととなつた金額とみなして、同項の規定を適用する。」と定めている。

以上のような資産の譲渡代金が回収不能となった場合等においても、当該

第4章　更正の請求　　97

資産の譲渡があった日が属する年分に遡って譲渡所得の金額等を修正する必要が生じることになる。

(4)　更正の請求の特例

前記(2)又は(3)で述べたように、所得税法は、過年分の各種所得の金額を遡及して修正する規定を設けているが、具体的には、更正の請求の特例によって行われる。

すなわち、所得税法152条は、「確定申告書を提出し、又は決定を受けた居住者〔略〕は、当該申告書又は決定に係る年分の各種所得の金額につき第63条〔略〕又は第64条〔略〕に規定する事実その他これに準ずる政令で定める事実が生じたことにより、国税通則法第23条第1項各号〔略〕の事由が生じたときは、当該事実が生じた日の翌日から2月以内に限り、税務署長に対し、〔略〕同法第23条第1項の規定による更正の請求をすることができる。」と定めている。

また、所得税法63条及び64条に規定する以外に更正の請求ができる事由について、所得税法施行令274条は、次の事実を定めている。

①　確定申告書を提出し、又は決定を受けた居住者の当該申告書又は決定に係る年分の各種所得の金額（事業所得の金額等を除く。）の計算の基礎となった事実のうちに含まれていた無効な行為により生じた経済的成果がその行為の無効であることに基因して失われたこと。

②　①に掲げる者の当該年分の各種所得の金額（①に同じ。）の計算の基礎となった事実のうちに含まれていた取り消すことのできる行為が取り消されたこと。

このような更正の請求ができる理由については、無効（違法）な所得についても、それが失われない限り（管理支配下にある限り）、所得税が課税されることを意味している（所基通36−1参照）。このことは、所得税法が所得概念につき包括的所得概念を採用している証左であるともいえる。

2　法人税法

(1)　前期損益修正

ア　通達の取扱い

法人税法においては、法人税の課税標準が所得税と同様に期間的な所得金額である（そのことは、所得税の場合と同様に、過年度分の所得金額の修正

98 第4章　更正の請求

事由があり得ることになる。）にもかかわらず、所得税法のような更正の請求
の特例が設けられていない。むしろ、そのような更正の請求が必要でない旨
を法人税基本通達において定めている。

　すなわち、同通達2－2－16は、「前期損益修正」と題し、次のように定めて
いる。

　「当該事業年度前の各事業年度〔略〕においてその収益の額を益金の額に
算入した資産の販売又は譲渡、役務の提供その他の取引について当該事業年
度において契約の解除又は取消し、値引き、返品等の事実が生じた場合でも、
これらの事実に基づいて生じた損失の額は、当該事業年度の損金の額に算入
するのであるから留意する。」

　この取扱いの趣旨については、国税庁の担当者は、次のように説明してい
る(注72)。

　「法人税における課税所得の計算は、いわゆる「継続企業の原則」に従い、
当期において生じた収益と当期において生じた費用・損失とを対応させ、そ
の差額概念として所得を測定するという建前になっている。この場合の当期
の収益又は費用・損失については、その発生原因が何であるかを問わず、当
期において生じたものであればすべて当期に属する損金として認識するとい
う考え方がとられているから、仮に既往に計上した売上高について当期に契
約解除等があった場合でも、その契約解除等は、当期に売上げの取消しによ
る損失が発生する原因にすぎないとみることになる。

　要するに、法人税の所得計算における損益の認識は、ひとり民事上の契約
関係その他の法的基準のみに依拠するものではなく、むしろ経済的観測に重
点を置いて当期で発生した損益の測定を行うことになるのである。このよう
な考え方からすれば、契約解除等に伴う損失を当期の損失として処理するこ
とはむしろ当然のことであり、既往の課税関係を修正しないという考え方の
論拠もその点に存する。〔略〕この国税通則法第23条第2項の規定は、もとも
と国税一般についての更正の請求手続を包括的に定めたものにすぎないか
ら、仮に更正の請求があったとしても、これにより直ちに減額更正が行われ
るということではなく、現実に減額更正を行うかどうかは、個々の税法の規

──────────

（注72）　森文人『法人税基本通達逐条解説〔六訂版〕』（税務研究会出版局、平成23年）
　　222〜223頁

定ないしはその解釈に従ってその内容を判断し、その結果、既往にさかのぼって課税所得を修正することが相当であると認められる場合に限って、はじめてその減額更正が行われることになるのである。」

イ　裁判例の動向

このような法人税基本通達の取扱いについては、裁判例においても容認されている。すなわち、横浜地裁昭和60年7月3日判決（行集36・7−8・1081）では、収益事業（不動産販売業、出版業）を営む原告法人（宗教法人）が、昭和47年11月に販売した土地の売買代金の支払がないことを事由に当該売買契約を解除し（昭和52年12月）、当該解除を原因とする所有権移転登記の抹消登記手続を求める訴えを提起してその旨の判決を得て（昭和53年3月）、当該判決を事由に国税通則法23条2項1号に基づき更正の請求をしたところ(注73)、被告税務署長が更正をすべき理由がない旨の通知処分をしたため、当該通知処分の違法性が争われた。

当該判決は、当該抹消登記の判決が国税通則法23条2項1号にいう「判決」に該当するとしても、次の理由により、当該通知処分は適法であるとして、原告法人の請求を棄却した。

「以上の事実（編注＝企業会計原則上の過年度利益に係る損失の会計処理の方法）によれば、法人の所得の計算については、当期において生じた損失は、その発生事由を問わず、当期に生じた益金と対応させて当期において経理処理をすべきものであつて、その発生事由が既往の事業年度の益金に対応するものであつても、その事業年度に遡つて損金としての処理はしないというのが、一般的な会計の処理であるということができる。〔略〕以上の次第であるから、本件解除によつて本件売買契約に基づく代金債権及びこれに附随する利息債権が消滅しても、それは本件解除をした事業年度の損金に計上すべきものであり、本件売買契約の譲渡益を計上した昭和48年3月期並びに同売買代金に対する利息を益金として計上した両事業年度の経理処理及び納税義務には何らの影響を及ぼさないことになるから、本件各更正の請求は通則法23条1項所定の税額の過大等の実体的要件を欠くものといわざるを得ない。」

──────────

（注73）　当該事案においては、原告法人は、当該契約解除を事由に更正の請求をしているが、当該請求は請求期限を徒過した不適法なものとされた。

100 第4章 更正の請求

この判決の考え方は、上訴審の東京高裁昭和61年11月11日判決（行集37・10
−11・1334）及び最高裁昭和62年7月10日第二小法廷判決（税資159・65）において
も支持され、当該更正の請求は不適法なものとされた（注74）。さらに、東京地
裁平成25年10月30日判決（平24(行ウ)212）及び東京高裁平成26年4月23日判決
（平25(行コ)399）（注75）も、更生会社の過年度損失の更正の請求事件につき、前
記法人税基本通達の取扱いを妥当である旨判示している。

しかしながら、東京地裁平成27年9月25日判決（平25(行ウ)676）及び東京高
裁平成28年3月23日判決（平27(行コ)344）（注76）は、過年度に計上漏れとなって
いた費用を当期の損失の額に算入したことにつき、それが企業会計上容認さ
れているとしても、法人税法22条4項に定める「一般に公正妥当と認められる
会計処理の基準」に該当しないから、損金算入は認められない旨判示してい
る。

　　ウ　問題点

以上のように、法人税において前期損益の修正事項が生じたとしても、こ
れを更正の請求によって救済することは、所得税法とは異なって法人税法上
明文規定があるわけではなく、かえって、国税庁の通達の取扱いによって当
該救済が否定され、当該取扱いについて前掲各判決が容認しているところで
ある。

しかし、このような取扱いや前掲各判決の判示については、次のような問
題がある。まず、国税庁担当者は、前述のように、法人税基本通達2−2−16
の取扱いの論拠として、法人税における課税所得の計算が「継続企業の原則」
に従っていることを挙げている。

確かに、法人税の課税所得の計算の基礎となる企業会計上の利益計算は、
「継続企業の原則」といわれる「ゴーイング・コンサーン（going concern）」
を前提にしている。しかし、「ゴーイング・コンサーン」は会計学上の一種の
概念論に過ぎないのであって、企業が、経営上の行き詰まり等から、倒産・

（注74）　これらの判決の評釈については、品川芳宣『重要租税判決の実務研究〔第三版〕』
　　　（大蔵財務協会、平成26年）606頁参照
（注75）　これらの判決の評釈については、品川芳宣・T&Amaster平成27年2月9日号16頁
　　　等参照
（注76）　これらの判決の評釈については、品川芳宣・T&Amaster平成29年6月12日号14頁
　　　等参照

第4章　更正の請求　　101

解散をすることはよくあることである。現に、前掲横浜地裁昭和60年7月3日
判決等の事案においても、当該原告法人は、当該契約解除によって収益事業
である不動産販売業の廃止に追い込まれている。また、前掲東京地裁平成25
年10月30日判決では、更生会社の過年度の収益が減額されたものであるから、
ゴーイング・コンサーンは完全に崩壊している事案である。そうであれば、
ゴーイング・コンサーンが崩壊した場合には、国税通則法の本則に戻って更
正の請求を認めるべきであると考えられる(注77)。このような考え方につい
ては、国税庁も、別の取扱いの中で採用している。

　すなわち、租税特別措置法63条に規定する短期所有に係る土地の譲渡等が
ある場合の特別税率（土地重課税）の適用（執行）においては、当該特別税
率が適用された土地等の譲渡について契約解除があった場合には、当該契約
解除を理由に国税通則法23条2項に基づく更正の請求を認めることとしてい
る（措通63(6)-5参照）。また、前掲横浜地裁判決は、当該事案に更正の請求を
認めない論拠として、当時の企業会計原則、財務諸表等規則又は計算書類規
則が、前期以前の売上げに係る臨時的異常な損失も、前期損益修正項目等と
してそれが生じた年度の特別損益に計上すべきことを定めていることを挙げ
ている。ところが、前掲東京地裁平成27年9月25日判決等は、前期損失を当期
に修正損として損金算入した処理は企業会計上容認されるとしても、当該会
計処理は法人税法22条4項に定める「一般に公正妥当と認められる会計処理」
に該当しないということで損金算入が否認されている。

　以上のように、法人税における前期損益修正の取扱通達及びそれを支持す
る各裁判例については、それぞれ前述のような問題点を包含しているところ
であるので、それらの問題点が整合的に検討されるべきであり、特に、法人
が解散・倒産等によってゴーイング・コンサーンが崩壊したときには、国の
不当利得を返還させるという更正の請求制度の本旨に則って、同制度の対象
にするよう再検討すべきものと考えられる。

　(2)　仮装経理の修正

　国税通則法24条は、「税務署長は、納税申告書の提出があつた場合において、
その納税申告書に記載された課税標準等又は税額等の計算が国税に関する法
律の規定に従つていなかつたとき、その他当該課税標準等又は税額等がその

────────────

（注77）　前掲（注74）611頁参照

第4章　更正の請求

調査したところと異なるときは、その調査により、当該申告書に係る課税標準等又は税額等を更正する。」と定めている。この規定は、当然のことながら、納税者が誤って税額等を過大に申告した場合にも、税務署長が減額更正をすることを意味している。

　ところが、法人税法129条1項は、「内国法人の提出した確定申告書又は連結確定申告書に記載された各事業年度の所得の金額又は各連結事業年度の連結所得の金額が当該事業年度又は連結事業年度の課税標準とされるべき所得の金額又は連結所得の金額を超えている場合において、その超える金額のうちに事実を仮装して経理したところに基づくものがあるときは、税務署長は、当該事業年度の所得に対する法人税又は連結事業年度の連結所得に対する法人税につき、当該事実を仮装して経理した内国法人が当該事業年度又は連結事業年度後の各事業年度又は各連結事業年度において当該事実に係る修正の経理をし、かつ、当該修正の経理をした事業年度の確定申告書又は連結事業年度の連結確定申告書を提出するまでの間は、更正しないことができる。」と定めている。

　この規定は、上記国税通則法24条に対する「更正の特例」として定められているので、その解釈論については、第5章において詳述することとするが、更正の請求との関係については、次のような問題が生じる。すなわち、法人が仮装経理によって所得金額を過大に申告している場合には、税務署長は、当該法人による「修正の経理」とそれに基づく確定申告書の提出を待って減額更正をすることになるが、当該減額更正の期間制限が5年とされているため(通則法70①)、当該期間を徒過して当該確定申告書を提出したり、あるいは、当該期間制限直前に当該確定申告書を提出したりすると、減額更正ができなくなることになる(注78)。

　ところが、平成23年の国税通則法の改正により、同法23条1項に基づく通常

────────────

(注78)　この減額更正の期間制限のため、減額更正をしなかったことが適法とされた事例については、新潟地判昭62・6・25（税資158・706）、東京高判昭63・9・28（税資165・913）、最判（一小）平元・4・13（税資170・14）、東京地判平22・9・10（平21(行ウ)380）、東京高判平23・3・24（平22(行コ)325）等参照。なお、仮装経理後5年近くにそれが発覚した場合に、法人税法129条の規定に従った処理をしなかった顧問税理士に対して注意義務違反があるとして損害賠償義務を課した前橋地判平14・6・12（平10(ワ)483）、東京高判平15・2・27（平14(ネ)3787）等がある。

第4章　更正の請求　　103

の更正の請求の期限が法定申告期限から5年となり、かつ、更正の請求がその5年の直前に行われることも想定し、税務署長による減額更正の期限が最長5年6月に延長されたことにより（通則法70③）、前記法人税法129条1項の規定の機能（位置付け）が変わることが考えられる。すなわち、法人税法129条にいう「事実を仮装して経理した」ところに基づき所得金額を過大に記載して確定申告書を提出したことは、国税通則法23条1項1号にいう「当該申告書に記載した課税標準等若しくは税額等の計算が国税に関する法律の規定に従っていなかったこと」を意味するものと考えられるから、過去に仮装経理により所得金額を過大に申告した法人は、何も法人税法129条1項の規定に基づいて「修正の経理」をして当該事業年度の確定申告書を提出するのではなく、単に、法定申告期限から5年以内に更正の請求を行えば足りるものとも考えられる[注79]。

　それが可能であれば、従前であれば、修正の経理に基づく確定申告書が法定申告期限から5年直近に行われると減額更正の機会を逸することになったが[注80]、そのような不利益を被らなくて済むことになる。いずれにしても、このような問題が生じるにもかかわらず、平成23年12月の国税通則法改正の際、法人税法129条の規定がそのままであったことは、仮装経理の修正については、国税通則法上の更正の請求を認めずに、従来通り法人税法129条を適用すべきことを意味しているのであろうが、国税に係る税法全体の整合性を欠くようであり、理解に苦しむところがある。

3　相続税法
(1)　更正の請求ができる事由

　相続税法においては、相続税又は贈与税が法定申告期限後においても課税関係の変更を伴う種々の事由を包含しているが故に、納税申告によって一旦確定した税額について納税者側から是正できる手続を定めることが特に必要とされている。そのため、相続税法32条1項は、「相続税又は贈与税について申告書を提出した者又は決定を受けた者は、次の各号のいずれかに該当する

（注79）　品川芳宣「国税通則法の実務解説―国税手続等の法理と実務上の問題点を解明―（第4回）」租税研究平成26年1月号132頁等参照
（注80）　前掲（注78）の各裁判例を参照

事由により当該申告又は決定に係る課税価格及び相続税額又は贈与税額〔略〕が過大となったときは、当該各号に規定する事由が生じたことを知った日の翌日から4月以内に限り、納税地の所轄税務署長に対し、その課税価格及び相続税額又は贈与税額につき更正の請求〔略〕をすることができる。」と定めている。そして、同項にいう「次の各号」に定める事由とは、次のとおりである。

① 相続税法55条の規定により分割されていない財産について民法904条の2の規定による相続分又は包括遺贈の割合に従って課税価格が計算されていた場合において、その後当該財産の分割が行われ、共同相続人又は包括受遺者が当該分割により取得した財産に係る課税価格が当該相続分又は包括遺贈の割合に従って計算された課税価格と異なることとなったこと。

② 民法787条又は892条から894条までの規定による認知、相続人の廃除又はその取消しに関する裁判の確定、同法884条に規定する相続の回復、同法919条2項の規定による相続の放棄の取消しその他の事由により相続人に異動を生じたこと。

③ 遺留分による減殺の請求に基づき返還すべき、又は弁償すべき額が確定したこと。

④ 遺贈に係る遺言書が発見され、又は遺贈の放棄があったこと。

⑤ 相続税法42条30項の規定により条件を付して物納の許可がされた場合において、当該条件に係る物納に充てた財産の性質その他の事情に関し相続税法施行令8条1項に定めるものが生じたこと。

⑥ ①から⑤までに規定する事由に準ずるものとして政令で定める事由が生じたこと。この事由については、相続税法施行令8条2項が、⑦相続若しくは遺贈又は贈与により取得した財産についての権利の帰属に関する訴えについての判決があったこと(注81)、⑦民法910条の規定により相続の開始後に認知された者の価額の支払請求があったことにより弁済すべき額が確定したこと、及び⑨条件付の遺贈について、条件が成就したこと、を定めている。

⑦ 相続税法4条の規定により遺贈により財産を取得したとみなす場合が生じたこと。

(注81) この⑦の規定は、平成15年度税制改正によって設けられたが、その背景については、前掲（注74）31頁参照

第4章　更正の請求　　105

⑧　相続税法19条の2第2項ただし書の規定に該当したことにより、同項の分割が行われた時以後において同条1項の規定を適用して計算した相続税額がその時前において同項の規定を適用して計算した相続税額と異なることとなったこと。

⑨　次に掲げる事由が生じたこと。

　㋐　所得税法137条の2第12項（国外転出をする場合の譲渡所得等の特例の適用がある場合の納税猶予）の規定により同条1項の規定の適用を受ける同項に規定する国外転出をした者に係る同項に規定する納税猶予分の所得税額に係る納付の義務を承継したその者の相続人が当該納税猶予分の所得税額に相当する所得税を納付することとなったこと。

　㋑　所得税法137条の2第15項（贈与等により非居住者に資産が移転した場合の譲渡所得等の特例の適用がある場合の納税猶予）の規定により同条7項に規定する適用贈与者等に係る同条4項に規定する納税猶予分の所得税額に係る納付の義務を承継した当該適用贈与者等の相続人が当該納税猶予分の所得税額に相当する所得税を納付することとなったこと。

　㋒　㋐及び㋑に類する事由として政令で定める事由

⑩　贈与税の課税価格計算の基礎に算入した財産のうちに相続税法21条の2第4項の規定に該当するものがあったこと。

　以上の各事由のうち、①から⑥までの事由によって申告した相続税額等が過少であったことが判明した場合には、当該納税者は、修正申告書を提出することができることになる（相法31）。

（2）　更正の請求の期限等

　前節1で述べたように、国税通則法23条1項に基づく通常の更正の請求の期限は、当該国税の法定申告期限から5年以内とされている。これに対し、相続税法では、贈与税について申告書を提出した者に対してのみ、更正の請求期限を法定申告期限から6年と定めている（相法32②）。これは、平成23年の国税通則法の改正により、同法23条1項に基づく更正の請求の期限が、減額更正の期間制限5年（法定申告期限から）に合わせて5年とされたことに対応し、贈与税の更正決定の期間制限である6年（相法36①一）に改められたものである(注82)。

（注82）　武田昌輔監修『DHCコンメンタール相続税法』（第一法規）2719頁参照

106　　　第4章　更正の請求

　なお、贈与税の更正決定の期間制限が6年とされたのは、平成15年度税制改正によるが、その趣旨について次のように説明されている^(注83)。

　「贈与税の課税原因である贈与は、所得税、法人税及び消費税が対象とする対外取引ではなく、身内の資産の移転であるため、仮装隠蔽を行わなくても同様の結果をもたらし易い性質があることから、贈与税については、申告されない贈与が多数あると考えられることに加え、日々における数多くの取引を記帳する中で記帳漏れ等により過少申告が生じることが考えられる所得税等の申告漏れとは異なり、贈与税の申告漏れは、単純な事務的なミスによる申告漏れとは言い難いこと。また、日々の事業活動を前提として、通常毎年申告が行われる所得税等とは違い、単発で課税原因が生じることとなる相続税・贈与税においては、何年にもわたる財産の運用等の結果がその年の申告内容となるといった所得税等にはない特殊な事情があることから、租税行政の公平性、信頼性を確保するためには、通常の賦課権の除斥期間では短いと考えられるから、平成15年法律第八号により本条の規定が設けられた。」

　また、国税通則法又は所得税法において後発的事由が生じた場合の更正の請求は、原則として、当該事由が生じた日の翌日から2月以内に行う必要がある（通則法23②、所法152）が、相続税法においては、「4月以内」とされており、その期限も延長されていることに留意を要する（相法32①）。

─────────────

（注83）　前掲（注82）2853頁

第5章

更正・決定・賦課決定

108

第5章　更正・決定・賦課決定　　109

第1節　更正又は決定

1　更　正

　国税についての税額の確定方式の代表である申告納税方式は、納税者の申告によって税額を確定することを原則とするが、「その申告がない場合又はその申告に係る税額の計算が国税に関する法律の規定に従つていなかつた場合その他当該税額が税務署長又は税関長の調査したところと異なる場合」（通則法16①一）には、税務署長等の処分によって確定する方式である。

　すなわち、国税通則法が定めている申告納税方式は、当然に、税務署長等による「調査」と「処分」を予定している。そして、その「処分」の代表的なものが「更正」である。国税通則法24条は、「税務署長は、納税申告書の提出があつた場合において、その納税申告書に記載された課税標準等又は税額等の計算が国税に関する法律の規定に従つていなかつたとき、その他当該課税標準等又は税額等がその調査したところと異なるときは、その調査により、当該申告書に係る課税標準等又は税額等を更正する。」と定めている。

　この更正については、納税者が納税申告書を提出していることが前提になっているが、法解釈上、「調査」の意義、「調査」が不当又は違法であった場合の「更正」の効力等が問題となる。それらの問題については、追って論じることとする。

2　決　定

　前述したように、申告納税方式において、「申告がない場合」には、税務署長等の処分によって税額が確定されることになるが、当該処分が「決定」である。

　国税通則法25条は、「税務署長は、納税申告書を提出する義務があると認められる者が当該申告書を提出しなかつた場合には、その調査により、当該申告書に係る課税標準等及び税額等を決定する。ただし、決定により納付すべき税額及び還付金の額に相当する税額が生じないときは、この限りでない。」と定めている。この決定は、原則として、法定申告期限前においてはすることができないが、相続税法上はその例外が認められている（相法35②）。それらの特例は、追って説明する。また、「調査」と「決定」との間の法律問題は、

更正の場合と同じであるので、追って論じる。

3　再更正

　前述の更正又は決定は、税務署長の「処分」として1度限り行われるわけではなく、更正又は決定によって確定した税額に誤りがあれば、その後も、更正が繰り返されることになる。

　すなわち、国税通則法26条は、「税務署長は、前2条又はこの条の規定による更正又は決定をした後、その更正又は決定をした課税標準等又は税額等が過大又は過少であることを知つたときは、その調査により、当該更正又は決定に係る課税標準等又は税額等を更正する。」と定めている。この更正を再更正という。

　このような再更正は、原則として、当該更正の期間制限（通則法70・71等参照）内において、税務署長の判断によって任意に行われることになる。しかしながら、平成23年の国税通則法の改正により、「第7章の2　国税の調査」が新たに設けられたことにより、一つの「調査」が終了し、修正申告、更正等があった後には、「新たに得られた情報に照らし非違があると認められるとき」（通則法74の11⑥）以外再調査ができないような規定が設けられた。よって、この再更正の規定の解釈等も影響を受けることになろうが、この第7章の2の内容と解釈論については、第6章において論じることとする。

4　国税局職員等の調査による更正又は決定

　前述の更正、決定又は再更正は、税務署長が行うこととされているので、その前提となる「調査」も、当該税務署長の職員が行うことが予定されている。しかし、国税通則法27条は、「前3条の場合において、国税庁又は国税局の当該職員の調査があつたときは、税務署長は、当該調査したところに基づき、これらの規定による更正又は決定をすることができる。」と定めている。

　国税庁又は国税局の当該職員とは、国税庁又は国税局の職員のうち、特定の国税（法人税等）につき調査権限を与えられているものをいい、これに該当する職員としては、国税庁調査査察部及び国税局の調査部、課税部等に置かれる国税調査官又は国税実査官がいる。これらの当該職員は、大法人の法人税調査、困難事案とされる各国税の調査等に当たっている。

　なお、これらの当該職員が行った調査に基づいて税務署長が更正又は決定

をするときは、後述のように、更正通知書又は決定通知書にその旨を附記しなければならない（通則法28②③）。

5　更正又は決定の手続

　前記1から4までの更正又は決定は、税務署長が更正通知書又は決定通知書を送達して行う（通則法28①）。また、更正通知書には、次に掲げる事項を記載しなければならない。この場合において、その更正が国税庁又は国税局の当該職員の調査に基づくものであるときは、その旨を附記しなければならない（通則法28②）。

① 　その更正前の課税標準等及び税額等

② 　この更正後の課税標準等及び税額等

③ 　その更正に係る次に掲げる金額

　　⑦ 　その更正前の納付すべき税額がその更正により増加するときは、その増加する部分の税額

　　④ 　その更正前の還付金の額に相当する税額がその決定により減少するときは、その減少する部分の金額

　　⑦ 　純損失の繰戻し等による還付金額に係る還付加算金があるときは、その還付加算金のうちに④に掲げる税額に対応する部分の金額

　　㋓ 　その更正前の納付すべき税額がその更正により減少するときは、その減少する部分の税額

　　㋔ 　その更正前の還付金の額に相当する税額がその更正により増加するときは、その増加する部分の税額

　以上のように、国税通則法28条2項に基づいて更正通知書に記載すべき事項は、課税標準等、税額等などの金額に関わる事項に限定されており、後に論じることになる更正の理由附記は直接要求されていない。また、決定通知書には、その決定に係る課税標準等及び税額等を記載しなければならない。この場合にも、その決定が国税庁又は国税局の当該職員の調査に基づくものであるときは、その旨を附記しなければならない（通則法28③）。この決定の理由附記についても、更正の場合と同じである。

6　更正等の効力

　第3章第4節で述べたように、修正申告によって新たな税額等が確定した

場合に、先行の納税申告等によって確定した税額等に係る法的効力については、学説上、併存説と吸収説の論争があるが、国税通則法20条によって立法的に解決されている。同様の問題は、更正又は決定によって新たな税額が確定した場合にも生じるが、それも立法的に解決されている。

すなわち、国税通則法29条1項は、「第24条（更正）又は第26条（再更正）の規定による更正〔略〕で既に確定した納付すべき税額を増加させるものは、既に確定した納付すべき税額に係る部分の国税についての納税義務に影響を及ぼさない。」と定めている。この規定により、先行する納税申告等によって確定した税額に係る徴収処分等の効力が影響を受けないこととなるのは、修正申告の場合と同様である。

また、国税通則法29条2項は、「既に確定した納付すべき税額を減少させる更正は、その更正により減少した税額に係る部分以外の部分の国税についての納税義務に影響を及ぼさない。」と定め、同条3項は、「更正又は決定を取り消す処分又は判決は、その処分又は判決により減少した税額に係る部分以外の部分の国税についての納税義務に影響を及ぼさない。」と定めている。このような減額更正・取消判決等によって残された税額に係る徴収処分等について影響が生じないことも、考え方自体は、第3章第4節で述べた修正申告や増額更正の場合（通則法28①）と同じである。

7　更正又は決定の所轄庁

国税通則法30条1項は、「更正又は決定は、これらの処分をする際におけるその国税の納税地（以下この条において「現在の納税地」という。）を所轄する税務署長が行う。」と定めている。これが原則であるが、処分時現在の納税地であるので、同法21条の規定による納税申告書の提出時の納税地と異なる場合がある。

また、国税通則法30条2項は、「所得税、法人税、地方法人税、相続税、贈与税、地価税、課税資産の譲渡等に係る消費税又は電源開発促進税については、これらの国税の課税期間が開始した時〔略〕以後にその納税地に異動があつた場合において、その異動に係る納税地で現在の納税地以外のもの（以下この項において「旧納税地」という。）を所轄する税務署長においてその異動の事実が知れず、又はその異動後の納税地が判明せず、かつ、その知れないこと又は判明しないことにつきやむを得ない事情があるときは、その旧納

第5章　更正・決定・賦課決定　　113

税地を所轄する税務署長は、前項の規定にかかわらず、これらの国税につい
て更正又は決定をすることができる。」と定めている。

　このように、納税地の異動等が不明な時には、便宜的に、旧納税地を所轄
する税務署長が更正又は決定を行うことができるとしている。また、このよ
うな処理をすることは、更正又は決定が重複して行われることも考えられる。
そこで、国税通則法30条3項は、「前2項に規定する税務署長は、更正又は決定
をした後、当該更正又は決定に係る国税につき既に適法に、他の税務署長に
対し納税申告書が提出され、又は他の税務署長が決定をしていたため、当該
更正又は決定をすべきでなかつたものであることを知つた場合には、遅滞な
く、当該更正又は決定を取り消さなければならない。」と定めている。

　なお、国税通則法30条4項は、「輸入品に係る申告消費税等についての更正
又は決定は、第1項の規定にかかわらず、当該消費税等の納税地を所轄する税
関長が行う。」と定めている。

第2節　賦課決定

1　課税標準等

　国税について税額の確定方式のうち、申告納税方式に対するのが賦課課税
方式であるが、その対象となる税目等についての概要は、第2章第3節にお
いて述べた。

　例えば、酒類を輸入の許可を受けて保税地域から引き取ろうとする者、消
費税等の課税物件を輸入の許可を受けて保税地域から引き取ろうとする者等
は、当該取引について申告納税方式によることとされている場合を除き、賦
課課税を受けるための申告書の提出が義務付けられている（酒法30の3②、消法
47②等）。そこで、国税通則法31条1項は、「賦課課税方式による国税の納税者
は、国税に関する法律の定めるところにより、その国税の課税標準を記載し
た申告書をその提出期限までに税務署長に提出しなければならない。」と定
めている。そして、同条2項は、「第21条第1項（納税申告書の提出先）及び第
22条（郵送等に係る納税申告書等の提出時期）の規定は、前項の申告書（以
下「課税標準申告書」という。）について準用する。」と定めている。

114 　第5章　更正・決定・賦課決定

　この課税標準申告書について準用される国税通則法21条及び22条の規定に関する法律問題は、既に説明した（第3章第5節）。

2　賦課決定の手続

　国税通則法32条1項柱書は、「税務署長は、賦課課税方式による国税については、その調査により、課税標準申告書を提出すべき期限（課税標準申告書の提出を要しない国税について、その納税義務の成立の時）後に、次の各号の区分に応じ、当該各号に掲げる事項を決定する。」と定めている。この規定の「次の各号」の要旨は、次のとおりである。

① 　課税標準申告書の提出があった場合において、当該申告書に記載された課税標準が税務署長の調査したところと同じであるとき。　納付すべき税額。

② 　課税標準申告書を提出すべきであるにもかかわらずその提出がないとき、又は提出された当該申告書に記載された課税標準が税務署長の調査したところと異なるとき。　課税標準及び納付すべき税額。

③ 　課税標準申告書の提出を要しないとき。　課税標準及び納付すべき税額。

　上記③に該当するものに各種加算税及び過怠税があるが、実務的には、これらの税目に関する賦課決定が最も多く、かつ、重要である。次いで、国税通則法32条2項は、「税務署長は、前項又はこの項の規定による決定をした後、その決定をした課税標準〔略〕又は納付すべき税額が過大又は過少であることを知つたときは、その調査により、当該決定に係る課税標準及び納付すべき税額を変更する決定をする。」と定めている。この規定は、再更正（通則法26）の場合と同じである。

　また、賦課決定の納税者に対する通知について、国税通則法32条3項は、「第1項の規定による決定は、税務署長がその決定に係る課税標準及び納付すべき税額を記載した賦課決定通知書（第1項第1号に掲げる場合にあっては、納税告知書）を送達して行なう。」と定めている。前述した2項の規定による決定については、当該決定前の課税標準及び納付すべき税額の記載を要するほかは1項の場合と同様である（通則法32④）。以上の賦課決定の手続とその法的効力については、更正又は決定に準じるということで、国税通則法27条、28条3項後段及び29条の各規定が準用されている（通則法32⑤）。

3　賦課決定の所轄庁

　賦課決定の所轄庁については、更正又は決定に係る所轄庁に準じて定められている。すなわち、賦課決定は、原則として、現在の納税地を所轄する税務署長が行う（通則法33①）のであるが、所得税等に係る加算税については、現在の納税地を所轄する税務署長ではなく、納税者の異動等に対応して更正又は決定を行った税務署長（通則法30②）が、当該加算税の賦課決定を行うことができるとされている（通則法33②）。

　また、保税地域からの引取りに係る消費税等で賦課課税方式によるものその他税関長が徴収すべき消費税等についての賦課決定は、納税地を所轄する税務署長ではなく、当該消費税等の納税地を所轄する税関長が行うものとされている（通則法33③）。

第3節　更正又は決定の特例（青色申告に係る更正等）

1　青色申告の意義と趣旨

　青色申告（blue return）とは、所得税及び法人税について、税務署長の承認を受けて、青色の申告書を用いて行う申告のことをいう。青色申告は、申告納税制度の定着を図るため、シャウプ勧告に基づいて導入された制度である。シャウプ勧告があった昭和24年当時は、完備した帳簿書類を備えている者も少なく、申告水準が著しく低かったため、申告納税制度を適正に機能させるために、納税者が帳簿書類を備え付けて、それに収入・支出を記帳し、それを基礎として申告を行わせる必要があった。そこで、帳簿書類を基礎とした正確な申告を奨励する意味で、所定の帳簿書類を備え付けている者に限って青色の申告書を用いて申告することを認め、かつ、青色申告以外の申告、通称、白色申告には認められない各種の特典を与えることとした[84]。

（注84）　昭和59年の税制改正で、白色申告者に対しても、記録・書類の保存義務、所得金額が一定額を超える場合の記帳義務、総収入金額が一定額を超える場合の報告義務が導入された（旧所法231の2・231の3、法法150の2）。しかし、このような制度は、罰則も特典もないため、訓示的なものとなっている。

それらの特典のうち、国税通則法に定める手続（更正又は決定等の手続）については、次のものがある。

2 帳簿調査に基づく更正

　所得税法155条1項は、「税務署長は、居住者の提出した青色申告書に係る年分の総所得金額、退職所得金額若しくは山林所得金額又は純損失の金額の更正をする場合には、その居住者の帳簿書類を調査し、その調査によりこれらの金額の計算に誤りがあると認められる場合に限り、これをすることができる。ただし、次に掲げる場合は、その帳簿書類を調査しないでその更正をすることを妨げない。」と定めている（同旨法法130①）。このただし書が適用されるものは、青色申告のために備え付けられている帳簿書類とは関係なく算定される各種所得の金額等を更正する場合である（所法155①一・二）。このように、税務署長が青色申告者に対して更正する場合には、帳簿書類の調査に基づくことを要する。このことは、青色申告に係る所得金額について更正する場合には、実額によることとなり、推計課税（所法156、法法131）ができないことを意味する。

　また、当該帳簿書類が不完全で実額によって更正することができない場合には、税務署長は、青色申告の承認を取り消した上で（所法150①、法法127①）、推計課税を行うことになる。

3 更正の理由附記

(1) 理由附記の法的効力

　所得税法155条2項は、「税務署長は、居住者の提出した青色申告書に係る年分の総所得金額、退職所得金額若しくは山林所得金額又は純損失の金額の更正〔略〕をする場合には、その更正に係る国税通則法第28条第2項〔略〕に規定する更正通知書にその更正の理由を附記しなければならない。」と定めている。

　この理由附記を欠く更正や理由附記が不備な更正については、かつては、理由附記の規定自体が訓示的規定である旨の解釈論もあったが、その後、後述するように、当該更正を違法（効力規定）とするのが判例の考え方である。また、更正の理由附記が不備であっても、異議決定又は裁決によって治癒されるか否かについては、下級審の裁判例では、積極説、消極説の両説に分か

第5章　更正・決定・賦課決定　　117

れていたが、最高裁判決によって結着がついている。すなわち、最高裁昭和
47年3月31日第二小法廷判決（民集26・2・319）は、更正の理由附記の不備は再
調査決定（異議決定）の附記理由によって治癒されている旨の課税庁の主張
に対し、「再調査決定の附記理由が仮に不備でなかったとしても、これにより
遡って更正処分の附記理由の不備が治癒されると解することはできない。」
と判示している。

　次いで、最高裁昭和47年12月5日第三小法廷判決（民集26・10・1795）は、更正
の理由附記に不備があるとしてもその瑕疵は裁決の理由によって治癒されて
いる旨の課税庁の主張に対し、理由附記の趣旨に照らした上で、「更正におけ
る附記理由不備の瑕疵は、後日、これに対する審査裁決において処分の具体
的根拠が明らかにされたとしても、それにより治癒されるものではないと解
すべきである。」と判示している。

(2)　理由附記の趣旨・程度

　前述したように、青色申告に係る更正の理由附記が不備である場合には、
当該更正が違法となることは判例上確立しており、かつ、更正の理由附記の
不備は、後日の異議決定及び裁決によってその理由が明らかにされても治癒
されないということも判例上確立されている。そのため、更正の理由附記は、
当該更正の理由（根拠）がどの程度明らかにされていれば適法となるのか、
あるいは、どの程度明らかにされていないと違法となるのかが問題となる。
また、この「程度」の問題は、理由附記の制度の「趣旨」と深く関わること
になる。かくして、この問題については、次の各裁判例について留意する必
要がある。

①　最高裁昭和38年5月31日第二小法廷判決

　青色申告の更正に係る理由附記のあり方が論争されてきた比較的初期の段
階で、最高裁昭和38年5月31日第二小法廷判決（民集19・4・617）[注85]は、当該
理由附記の趣旨・程度のあり方を判示し、その後の裁判例のリーディング・
ケースとなり[注86]、学説上も容認され[注87]、正に判例法を形成している。同

（注85）　本判決の評釈については、高柳真一・別冊ジュリストNo.79（租税判例百選〔第二
　　　　版〕）156頁等参照
（注86）　その後の代表的な最高裁判決については、最判（二小）昭38・12・27（民集17・
　　　　12・1871）、最判（二小）昭47・3・31（民集26・2・319）、最判（三小）昭47・12・5（民
　　　　集26・10・1795）、最判（二小）昭51・3・8（民集30・2・64）等参照
（注87）　前掲（注2）848頁等参照

判決は、次のとおり、判示している。

「一般に、法が行政処分に理由を附記すべきものとしているのは、処分庁の判断の慎重・合理性を担保してその恣意を抑制するとともに、処分の理由を相手方に知らせて不服の申立に便宜を与える趣旨に出たものであるから、その記載を欠くにおいては処分自体の取消を免れないものといわなければならない。ところで、どの程度の記載をなすべきかは、処分の性質と理由附記を命じた各法律の規定の趣旨・目的に照らしてこれを決定すべきであるが、所得税法（昭和37年法律第67号による改正前のもの、以下同じ。）第45条第1項の規定は、申告にかかる所得の計算が法定の帳簿組織による正当な記載に基づくものである以上、その帳簿の記帳を無視して更正されることがない旨を納税者に保障したものであるから、同条第2項が附記すべきものとしている理由には、特に帳簿書類の記載以上に信憑力のある資料を摘示して処分の具体的根拠を明らかにすることを必要と解するのが相当である。しかるに、本件の更正処分通知書に附記された前示理由は、ただ、帳簿に基づく売買差益率を検討してみたところ、帳簿額低調につき実際に調査した売買差益率によつて確定申告の所得金額309,422円を444,695円と更正したというにとどまり、いかなる勘定科目に幾何の脱漏があり、その金額はいかなる根拠に基づくものか、また調査差益率なるものがいかにして算定され、それによることがどうして正当なのか、右の記載自体から納税者がこれを知るに由ないものであるから、それをもつて所得税法第45条第2項にいう理由附記の要件を満たしているものとは認め得ない。」

② 最高裁昭和60年4月23日第三小法廷判決

前記①の最高裁判決によって、更正段階においても、青色申告に係る更正の理由附記の内容が改善されたこともあって、当該理由附記の当否が争われた裁判例においても、是々非々の判断が行われるようになった。その中で注目されたのが、最高裁昭和60年4月23日第三小法廷判決（民集39・3・850）(注88)である。

この判決の事案では、次の理由附記の是非が争われた。

(注88)　本判決の評釈については、芝池義一・別冊ジュリストNo.120（租税判例百選〔第三版〕）158頁、山下清兵衛ほか『租税法判例実務解説』（信山社、平成23年）45頁等参照

第5章　更正・決定・賦課決定　　119

「一．減価償却費の償却超過額36万8,036円。昭和48年6月取得の冷暖房設備について機械として特別償却していますが、内容を検討した結果、建物附属設備と認められ、特別償却の適用はありませんので、次の計算による償却超過額は損金の額に算入されません。」〔後略〕

このような理由附記について、一審の神戸地裁昭和54年8月20日判決（民集39・3・875）は、当該更正には理由附記不備の違法があるともいえないとして、請求を棄却したが、控訴審の大阪高裁昭和55年11月26日判決（民集39・3・889）は、当該理由附記は違法であるとして、請求を認容した。かくして、前掲最高裁判決は、前掲最高裁昭和38年5月31日第二小法廷判決を引用しながらも、次のように判示して、原判決を破棄差し戻した。

「帳簿書類の記載自体を否認することなしに更正をする場合においては、右の更正は納税者による帳簿の記載を覆すものではないから、更正通知書記載の更正の理由が、そのような更正をした根拠について帳簿記載以上に信憑力のある資料を摘示するものでないとしても、更正の根拠を前記の更正処分庁の恣意抑制及び不服申立ての便宜という理由附記制度の趣旨目的を充足する程度に具体的に明示するものである限り、法の要求する更正理由の附記として欠けるところはないと解するのが相当である。〔中略〕本件更正は、……本件冷房機の存在、その取得時期及び取得価額についての帳簿記載を覆すことなくそのまま肯定したうえで、被上告会社の確定申告における本件冷房機の属性に関する評価を修正するものにすぎないから、右更正をもつて帳簿書類の記載自体を否認するものではないというべきであり、したがつて、本件更正通知書記載の更正の理由が右のような更正をした根拠についての資料を摘示するものではないとしても、前記の理由附記制度の趣旨目的を充足するものである限り、法の要求する更正理由の附記として欠けるところはないというべきである。」

この最高裁判決は、その後の裁判例の先例となる(注89)とともに、学説上も、次のように解されるに至っている(注90)。

（注89）　大阪高判昭60・7・30（行集36・7-8・1191）、東京高判平3・6・26（行集42・6-7・1033）、東京地判平12・11・30（訟月48・11・2785）等参照
（注90）　前掲（注2）849頁参照。ただし、同書の第22版（平成29年刊）では、この記述については一部修正されている（第22版890頁）。

「ここに更正の理由とともに．①更正の原因となる事実、②それへの法の適用、および、③結論の3つを含む趣旨であると解されるが、②に関連して生ずる法の解釈の問題や収入・支出の法的評価ないし法的判断の問題については、結論のみを示せば足り、結論に到達した理由ないし根拠を示す必要はないと解すべきであろう。」

③　大阪高裁平成25年1月18日判決

前記②の最高裁判決によって、青色申告に係る更正における法的評価ないし法的判断についての理由附記は、その結論のみを記載すれば足りるとする考え方が定着したものと評価できた。

ところが、大阪高裁平成25年1月18日判決（判時2203・25）では、公益法人が不法投棄品の調査・回収を東大阪市から請け負って、その対価を得た場合に、請負業としての収益事業に該当するか否かと当該対価を収益に計上する必要があるか否かが争われた。当該対価を収益に計上すべきとする更正処分の理由附記は、次のとおりであった。

「貴法人が東大阪市と締結した各種委託契約に基づき受ける委託料及び民間の者からの委託に基づき行った自助の撤去により受ける委託料並びに東大阪市補助金交付指令により、派遣職員の人件費及び社屋の賃貸料に充当あるいは補助することに使途を限定されて受ける補助金は、法人税法2条13号に規定する収益事業の収入に該当します。」

この理由附記について、一審の大阪地裁平成24年2月2日判決（平21（行ウ）192）は、前掲最高裁昭和60年4月23日第三小法廷判決の趣旨に照らし適法であるとして、原告の請求を棄却した。しかしながら、控訴審の前掲大阪高裁判決は、次のように判示して、前掲最高裁昭和60年4月23日第三小法廷判決の趣旨に照らすとしても違法であるとして控訴人の請求を認容している。

「本件各付記理由は、法適用に関しては、『法人税法第2条第13号に規定する収益事業の収入に該当する。』との結論を記載するにとどまり、法人税法施行令第5条第1項第10号、同施行規則第4条の3、実費弁償通達の各規定や、その適用関係についての判断過程の記載がすっぽりそのまま欠落しており、本件各事業がなぜ収益事業の収入に該当するのかについての法令等の適用関係や、何故そのように解釈するのかの判断過程についての記載が一切ない。そのため、本件各付記理由では、本件各更正処分における処分行政庁の判断過程を省略することなしに記載したものということができないので、処分行政

庁としては、本件各付記理由を記載することによって、本件各更正処分による自己の判断過程を逐一検証することができないし、その判断の慎重、合理性を確保するという点について欠けるところはないなどとは到底いえない。それゆえ、本件各付記理由として、『法人税法第2条第13号に規定する収益事業の収入に該当する。』との結論を記載しただけでは、処分行政庁の恣意抑制という理由付記制度の趣旨目的を損なうことはないと評価することもできない。」

　ところで、前掲最高裁昭和60年4月23日第三小法廷判決とこの大阪高裁判決とを対比した場合には、前者は、冷房設備が建物附属設備に当たるかという法的判断が問題とされ、後者は、市からの受託料が収益事業の収益に当たるかという法的判断が問題とされたのであるから、両者はそれぞれの法的判断が行われている点では類似しており、後者も前者の射程にあるとも考えられる。そうであれば、国側も上告してその是非を正すべきであるとも考えられたが、国側が上告しなかったことで、この大阪高裁判決は確定した。このことは、国が、今後、更正の理由附記について、大阪高裁判決の考え方に従った処理が行われるというメッセージを納税者側に送ったものとも解される。

　他方、東京地裁平成27年9月25日判決（平25（行ウ）676）及び東京高裁平成28年3月23日判決（平27（行コ）344）（注91）でも、過年度の外注費を当年度の損金の額に算入できないとする更正の理由附記の違法性が争われたが、当該各判決とも、当該理由附記を適法である旨判示している。このような各判決と前掲大阪高裁判決との差異がどこにあるかが定かでないだけに、今後とも更正の理由附記の程度が法廷でどのように判断されるかについて注目を要する。

4　青色申告承認の取消理由の附記
(1)　青色申告承認の取消理由
　所得税法150条1項は、「第143条（青色申告）の承認を受けた居住者につき次の各号のいずれかに該当する事実がある場合には、納税地の所轄税務署長は、当該各号に掲げる年までさかのぼって、その承認を取り消すことができ

（注91）　これら判決の評釈については、品川芳宣・T&Amaster 平成29年6月12日号14頁参照

る。……」と定めている。そして、「次の各号」に該当する事実とは、次のことをいう（法人税法127条1項にも同様な規定があるが、同法の場合には、次の事実のほか、確定申告書を法定申告期限までに提出しなかったこと及び連結納税の承認の取消しがあったことが加えられている。）。

① 青色申告に係る帳簿書類の備付け、記録又は保存が所得税法148条1項等の法令の定めるところに従って行われていなかったこと。 その年。

② ①の帳簿書類について所得税法148条2項の規定による税務署長の指示に従わなかったこと。 その年。

③ ①の帳簿書類に取引の全部又は一部を隠ぺいし又は仮装して記載し又は記録し、その他その記載又は記録をした事項の全体についてその真実性を疑うに足りる相当の理由があること。 その年。

(2) 取消理由の附記の程度

所得税法150条2項は、「税務署長は、前項の規定による取消しの処分をする場合には、同項の居住者に対し、書面によりその旨を通知する。この場合において、その書面には、その取消しの処分の基因となつた事実が同項各号のいずれに該当するかを附記しなければならない。」と定めている（同旨法法127②）。

かくして、かつての課税実務では、当該青色申告者が帳簿書類の備付け、記録又は保存が法令の定めに従っていなければ、上記条文の文言どおり、「1号該当で取り消す」旨を当該取消通知書に附記していた。しかし、このような課税実務は、裁判所において否定されるようになり、最終的には、最高裁昭和49年4月25日第一小法廷判決（民集28・3・405）[注92]が、前掲最高裁昭和38年5月31日第二小法廷判決が判示する更正の理由附記の趣旨を踏まえて、次のように判示して、当該論争に結着をつけた[注93]。

「同条第9項後段（編注＝現行法人税法127条2項）の規定は、その文言上だけからは、一見、取消しが同条第8項（編注＝現行法人税法127条1項）各号のいずれによるものであるかのみを附記すれば足りるとするもののようにみえ

（注92） 同判決の評釈については、田中舘照橘・別冊ジュリストNo.79（租税判例百選〔第二版〕）152頁参照

（注93） 同様な最高裁判決については、最判（三小）昭49・6・11（訟月20・9・170）等参照

第5章　更正・決定・賦課決定　　123

ないでもないけれども、このような解釈が前記理由附記の趣旨、目的にそう
ものでないことは明らかであり、他方、そのような不十分な附記で足りると
する特段の合理的理由も認められないのである（取消しを行なう処分庁とし
ては、既に具体的な取消事由についての調査を経ているはずであるから、こ
れを具体的に処分の相手方に通知すべきものとしても、さほど困難な事務処
理を強いられるものとは考えられない。）から、同条第8項第3号におけるよう
に該当号数を示しただけでは取消しの基因となつた具体的事実を知ることが
できない場合には、通知書に当該号数を附記するのみでは足りず、右基因事
実自体についても処分の相手方が具体的に知りうる程度に特定して摘示しな
ければならないものと解するのが相当である。このように解しても、必ずし
も所論のいうように同条項の文理及び立法経過と相容れないものということ
はできないし、また、同条項が前記青色申告の更正の理由附記に関する規定
とその形式を異にする点も、承認取消処分と更正処分の性質、内容の違いを
考慮すれば、いまだ右の解釈を妨げる根拠とするに足りない。」

　以上の更正の理由附記及び青色申告承認の取消処分の理由附記に対する裁
判例（判例）の考え方は、国税通則法7章の2において（第6章参照）、国税に
係る全処分について理由附記が求められることになったので、今後の課税実
務に大きな影響を及ぼすものと考えられる。

第4節　　更正又は決定の特例（推計課税）

1　推計課税規定の法的性格
(1)　規定の概要
　所得税法156条は、「税務署長は、居住者に係る所得税につき更正又は決定
をする場合には、その者の財産若しくは債務の増減の状況、収入若しくは支
出の状況又は生産量、販売量その他の取扱量、従業員数その他事業の規模に
よりその者の各年分の各種所得の金額又は損失の金額（その者の提出した青
色申告書に係る年分の不動産所得の金額、事業所得の金額及び山林所得の金
額並びにこれらの金額の計算上生じた損失の金額を除く。）を推計して、これ
をすることができる。」と定めている（同旨法法131）。

このように、推計して所得金額を更正又は決定する課税は、一般に、推計課税と称される。この場合、青色申告書に係る更正については、前節で述べたように、帳簿書類を調査して行う必要がある（所法155①、法法130①）ことでもあり、推計課税を行うことができない。したがって、青色申告書に係る所得金額が、帳簿書類の不存在等によって実額による算定が困難である場合には、当該青色申告の承認を取り消した上で（所法150①、法法127①）、推計課税を行うことになる。

(2) 創設（効力）規定説

この推計課税の規定は、昭和25年のシャウプ税制において所得税法及び法人税法において明文化された。そのことは、その明文化（創設）によって初めて推計課税が可能となったものであり、それ以前の年分（事業年度分）の所得税又は法人税について推計課税はできなかったものと解することもできる。このような考え方を創設（効力）規定説という。

この創設（効力）規定説は、租税法の他の規定においても問題とされることがあるが、租税法が租税法律主義の下で強制力を有しているが故に、相応の説得力を有する。

(3) 確認規定説

前述の創設（効力）規定説では、帳簿書類に記録もせず保存もしないで、申告もせず、かつ、税務調査に協力しない納税者に対して、推計課税の明文規定がなければ、税務署長は課税できないことにもなる。また、推計課税の規定が明文化されているのは所得税法及び法人税法に限られるから、他の税目（例えば、消費税）について課税標準等の実額計算が困難な場合にも、推計課税ができないことになる。

この問題に関し、かつて、昭和23年分及び同24年分所得税について推計課税をした事案につき、昭和25年に明文化された推計課税の規定を遡及適用した処分について憲法84条（租税法律主義）に違反する旨の上告人の主張に対し、最高裁昭和39年11月13日第二小法廷判決（訟月11・2・312）は、次のように判示している。

「しかし、当時の所得税法第9条第1項第9号の規定は、所得税の課税標準となるべき所得額が、いわゆる事業所得についてはどのような数額であるべきかを定めたものにすぎず、同号に従つて決定せらるべき所得額がどれほどに

第5章　更正・決定・賦課決定　　　125

なるかを、つねに実額調査の方法によつてのみ決定しなければならないこと
までを定めたものと解することはできない。所得税法が、信頼しうる調査資
料を欠くために実額調査のできない場合に、適当な合理的な推計の方法をも
つて所得額を算定することを禁止するものでないことは、納税義務者の所得
を捕捉するのに十分な資料がないだけで課税を見合わせることの許されない
ことからいつても、当然の事理であり、このことは、昭和25年に至つて同法
第46条の2〔略〕に所得推計の規定が置かれてはじめて可能となつたわけでは
ない。かように、法律の定める課税標準の決定につき、当時の法律において
も許容する推計方法を採用したことに対し、憲法第84条に違反すると論ずる
のは、違憲に名をかりて所得税法の解釈適用を非難するものにほかならな
い。」

　この最高裁判決の後、確認規定説の是非が問題とされるのは、当該税目の
法令に推計課税の規定がない場合である。例えば、東京高裁昭和55年10月29
日判決（行集31・10・2255）は、当時、地方税法に定められていた料理飲食等消
費税について、青色申告者に対する同税の推計課税の当否が争われた事案に
つき、「青色申告の承認を受けている者に対する推計課税は許されないもの
とされているが、このような明文による制限が存しない以上、料飲税につい
て、右承認を受けている特別徴収義務者に対し推計課税をすることがいかな
る場合にも許されないものとすべき理由はないと解すべきである。」と判示
し、確認規定説を支持している。

　また、平成元年に施行された消費税法には推計課税の規定が設けられてい
ないところ(注94)、大阪地裁平成14年3月1日判決（税資252順号9081）は、消費税
についても推計課税ができるのは当然であるとして、確認規定説に従った判
断を示している。以上のように、所得税法及び法人税法に定められている推
計課税の規定は、判例上、確認規定であることが明らかにされている。

（注94）　昭和63年12月30日に成立した消費税法において、同税が、いわゆる帳簿方式によ
　　って所得税又は法人税の所得金額の計算と関連して課税売上等を算定するにもかかわら
　　ず、推計課税規定を設けなかったのは、消費税法の早期成立を図るため、判例等で解釈
　　可能な条項の明文化を避けたといわれる。

2 推計の必要性

所得税、法人税等においては、本来、実額課税をするのが原則であるが、実額課税ができない事情がある場合に課税をしないことは租税負担公平の原則等に反し妥当ではないので、例外的に、推計による課税が認められている[注95]。したがって、推計課税の必要要件を満たさないで推計課税を行うと、当該課税処分は、違法となる。

この問題に関して東京地裁昭和48年3月22日判決（行集24・3・177）は、「要件を満たさないのに推計を基礎としてなされた課税処分は、その結果が実額と符号するかどうか等内容の適否を論究するまでもなく、それ自体違法な処分として取消しを免れないものというべきである。」と判示し、また、大阪地裁昭和50年4月4日判決（行集26・4・492）は、「推計課税は濫用されてはならないから、もし、課税処分において、右のような推計の必要性がないのに、所得の認定の過半が推計によつてなされている場合には、それが真実の所得金額に合致しているかどうかにかかわりなく、その課税処分自体違法というべきである。」と判示している。

かくして、推計の必要要件が問題とされるが、従前の判例等の考え方を要約すると、実額課税に依り得ない場合として、次のような推計の必要性が存在する場合に限り、推計課税が許されるとしている[注96]。
① 納税者が帳簿書類等の資料を備え付けていない場合
② 帳簿書類等の資料の内容が不正確で信頼できない場合
③ 税務調査に対して資料の提供を拒むなど非協力的な場合

3 推計方法の合理性

(1) 合理的となる基礎的要件

推計課税が適法として是認されるには、前述の必要性の要件が充足されるとともに、推計の方法が合理的でなければならないと解されている。

この点につき、東京地裁昭和49年9月25日判決（判時768・25）は、「推計課税

（注95） 前掲（注2）853頁等参照
（注96） 司法研修所編「推計課税の合理性について」（司法研究報告書第30輯第1号、法曹会、昭和56年）2頁参照

第5章 更正・決定・賦課決定 127

が避けられないとしても、その推計課税が適法であるというためには、更に、採用された推計方法が、当該事実との関係で合理的なものでなければならないことはいうまでもなく、また、推計方法が合理的であるためには、当該事案において採用された推計方式自体が合理的であることと、推計の基礎資料の選択が合理的であることが必要であるといわなければならない。」と判示している。

かくして、推計の基礎的要件としては、次のことが求められている[注97]。

① 推計の基礎事実が確実に把握されていなければならない。例えば、同業者比率を用いて所得金額を推計する場合には、推計の基となる当該納税者の売上金額、仕入金額等の全部又は一部が確実に把握されていることを要する。その基礎となる数値が把握されていないと、合理的な推計が成立しなくなる。

② 推計方法には各種の方法があるが、その推計方法は、当該事案に適用し、所得金額を推計する方法として最適なものでなければならない。すなわち、推計方法の選択の合理性が要求されることになる。

③ 推計方法は、できるだけ真実の所得金額に近似した数値が算出し得るような客観的なものであることが要求される。例えば、同業者比率を適用する場合には、当該比率が客観的に適正であることが担保されていなければならない。

(2) 推計方法

通常用いられている推計方法には、次のようなものがあるが、当該事案において、それらの推計方法が適切に適用されなければならない。

① 比率法 納税者の収入（売上げ）、経費、生産高等の数額に対し、特定の比率を用いて所得金額を推計する方法をいう。この比率法には、次のようなものがある。

　㋐ 本人比率 納税者本人の一定期間の売上げ、仕入等をその実績によって把握し、その期間が属する年分（事業年度分）の売上げ、仕入等の金額と所得金額を推計する。これは、本人の取引の実績に基づくもので

（注97） 品川芳宣「国税通則法改正後の税務調査手続等の問題点」税経通信平成25年4月号17頁等参照

あるので、最も合理的であると評価されるが、そのような実績値が常に把握できるとは限らない。

イ　同業者率　　当該納税者と同種、同規模、同程度の同業者を選定し、その差益率、所得率、経費率等の平均値を算出し、その数値から所得金額等を推計する方法である。この方法は、推計課税において最も多く採用されているが、当該同業者の選定が適切に行われているかが最も問題となる。

ウ　実調率　　税務署管内で実地調査の対象とした同業者金額の収支計算資料を収集して所得率等の平均値を算出し、当該平均値によって、当該納税者の所得金額等を推計する方法である。実調率は、同業者率に比し、客観的なデータとしては評価できるが、当該納税者との個別類似性は期待できないことになる。

エ　標準率　　所得金額の実額を調査した相当数の調査実績を基にして、統計学的方法により平均的な所得率、差益率、経費率等を求めて、当該納税者の所得金額等を推計する方法である。かつての実務では、国税局等の単位ごとに標準率が作成されていたが、現在では作成されていないようである。

② 効率法　　効率法とは、販売個数、原材料の数量、従業員数、設備、電力量等の一単位当たりの売上金額、所得金額等から全所得金額を推計する方法である。例えば、蕎麦屋の箸の仕入量が把握できれば、箸1組当たりの売上金額から所得金額を推計する方法である。

③ 資産増減法　　資産増減法は、資産・債務の増減で純資産の増減額を算定し、それを基にして所得金額を推計する方法である。この方法では、期中における消費高（生計費等）を把握できないと、より正確な所得金額の推計は困難となる。

④ 消費高法　　消費高法は、期中の消費支出・生活費から所得金額を推計する方法で、少なくとも、消費支出に相当する額の所得があったと認定する方法である。この方法は、資産増減法と組み合わせないと、より正確な所得金額の推計は困難となる。

4　推計課税の類似制度

以上の更正又は決定の特例としての推計課税は、帳簿書類の不存在等の事

由があって実務計算が困難な場合に、当該納税者の全所得金額を推計するものである。

他方、全所得金額を推計するものではないが、当該所得金額の一部を構成する資産の価額等を推計するために、次のような方法が税法上採用されている。

① 移転価格税制における独立企業間価格の推定（措法66の4⑧⑨）

国税庁等の当該職員が、独立企業間価格を算定するために必要と認められる書類等の提示又は提出を求める場合において、当該法人がこれらを遅滞なく提示し、又は提出しなかったときは、税務署長は、「当該法人の当該国外関連取引に係る事業と同種の事業を営む法人で事業規模その他の事業の内容が類似するものの当該事業に係る売上総利益率」（措法66の4⑧一）等によって、独立企業間価格を推定して、更正又は決定をすることができる（措法66の4⑧⑨）。この場合、独立企業間価格の推定は、類似法人の選定の合理性が鍵となる。

② 役員給与適正額の類似法人との比較（法法34②・36、法令70・72）

法人税法上、役員給与の額のうち、「不相当に高額な部分の金額」が損金不算入とされる（法法34②）が、当該「不相当に高額な部分の金額」は、「その内国法人と同種の事業を営む法人でその事業規模が類似するものの役員に対する給与の支給状況」（法令70一イ）等に照らして判定されることになる。この場合にも、類似法人の選定の合理性が適正額算定の鍵となる。

③ 非上場株式の価額の評価（所基通23～35共－9⑷ハ、法基通4－1－5⑶・9－1－13⑶、評基通180等）

所得税法、法人税法又は相続税法においては、所得金額又は課税価格の算定において、非上場株式（取引相場のない株式）の価額（時価）が問題となることがある。そして、当該価額（時価）は、実務上、国税庁が定める通達の取扱いによって評価されることが多い。例えば、所得税基本通達23～35共－9は、非上場株式の価額の評価方法の一つとして、「売買実例のないものでその株式の発行法人と事業の種類、規模、収益の状況等が類似する他の法人の株式の価額があるもの　当該価額に比準して推定した価額」と定めている（同旨法基通4－1－5⑶等）。

以上のように、推計課税と各類似制度においても、類似法人との比較によって当該価額等が推定されることになるが、それらは推計課税における同業

者率の適用に類似する。

しかし、それらの各制度間における類似法人、同業者等の選定においては、類似性の基準に整合性を欠く場合が多い。そのことは、各税法間の規定を総合的に理解（解釈）することが欠けている証左であるといえよう。

第5節　更正又は決定の特例（同族会社等の行為計算の否認等）

1　同族会社等の行為計算の否認規定とその法的性格

(1)　規定の概要（所法157、法法132、相法64）

法人税法132条1項柱書は、「税務署長は、次に掲げる法人に係る法人税につき更正又は決定する場合において、その法人の行為又は計算で、これを容認した場合には法人税の負担を不当に減少させる結果となると認められるものがあるときは、その行為又は計算にかかわらず、税務署長の認めるところにより、その法人に係る法人税の課税標準若しくは欠損金額又は法人税の額を計算することができる。」と定めている（同旨所法157①、相法64①）。

そして、前記の「次に掲げる法人」は、次に掲げる法人である（法法132①一・二）。

① 　内国法人である同族会社

② 　次の⑦から⑨までのいずれにも該当する内国法人

　⑦　3以上の支店、工場その他の事業所を有すること。

　④　その事業所の2分の1以上に当たる事業所につき、その事業所の所長等が前に当該事業所において個人として事業を営んでいた事実があること。

　⑨　④に規定する事実が事業所の所長等の有するその内国法人の株式又は出資の数又は金額の合計額がその内国法人の発行済株式又は出資の総数又は総額の3分の2以上に相当すること。

(2)　確認規定説

前述の同族会社等の行為計算の否認規定は、大正12年の所得税法改正において明文化されたものであるが、その立法趣旨は、同族会社が行う脱税目的

第5章　更正・決定・賦課決定　　131

の行為計算を否認するためであったとされる[注98]。

　しかしながら、納税者の租税行動においては、「脱税」と評価されるものでなくても、私法上の法律行為の選択を利用した租税回避行為[注99]が行われることが多くなってきており、当該現象は同族会社に限定されることもなくなった。そのため、課税当局は、同族会社等の行為計算の否認規定を、推計課税規定と同様に確認規定と解し、非同族会社等の不当な租税回避行為を否認する課税処分を行うようになった。

　そして、当該課税処分は、法廷においてもその適法性が認められることになった。例えば、大阪高裁昭和39年9月24日判決（税資38・606）は、「私法上許された法形式を濫用することにより租税負担を不当に回避し又は軽減することが企図されている場合には、本来の実情に適合すべき法形式に引き直してその結果に基いて課税しうることも認めなければならない。」と判示している。

　しかしながら、このような確認規定説は、学説・判例において少数説と評価されるようになり、後述する法人税法132条の2の制定等によって消滅したものと認められる。

　(3)　創設（効力）規定説

　前述したように、創設（効力）規定説が次第に有力となったのであるが、例えば、東京高裁昭和47年4月25日判決（税資65・800）は、「同族会社の行為計算否認〔略〕のほか、一般的に租税回避の否認を認める規定のないわが税法においては、租税法律主義の原則から右租税回避行為を否認して、通常の取引形式を選択しこれに課税することは許されないというべきである。」と判示している。

　また、名古屋地裁平成16年10月28日判決（判タ1204・224）は、創設（効力）規定説の論拠については、次のように判示している（同旨名古屋高裁平成17年10月27日判決（税資255順号10180）等参照）。

──────────────────

（注98）　武田昌輔編著『DHCコンメンタール法人税法』（第一法規）5536頁等参照
（注99）　租税回避とは、一般に、「私法上の選択可能性を利用し、私的経済取引プロパーの見地からは合理的理由がないのに、通常用いられない法形式を選択することによって、結果的には意図した経済的目的ないし経済的成果を実現しながら、通常用いられる法形式に対応する課税要件の充足を免れ、もって税負担を減少させあるいは排除すること」（前掲（注2）125頁）をいうものと解されている。

「特段の合理的理由がないのに、通常は用いられることのない法的手段、形式を選択することによって、所期の経済的効果を達成しつつ、通常用いられる法律行為に対応する課税要件の充足を免れ、税負担を減少させあるいは排除する場合には、租税回避行為としてその有効性が問題となり得るが、前記の租税法律主義の観点からは、このような場合であっても、当該法的手段、形式が私法上は有効であることを前提としつつ、租税法上はこれを有効と扱わず、同一の経済目的を達成するために通常用いられる法的手段、形式に対応する課税要件が充足したものとして扱うためには、これを許容する法律上の根拠を要すると解すべきである。」

2 組織再編成等に係る行為計算の否認規定

前述のように、同族会社等の行為計算の否認規定は、その法的性格について、確認規定説と創設（効力）規定説の論争があったのであるが、当該論争の終結（例えば、最高裁判所の判決）を見る前に、国は、平成13年の組織再編税制の導入及び平成14年の連結納税制度の導入に際し、新たな行為計算の否認規定を設けて、同族会社等の行為計算の否認規定が創設（効力）規定であることを決定付けた。

すなわち、平成13年に制定された法人税法132条の2は、税務署長が、合併等の組織再編成に関し、当該法人の法人税につき更正又は決定をする場合において、その法人の行為又は計算を容認した場合には、法人税の負担を不当に減少させる結果となると認められるときは、当該法人の行為又は計算にかかわらず、当該法人に係る法人税の課税標準等を計算することができる旨定めている。このような組織再編に係る行為計算の否認は、個人株主等にも波及することが予測されるので、所得税法157条4項及び相続税法64条4項にも関係規定が設けられている。

また、法人税法132条の3は、連結納税に関し、当該法人の法人税の負担を不当に減少させる結果となると認められるものがあるときは、税務署長は、当該法人の行為又は計算にかかわらず、税務署長の認めるところにより、当該法人の法人税の課税標準等を計算して、更正又は決定をすることができる旨を定めている。

さらに、平成26年度の税制改正においては、所得税法168条の2及び法人税

法147条の2において、非居住者又は外国法人の恒久的施設（PE）に係る帰属所得及び税額の計算について、税務署長による行為計算の否認規定を設けている。なお、東京地裁平成26年3月18日判決（平23(行ウ)228等）、東京高裁平成26年11月5日判決（平26(行コ)157）及び最高裁平成28年2月29日第一小法廷判決（平27(行ヒ)75）は、組織再編に係る行為計算の否認規定に基づく課税処分の適否が初めて法廷で争われた事案について、当該課税処分を適法である旨判示している（注100）。

3 　仮装行為等に対する否認

(1)　仮装行為否認の論拠

　前記1で述べたように、従来から規定されていた同族会社等の行為計算の否認規定は、かつては、確認規定であると解して他の不当な租税回避事案に対しても当該納税者の行為計算を否認して税務署長の認めるところにより更正又は決定が行われてきた。

　しかし、当該課税処分については、それを支持する裁判例もみられたが、学説・判例とも、次第に、創設（効力）規定説を支持するようになり、前記2で述べた組織再編成に係る行為計算の否認規定等の制定により、国もそのような課税処分を行わなくなった。しかし、租税回避行為なるものは、何も同族会社等が行うわけではなく、租税知識の深化と相俟ってむしろ非同族会社や資産家等において盛んに行われるようになった。それらの租税回避行為に対処するために、課税当局は、当該租税回避行為に用いられている私法上の法律行為（契約）が仮装なものであるとして、当該仮装行為を否認する方法で課税する方法がとられてきた。このような仮装行為を否認できる論拠については、次のような説明（注101）が基にされているようである。

（注100）　当該各判決の評釈については、品川芳宣・T&Amaster平成26年8月11日号29頁、同・T&Amaster平成28年6月6日号14頁等参照。なお、前掲最高裁判決は、「法人税の負担を不当に減少」の解釈につき、従前、同族会社等の行為計算の否認規定の解釈において採用されてきた①非同族会社基準説及び②純経済人説とは別に、当該行為計算の不自然性、合理的な事業目的の有無、税負担を減少させる意図等を重視して「不当性」を判断していることが注目される。
（注101）　前掲（注2）141頁参照

「仮装行為というのは、意図的に真の事実や法律関係を隠ぺいないし秘匿して、みせかけの事実や法律関係を仮装することであって、通謀虚偽表示（民法94）がその典型的な例である。仮装行為が存在する場合には、仮装された事実や法律関係でなく、隠ぺいないし秘匿された事実や法律関係に従って課税が行われなければならない。これは、特段の規定をまつまでもなく、課税要件事実は外観や形式に従ってではなく、実体や実質に従って認定されなければならないことの、当然の論理的帰結である。」

(2) 仮装行為否認の限界

かくして、仮装行為否認に基づく課税処分の当否が法廷でも争われるようになり、当該課税処分を適法と認める裁判例[注102]もみられるものの、それを違法とする裁判例の方が大勢を占めるようになっている。

例えば、前掲名古屋地裁平成16年10月28日判決の事案では、原告らの締結した組合契約に基づき、当該組合が航空機を取得しこれをリースし、当該リースに係る損失を原告らが不動産所得の損失として他の所得と損益通算を行ったことに対し、所轄税務署長が当該組合契約は利益分配契約を仮装したものであるから当該所得の雑所得であるとして当該損益通算を否認した課税処分の適否が争われたが、上記名古屋地裁判決は、当該組合契約は有効であるから、それを否認するためには法律上の根拠を有する旨判示して、当該課税処分を違法とした[注103]。また、東京地裁平成20年10月24日判決（税資258順号11059）[注104]では、相続税対策の一環として被相続人が役員を務める会社の株式を生前、従業員持株会の代表者に予定されている者に譲渡したことにつき、当該譲渡（売買契約）が仮装であって実質は寄託契約であるとして、当該株式を相続財産に含めた課税処分の適否が争われたところ、上記判決は、当該譲渡は有効であるとして、当該課税処分は違法である旨判示している。

以上のように、私法上の契約を仮装であると認定する課税処分については、そもそも典型的な仮装行為となる通謀虚偽表示など実際にそれほど存在するわけではなく、むしろ、租税負担の軽減等を意図して契約当事者が当該契約

（注102） 大阪地判平10・10・16（税資238・715）、大阪高判平12・1・18（税資246・20）、最判（三小）平18・1・24（税資256順号10278）（これらの判決については、品川芳宣『重要租税判決の実務研究〔第三版〕』（大蔵財務協会、平成26年）629頁等参照）等参照
（注103） 詳細については、前掲（注102）292頁等参照
（注104） 前掲（注102）699頁

第5章　更正・決定・賦課決定　　　135

を正当と認識しているわけであるから、前掲各判決にみられるように、当該
契約を仮装と認定すること自体に無理があるように考えられる。

(3)　権利濫用による否認

　前述の仮装行為の否認による課税処分については、権利濫用否認の法理から支持される場合がある。例えば、最高裁平成17年12月19日第二小法廷判決（民集59・10・2964）[注105]では、内国法人である銀行が、本来外国法人が負担すべき外国法人税を対価を得て負担し、その税額を自己の外国税額控除の余裕枠を利用して利益を得た事案につき、当該契約を通謀虚偽表示等であるとした課税処分の適否が争われたところ、上記判決は、次のとおり判示して、当該課税処分を適法としている。

　「これは、我が国の外国税額控除制度をその本来の趣旨目的から著しく逸脱する態様で利用して納税を免れ、我が国において納付されるべき法人税額を減少させた上、この免れた税額を原資とする利益を取引関係者が享受するために、取引自体によっては外国法人税を負担すれば損失が生ずるだけであるという本件取引をあえて行うというものであって、我が国ひいては我が国の納税者の負担の下に取引関係者の利益を図るものというほかない。そうすると、本件取引に基づいて生じた所得に対する外国法人税を法人税法第69条の定める外国税額控除の対象とすることは、外国税額控除制度を濫用するものであり、さらには、税負担の公平を著しく害するものとして許されないというべきである。」

　以上のような権利濫用の法理に基づく課税処分は、上記のような事案に制限されていて、租税回避行為を否認するための一般的法理として容認されるまでには至っていないようである。

4　包括的否認規定の必要性と実効性

(1)　個別的否認規定の限界

　以上述べたように、一般的な租税回避行為に対しては、同族会社等の行為計算の否認規定を確認規定と位置付けて対応することも適わなくなり、前記2の各規定又は前記3の解釈論によっても対応できなくなっている。

（注105）　同判決の評釈については、岡村忠生・別冊ジュリストNo.207（租税判例百選〔第五版〕）40頁参照

しかし、そうであるからといって、全ての租税回避行為に対処できる包括的否認規定の制定については、特に、学説が消極的である。すなわち、次のような考え方(注106)が支配的である。

「租税法律主義のもとで、法律の根拠なしに、当事者の選択した法形式を通常用いられる法形式にひきなおし、それに対応する課税要件が充足されたものとして取り扱う権限を租税行政庁に認めることは、困難である。また、否認の要件や基準の設定をめぐって、租税行政庁も裁判所もきわめて複雑なそして決め手のない負担を背負うことになろう。したがって、法律の根拠がない限り租税回避行為の否認は認められないと解するのが、理論上も実務上も妥当であろう。もちろん、このことは租税回避行為が立法上も容認されるべきことを意味しない。新しい租税回避の類型が生み出されるごとに、立法府は迅速にこれに対応し、個別の否認規定を設けて問題の解決を図るべきであろう。」

このような個別的否認規定によって対処すべきとする考え方については、最近の税制改正においても採用されているところであり、前掲の名古屋地裁平成16年10月28日判決の事案に対しても、租税特別措置法41条の4の2が制定され、同様な事案について不動産所得の損失についての損益通算が禁じられているところである。

しかしながら、個別否認規定については、租税回避行為の後追いをするだけで、巧妙なタックス・プランナーには対抗できないから、租税回避に対する防止機能として脆弱であり、かつ、税制をいたずらに複雑にするだけに終わる嫌いがある。

また、同族会社のような中小企業に対してのみ包括的否認規定があって、むしろ、巧妙な租税回避行為を行っている外資系企業、大企業、大資産家等がその対象にならないことは、租税(法)の基本原則である平等(公平)原則にも反することになる(注107)。

(2)　国税通則法制定答申の再検討

以上のように、一般的で不当な租税回避行為に対する有効な措置は、包括

(注106)　前掲(注2) 129頁
(注107)　品川芳宣「租税回避行為に対する包括的否認規定の必要性とその実効性」税務事例平成21年9月号33頁等参照

第5章　更正・決定・賦課決定　　137

的否認規定の創設であると考えられるが、そのことは、昭和36年の「国税通則法制定答申」の中で、次のように明らかにされている(注108)。

　「税法においては、私法上許された法形式を濫用することにより租税負担を不当に回避し又は軽減することは許されるべきではないと考えられている。このような租税回避行為を防止するためには、各税法において、できるだけ個別的に明確な規定を設けるよう努めるものとするが、諸般の事情の発達変遷を考慮するときは、このような措置だけでは不充分であると認められるので、上記の実質課税の原則の一環として、租税回避行為は課税上これを否認することができる旨の規定を国税通則法に設けるものとする。なお、立法に際しては、税法上容認されるべき行為まで否認する虞れのないよう配慮するものとし、たとえば、その行為をするについて他の経済上の理由が主な理由として合理的に認められる場合等には、税法上あえて否認しない旨を明らかにするものとする。」

　もっとも、このような包括的否認規定の創設については、前記(1)で引用したように、執行上の実効性を懸念する向きも多いが、伝統的な同族会社等の行為計算の否認規定に関しては、既に数多くの裁判例等が集積されているから、それらから帰納的に課税基準を策定していくことも可能である(注109)。そして、包括的否認規定は、その存在自体が不当な租税回避行為に対して抑止力を有することを評価すべきである。

第6節　更正又は決定の特例（仮装経理に係る更正）

1　規定の概要

　第4章第4節2(2)で述べたように、法人税法129条1項は、法人が仮装経理に基づき、法人税の課税標準となる所得金額を過大に申告しているときは、

（注108）　税制調査会「国税通則法の制定に関する答申（税制調査会第二次答申）及びその説明」（昭和36年7月）4頁
（注109）　前掲（注107）を参照

「……税務署長は、当該事業年度の所得に対する法人税又は連結事業年度の連結所得に対する法人税につき、当該事実を仮装して経理した内国法人が当該事業年度又は連結事業年度後の各事業年度又は各連結事業年度において当該事実に係る修正の経理をし、かつ、当該修正の経理をした事業年度の確定申告書又は連結事業年度の連結確定申告書を提出するまでの間は、更正しないことができる。」と定めている。この規定は、国税通則法24条が、「税務署長は納税申告書の提出があった場合において、その納税申告書に記載された課税標準等又は税額等の計算が国税に関する法律の規定に従っていなかったとき、その他当該課税標準等又に税額等がその調査したところと異なるときは、その調査により、当該申告書に係る課税標準等又は税額等を更正する。」と定めていることに対する特例である。

すなわち、法人が仮装経理によって所得金額を過大に算定することは、法人税法22条等の規定に反するわけであるから、上記の「法律の規定に従っていなかったとき」に該当する。また、このような特例が設けられたのは、いわゆる粉飾経理によって企業会計上の利益を過大に見せかけ、法人税においては、申告減算又は更正の請求によって減額処理を行うことの弊害を抑制するものと解される。

2　解釈上の問題点

法人税法129条1項の規定については、解釈上、「修正の経理」の意義、修正の経理をした確定申告書が税務署長の更正の期間制限（通則法70）の直前に提出された場合の対応等が問題となる。

このうち、「修正の経理」については、大阪地裁平成元年6月29日判決（税資170・952）(注110)が、企業会計原則、法人税法22条4項の規定の趣旨等を踏まえて、「修正の経理とは、財務諸表（損益計算書）の特別損益の項目において、前記損益修正損等と計上して仮装経理の結果を修正して、その修正した事実を明示することであると解すべきである。」と判示したことにより、一応の解決を見ている。

しかしながら、このような会計処理は、中小企業会計においては妥当であるとしても、平成21年に企業会計基準委員会が制定した「会計上の変更及び

(注110)　前掲（注102）622頁参照

第5章　更正・決定・賦課決定　　139

誤謬の訂正に関する会計基準」では、過年度の損益修正について、前述のような「特別損益」の処理を原則として否定しているので留意する必要がある(注111)。

　また、税務署長の更正の期間制限の直前に修正の経理をして確定申告書を提出した場合に、税務署長が短期間で減額更正ができるか否かという問題は、前記第4章第4節2(2)で述べたように、多くの裁判例で争われてきたところである。

　しかし、その問題については、国税通則法23条1項に基づく更正の請求の期限が当該国税の法定申告期限から5年に延長されたことにより、更正の請求で対応できるというのであれば、減額更正の期間制限が法定申告期限から5年6月に延長される(通則法70③)ので、そのほとんどが解決されることになる。ただし、そのようなことが可能なのか否かは、現行の法人税法129条1項の規定ぶりからみて疑問の残るところである。

第7節　「調査」と「処分」との関係

1　「処分」の前提としての「調査」

　前節までに述べてきたように、税額の確定手続においては、税務署長等による更正、決定等の「処分」によって、税額が確定されたり、是正されたりすることがある。

　その場合には、必ず税務署長等による「調査」が前提となる。すなわち、申告納税方式においては、税務署長による「調査」及び「処分」が存することを予定しており(通則法16①一)、更正の請求に対する「更正をすべき理由がない旨の通知処分」にも「調査」に基づくこととし(通則法23④)、更正、決定若しくは再更正又は賦課決定においても「調査」に基づくこととしている(通則法24・27・32)。

　また、加算税の賦課決定においては、修正申告書等の提出が、「調査」があったことにより当該国税について更正、決定又は納税の告知があるべきこと

――――――――――――――――――

(注111)　同会計基準「21」等参照

140 第5章 更正・決定・賦課決定

を予知してされたものでないときは、各加算税が、免除されたり、軽減されることになる（通則法65⑤・66⑥・67②・68①〜③）。もちろん、「第7章の2 国税の調査」に定める各条項においては、「調査」そのものが問題とされているので、当該各条項の解釈等が重要である。

2 「調査」の違法性と「処分」との関係

前述のように、税額の確定に係る「処分」は、「調査」を前提としているのであるが、その「調査」をせずに「処分」をした場合、又は、違法又は不当な「調査」に基づいて「処分」をした場合には、当該「処分」の効力が問題となる。この問題について、名古屋高裁昭和51年4月19日判決（税資94・134）は、「税務署長において全く調査をなすことを怠つた場合には、当該更正はこれをなしうるべき前提要件を欠くことになるので違法となるものと解すべきであり、また質問検査権の行使が社会通念上相当と認められる限度を超えて濫用にわたつた場合など調査手続に重大な違法があり、しかもその調査のみにもとづいて更正がなされたような場合には、当該更正は調査せずしてなされたものと同視すべきであり、違法として取消されるものと解すべきである。」と判示している。

このような「調査」と「処分」との関係については、多くの裁判例（注112）においても容認されているところである。

3 「調査」の意義と程度

(1) 「調査」の意義

前述のように、「調査」を欠くか、「調査」が著しく違法（不当）であれば、その「調査」に基づく更正等の処分も違法となる。然すれば、「調査」とは何か、どの程度の「調査」であったら、「著しく違法となる」のか、が問題となる。

この問題は、戦後の税務行政において、多くの論争を呼び、多くの事件が法廷で争われてきた。その結果、まず、「調査」の意義については、大阪地裁昭和45年9月22日判決（訟月17・1・91）が、次のとおり判示しており、多くの裁

（注112） 大阪地判昭46・9・14（税資63・529）、大阪地判昭49・1・31（訟月20・7・108）、名古屋高判昭51・9・29（税資89・792）等参照

判例においても同様な判断が示されている[(注113)]。

「そもそも通則法第24条にいう調査とは、被告住吉税務署長の主張するように、課税標準等または税額等を認定するに至る一連の判断過程の一切を意味すると解せられる。すなわち課税庁の証拠資料の収集、証拠の評価あるいは経験則を通じての要件事実の認定、租税法その他の法令の解釈適用を経て更正処分に至るまでの思考、判断を含むきわめて包括的な概念である。」

このような「調査」の意義についての判断は、税務署内の事務手続を考慮した場合には、至極当然のものであると考えられる。それ故に、国側が長年それを主張し、裁判所がそれを容認したものと評価できる。けだし、「調査」には、納税者の事務所又は自宅において行われるところのいわゆる「実地調査」が含まれることは疑いのないところであるが、それ以外にも、納税者が納税申告書を提出した（あるいは提出しなかった）後に、税務署内部において、当該納税申告書等の内容が正しいか否か、あるいは、法定資料等に基づいて当該納税申告等の当否が検討されている。

そして、その検討の結果、当該納税申告等に誤りがあると認められる場合には、当該納税者に連絡して、修正申告等を慫慂したり、更正等の処分が行われているところである。そのため、そのような税務署内部で行われる事務処理を含めて「調査」に該当すると解釈しておく必要があるはずである。

そして、そのように解釈することによって、国税通則法が「調査」という用語を使用している関連条項の解釈も合理的に行われるはずである。しかし、国税庁は、平成23年の国税通則法改正において「第7章の2　国税の調査」が設けられたことに対応し、翌年の通達によって別途「調査」の意義を定義し、かえって、実務を混乱させているようにも考えられる。その問題は、次章において、別途論じることとする。

(2)　「調査」の程度

次に、どの程度の「調査」を行えば、適法といえるのか、又は違法とならないのかについては、主として、国税庁と反税団体との間で長年争われてきた。そして、その論争に終止符を打ったのが、最高裁昭和48年7月10日第三小

(注113)　最判（大）昭47・11・22（刑集26・9・554）、最判（三小）昭48・7・10（刑集27・7・1205）、大阪地判昭51・3・30（税資88・179）、最判（一小）昭63・3・31（税資163・1122）、名古屋地判平4・12・24（税資193・1059）等参照

142 第5章 更正・決定・賦課決定

法廷決定（刑集27・7・1205）（注114）であった。同決定は、次のように判示してい
る。

　「所得税の終局的な賦課徴収にいたる過程においては、原判示の更正、決
定の場合のみではなく、ほかにも予定納税額減額申請〔略〕または青色申告
承認申請〔略〕の承認、却下の場合、純損失の繰戻による還付〔略〕の場合、
延納申請の許否〔略〕の場合、繰上保全差押〔略〕の場合等、税務署その他
の税務官署による一定の処分のなされるべきことが法令上規定され、そのた
めの事実認定と判断が要求される事項があり、これらの事項については、そ
の認定判断に必要な範囲内で職権による調査が行なわれることは法の当然に
許容するところと解すべきものであるところ、所得税法第234条第1項の規定
は、国税庁、国税局または税務署の調査権限を有する職員において、当該調
査の目的、調査すべき事項、申請、申告の体裁内容、帳簿等の記入保存状況、
相手方の事業の形態等諸般の具体的事情にかんがみ、客観的な必要性がある
と判断される場合には、前記職権調査の一方法として、同条第1項各号規定の
者に対し質問し、またはその事業に関する帳簿、書類その他当該調査事項に
関連性を有する物件の検査を行なう権限を認めた趣旨であつて、この場合の
質問検査の範囲、程度、時期、場所等実定法上特段の定めのない実施の細目
については、右にいう質問検査の必要があり、かつ、これと相手方の私的利
益との衡量において社会通念上相当な限度にとどまるかぎり、権限ある税務
職員の合理的な選択に委ねられているものと解すべく、また、暦年終了前ま
たは確定申告期間経過前といえども質問検査が法律上許されないものではな
く、実施の日時場所の事前通知、調査の理由および必要性の個別的、具体的
な告知のごときも、質問検査を行なううえの法律上一律の要件とされている
ものではない。」

　このような最高裁決定は、その後約40年間、税務調査手続について正に判
例法として機能してきたのであるが、平成23年、国税通則法改正の立法措置
によって、その内容の大方が否定されることになった。しかし、その立法に
よって明文化された以外の事項については、この最高裁決定の考え方が生か
されるものと解されるので、それらの点について、第6章において論じるこ
ととする。

───────────────

（注114）　同判決の評釈については、小早川光郎・別冊ジュリストNo.120（租税判例百選
　　〔第三版〕）166頁等参照

第5章　更正・決定・賦課決定　　143

4　犯罪捜査との関係

　国税通則法74条の8は、「第74条の2から前条まで〔略〕の規定による当該職員の権限は、犯罪捜査のために認められたものと解してはならない。」と定めている。

　この規定は、平成23年改正で設けられた「第7章の2」の中で定められているが、新たに設けられたわけではなく、従前、個別税法に定められていたものを国税通則法に移行させたものである（改正前の所法234②、法法156、相法60④、消法62⑥等参照）。この規定は、国税通則法（従前は個別税法）に定められている質問検査権の規定による当該職員の調査（いわゆる任意調査）と国税局査察部（部門）が行っている逋脱犯告発のための犯則調査（いわゆる強制調査）とが混同されてはいけないことと解される。

　したがって、任意調査に基づいて収集された資料（証拠）のみに基づいて逋脱犯の告発が禁じられているものと解される。しかしながら、同じ国税庁という組織の中にあって、かつ、申告納税制度における納税者の監視機能を有している任意調査部門と強制調査（査察）部門とが全く情報交流がないというのも不自然・不合理であろう。

　よって、国税通則法74条の8の規定は、任意調査部門の調査が強制調査のための直接的手段になることを禁じているものと解すべきであろう。この点について参考とすべき事例として、最高裁平成16年1月20日第二小法廷決定（刑集58・1・26）（注115）がある。

　この決定の事案では、被告人会社が法人税の逋脱を企て、所得を秘匿していたが、国税局査察部門が平成6年3月頃内偵を開始したため、それを察知した同社代表者が同年4月に顧問税理士に修正申告を依頼し、同月11日、同税理士が所轄税務署副署長に相談したところ、同月12日、同税務署の調査が開始され、秘匿所得の相当部分を把握したので、同署統括調査官がその旨査察部門に連絡し、査察部門が翌13日、当該連絡資料と従前の内偵資料を基に臨検捜索差押許可状を得て、翌14日、臨検捜索を開始したというものである。

　そして、被告人会社は法人税法違反の罪で起訴されたが、弁護人は、本件税務調査は犯則調査の手段として利用されているから、同調査が法人税法（平

(注115)　本判決の評釈については、笹倉宏紀・別冊ジュリストNo.207（租税判例百選〔第五版〕）230頁参照

成23年改正前のもの）156条、163条、憲法31条、35条、38条に違反し、本件
証拠は違法な調査に由来し証拠能力を欠くなどと主張した。

　一審の松山地裁平成13年11月22日判決（判タ1121・264）は、本件税務調査の
違法を認めず、被告人会社らを有罪とした。

　次いで、控訴審の高松高裁平成15年3月13日判決（判時1845・149）は、「本件
税務調査は、法人税法第156条に違反する」としたが、その違法の重大性を否
定して、原審の有罪判決を維持した。かくして、上告審の前掲最高裁決定は、
「本件では、上記質問又は検査の権限の行使に当たって、取得収集される証
拠資料が後に犯則事件の証拠として利用されることが想定できたにとどま
り、上記質問又は検査の権限が犯則事件の調査あるいは捜査のための手段と
して行使されたものとみるべき根拠はないから、その権限の行使に違法はな
かったというべきである。そうすると、原判決の上記判示部分は是認できな
いが、原判決は、上記質問又は検査の権限の行使及びそれから派生する手続
により取得収集された証拠資料の証拠能力を肯定しているから、原判断は、
結論において是認することができる。」と判示している。

　この事件は、当時の法人税法156条の規定に違反する税務調査に基づいて
収集された資料の犯則事件における証拠能力が問題となったのであるが、逆
に、犯則事件において収集された証拠に基づいて、税務署長が更正又は決定
を行うことは、一般的に行われていることである。

　その場合には、当該税務署長が、当該更正又は決定をするに当たって、当
該証拠資料を確認するという作業を国税通則法24条等にいう「調査」と解す
ることによって、「調査」を欠く更正等の違法性を阻却し得るものと解される。

　なお、犯則調査の手続については、従前、国税犯則取締法によって課せら
れてきたところであるが、平成29年度税制改正によって、国税通則法の中で
定められることとなり、国税犯則取締法は廃止されることになった。その犯
則調査手続については、第11章で論じることとする。

第6章

税務調査

146

第6章　税務調査　　147

第1節　質問検査権規定の統合とその解釈

1　質問検査権規定の統合

　平成23年の国税通則法の改正により、「第7章の2　国税の調査」という新しい章が設けられ、従前、各税法において個々に設けられていた質問検査権の規定がこの章に統合されることになった。それに加えて、調査の事前通知、調査終了時の手続等が詳細に定められることになった。また、このように、質問検査権の規定が統合されたこともあってか、当初の国税通則法改正案では、国税通則法の名称を「国税に係る共通的な手続並びに納税者の権利及び義務に関する法律」に改称することにしていた。

　しかし、「国税に係る共通的な手続」については、前述してきた「更正の請求」、「更正・決定」等の手続や後述する各種手続について、国税通則法のほか、個別税法にも定められており、必ずしも、「共通的な手続」が国税通則法にまとめられているわけではない。また、「納税者の権利及び義務」については、各税法が実体的にそれを定めているから、国税通則法の固有の規制対象ではない。それにもまして、長たらしい名称が実務に馴染むとも考えられないし、「国税通則法」という名称が権威的であるという批判もあったようであるが、余りに感情的な批判に過ぎないものと考えられた(注116)。

　また、従前、「第7章の2　行政手続法との関係」として1箇条設けられていたが、それが、「第7章の3　行政手続法との関係」として、1章ずらされた。しかしながら、その内容(通則法74の14)においては、第7章の2の調査手続と同様に、従前の適用除外を大幅に変更するものであって、課税実務に重要な影響を及ぼすものである。

　よって、この章において、第6節で詳述することとする。いずれにしても、これらの改正は、実務上、種々の影響を及ぼすものである(注117)が、本書では、

(注116)　「国税通則法」の改称案に対する批判については、品川芳宣「「国税通則法」を改称するな！」税理士新聞平成23年7月15日号4頁、同「国税通則法の改正案の問題点とあるべき方向（上）」税務事例平成23年11月号11頁等参照

(注117)　国税通則法改正の実務上の影響について批判的に論じたものとして、前掲（注116）のほか、品川芳宣「納税環境整備（税務調査手続・理由附記の法制化）の問題点」税経通信平成23年3月号17頁、同「国税通則法の改正案の問題点とあるべき方向（下）」税務事例平成23年12月号9頁参照

改正規定の解釈問題を中心に論じることとする。

2　質問検査権規定の概要

　国税通則法74条の2第1項は、「国税庁、国税局若しくは税務署（以下「国税庁等」という。）又は税関の当該職員〔略〕は、所得税、法人税、地方法人税又は消費税に関する調査について必要があるときは、次の各号に掲げる調査の区分に応じ、当該各号に定める者に質問し、その者の事業に関する帳簿書類その他の物件〔略〕を検査し、又は当該物件〔略〕の提示若しくは提出を求めることができる。」と定めている。

　そして、1号には、所得税に関する調査、2号には、法人税又は地方法人税の調査、3号及び4号には、消費税に関する調査が掲げられ、それぞれの調査において、その対象となる者が定められている。

　その中で、所得税の調査に関しては、次に掲げる者に対し、質問検査ができると定めている（通則法74の2①一イ〜ハ）。

① 　所得税法の規定による所得税の納税義務がある者若しくは納税義務があると認められる者又は所得税法123条、125条若しくは127条の規定による申告書を提出した者

② 　所得税法225条に規定する調書、同法226条に規定する源泉徴収票又は同法227条から228条の3の2までに規定する計算書若しくは調書を提出する義務がある者

③ 　①に掲げる者に金銭若しくは物品の給付をする義務があったと認められる者若しくは当該義務があると認められる者又は①に掲げる者から金銭若しくは物品の給付を受ける権利があったと認められる者若しくは当該権利があると認められる者

　また、法人税、地方法人税及び消費税の調査についても、それぞれの税目の性質に応じて、質問検査の対象となる者が定められている（通則法74の2①二〜四）。

　次に、国税通則法74条の3には相続税等、同法74条の4には酒税、同法74条の5にはたばこ税等及び同法74条の6には航空機燃料税等について、それぞれの税目に応じた質問検査権の行使規定が設けられている。

第6章　税務調査　　149

3　「調査」と「行政指導」との区分

(1)　調査通達による「調査」の定義

　第5章第7節で述べたように、平成23年改正前の国税通則法の各条項において「調査」の用語が使用されてきたところであるが、その「調査」の意義については、大阪地裁昭和45年9月22日判決等が判示するように、税務署長が課税標準等又は税額等を認定するに至る一連の判断過程の一切を意味する包括的な概念であると解されてきた。

　また、そのような解釈は、国がかねてから主張してきたことであるが、課税実務の実態や国税通則法関係条項の整合的解釈にとって必要なことでもあった。そして、そのような解釈は、平成23年改正で設けられた「第7章の2　国税の調査」においても適用し得るものと考えられた。

　ところが、国税庁は、第7章の2の各条項に定められている「調査」の意義について、新たな定義を設けている。すなわち、国税庁は、改正国税通則法の執行に当たり、「国税通則法第7章の2（国税の調査）関係通達の制定について（法令解釈通達）」（平24・9・12課総5−9他）（以下「調査通達」という。）を発出し、関係条項の解釈を指示した。そして、調査通達1−1は、「調査」の意義について、次のように定めている。

「(1)　法第7章の2において、「調査」とは、国税（法第74条の2から法第74条の6までに掲げる税目に限る。）に関する法律の規定に基づき、特定の納税義務者の課税標準等又は税額等を認定する目的その他国税に関する法律に基づく処分を行う目的で当該職員が行う一連の行為（証拠資料の収集、要件事実の認定、法令の解釈適用など）をいう。

　　(注)　法第74条の3に規定する相続税・贈与税の徴収のために行う一連の行為は含まれない。

(2)　上記(1)に掲げる調査には、更正決定等を目的とする一連の行為のほか、再調査決定や申請等の審査のために行う一連の行為も含まれることに留意する。

(3)　上記(1)に掲げる調査のうち、次のイ又はロに掲げるもののように、一連の行為のうちに納税義務者に対して質問検査等を行うことがないものについては、法第74条の9から法第74条の11までの各条の規定は適用されないことに留意する。

イ　更正の請求に対して部内の処理のみで請求どおりに更正を行う場合の一連の行為。

ロ　修正申告書若しくは期限後申告書の提出又は源泉徴収に係る所得税の納付があった場合において、部内の処理のみで更正若しくは決定又は納税の告知があるべきことを予知してなされたものには当たらないものとして過少申告加算税、無申告加算税又は不納付加算税の賦課決定を行うときの一連の行為。」

この調査通達1－1では、その(1)において、まず、「調査」の意義について、「法第7章の2において」と限定しているのであるが、国税通則法の他の規定において定められている「調査」との関係が確かではない。

もっとも、その(2)において、「更正決定等を目的とする一連の行為のほか、再調査決定や申請等の審査のために行う一連の行為も含まれる」と定めているのであるが、それらは、国税通則法24条ないし26条、あるいは83条等に定められている事項であるから、第7章の2とは直接関係がないことになる。

さらに、(3)において、更正の請求については、同法23条4項の規定によって「調査」をしなければ更正等ができないこととなっているが、法7章の2の「調査」との関係が不明になる。また、過少申告加算税、無申告加算税及び不納付加算税の賦課決定について、決定等を予知していないということで軽減税率を適用することを定めているが、これも、33条、65条、66条及び67条に規定する「調査」及び「決定又は納税の告知」の問題であり、しかも、これらの更正を含めた「予知」の問題については、国税庁が平成12年7月3日付けで発出した各税目のいわゆる加算税通達(注118)に定められているところであるので、それらの通達との関係も整合性があるとも考えられない。

また、調査通達1－1(1)に定めている「調査」の意義については、前述した大阪地裁昭和45年9月22日判決の考え方を踏襲しているようにも見えるが、前述した(3)の取扱いにおいてその考え方を異にしており、次の調査通達1－2においては、1－1(1)に定義する「調査」の概念と共通するものであっても、「調査」に該当しないものとして取り扱っている。そのことが、国税通則法

(注118)　詳細については、品川芳宣『附帯税の事例研究〔第三版〕』(財経詳報社、平成24年) 73頁以下参照

第 6 章　税務調査　　151

全体を通じての「調査」の意義を一層混乱させるものと考えられる^(注119)。

（2）　調査通達上の行政指導との区分

調査通達1－2柱書は、「当該職員が行う行為であって、次に掲げる行為のように、特定の納税義務者の課税標準等又は税額等を認定する目的で行う行為に至らないものは、調査には該当しないことに留意する。また、これらの行為のみに起因して修正申告書もしくは期限後申告書の提出又は源泉徴収に係る所得税の自主納付があった場合には、当該修正申告書等の提出等は更正若しくは決定又は納税の告知があるべきことを予知してなされたものには当たらないことに留意する。」と定めている。そして、「次に掲げる行為」については、次のようなものを掲げている（調査通達1－2(1)～(5)）。

①　提出された納税申告書の自発的な見直しを要請する行為で、㋐当該納税申告書に法令により添付すべきものとされている書類が添付されていない場合において、納税義務者に対して当該書類の自発的な提出を要請する行為、及び㋑当該職員が保有している情報又は当該納税申告書の検算その他の形式的な審査の結果に照らして、当該納税申告書に計算誤り、転記誤り又は記載漏れ等があるのではないか思料される場合において、納税義務者に対して自発的な見直しを要請した上で、必要に応じて修正申告書又は更正の請求書の自発的な提出を要請する行為、であるもの。

②　提出された納税申告書の記載事項の審査の結果に照らして、当該記載事項につき税法の適用誤りがあるのではないかと思料される場合において、納税義務者に対して、適用誤りの有無を確認するために必要な基礎的情報の自発的な提供を要請した上で、必要に応じて修正申告書又は更正の請求書の自発的な提出を要請する行為。

③　納税申告書の提出がないためその提出義務の有無を確認する必要がある場合において、当該義務があるのではないかと思料される者に対して、当該義務の有無を確認するために必要な基礎的情報（事業活動の有無等）の自発的な提供を要請した上で、必要に応じて納税申告書の自発的な提出を要請する行為。

───────────

（注119）　これらの問題については、品川芳宣「国税通則法の実務解説─国税手続等の法理と実務上の問題点を解明─（第6回）」租税研究平成26年4月号124頁、同『国税通則法の理論と実務』（ぎょうせい、平成29年）143頁等でも指摘した。

④　当該職員が保有している情報又は提出された所得税徴収高計算書の記載事項の確認の結果に照らして、源泉徴収税額の納税額に過不足徴収額があるのではないかと思料される場合において、納税義務者に対して源泉徴収税額の自主納付等を要請する行為。

⑤　源泉徴収に係る所得税に関して源泉徴収義務の有無を確認する必要がある場合において、当該義務があるのではないかと思料される者に対して、当該義務の有無を確認するために必要な基礎的情報（源泉徴収の対象となる所得の支払の有無）の自発的な提供を要請した上で、必要に応じて源泉徴収税額の自主納付を要請する行為。

以上の「調査」から除外する行政上の諸行為については、国税庁が発出する「調査手続の実施に当たっての基本的な考え方等について（事務運営指針）」（平24・9・12課総5―11他）（以下「調査指針」という。）第2章1では、「調査と行政指導の区分の明示」と題し、「納税義務者等に対し調査又は行政指導に当たる行為を行う際は、対面、電話、書面等の態様を問わず、いずれの事務として行うかを明示した上で、それぞれの行為を法令等に基づき適正に行う。」と定め、「調査」に当たらない諸行為を「行政指導」であることを明らかにしている。

(3)　「調査」と「行政指導」の区分の必要性

ところで、「行政指導」とは、一般に、「行政機関が、一定の行政目的を達成するために私人又は公私の団体に対して勧告・警告・助言・指導などの非権力的・任意的手段をもって働きかけ、相手方の任意の協力を得て、望ましいと考えられる一定の方向に相手方を誘導し、同調させる行為をさすもの」^(注120)と解されている。

また、国税通則法74条の14第2項が引用する行政手続法2条6号は、行政指導について、「行政機関がその任務又は所掌事務の範囲内において一定の行政目的を実現するため特定の者に一定の作為又は不作為を求める指導、勧告、助言その他の行為であって処分に該当しないものをいう。」と定義付けている。

そして、同法は、「第4章　行政指導」と題し、32条から36条の2までの6箇条の規定を設けている。この行政手続法における行政指導と国税通則法との

───────────────

（注120）　我妻栄『新版新法律学辞典』（有斐閣、昭和48年）225頁

第6章　税務調査　　153

関係については、平成5年の行政手続法の制定に際して改正された国税通則法74条の2第2項の規定と平成23年改正によって改められた同法74条の2第2項の規定との間に何ら実質的な変更はない。そうすると、行政手続法制定後も一貫して、調査通達1－2に掲げる諸行為をも含めて「調査」と解してきた従来の考え方を平成24年に制定した調査通達の中でわざわざ変更したことに理解に苦しむところがある。

　しかも、その変更が課税実務に役立つというのであればともかく、かえって、「調査」という用語を用いている他の条項の解釈等において、混乱を招くことになると考えられるから、なおさらである。例えば、調査通達1－2は、内部処理によって、「提出された納税申告書に計算誤り、転記誤り又は記帳漏れ等」（同通達1－2(1)ロ）を認めた場合に、必要に応じて修正申告書の提出等を要請する行為を「行政指導」と明示しているが、同通達制定前では、当該内部処理を「調査」と解していたので、当該納税義務者が修正申告書の提出等に応じなければ、その段階で更正等の処分をすれば足りた（通則法24・25等参照）。しかし、当該内部処理を「行政指導」に当たるとすると、税務署長等は更正等の処分をする前に、改めて「調査」を実施しなければならないことになる。

　そのようなことは、税務署の課税処理をいたずらに複雑にするばかりではなく、納税義務者にとっても何ら実益をもたらすことにはならないものと考えられる。

　なお、従前のような包括的な「調査」概念では、国税通則法74条の9に定める「事前通知」等に支障を来すという懸念もあろうが、当該条項では、「実地の調査」に限定しているわけであるから、そのように対応すれば、その懸念も当たらないものと考えられる。

4　その他の解釈上の論点

(1)　「当該職員」の意義

　国税通則法74条の2等の規定に基づいて質問検査権を行使する者は、国税庁、国税局若しくは税務署又は税関の「当該職員」であるが、その範囲が不明確であるということで、かつて、質問検査権規定の憲法31条違反の有無が争われたことがある。

　しかし、最高裁昭和48年7月10日第三小法廷決定は、「当該職員」について、

154 第6章 税務調査

「国税庁、国税局又は税務署の調査権限を有する職員である」ことを明確にし、上記違憲論争にピリオドを打っている。この点、調査通達1-3は、「「当該職員」とは、国税庁、国税局若しくは税務署又は税関の職員のうち、その調査を行う国税に関する事務に従事している者をいう。」と定めている。この通達と前掲最高裁判決の考え方が異なるものとは考えられないが、調査通達が「調査権限を有する」という用語を使用しないことに、何か意図があるのか否か不明である。

(2) 「納税義務がある者」・「納税義務があると認められる者」の意義

従前、所得税の税務調査においては、11～12月頃、その年の所得税額等の状況を把握するために「概況調査」と称する調査が行われたことがある。

これは、当該暦年の納税義務が成立する前の調査であるが故に、調査の対象となる「納税義務がある者」又は「納税義務があると認められる者」の意義・範囲が法廷でも争われてきた。そして、この問題についても、前掲最高裁昭和48年7月10日決定が、次のとおり判示して、結着をつけてきた。

「質問検査制度の目的が適正公平な課税の実現を図ることにあり、かつ、前記法令上の職権調査事項には当然に確定申告期間または暦年の終了の以前において調査の行なわれるべきものも含まれていることを考慮し、なお所得税法第5条においては、将来において課税要件の充足があるならばそれによつて納税義務を現実に負担することとなるべき範囲の者を広く「所得税を納める義務がある」との概念で規定していることにかんがみれば、同法第234条第1項にいう「納税義務がある者」とは、以上の趣旨を承けるべく、既に法定の課税要件が充たされて客観的に所得税の納税義務が成立し、いまだ最終的に適正な税額の納付を終了していない者のほか、当該課税年が開始して課税の基礎となるべき収入の発生があり、これによつて将来終局的に納税義務を負担するにいたるべき者をもいい、「納税義務があると認められる者」とは、前記の権限ある税務職員の判断によつて、右の意味での納税義務がある者に該当すると合理的に推認される者をいうべきものである。」

このような従前の解釈論に関し、現行の国税通則法74条の2では、旧所得税法234条に定められていた「納税義務がある者」及び「納税義務があると認められる者」という用語を受け継いでいるが、調査通達等の取扱いでは、当該用語の意義については何ら明らかにしていない。

他方、国税通則法74条の9では、後述するように、実地の調査の対象者とし

て「納税義務者」という用語を使用しているが、当該納税義務者には、「納税義務がある者」及び「納税義務があると認められる者」も含まれるとしている（通則法74の9③一）。よって、今後、課税実務の中で、「納税義務がある者」等の意義が問題になったときに、当該解釈論の行方に注視する必要がある。

(3) 「帳簿書類その他の物件」の範囲

国税通則法74条の2第1項柱書は、納税義務がある者等に対し、「その者の事業に関する帳簿書類その他の物件を検査し、又は当該物件の提示若しくは提出を求めることができる。」と定めている。

この場合には、「帳簿書類その他の物件」の範囲等が問題となる。この点に関し、調査通達1―5は、「……「帳簿書類その他の物件」には、国税に関する法令の規定により備付け、記帳又は保存しなければならないこととされている帳簿書類のほか、各条に規定する国税に関する調査又は法第74条の3に規定する徴収の目的を達成するために必要と認められる帳簿書類その他の物件も含まれることに留意する。」と定め、「帳簿書類その他の物件」には、国外において保存するものも含まれることに留意する。」（同通達（注））と定めている。

また、調査通達1―6は、「……「物件の提示」とは、当該職員の求めに応じ、遅滞なく当該物件（その写しを含む。）の内容を当該職員が確認し得る状態にして示すことを、「物件の提出」とは、当該職員の求めに応じ、遅滞なく当該職員に当該物件（その写しを含む。）の占有を移転することをいう。」と定めている。

このような「帳簿書類その他の物件」の範囲等に関しては、医師等の職業上の守秘義務を有している者が保有する資料（例えば、カルテ等）が「その他の物件」に含まれるか否か、また、それを「提示又は提出」を求めることができるか否かが問題となる。この点については、調査通達1―5では、当該カルテ等を「その他の物件」に含めて調査対象にするように定めているが、調査指針第2章3―(4)では、「調査について必要がある場合において、質問検査等の相手方となる者に対し、帳簿書類その他の物件（その写しを含む。）の提示・提出を求めるときは、質問検査等の相手方となる者の理解と協力の下、その承諾を得て行う。」と定めている。

そして、同指針の（注）では、「質問検査等の相手方となる者について、職務上の秘密についての守秘義務に係る規定（例：医師等の守秘義務）や調査

等に当たり留意すべき事項に係る規定（例：宗教法人法第84条）が法令で定められている場合においては、質問検査等を行うに当たっては、それらの定めにも十分留意する。」と定めている。以上のような、国税庁の取扱いは、調査指針の第1章が謳うところの「納税者の理解と協力を得て行う」ことを強調したものであろうが、当該納税義務者の承諾を得るということになると、医師等の守秘義務に係る「その他の物件」の調査を事実上放棄したものと評価されるであろう。このことは、かつての課税実務を変更するものであって、その課税実務に関与してきた筆者としては、調査能力（課税資料の掌握等）の後退を見る思いがする。

第2節　提出物件の留置き

1　留置きの意義

　国税通則法74条の7は、「国税庁等又は税関の当該職員は、国税の調査について必要があるときは、当該調査において提出された物件を留め置くことができる。」と定めている。

　国税通則法施行令30条の3第1項は、「国税庁、国税局若しくは税務署又は税関の当該職員〔略〕は、法第74条の7〔略〕の規定により物件を留め置く場合には、当該物件の名称又は種類及びその数量、当該物件の提出年月日並びに当該物件を提出した者の氏名及び住所又は居所その他当該物件の留置きに関し必要な事項を記載した書面を作成し、当該物件を提出した者にこれを交付しなければならない。」と定めている。

　次いで、同条2項は、「当該職員は、法第74条の7の規定により留め置いた物件につき留め置く必要がなくなつたときは、遅滞なく、これを返還しなければならない。」と定め、同条3項は、「当該職員は、前項に規定する物件を善良な管理者の注意をもつて管理しなければならない。」と定めている。これらの規定を受けて、調査通達2—1(1)は、「法第74条の7に規定する提出された物件の「留置き」とは、当該職員が提出を受けた物件についての国税庁、国税局若しくは税務署又は税関の庁舎において占有する状態をいう。ただし、提出される物件が、調査の過程で当該職員に提出するために納税義務者等が新

たに作成した物件（提出するために新たに作成した写しを含む。）である場合
は、当該物件の占有を継続することは法第74条の7に規定する「留置き」には
当たらないことに留意する。」と定めている。この留置きの規定は、平成23年
の国税通則法改正によって新設されたものであるが、改正前においても、税
務調査において納税者の同意を得て帳簿書類等を預かって、納税者宅（事務
所）外において当該帳簿書類等を調査することは慣例的に行われていたこと
である。そして、そのことが税務調査の進捗にも役立ち、納税者にとっても
利するところがあったはずである。

　このような慣例的な帳簿書類等の留置き（預り）は、時には、当該帳簿書
類等の紛失という事故を招くという批判があったのかもしれないが、前述の
ように、法令でその根拠を明確にし、留置きについての詳細な手続を定める
と、税務調査を硬直化させ、税務調査の進捗を妨げることも懸念される。し
かも、調査通達において、「庁舎」以外（例えば、出張先の宿泊先）において
留め置くことを禁じるような取扱いを定めることに至っては、「税務調査の
進捗」よりも「事故防止」のみを重視しているようにも解される。

2　返還されない場合の不服申立て

　調査通達2−1(2)は、「当該職員は、令第30条の3第2項に基づき、留め置い
た物件について、留め置く必要がなくなったときは、遅滞なく当該物件を返
還しなければならず、また、提出した者から返還の求めがあったときは、特
段の支障がない限り、速やかに返還しなければならないことに留意する。」と
定めている。

　調査のために必要な帳簿書類等を納税者の同意を得て預かったものを、そ
の必要がなくなり、納税者から返還を求められ（同意を失う）たら直ちに返
還することは当然のことであるが、それをわざわざ通達に書くことに疑問を
感じる。さらに、この留置きに関し、調査指針の第2章3(5)（注）1では、「引
き続き留め置く必要があり、返還の求めに応じることができない場合には、
その旨及び理由を説明するとともに、不服申立てに係る教示を行う必要があ
るので留意する。」と定めている。

　そして、「税務調査手続に関するFAQ（一般納税者向け）」（以下「納税者向
けFAQ」という。）の問11では、「返還をお待ちいただく場合には、引き続き
留置きをさせていただく旨とその理由をご説明しますが、これに納得できな

いときは、留置き（預かり）を行っている職員が税務署に所属する職員である場合には、税務署長に再調査の請求又は国税不服審判所長に審査請求をすることができます。」と回答している。

この回答は、「返還しない」という不作為に対する不服申立てであるから、行政不服審査法に基づく審査請求を意味するものであると解されるところ、平成25年に、国税庁はそれらの取扱いを明らかにした。すなわち、不服審査基本通達（国税庁関係）75－1は、提出物件の留置きについて、次のように取り扱うとしている。

「(4) 処分には、事実上の行為は含まれないのであるから、例えば、法第74条の7（（提出物件の留置き））に規定する「当該調査において提出された物件を留め置くこと」はこの処分には該当しないこと。

(5) 法第74条の7の規定に基づき同条に規定する「当該職員」が留め置いた物件について、当該物件の提出者から返還の求めがあった場合で、当該職員がこれを拒否したときの当該拒否は処分に該当すること。」

上記の取扱いのうち、(4)については、処分性を否定したことで当然のことであるが、(5)については、当該職員が拒否したのみで「処分」といえるか否かについては疑問が残る。もっとも、納税者の同意を得て提出物件を留め置いたものであるから、納税者から返還を求められたら（同意を失ったら）、実務上、拒否することもないであろうと考えられる。したがって、このような不服申立ての手続を定めることは、実務上、その必要性は乏しいものと考えられる。

第3節　調査の事前通知

1　事前通知の方法と内容

(1)　規定の概要

国税通則法74条の9第1項は、「税務署長等〔略〕は、国税庁等又は税関の当該職員〔略〕に納税義務者に対し実地の調査〔略〕において第74条の2から第74条の6まで〔略〕の規定による質問、検査又は提示若しくは提出の要求（以下「質問検査等」という。）を行わせる場合には、あらかじめ、当該納税義務

者（当該納税義務者について税務代理人がある場合には、当該税務代理人を含む。）に対し、その旨及び次に掲げる事項を通知するものとする。」と定めている。

通知する事項は、次のとおりである（通則法74の9①一～七、通則令30の4①）。

① 　質問検査等を行う実地の調査（以下⑦までにおいて「調査」という。）を開始する日時
② 　調査を行う場所
③ 　調査の目的
④ 　調査の対象となる税目
⑤ 　調査の対象となる期間
⑥ 　調査の対象となる帳簿書類その他の物件
⑦ 　その他調査の適正かつ円滑な実施に必要なものとして政令で定める事項（㋐調査の相手方である納税義務者の氏名及び住所又は居所、㋑調査を行う当該職員の氏名及び所属官署（当該職員が複数であるときは、当該職員を代表する者の氏名及び所属官署）、㋒調査の日時及び場所についての変更に関する事項、及び㋓国税通則法74条の9第4項の規定の趣旨）

以上の規定のうち、「納税義務者」とは、国税通則法74条の2から74条の6までに定める質問検査権の行使の対象となる者をいい（通則法74の9③一）、「税務代理人」とは、税理士法30条の書面を提出している税理士等又は同法51条の規定による通知をした弁護士等をいう（通則法74の9③二）。

なお、平成26年度税制改正において、事前通知の対象者（第1項の規定では、納税義務者と税務代理人）に関し、次のような改正があった。すなわち、国税通則法74条の9第5項は、「納税義務者について税務代理人がある場合において、当該納税義務者の同意がある場合として財務省令で定める場合に該当するときは、当該納税義務者への第1項の規定による通知は、当該税務代理人に対してすれば足りる。」と定めている。

そして、国税通則法施行規則11条の3は、「法第74条の9第5項〔略〕に規定する財務省令で定める場合は、税理士法施行規則第15条〔略〕の税務代理権限証書〔略〕に、法第74条の9第3項第1号に規定する納税義務者への調査の通知は税務代理人に対してすれば足りる旨の記載がある場合とする。」と定めている。

以上のような税務代理人への単独の事前通知は、納税義務者の承諾によっ

て行われるのであるが、平成26年の税理士法改正に対応したものである(注121)。

(2) 解釈上の論点

この事前通知に関する立法過程においては、書面によって事前通知すべきことが議論されたようであるが、前述のように、法文上明記されることはなかった。

この点に関し、調査指針第2章2(1)は、「納税義務者に対し実地の調査を行う場合には、原則として、調査の対象となる納税義務者及び税務代理人の双方に対し、調査開始日前までに相当の時間的余裕をおいて、電話等により、法第74条の9第1項に基づき、実地の調査において質問検査等を行う旨、並びに同項各号及び国税通則法施行令第30条の4に規定する事項を事前通知する。」と定めている。

そして、納税者向けFAQでは、納税義務者から書面による通知の要請があっても、それに応じない旨回答している(同FAQ問12参照)。この場合、むしろ問題となるのは、前記調査指針がいう「相当の時間的余裕」をどの程度保つかである。最近の実務では、おおむね調査開始日2週間程度前に事前通知が行われているようである。

次に、問題となるのは、事前通知をする者である。法律では、前述のように、「税務署長等」となっているが、実務では、「当該職員」等が行っている。国税通則法74条の9第1項では、「当該職員に……質問、検査又は提示若しくは提出の要求を行わせる場合」と定めているのであるから、「当該職員」が通知することは文理上できないことになる。この場合、「当該職員」は、「税務署長等」の部下であるから、「税務署長等」の職務を代行できるという説もあるようであるが、その説によれば、「調査」に係る主語は、全て「税務署長等」を用いれば済むことになる。

いずれにしても、「第7章の2 国税の調査」の各条文の中で、「税務署長等」と「当該職員」の使い分けの論拠が不明なところが幾つかある。この問題は、今後、「税務署長等」の代理権限問題として、争訟段階で議論されることが予測される。

(注121) 当該改正と実務上の留意点については、安部和彦「事前通知に係る平成26年度改正」税理平成26年6月号87頁等参照されたい。

第6章　税務調査　　161

　また、第7章の2における「調査」の意義については、第1節で詳述したところであるが、この事前通知の対象となる調査は、「実地の調査」に限定されている。この「実地の調査」については、調査通達3―4は、「国税の調査のうち、当該職員が納税義務者の支配・管理する場所（事業所等）等に臨場して質問検査等を行うものをいう。」と定義している。この定義からすると、同じ臨場調査であっても、取引先等に対する反面調査は含まれないことになる。

　いずれにせよ、「実地の調査」という概念を導入すること自体も、第1節で述べた「調査」の概念を混乱させている一因にもなっている。最後に、事前通知の相手先については、原則は、納税義務者と税務代理人の双方であるが、前述のように、平成26年度税制改正によって税務代理人のみによることも可能になっている。この場合、税務代理人が複数存在するときに税務当局の対応（立法措置を含む。）が問題になるものと考えられる。

2　事前通知内容の変更等

(1)　調査の開始日及び場所

　国税通則法74条の9第2項は、「税務署長等は、前項の規定による通知を受けた納税義務者から合理的な理由を付して同項第1号又は第2号に掲げる事項について変更するよう求めがあつた場合には、当該事項について協議するよう努めるものとする。」と定めている。すなわち、前記事前通知の内容のうち、実地の調査を開始する日時及びその調査を行う場所については、納税義務者の求めに応じて、両者の協議により、通知の変更（調整）が行われることになる。

　この場合、問題となるのが、「合理的な理由」の意義・範囲である。調査通達4―6では、当該「合理的な理由」の判断について、「個々の事案における事実関係に即して、当該納税義務者の私的利益と実地の調査の適正かつ円滑な実施の必要性という行政目的とを比較衡量の上判断するが、例えば、納税義務者等（税務代理人を含む。以下、4―6において同じ。）の病気・怪我等による一時的な入院や親族の葬儀等の一身上のやむを得ない事情、納税義務者等の業務上やむを得ない事情がある場合は、合理的な理由があるものとして取り扱うことに留意する。」と定めている。

　また、調査通達7―2は、「実地の調査の対象となる納税義務者について税務代理人がある場合において、法第74条の9第2項の規定による変更の求めは、

当該納税義務者のほか当該税務代理人も行うことができることに留意する。」
と定めている。このような調査通達上の取扱いは、調査指針においても、確
認的に定めている（同指針第2章2(2)参照）。そして、納税者向けFAQ問16では、
事前通知の変更に関し、「税務調査の事前通知に際しては、あらかじめ納税者
の方や税務代理人の方のご都合をお尋ねすることとしていますので、その時
点でご都合が悪い日時が分かっている場合には、お申し出ください。お申し
出のあったご都合や申告業務、決算業務等の納税者の方や税務代理人の方の
事務の繁閑にも配慮して、調査開始日時を調整することとしています。」と回
答している。

　以上のように、事前通知における調査開始日と調査場所の変更については、
国税当局は幅広く対応するようであるが、実際には、納税義務者又は税務代
理人の「業務上やむを得ない事情」の範囲がどこまで認められるかが問題と
なる。いずれにしても、当該変更は、税務署長等と納税義務者側の協議に委
ねられることになるので、当事者の交渉力に負うところが大きいものと考え
られるが、実務上弾力的に行われているようである。

(2)　通知以外の非違事項

　国税通則法74条の9第4項は、「第1項の規定は、当該職員が、当該調査によ
り当該調査に係る同項第3号から第6号までに掲げる事項以外の事項について
非違が疑われることとなつた場合において、当該事項に関し質問検査等を行
うことを妨げるものではない。この場合において、同項の規定は、当該事項
に関する質問検査等については、適用しない。」と定めている。この規定を受
けた直接的な通達等の定めはないが、それに関連する次のような通達上の取
扱いがある。また、国税通則法74条の9第1項は、反面調査については事前通
知の対象にしていないのであるが、その取扱い等については、後記(3)で述べ
ることとする。

　まず、調査通達4─5は、「事前通知した課税期間の調査について必要がある
ときは、事前通知した当該課税期間以外の課税期間（進行年分を含む。）に係
る帳簿書類その他の物件も質問検査等の対象となることに留意する。（注）
例えば、事前通知した課税期間の調査のために、その課税期間より前又は後
の課税期間における経理処理を確認する必要があるときは、法第74条の9第4
項によることなく必要な範囲で当該確認する必要がある課税期間の帳簿書類
その他の物件の質問検査等を行うことは可能であることに留意する。」と定

第6章　税務調査　　163

めている。

　また、調査指針第2章3(2)は、「納税義務者に対する実地の調査において、納税義務者に対し、通知した事項（上記2(3)注2に規定する場合における通知事項を含む。）以外の事項について非違が疑われた場合には、納税義務者に対し調査対象に追加する税目、期間等を説明し理解と協力を得た上で、調査対象に追加する事項についての質問検査等を行う。」と定めている。

　以上のような国税通則法74条の9第4項の規定とそれに関連する通達の取扱いの当否は、結局、同法74条の9第1項に定める事前通知の法的性格に関連する。すなわち、同条1項が、通知した内容に限定して調査を実施する意味であるのか、あるいは通知した内容は一種の例示であって調査の進展に応じて通知以外の事項についても当然調査の対象になるという意味であるのか、ということに関わる。同法74条の9第4項の規定は、後者の考え方に立ち、当然、通知以外の内容についても、別途、事前通知を要することなく当該調査を進行させることができることを確認的に定めたものと解される（もっとも、税務調査のあり方に照らすとこのようなことを法律に書くこと（書かざるを得ないこと）自体が問題であると考えられる。）。

　しかし、これらの問題に係る国税庁の通達の方にむしろ疑問がある。前記調査通達は、通知以外の事項の調査について、「法第74条の9第4項によることなく必要な範囲で当該確認する必要がある課税期間の帳簿書類その他の物件の質問検査等を行うことは可能である」と定めているが、それでは、当該4項の存在とその文理規定を否定したことになる。

　また、前記調査指針は、通知以外の事項の調査について、「納税義務者に対し調査対象に追加する税目、期間等を説明し理解と協力を得た上で、調査対象に追加する事項についての質問検査等を行う。」と定めているが、納税義務者から、理解と協力が得られなければ（そのことは、前述の国税通則法74条の9第1項の規定の性格の解し方によって十分あり得ることである。）、当該調査の進行を断念するようにも解される。このように、同法74条の9第4項の運用について、調査通達と調査指針との間に整合性があるとは考えられない。

(3)　反面調査先の事前通知

　また、国税通則法74条の9第1項は、納税義務者の取引先等に対する反面調査について事前通知の対象にしていない。このことは、反面調査等について

の調査方法は当該職員の合理的な裁量に委ねられたものと解される[注122]。

ところが、調査指針は、反面調査の実施について、「取引先等に対する反面調査の実施に当たっては、その必要性と反面調査先への事前連絡の適否を十分に検討する。(注)反面調査の実施に当たっては、反面調査である旨を取引先等に明示した上で実施することに留意する。」(同指針第2章3(6))と定めている。また、納税者向けFAQでは、反面調査を実施する際の事前通知に関し、「反面調査の場合には、事前通知に関する法令上の規定はありませんが、運用上、原則として、あらかじめその対象者の方へ連絡を行うこととしています。(注)一部の間接諸税については、納税者の方以外の方に対する調査の場合でも、原則として事前通知を行うことが法令上規定されています。」(同FAQ問23)と回答している。

このような取扱い等については、調査指針の方は、当該反面調査の状況に応じて事前通知の要否を判断すべき旨を職員に対して指示したものであろうが、納税者向けFAQ問23において、原則として、事前通知(事前連絡)を行う旨回答している。なお、当該問23注書については、国税通則法74条の9第3項に定める「納税義務者」には、納税者(通則法2五)以外の者も含まれる[注123]ことを確認しているようであるが、そのことは、同法74条の9第3項1号の規定から当然のことであるので、「納税義務者」以外の取引先等に対する事前通知の要否についての回答とは直接関係がないように考えられる。

3 事前通知を要しない場合

(1) 規定の概要

国税通則法74条の9に定める実地の調査における事前通知は、最高裁昭和48年7月10日第三小法廷決定(刑集27・7・1205)が、当該事前通知の有無は当該職員の裁量の問題としていた判例の考え方を立法措置によって変更したものである。

(注122)　最高裁昭和48年7月10日第三小法廷決定(刑集27・7・1205)は、「実定法上特段の定めのない実施の細目については、右にいう質問検査の必要があり、かつ、これと相手方の私的利益との衡量において社会通念上相当な限度にとどまるかぎり、権限ある税務職員の合理的な選択に委ねられているものと解すべく」と判示している。

(注123)　例えば、国税通則法74条の9第3項にいう「納税義務者」には、同法74条の5第1号イに掲げる者も含まれるところ、同法74条の5第1号イでは、たばこ税法25条に規定する者を掲げており、たばこ税法25条では、「製造たばこ製造者、製造たばこの販売業者又は特例輸入者」を掲げているが、当該販売業者又は特例輸入者は「納税者」に該当しない。

第6章　税務調査　　165

　しかしながら、全ての納税義務者に対して機械的に事前通知を行うことは、申告納税制度における税務官庁に与えられた監視体制を弱体化させ、悪質な納税者をいたずらに利することになる。そこで、同法74条の10は、「前条第1項の規定にかかわらず、税務署長等が調査の相手方である同条第3項第1号に掲げる納税義務者の申告若しくは過去の調査結果の内容又はその営む事業内容に関する情報その他国税庁等若しくは税関が保有する情報に鑑み、違法又は不当な行為を容易にし、正確な課税標準等又は税額等の把握を困難にするおそれその他国税に関する調査の適正な遂行に支障を及ぼすおそれがあると認める場合には、同条第1項の規定による通知を要しない。」と定めている。

　しかしながら、このような事前通知に対する例外規定は、事前通知の原則を法定しているだけに、当該規定の解釈・運用には、種々の制限を伴うものとは解される。

　(2)　解釈（運用）上の論点

　この事前通知を要しない規定の解釈（運用）について、調査通達では、次のように取り扱うこととしている。まず、調査通達4―7は、「法第74条の10に規定する「その営む事業内容に関する情報」」には、事業の規模又は取引内容若しくは決済手段などの具体的な営業形態も含まれるが、単に不特定多数の取引先との間において現金決済による取引をしていることのみをもって事前通知を要しない場合に該当するとはいえないことに留意する。」と定めている。このような事業内容については、かつては、「現金商売」については売上げ等の証拠把握が困難であることもあって、通常、事前通知の対象にしてこなかったが、この取扱いは、「現金商売」に対しても、他に事前通知を要しない事情がない限り、事前通知を要することを指示しているものと解される。

　また、この通達がいう「事業の規模又は取引内容若しくは決済手段」という外形の中から、「事前通知を要しない事情」を判断することはきわめて困難であろう。また、調査通達4―8は、「法第74条の10に規定する「違法又は不当な行為」」には、事前通知をすることにより、事前通知前に行った違法又は不当な行為の発見を困難にする目的で、事前通知後は、このような行為を行わず、又は、適法な状態を作出することにより、結果として、事前通知後に、違法又は不当な行為を行ったと評価される状態を生じさせる行為が含まれることに留意する。」と定めている。

しかし、このような取扱いは、事前通知によって当該納税義務者がどのような行動を起こすかは予測し難いわけであるから、事前通知の要否を判断する段階で意味のある判断基準になるものとも思われない。そして、調査通達4—9は、「法第74条の10に規定する「違法又は不当な行為を容易にし、正確な課税標準等又は税額等の把握を困難にするおそれ」があると認める場合とは、例えば、次の(1)から(5)までに掲げる場合をいう。」と定め、当該職員の質問に対し答弁せず、検査を拒むこと、調査の実施を困難にすることを意図して逃亡すること、調査に必要な帳簿書類等を廃棄等すること、使用人、取引先等に対して調査に協力しないように要請すること等が、「合理的に推認される場合」として挙げている。

　この取扱いについても、「合理的な推認」の方法を具体的に示さない限り、実務に役立つものとは考えられない。さらに、調査通達4—10は、「法第74条の10に規定する「その他国税に関する調査の適正な遂行に支障を及ぼすおそれ」があると認める場合とは、例えば、次の(1)から(3)までに掲げる場合をいう。」と定め、①事前通知することにより、税務代理人以外の第三者が調査立会いを求め、調査の適正な遂行に支障を及ぼすことが合理的に推認されること、②事前通知の連絡について応答を拒否され、又は応答がなかったこと、及び③事前通知先が判明しない等通知を行うことが困難であること、を挙げている。この取扱いについては、上記①については、従前の調査実務からみて考えられることであるが、②及び③については、「事前通知」が困難である場合であるので、「調査の適正な遂行に支障を及ぼす」ことそのものであると考えられる。

　以上のような調査通達の取扱いを考察してみるに、事前通知を要しない場合については、きわめて限定的に解さざるを得ないものと考えられる。また、調査指針では、事前通知を行わない場合の手続について、調査通達4—7等の取扱いを確認した上で、「事前通知を行うことなく実地の調査を実施する場合であっても、調査の対象となる納税義務者に対し、臨場後速やかに、「調査を行う旨」、「調査の目的」、「調査の対象となる税目」、「調査の対象となる期間」、「調査の対象となる帳簿書類その他の物件」、「調査対象者の氏名又は名称及び住所又は居所」、「調査担当者の氏名及び所属官署」を通知するとともに、それらの事項〔略〕以外の事項についても、調査の途中で非違が疑われ

第6章　税務調査　　167

ることとなった場合には、質問検査等の対象となる旨を説明し、納税義務者の理解と協力を得て調査を開始することに留意する。なお、税務代理人がある場合は、当該税務代理人に対しても、臨場後速やかにこれらの事項を通知することに留意する。」（同指針第2章2(3)（注）2）と定めている。

　このような手続については、丁寧な調査手続の履践を心掛けようとしているのであろうが、当該納税義務者の「違法又は不当な行為」等を予測して事前通知をしないで調査に臨むに当たっても、事前通知の趣旨を徹底させることを重視し、税務調査の効率、機動力、効果をあげることには配慮していないように窺われる。

　このような背景には、法が事前通知を原則としているのであるから、その例外として事前通知をしないで調査を実施した場合に、その調査結果において何ら不正事実がなく申告是認となったときには、当該調査についての違法問題が惹起されることが考えられる。そのため、納税者向けFAQでは、「事前通知をしないこと自体は不服申立てを行うことのできる処分には当たりませんから、事前通知が行われなかったことについて納得いただけない場合でも、不服申立てを行うことはできません。」（同FAQ問21）と回答している。確かに、「事前通知しないこと」自体は、国税通則法75条1項にいう「国税に関する法律に基づく処分」に該当しないから、同法上の不服申立ての対象にはならないが、事前通知をしない更正決定等の違法性、国家賠償法に基づく賠償責任の問題（国賠1参照）等を惹起されることが考えられる。

　以上のように、税務調査における事前通知の立法による強制は、その弊害を是正するために、その例外として、国税通則法74条の10によって所定の場合には、事前通知を要しないこととしているのであるが、前述の国税庁の関係通達等の取扱い等に照らすと、同条の適用は極めて限定的に実施されることが見込まれる。そのことは、納税者の権利保護の見地から望ましいことであろうが、税務調査が担う申告納税の監視能力は一層低下することが懸念される(注124)。

────────────

（注124）　そのことは、品川芳宣「納税環境整備（税務調査手続・理由附記の法制化）の問題点」税経通信平成23年3月号17頁等で警告してきた。

168　　第6章　税務調査

第4節　調査終了時の手続

1　規定の意義

　平成23年の国税通則法改正は、納税者の権利保護と行政（税務調査）の透明化を図ることを目的とし、その中核となるのが、前述した「調査の事前通知」であった。確かに、前述したように、当該改正法の下では、調査の相当前に事前通知が行われ、その内容も非常に幅広いものである。

　しかも、税務調査の特殊性に鑑みれば、当然、事前通知をすると適切な税務調査ができない場合も考えられ、その例外規定（通則法74の10）も設けられているが、当該規定の解釈・運用についての国税当局の慎重し過ぎるとも思われる取扱いによって、当該例外規定が十分な機能を発揮するとも考えられない。ともあれ、このような事前通知制度は、納税者の権利保護と行政（税務調査）の透明化に資することになろうが、前述したように、申告納税制度における申告水準の維持を目的とする税務調査という監視体制が弱体化することが懸念されている。

　このような問題を一層増幅させているのが、調査終了時の手続（以下「事後手続」という。）である。この事後手続は、一見、従前の実務慣行を法制化したようにも見えるが、事前通知を法制化したことによって惹起された前述の問題よりも、一層実務への影響は大きいようである。そのことは、納税者側からすると、事後手続を利用して、より一層の権利保護を図ることを可能にすることができるが、税務調査の機動力を弱体化させ、税務署長による更正・決定の権限を一層制限する結果になるものと考えられる。以下、それらの問題について、税務調査を受ける側（納税者）とそれを行う側（課税当局）の双方の実務に及ぼす影響について論じることとする。

2　申告是認通知

(1)　規定の概要

　従前、税務調査が行われても、当該調査の結果非違事項がなければ、局署によっては、慣例的に、当該調査の終了と当該申告を是認する旨の通知を行うこともあったし、当該通知を行わないこともあった。

　そのため、当該通知がないときには、納税者側の不安と税務官庁側の不適

第6章　税務調査　　169

切な対応が指摘されることがあった。もっとも、それまでの国税通則法の税務調査、更正決定等、更正決定等の期間制限に係る各規定（通則法16・24〜26・70等）に照らせば、更正決定等の期間制限等の範囲内であれば、税務署長は、任意に調査が実施でき、必要に応じて更正決定等ができるように解されていた。

　しかし、それでは、行政（税務調査）の透明化に悖るということで、税務調査において非違事項がなかったときには、その都度、申告是認通知を発することが法制化された。すなわち、国税通則法74条の11第1項は、「税務署長等は、国税に関する実地の調査を行つた結果、更正決定等（第36条第1項〔略〕に規定する納税の告知〔略〕を含む。以下この条において同じ。）をすべきと認められない場合には、納税義務者〔略〕であつて当該調査において質問検査等の相手方となつた者に対し、その時点において更正決定等をすべきと認められない旨を書面により通知するものとする。」と定めている。

　この通知を一般に「申告是認通知」という。この規定の運用については、調査指針では、「実地の調査の結果、更正決定等をすべきと認められないと判断される税目、課税期間がある場合には、法第74条の11第1項に基づき、質問検査等の相手方となった納税義務者に対して、当該税目、課税期間について更正決定等をすべきと認められない旨の通知を書面により行う。」（同指針第2章4(1)）と定めている。

　また、同指針は、「実地の調査以外の調査において納税義務者に対し質問検査等を行い、その結果、調査の対象となった全ての税目、課税期間について更正決定等をすべきと認められない場合には、更正決定等をすべきと認められない旨の通知は行わないが、調査が終了した際には、調査が終了した旨を口頭により当該納税義務者に連絡することに留意する。」（同前（注））としている。

(2)　解釈上の論点

　まず、国税通則法74条の11第1項の規定によって発せられた申告是認通知の法的性格が問題となる。一つは、行政処分性があるか否かであり、もう一つは、信義則の適用における公的見解の表示に当たるか否かである。

　前者については、申告是認通知が同法74条の11第1項の規定に基づいて発せられるものであるから、不服申立ての対象となる同法75条1項にいう「国税に関する法律に基づく処分」に該当することも一応考えられるが、当該申告

是認通知それ自体納税者の利益を害するものでないから、不服申立ての対象
となるものとは解されないであろう。むしろ、後述するように、申告是認通
知後の税務調査の再開の当否又は再開による更正決定等の違法性の原因とな
るか否かである。すなわち、従前行われてきた申告是認通知については、そ
れが信義則の適用における公的見解の表示に当たるか否かが争われてきた。
例えば、大阪地裁昭和42年5月30日判決（行集18・5−6・690）(注125)では、原告が
昭和37年度分法人税について、決算賞与を損金算入していたものにつき税務
調査後申告是認通知を受けたので、昭和38年度分及び同39年度分についても
同様の税務処理をしていたところ、当該申告是認通知の2年後に再度税務調
査を受けて前記3年度分法人税について当該決算賞与の損金算入を否認する
更正処分等を受けたため、当該更正処分等について信義則に反する旨争った。

　しかし、前掲判決は、「右申告是認通知は税務官庁の事務上の便宜ならびに
納税者に対する便宜の供与のための事実上の行為であつて、納税者に対する
法律上の効果を生ぜしめるような行為ではなく、それまでの調査にもとづい
て納税者の申告に対する所轄税務官庁の一応の態度を表明するものにすぎな
いから後にこれに反する行政処分が行われたからといつて禁反言の法理に反
するということはできない。」と判示している。

　このような考え方は、他の裁判例においても支持されている(注126)。しか
しながら、申告是認通知が法律上義務化され、かつ、後述するように、一度
調査を終了させる（申告是認通知を発する）と、「新たに得られた情報」がな
い限り再調査はできないことになるわけであるから、当該申告是認通知に一
層強い法的拘束力が生じることになるものと見込まれる。例えば、前掲大阪
地裁判決のような事案に関しては、「決算賞与の損金算入の可否」という法的
判断が問題とされているので、「新たに得られた情報」があることも希有であ
ろうから、申告是認通知後に調査が再開されて、更正等が行われるようなこ
とにはならないものと考えられる。次に、国税通則法74条の11第1項は、前述
のように、同条において「更正決定等」には同法36条に規定する「納税の告

(注125)　同判決の信義則適用問題については、品川芳宣「税法における信義則の適用につ
　　　いて―その法的根拠と適用要件―」税務大学校論叢8号48頁参照
(注126)　東京地判昭35・12・21（行集11・12・3315）、最判（三小）昭62・10・30（判時
　　　1262・91）、大阪地判平7・11・29（税資214・544）、大阪高判平9・6・12（税資223・1015）
　　　等参照

第6章　税務調査　　171

知」も含まれるとしている。

　そして、調査通達5─2は、「更正決定等」には、更正、再更正、決定及び各種加算税等に係る賦課決定のほか、「源泉徴収に係る所得税でその法定納期限までに納付されなかったものに係る法第36条〔略〕に規定する納税の告知が含まれることに留意する。」と定めている。

　しかし、これらの規定は、国税通則法における用語の使用方法として、整合性を欠くものと考えられる。けだし、同法58条1項1号イでは、「更正若しくは第25条（決定）の規定による決定又は賦課決定（以下「更正決定等」という。）」と定めているわけであるから、同法59条以下に「更正決定等」という用語が使用されれば、上記の定義に従わなければならないはずである。しかも、上記の更正、決定及び賦課決定が税額の確定手続であるのに対し、納税の告知は、徴収処分に過ぎないのである(注127)から、それらを同一の用語で括ることに問題があるものと考えられる。

3　調査結果の説明と修正申告等の勧奨
(1)　規定の意義
　国税通則法74条の11第2項は、「国税に関する調査の結果、更正決定等をすべきと認める場合には、当該職員は、当該納税義務者に対し、その調査結果の内容（更正決定等をすべきと認めた額及びその理由を含む。）を説明するものとする。」と定めている。そして、同条3項は、「前項の規定による説明をする場合において、当該職員は、当該納税義務者に対し修正申告又は期限後申告を勧奨することができる。この場合において、当該調査の結果に関し当該納税義務者が納税申告書を提出した場合には不服申立てをすることはできないが更正の請求をすることはできる旨を説明するとともに、その旨を記載した書面を交付しなければならない。」と定めている。平成23年の国税通則法改正における調査手続の法制化については、既に述べた「調査の事前通知」が重視され、その意義と関係規定の解釈が論争されている。そして、平成26年度税制改正においても、税理士法の改正にも対応して、税務代理人である税理士等が単独で事前通知を受けることができる措置も講じられている。

　しかしながら、このような「調査の事前通知」よりも、課税実務に影響を

───────────────

（注127）　最判（一小）昭45・12・24（民集24・13・2243）等参照

及ぼしているのが、この調査結果の説明等にある。けだし、国税通則法74条の11第2項及び3項の規定に基づき、当該職員が、調査結果の内容を説明し、修正申告等を勧奨すると、後述するように、調査の再開が厳しく制限されているので、当該説明と勧奨は慎重にならざるを得なくなる。

それに加え、修正申告等を勧奨した後、当該納税義務者がそれに応じない場合には、当該職員の税務署長は、当該職員の説明に基づいて更正決定等をせざるを得なくなる。そのため、最近の税務調査においては、税務官庁側の調査終結への慎重な姿勢が反映され、調査の終結の大幅な遅延を招いている。また、調査の事前通知について、通知者が税務署長であることの問題点は既に述べたところであるが、調査結果としての更正決定等について、最初に当該職員の説明があって、それに基づいて（従って）税務署長が当該処分を行うということも、行政庁の処分に係る意思決定のあり方として甚だ問題があるように考えられる。

(2) 説明の内容

前述のように、当該職員は、調査結果の内容、すなわち、「更正決定等をすべきと認めた額及びその理由を含む。」を説明するのであるが、調査通達5―3は、「更正決定等をすべきと認めた額」の意義について、次のように説明している。

「法第74条の11第2項に規定する「更正決定等をすべきと認めた額」とは、当該職員が調査結果の内容の説明をする時点において得ている情報に基づいて合理的に算定した課税標準等、税額等、加算税又は過怠税の額をいう。

(注) 課税標準等、税額等、加算税又は過怠税の額の合理的な算定とは、例えば、次のようなことをいう。

　イ　法人税の所得の金額の計算上当該事業年度の直前の事業年度分の事業税の額を損金の額に算入する場合において、課税標準等、税額等、加算税又は過怠税の額を標準税率により算出すること。

　ロ　相続税において未分割の相続財産等がある場合において、課税標準等、税額等、加算税又は過怠税の額を相続税法第55条《未分割遺産に対する課税》の規定に基づき計算し、算出すること。」

また、調査指針は、調査結果の内容の説明等について、次のように定めている（同指針第2章4(2)）。

「調査の結果、更正決定等をすべきと認められる非違がある場合には、法

第6章 税務調査　　173

第74条の11第2項に基づき、納税義務者に対し、当該非違の内容等（税目、課税期間、更正決定等をすべきと認める金額、その理由等）について原則として口頭により説明する。その際には、必要に応じ、非違の項目や金額を整理した資料など参考となる資料を示すなどして、納税義務者の理解が得られるよう十分な説明を行うとともに、納税義務者から質問等があった場合には分かりやすく回答するよう努める。また、併せて、納付すべき税額及び加算税のほか、納付すべき税額によっては延滞税が生じることを説明するとともに、当該調査結果の内容の説明等（下記(3)に規定する修正申告等の勧奨を行う場合は、修正申告等の勧奨及び修正申告等の法的効果の教示を含む。）をもって原則として一連の調査手続が終了する旨を説明する。

　(注)　電話又は書面による調査（実地の調査以外の調査）を行った結果については、更正決定等をすべきと認められる非違事項が少なく、非違の内容等を記載した書面を送付することにより、その内容について納税義務者の理解が十分に得られると認められるような簡易なものである場合には、口頭による説明に代えて書面による調査結果の内容の説明を行って差し支えないことに留意する。

　　　なお、その場合であっても、納税義務者から調査結果の内容について質問があった場合には、分かりやすく回答を行うことに留意する。」

以上の各通達の取扱いにおいては、調査通達は、「調査結果の内容の説明をする時点において得ている情報」に基づいて説明するものとして、税務署長が更正決定等を行う最終判断でないことを示唆している。

しかし、調査指針は、「当該調査結果の内容の説明等〔略〕をもって原則として一連の調査手続が終了する旨を説明する。」と定めているところであり、かつ、後述するように、調査結果の説明と修正申告等の勧奨との間に説明内容を見直す調査が行われることは実務的にみて考えられないので、事実上、税務署長が更正決定等をすべき最終判断を事前に当該職員が説明することになるものと考えられる。

そして、その際、更正決定等の理由についても説明することになっているので、その説明理由が、当該更正決定等の処分理由をも拘束することが考えられる。そうなると、当該職員は、当該納税義務者に対し、軽々に、調査が終了したことを告げるわけにもいかず、その前に、国税部内での処分内容と処分理由についての最終判断の調整をせざるを得なくなる。そのため、従来

では、1週間程度で結論が出ていた調査処理が、数か月延びることにもなる。

　また、最近の実務では、当該職員は、調査が終了したとは言わないで、修正申告等の方を先に慫慂して事実上調査を終了できるようにするという話を聞くことが多いが、課税当局にとっては、その方が処分理由を明確にしないで済むこと等の便宜があるものと考えられる。

　いずれにしても、後述する調査の再開の問題を含め、国税通則法74条の11の規定は、本来、同法が予定していた申告納税方式における税額確定手続を相当異質なものに変更させ、税務調査の進行を妨げているものと考えられる。

　(3)　修正申告等の勧奨

　国税通則法は、元々、申告納税方式について、納税者の申告を原則としながらも税務署長の調査・処分があるものであると定義付け（通則法16①一）、税務署長が調査によって申告内容の非違を発見した時には、「更正する」（通則法24）又は「決定する」（通則法25）ことを原則とし、当該更正又は決定があるまでは、納税者は期限後申告書又は修正申告書を「提出することができる」（通則法18①・19①）としている。

　このことは、納税者が修正申告書等を提出するのは自己の利益になる時（加算税や延滞税の減免が期待できる場合等）に行えば足りるのであって、税務署長の慫慂等によって行われるものでないことを意味している。

　ところが、既に述べたように、青色申告に係る更正の理由附記の程度について、最高裁判決が相次いで詳細な理由を附記するように求めたので、課税実務は、そのような煩瑣な手続を避けるため、国税通則法の本来の考え方とは裏腹に修正申告主導型の税務処理へ変更した。そして、国税通則法74条の11第3項は、上記の課税実務に則っているように見えるが、前記の同法16条1項、18条1項、19条1項、24条、25条等の規定との整合性を失っているものと考えられる。このような性質を有している修正申告等の勧奨規定の運用について、調査指針は、次のように定めている（同指針第2章4(3)）。

　「納税義務者に対し、更正決定等をすべきと認められる非違の内容を説明した場合には、原則として修正申告又は期限後申告（以下「修正申告等」という。）を勧奨することとする。なお、修正申告等を勧奨する場合には、当該調査の結果について修正申告書又は期限後申告書（以下「修正申告書等」という。）を提出した場合には不服申立てをすることはできないが更正の請求をすることはできる旨を確実に説明（以下「修正申告等の法的効果の教示」

第6章 税務調査　175

という。）するとともに、その旨を記載した書面（以下「教示文」という。）を交付する。

　　(注)　1　教示文は、国税に関する法律の規定に基づき交付する書面であることから、教示文を対面で交付する場合は、納税義務者に対し交付送達の手続としての署名・押印を求めることに留意する。

　　　　　2　書面を送付することにより調査結果の内容の説明を行う場合に、書面により修正申告等を勧奨するときは、教示文を同封することに留意する。なお、この場合、交付送達に該当しないことから、教示文の受領に関して納税義務者に署名・押印を求める必要はないことに留意する。」

　このような取扱いについては、元々、修正申告書等の提出が納税者の自由裁量によって行われるはずなのに、通達によってそれを強制し、かつ、詳細な手続を定めることに疑問がある。

　また、注書において、対面説明と書面説明によって教示文の交付手続が異なることにも問題があるように考えられる。このような煩瑣な手続を要求することが、前述のように、調査終了前の事実上の修正申告等の慫慂を惹起するものと考えられる。

　次に、調査指針は、前述のように、調査結果の内容を説明した後、直ちに修正申告等の勧奨を行うように定めている。

　しかし、調査通達では、調査結果の内容の説明と修正申告等の勧奨との間に再調査があり得ることについて、次のように定めている（同通達5−4）。

　「国税に関する調査の結果、法第74条の11第2項の規定に基づき調査結果の内容の説明を行った後、当該調査について納税義務者から修正申告書若しくは期限後申告書の提出若しくは源泉徴収に係る所得税の納付がなされるまでの間又は更正決定等を行うまでの間において、当該説明の前提となった事実が異なることが明らかとなり当該説明の根拠が失われた場合など当該職員が当該説明に係る内容の全部又は一部を修正する必要があると認めた場合には、必要に応じ調査を再開した上で、その結果に基づき、再度、調査結果の内容の説明を行うことができることに留意する。」

　この取扱いによると、当該職員が調査結果を説明した後に、修正申告等又は更正決定等が行われるまでの間に説明した事項以外について非違事項が発覚したときには、再調査をした上で説明のし直しができるように定めている。

176　　　第6章　税務調査

　しかし、国税通則法74条の11第2項及び3項の規定振りと前述の調査指針の取扱いに照らすと、当該職員の調査結果の説明と修正申告等との間に再調査を行う時間的余裕があるとも考えられないし、また、その間の再調査を示唆することは、当該職員の調査結果の説明を蔑ろにすることになりかねない。

　もっとも、従来の税務調査の慣行では、ある程度調査のまとまった段階で修正申告等を慫慂し、納税者がそれに応じない時には、調査を継続し、当該慫慂を強めたり、事実関係を一層確実なものとして更正決定等へつなげていたこともあったので、前記調査通達の取扱いは、そのようなことを示唆しているものとも解される。

　しかし、同法74条の11第2項及び3項において、調査結果の説明と修正申告等の勧奨をセットで定めた以上、当該納税者が修正申告等に応じなければ、税務署長は、当該職員の説明に基づいて更正決定等をせざるを得なくなるものと考えられるので、前記調査通達5―4の取扱いに疑問が生じる。

　(4)　説明の相手方

　国税通則法74条の11第2項は、前述のように、当該職員は、調査終了後、当該納税義務者に対し、調査結果の内容を説明するものとしている。

　しかし、同条5項は、「実地の調査により質問検査等を行つた納税義務者について法第74条の9第3項第2号に規定する税務代理人がある場合において、当該納税義務者の同意がある場合には、当該納税義務者への第1項から第3項までに規定する通知等に代えて、当該税務代理人への通知等を行うことができる。」と定めている。

　この規定を受けて、調査通達7―5は、「法第74条の9第5項及び法第74条の11第5項の規定の適用上、納税義務者の同意があるかどうかは、個々の納税義務者ごとに判断することに留意する。(注) 例えば、相続税の調査において、複数の納税義務者がある場合における法第74条の9第5項及び法第74条の11第5項の規定の適用については、個々の納税義務者ごとにその納税義務者の同意の有無により、その納税義務者に通知等を行うかその税務代理人に通知等を行うかを判断することに留意する。」と定めている。

　また、調査指針では、税務代理人に対する単独通知の納税義務者の同意の有無等について、次のように定めている（同指針第2章4(5)）。

　「実地の調査における更正決定等をすべきと認められない旨の書面の通知、調査結果の内容の説明、修正申告等の勧奨、修正申告等の法的効果の教示及

第6章　税務調査　　177

び教示文の交付（以下「通知等」という。）については、原則として納税義務者に対して行うのであるが、納税義務者の同意がある場合には、納税義務者に代えて、税務代理人に対して当該通知等を行うことができる。

なお、この場合における納税義務者の同意の有無の確認は、①電話又は臨場により納税義務者に直接同意の意思を確認する方法、又は、②税務代理人から納税義務者の同意を得ている旨の申出があった場合には、同意の事実が確認できる書面の提出を求める方法のいずれかにより行う。

　（注）　実地の調査以外の調査についても、実地の調査の場合に準じて、納税義務者に代えて、税務代理人に対して調査結果の内容の説明、修正申告等の勧奨、修正申告等の法的効果の教示及び教示文の交付を行うことができることに留意する。

　　　　ただし、実地の調査以外の調査において、上記①又は②により納税義務者の同意の意思を確認することが難しい場合には、税務代理人から調査結果の内容の説明を受けることについて委嘱されている旨の申立てがあることをもって、納税義務者に代えて税務代理人に対して調査結果の内容の説明等を行うことができることに留意する〔略〕。」

この調査指針の取扱いについては、納税義務者の同意の確認が煩瑣であるように考えられるので、事前通知と同様に税務代理権限証書を利用して統一して取り扱う方が望ましいものと考えられる。

なお、同調査指針の注書については、「実地の調査以外の調査」が具体的に何を意味するものか定かではないが、国税通則法74条の9に定める調査の事前通知が「実地の調査」に限定されており、同法74条の11第2項及び5項の調査結果の説明も「実地の調査」に限定されていることに鑑みると、当該各条項の施行において、「実地の調査以外の調査」について税務代理人に対して調査結果の内容の説明、修正申告等の勧奨、修正申告等の法的効果の教示等の機会がいかなる場合に生じ得るのかも定かではない。

もっとも、税理士等の税務代理人は、申告、申請、請求、不服申立て、調査、処分等（税理士法2①一）の税務全般について代理人となり得るものであるから、前記調査指針のような取扱いも可能であろう。

しかし、「実地の調査」と「それ以外の調査」を殊更区分し、前者を取り扱う国税通則法74条の11の規定の取扱い（解釈）において、後者もそれと同じように扱うのであれば、両者を区分する必要性に疑問が残る。

第6章　税務調査

4　調査の再開

(1)　調査再開規定の意義

　前述のように、一つの「実地の調査」が終了する際には、申告是認通知、調査結果の内容の説明、修正申告等の勧奨、そして、更正決定等の処分の諸手続が行われる（通則法74の11①〜③・24・25等）。また、調査結果の内容の説明等については、税務代理人が単独で受けることもできる（通則法74の11⑤）。それらの結果、一つの「実地の調査」が終了することになる。

　しかし、申告納税制度における納税者の申告（又は無申告）は、一つの「実地の調査」によって、その当否が全て検証されるわけではない。そのため、平成23年改正前の国税通則法の下では、更正決定等の期間制限（通則法70等）の期間内において、税務署長は、必要に応じて任意に調査を実施し、それに基づいて、更正決定等が行われてきた。

　また、そのことが、法の趣旨に適うことであり、申告納税の監視力を高めるものと解されてきた。しかしながら、平成23年改正で設けられた国税通則法74条の11第6項は、次のように、調査の再開を制限することとした。

　「第1項の通知をした後又は第2項の調査〔略〕の結果につき納税義務者から修正申告書若しくは期限後申告書の提出若しくは源泉徴収による所得税の納付があつた後若しくは更正決定等をした後においても、当該職員は、新たに得られた情報に照らし非違があると認めるときは、第74条の2から第74条の6まで〔略〕の規定に基づき、当該通知を受け、又は修正申告書若しくは期限後申告書の提出若しくは源泉徴収による所得税の納付をし、若しくは更正決定等を受けた納税義務者に対し、質問検査等を行うことができる。」

　この規定によれば、一度、「実地の調査」が終了すると、「新たに得られた情報に照らし非違があると認めるとき」以外は、調査の再開ができないことを意味する。このことは、納税者の権利保護を重視したものであろうが、更正決定等の期間制限内の税務署長の調査・更正決定等の権限を厳しく制限することになり、申告納税制度における監視力を弱めることになると考えられる。

　また、前記3で述べたように、このように、税務調査の再開が制限されるため、当該職員による調査結果の内容の説明等の終了手続が大幅に遅延することとなり、場合によっては、調査結果の内容を説明する前に、事実上の修正申告等を慫慂し、その修正申告等を待って調査を終了させるような、法が予定していなかった調査手続が現出している。

第6章　税務調査　　179

(2)　調査再開ができる場合

前述の調査再開規定の適用について、調査通達5―6は、次のように定めている。

「更正決定等を目的とする調査の結果、法第74条の11第1項の通知を行った後、又は同条第2項の調査〔略〕の結果につき納税義務者から修正申告書若しくは期限後申告書の提出若しくは源泉徴収に係る所得税の納付がなされた後若しくは更正決定等を行った後において、新たに得られた情報に照らして非違があると認めるときは、当該職員は当該調査（以下、5―6において「前回の調査」という。）の対象となった納税義務者に対し、前回の調査に係る納税義務に関して、再び質問検査等〔略〕を行うことができることに留意する。」

また、調査指針は、再調査の判定について、次のように定めている（同指針第2章4(6)）。

「更正決定等をすべきと認められない旨の通知をした後又は調査〔略〕の結果につき納税義務者から修正申告書等の提出若しくは源泉徴収に係る所得税の納付があった後若しくは更正決定等をした後に、当該調査の対象となった税目、課税期間について質問検査等を行う場合には、新たに得られた情報に照らして非違があると認める場合に該当するか否かについて、法令及び手続通達に基づき、個々の事案の事実関係に即してその適法性を適切に判断する〔略〕。」

以上の調査通達及び調査指針の取扱いにおいては、調査の再開について、法の趣旨に則って慎重に行うべきことを指示している。

なお、平成27年改正前の上記調査指針においては、その注書において、「実地の調査以外の調査」を実施した結果、更正決定等をすべきと認められなかった後にも、法改正の趣旨を踏まえて、調査再開の必要性を十分検討するよう指示していたが、「実地の調査以外の調査」の結果、更正決定等をすべきと認められない場合には、「実地の調査」の場合のように是認通知するわけでもないので（通則法74の11①参照）、調査再開についてここまで慎重であることに疑問があったこともあり、前記改正で削除された。

(3)　「新たに得られた情報」の内容等

前述のように、調査の再開は、「新たに得られた情報に照らし非違があると認めるとき」に限られるのであるが、「新たに得られた情報」の意義について、調査通達5―7は、次のように定めている。

「法第74条の11第6項に規定する「新たに得られた情報」とは、同条第1項の通知又は同条第2項の説明（5—4の「再度の説明」を含む。）に係る国税の調査（実施の調査に限る。）において質問検査等を行った当該職員が、当該通知又は当該説明を行った時点において有していた情報以外の情報をいう。

（注）　調査担当者が調査の終了前に変更となった場合は、変更の前後のいずれかの調査担当者が有していた情報以外の情報をいう。」

また、「新たに得られた情報に照らし非違があると認めるとき」の範囲について、調査通達5—8は、次のように定めている。

「法第74条の11第6項に規定する「新たに得られた情報に照らし非違があると認めるとき」には、新たに得られた情報から非違があると直接的に認められる場合のみならず、新たに得られた情報が直接的に非違に結びつかない場合であっても、新たに得られた情報とそれ以外の情報とを総合勘案した結果として非違があると合理的に推認される場合も含まれることに留意する。」

さらに、調査通達5—9は、事前通知以外の事項について調査を行う場合の再調査規定の適用について、次のように定めている。

「法第74条の9第4項の規定により事前通知した税目及び課税期間以外の税目及び課税期間について質問検査等を行おうとする場合において、当該質問検査等が再調査に当たるときは、法第74条の11第6項の規定により、新たに得られた情報に照らし非違があると認められることが必要であることに留意する。」

このような取扱いのうち、調査通達5—7及び5—8については、当然のことであると考えられるので、定めるまでもないものと考えられる。

また、調査通達5—9については、前回の調査において事前通知した税目及び課税期間のみが対象になっているのであれば、再調査の際には、国税通則法74条の9第1項の規定に基づいてその点について改めて事前通知すれば足りるように考えられるので、同法74条の11第6項の規定とは直接関係がないように考えられる。

もっとも、この規定は、国税当局が再調査について慎重（消極的）な姿勢を示しているものであろう。いずれにしても、このような取扱いの是非よりも、別の問題があるように考えられる。すなわち、通常の税務調査の実態に照らせば、「新たに得られた情報」は取引先等の外部から得られた情報に限られるので、一度、調査が終了すると、事実上、再調査は放棄しているものと

第6章　税務調査　　181

も考えられる。

　他方、外部から得られた情報等は、当該職員に守秘義務が課せられている（通則法126参照）ので、再調査の際に、納税義務者にそれらを開示することもできないであろう。そうすると、当該職員は、「新たに得られた情報」の有無とは関係なく、それがあったことにして、再調査を行うことも可能であるようにも考えられる。

　このようなことを考察すると、元来、国税通則法は、更正決定等の期間制限の期間内において、税務署長による任意の調査・処分を予定していたものと考えられる（もちろん、調査権の濫用は許されない）ので、同法74条の11第6項のような規定の存在や当該規定の解釈（取扱い）にむしろ問題があるように考えられる。

　とはいえ、前述したように、この規定があるが故に、調査の終了が遅延し、実務を混乱させていることも事実であるので、国税通則法の再改正を含め調査のあり方については再検討が必要であるように考えられる。

第5節　その他の調査手続

1　関係団体に対する諮問及び官公署等への協力要請

　国税通則法74条の12第1項は、「国税庁等の当該職員は、所得税に関する調査について必要があるときは、事業を行う者の組織する団体に、その団体員の所得の調査に関し参考となるべき事項〔略〕を諮問することができる。」と定めている。このような諮問については、たばこ税（通則法74の12②）、揮発油税等（通則法74の12③）、石油ガス税（通則法74の12④）及び石油石炭税（通則法74の12⑤）についてそれぞれ定められている。

　また、同法74条の12第6項は、「国税庁等又は税関の当該職員〔略〕は、国税に関する調査について必要があるときは、官公署又は政府関係機関に、当該調査に関し参考となるべき帳簿書類その他の物件の閲覧又は提供その他の協力を求めることができる。」と定めている。

　このような官公署等に対する調査協力については、酒税の免許に関する審査についても設けられている（通則法74の12⑦）。以上の当該職員の関係団体に

対する諮問及び官公署等への協力要請については、従前、個別税法に定められていたもの（旧所法235、旧法法156の2、旧相法60の2、旧消法63、旧たばこ税法27②等）を平成23年の改正において国税通則法74条の12に取りまとめられたものである。

　しかし、このような諮問及び協力要請については、一介の当該職員ではなく、組織の長である税務署長等が行う方が一層効果があるものと考えられる。このような当該職員と税務署長等との役割関係については、調査の事前通知（通則法74の9①）のところでも述べたところであるが、第7章の2（国税の調査）を通して、再検討する余地があるものと考えられる。

2　身分証明書の携帯等

　国税通則法74条の13は、「国税庁等又は税関の当該職員は、第74条の2から第74条の6まで〔略〕の規定による質問、検査、提示若しくは提出の要求、閲覧の要求、採取、移動の禁止若しくは封かんの実施をする場合又は前条の職務を執行する場合には、その身分を示す証明書を携帯し、関係人の請求があつたときは、これを提示しなければならない。」と定めている。

　この規定は、従前、個別税法に定められていたもの（旧所法236、旧法法157、旧相法60③、旧消法62⑤、旧酒法53⑨、旧たばこ税法27⑤等参照）を平成23年の改正によって、国税通則法に取りまとめられたものである。この身分証明書の提示は、納税者等の正当な利益の保護を図る観点から重要な意義を有し、当該職員たることを偽ってその権限たる調査等を行う者を排除し、同時にこれらの権限の行使に当たって適切な手続が行われることを要求している。

第6節　行政手続法との関係

1　国税通則法と行政手続法との異同

　国税通則法は、主として、国税の執行（税務行政）についての手続を定めるものであるのに対し、行政手続法は、行政一般の手続を定めるものである。その点では、両者は、行政手続において国民の権利保護に関わることになるので共通性がある。

第6章　税務調査　　183

　しかし、国税通則法は、国税という国家財政の基盤をなすものに関わるもので、財政収入の確保という要請が一層強いといえる。そのことは、両法の1条に定める「目的」に反映している。

　すなわち、同法1条は、「この法律は、国税についての基本的な事項及び共通的な事項を定め、税法の体系的な構成を整備し、かつ、国税に関する法律関係を明確にするとともに、税務行政の公正な運営を図り、もつて国民の納税義務の適正かつ円滑な履行に資することを目的とする。」と定めている。

　これに対し、行政手続法1条1項は、「この法律は、処分、行政指導及び届出に関する手続並びに命令等を定める手続に関し、共通する事項を定めることによって、行政運営における公正の確保と透明性（行政上の意思決定について、その内容及び過程が国民にとって明らかであることをいう。第46条において同じ。）の向上を図り、もって国民の権利利益の保護に資することを目的とする。」と定めている。

　以上のように、国税通則法は、「……、もつて国民の納税義務の適正かつ円滑な履行に資することを目的とする。」と定めていることに対し、行政手続法は「……もって国民の権利利益の保護に資することを目的とする。」と定めているように、前者が国税の納税義務の適正な履行を重視しているのに対し、後者が国民の権利保護を一層重視していることが理解できる。

2　行政手続法の適用除外

(1)　行政手続法による適用除外

　まず、行政手続法1条2項は、「処分、行政指導及び届出に関する手続並びに命令等を定める手続に関しこの法律に規定する事項について、他の法律に特別の定めがある場合は、その定めるところによる。」と定め、国税通則法のような特別法の定めを優先することとしている。また、行政手続法3条1項は、「次に掲げる処分及び行政指導については、次章から第4章の2までの規定は、適用しない。」と定めているが、その適用除外となる国税に関する事項は、次のとおりである。

① 　国税又は地方税の犯則事件に関する法令〔略〕に基づいて国税庁長官、国税局長、税務署長、収税官吏、税関長、税関職員又は徴税吏員〔略〕がする処分及び行政指導並びに金融商品取引の犯則事件に関する法令〔略〕に基づいて証券取引等監視委員会、その職員〔略〕、財務局長又は財務支局

長がする処分及び行政指導（同項6号）

② 審査請求、再調査の請求その他の不服申立てに対する行政庁の裁決、決定その他の処分（同項15号）

③ ②に規定する処分の手続又は第3章に規定する聴聞若しくは弁明の機会の付与の手続その他の意見陳述のための手続において法令に基づいてされる処分及び行政指導（同項16号）

上記の各事項のうち国税については、国税犯則取締法及び国税通則法の定めるところによることとされていたが、平成29年度税制改正において、前者が廃止され、犯則調査手続等が後者に吸収されることになった。当該犯則調査手続等については、第11章で述べることとする。

(2) 国税通則法による適用除外

国税通則法74条の14第1項は、「行政手続法〔略〕第3条第1項〔略〕に定めるもののほか、国税に関する法律に基づき行われる処分その他公権力の行使に当たる行為〔略〕については、行政手続法第2章〔略〕（第8条（理由の提示）を除く。）及び第3章〔略〕（第14条（不利益処分の理由の提示）を除く。）の規定は、適用しない。」と定めている。

この規定における、行政手続法8条及び14条については、平成23年国税通則法改正前には国税について行政手続法制定当時（平成5年）から適用除外とされていたが、同改正によって国税に関しても適用されることになった。その問題については、後述する。

また、国税通則法74条の14第2項は、「行政手続法第3条第1項、第4条第1項及び第35条第4項〔略〕に定めるもののほか、国税に関する法律に基づく納税義務の適正な実現を図るために行われる行政指導〔略〕については、行政手続法第35条第3項（行政指導に係る書面の交付）及び第36条（複数の者を対象とする行政指導）の規定は、適用しない。」と定めている。

この規定については、国税に関する行政指導に対して行政指導に係る書面の交付及び複数の者を対象とする行政指導は、税務行政全体の遂行上真に支障となる特別の事情が存在すると認められるからであるとされている（注128）。この規定は、平成23年国税通則法改正の際にも、改正されることはなかった。次に、同法74条の14第3項は、「国税に関する法律に基づき国の機関以外の者

（注128）　前掲（注4）899頁参照

が提出先とされている届出〔略〕については、同法第37条（届出）の規定は、適用しない。」と定めている。この規定は、非課税貯蓄申告書（所法10③④）等のように金融機関等を経由して提出されているものについて、その特殊性から排除しているものである。

3　処分の理由附記の強制

(1)　強制（改正）前の趣旨

　前記2で述べたように、行政手続法が制定された際に改正された国税通則法74条の14では、行政手続法8条及び14条は適用除外とされていた。ところで、行政手続法8条1項は、「行政庁は、申請により求められた許認可等を拒否する処分をする場合は、申請者に対し、同時に、当該処分の理由を示さなければならない。ただし、〔略〕」と定め、同条2項は、「前項本文に規定する処分を書面でするときは、同項の理由は、書面により示さなければならない。」と定めている。また、同法14条1項は、「行政庁は、不利益処分をする場合には、その名あて人に対し、同時に、当該不利益処分の理由を示さなければならない。ただし、当該理由を示さないで処分をすべき差し迫った必要がある場合は、この限りでない。」と定め、同条3項は、「不利益処分を書面でするときは、前2項の理由は、書面により示さなければならない。」と定めている。

　他方、国税に関する法律においては、青色申告に係る更正（所法155②、法法130②）及び青色申告の承認の取消し（所法150②、法法127④）については理由附記を強制しているが、それ以外の処分（異議決定及び裁決を除く。）については、理由附記が強制されていない。そのため、行政手続法制定時には、青色申告関係以外に処分理由を強制すべきではないものと考えられていた。その趣旨については、次のように解されていた[注129]。

①　金銭に関する処分であり、処分内容をまず確定し、その適否については、むしろ事後的な手続で処理することが適切であること。

②　主として申告納税制度の下で、各年又は各月毎に反復して大量に行われる処分であること等の特殊性を有していること。

③　限られた人員をもって適正に執行し公な課税が実現されなければならないものであること。

（注129）　志場喜徳郎ほか共編『国税通則法精解』（大蔵財務協会、平成16年）756頁参照

以上のように、行政手続法制定当時、国税に関する全処分について理由附記を付すことに消極的であったのは、青色申告に係る更正及び青色申告承認の取消しについての理由附記について最高裁判所が詳細な理由を求めたため、課税実務が混乱したからにほかならない。

(2) 強制の影響

前述したように、行政手続法制定当時には、国税に関する全処分について理由附記を強制しないとしたこと（行政手続法8条及び14条の適用除外）は、税法の適正な執行と公平な課税の実現に支障を来すと考えられたのであるが、平成23年の国税通則法改正によって当該各条項の適用除外が外されることになった。

このことは、国税通則法1条がいう、「国民の納税義務の適正かつ円滑な履行に資すること」よりも、行政手続法1条1項がいう「国民の権利利益の保護に資すること」が一層重視されたことを意味する。また、平成23年の国税通則法の改正においては、既に述べてきたように、「第7章の2　国税の調査」及び「第7章の3　行政手続法との関係」において、納税者の権利保護に資するため、多くの措置が講じられてきた。その中でも、調査の事前通知（通則法74の9）、調査の終了の際の手続（通則法74の11）、そして、全処分に対する理由附記の強制（通則法74の14）は、その目的を達成することに貢献するものと考えられる。

しかし、そのことは、税務調査の効率を悪化させ、申告納税制度における監視体制の弱体化を導くことになる。既に公表された平成25年度の調査件数は、前年度比約30％減となっており、平成25年度の不服申立て（異議申立て及び審査請求）は、数年前と比し半減している。このような傾向は、今後一層進むことが想定されるが、申告納税制度における申告水準への悪影響が懸念されている。このことは、租税収入から利益を享受している国民全体からみて得策か否かという問題を惹起することとなる。なお、平成26年6月の行政手続法の改正によっても、国税に関しても若干の影響が生じるものと考えられるので、今後の実務への影響を注視する必要がある。

第7章

納付・徴収

188

第7章　納付・徴収

第1節　納付・徴収の実務上の位置付け

　租税の意義については、一般に、「国家が、特別の給付に対する反対給付としてではなく、公共サービスを提供するための資金を調達する目的で、法律の定めに基づいて私人に課する金銭給付である。」（注130）と解される。

　かくして、租税は、国民の富の一部を強制的に国家の手に移す手段であるから、国民の財産権の侵害という一方的・権力的課徴金の性質を有し、また、特別の給付に対する反対給付を伴わない非対価性という性質を有する。そのことは、国民の経済取引に多大な負担を強いることになる。そのため、租税の運用（租税法の執行）に当たっては、国民の権利保護と経済取引の予測可能性と法的安定性を与えるために、租税の賦課・徴収は必ず法律の根拠に基づいて行われなければならないという租税法律主義の要請がある。

　また、その租税法律主義を実現するために、租税法の法律関係が重視されている。しかし、租税法律主義の対象となる租税の「賦課・徴収」については、とかく、「賦課」に関して重視され、「徴収」については軽視される傾向にある。そのことは、租税法の執行という実務において顕著である。ところが、租税の本質を考察した場合には、租税が国庫に納入（納付）されて初めてその機能が生じるわけであるし、納税者としても租税を納付しなければその納税義務を果たしたことにはならないはずである。

　換言すると、納税者としては、租税の納付・徴収を伴わない賦課（処分）のみでは何ら租税の痛痒を感じないことになる。このような租税の納付・徴収の重要性に鑑み、国税の納付・徴収に関しては、国税徴収法をはじめ関係法令が整備されているところであるが、国税通則法では、国税の納付・徴収についての基本的手続を定めている。この基本的手続は、賦課と徴収を有機的に結合させているもの（賦課的機能を有する徴収を含む。）、具体的滞納処分（差押え、公売等）の前提となるもの、納税者の窮状等に応じて納税を猶予するもの等を定めている。

　これらの国税通則法上の納付・徴収の各規定は、租税の法律関係全体を理解する上において不可欠な事項を定めているほか、近年、実務でも重視され

（注130）　前掲（注2）8頁

ている「租税の納付戦略」において重要な鍵となる事項等を定めている。

　また、国税通則法に定めている納付・徴収関係規定は、延滞税の軽減・免除にも深く関わっている。そのため、日頃、国税の納付・徴収に関心の薄い実務家にとっても、それらの基本的規定だけは理解しておく必要がある。

　次に、このような徴収についての基本的規定を受けて、国税徴収法では、国税の滞納処分その他の徴収に関する手続の執行について必要な事項を定めているので(同法1参照)、第7節においてそれらの概要を説明することとする。

第2節　国税の納付

1　納付の手続

(1)　金銭による納付

　国税通則法34条1項は、「国税を納付しようとする者は、その税額に相当する金銭に納付書〔略〕を添えて、これを日本銀行（国税の収納を行う代理店を含む。）又はその国税の収納を行う税務署の職員に納付しなければならない。ただし、証券をもつてする歳入納付に関する法律〔略〕の定めるところにより証券で納付すること又は財務省令で定めるところによりあらかじめ税務署長に届け出た場合に財務省令で定める方法により納付すること〔略〕を妨げない。」と定めている。

　このように、国税の納付は、金銭によることを原則とし、これを日本銀行（ほとんどの金融機関がその代理店となっている。）又は税務署の職員に納付することになる。この納付先については、後述するように、国税納付額が30万円以下である場合には、コンビニエンスストアで納付できる特例が設けられている（通則法34の3）。また、金銭納付に代えて納付できる証券については、「証券ヲ以テスル歳入納付ニ関スル法律」の規定するところの小切手（国、地方公共団体等が発行する所定のもの）及び国債証券の利札に限定されている。

　さらに、財務省令で定める方法は、いわゆる電子納付や自動車重量税又は登録免許税についての所定の納付方法が定められている。

第7章　納付・徴収　　191

　(2)　印紙による納付

　国税通則法34条2項は、「印紙で納付すべきものとされている国税は、前項
の規定にかかわらず、国税に関する法律に定めるところにより、その税額に
相当する印紙をはることにより納付するものとする。印紙で納付することが
できるものとされている国税を印紙で納付する場合も、また同様とする。」と
定めている。

　印紙による納付については、印紙税及び自動車重量税が、徴収の便宜上、
原則として、印紙によって納付すべきものとされている（印紙税法8、自動車重
量税法8・9）。また、登記等につき課される登録免許税については、その額が3
万円以下である場合又は政令で定める場合には、印紙によって納付すること
ができる（登録免許税法22、同法施行令29）。

　(3)　物納による納付

　国税通則法34条3項は、「物納の許可があつた国税は、第1項の規定にかかわ
らず、国税に関する法律の定めるところにより、物納をすることができる。」
と定めている。現行法において物納を定めているのは、相続税についてのみ
である。よって、相続税法41条から48条の3までに、相続税についての物納手
続が定められている。その骨子は、次のとおりである。

　すなわち、税務署長は、納付すべき相続税額を延納によっても金銭で納付
することを困難とする事由がある場合には、納税義務者の申請により、その
納付を困難とする金額を限度として、物納の許可をすることができる（相法41
①）。この場合、物納に充てることができる財産は、納税義務者の課税価格計
算の基礎となった国内にある財産（管理処分不適格財産を除く。）のうち、①
国債及び地方債、②不動産及び船舶、③社債、株式及び信託受益権並びに④
動産である（相法41②）。

　また、物納の許可を申請しようとする者は、その物納を求めようとする相
続税の納期限までに、又は納付すべき日に、所定の申請書を所轄税務署長に
提出しなければならない（相法42①）。この納期限等については、後述する同
法35条に定めるところによるので、申請ができなくならないように、留意を
要する。

　なお、物納財産の収納価額は、原則として、「課税価格計算の基礎となつた
当該財産の価額による。」（相法43①）ので、納税者にとっても、将来、値下が
りが予測される財産を物納に充てることが、相続税額を円滑に納付すること

の担保となり、財産の保全力を高めることになる。

このことは、バブル崩壊前に相続税の物納を申請しなかった者が、その後の地価の暴落によって手痛い経験（大量の滞納発生）をしたことによく現れている。また、当時、物納を指導しなかった税理士に対しては、専門家責任を果たさなかったということで多くの損害賠償請求事件が生じたところでもある。

2　口座振替納付

国税通則法34条の2第1項は、「税務署長は、預金又は貯金の払出しとその払い出した金銭による国税の納付をその預金口座又は貯金口座のある金融機関に委託して行おうとする納税者から、その納付に必要な事項の当該金融機関に対する通知で財務省令で定めるものの依頼があつた場合には、その納付が確実と認められ、かつ、その依頼を受けることが国税の徴収上有利と認められるときに限り、その依頼を受けることができる。」と定めている。

また、同法34条の2第2項は、「期限内申告書の提出により納付すべき税額の確定した国税でその提出期限と同時に納期限の到来するものが、前項の通知に基づき、政令で定める日までに納付された場合には、その納付の日が納期限後である場合においても、その納付は納期限においてされたものとみなして、延納及び延滞税に関する規定を適用する。」と定めている。

この口座振替納付については、税務当局が熱心に勧奨していることと具体的な納期限が約1月延長されること（同法34条2項に定める「政令で定める日」は、申告所得税の場合、通常、4月20日前後となっている。）もあって、個人の申告所得税及び消費税について幅広く利用されている。

しかし、法人税については、法人の依頼の方が、「納付が確実と認められ」（通則法34の2①）そうであるが、実務上、ほとんどが利用されていない。その理由は、税務署長が、「その依頼を受けることが国税の徴収上有利と認められる」（通則法34の2①）と判断していないからであると考えられる。けだし、国の歳入及び歳出の会計年度所属の区分については、政令で定める（会計法1①）とされているところ、国税収入については、当該会計年度末である3月31日までに納税義務が成立している国税については、当該成立後2月以内に収納されたものは、当該成立に係る会計年度の歳入として取り扱われているからである。すなわち、大法人が3月決算に集中しているので、それら法人について

第7章　納付・徴収　　193

口座振替納付を認めると、それを認めた会計年度において多額な歳入不足が生じることが予測されるからである。

　しかし、このようなことは、当該振替納税初年度においてのみ生じることであるから、それを許容するか、歳入の会計年度所属を従来行われた現金主義に戻せば（その場合にも、変更年度のみ歳入不足が生じる。）、法人税については口座振替納付を認めないという変則的な取扱いを行わなくても済むはずである。また、その方が、収納実務を円滑にするはずである。

3　納付の委託

　国税通則法34条の3第1項は、「国税を納付しようとする者は、その税額が財務省令で定める金額以下である場合であつて、第34条第1項〔略〕に規定する納付書で財務省令で定めるものに基づき納付しようとするときは、納付受託者〔略〕に納付を委託することができる。」と定めている。

　これは、納付受託者すなわちコンビニエンスストアに対する国税の納付を可能にする規定であって、以下同法34条の7までにおいて納付受託者の事務に関する規定が設けられている。なお、この納付が可能となる「財務省令で定める金額以下」は、「30万円以下」である（通則規2）。

4　申告納税方式における国税の納期限
（1）　期限内申告

　国税通則法35条1項は、「期限内申告書を提出した者は、国税に関する法律に定めるところにより、当該申告書の提出により納付すべきものとしてこれに記載した税額に相当する国税をその法定納期限（延納に係る国税については、その延納に係る納期限）までに国に納付しなければならない。」と定めている。

　例えば、所得税法では、居住者は、課税総所得金額等に係る納付すべき所得税額があるときは、第3期（その年の翌年2月16日から3月15日までの期間をいう。）において、税務署長に対し、当該所得税額等を記載した申告書（確定所得申告書）を提出しなければならない（所法120①）。そして、その確定所得申告書を提出した居住者は、その第3期において、当該所得税額を納付しなければならない（所法128）。すなわち、所得税の期限内申告に係る法定納期限は、所得税の法定申告期限ということになる。

194　　第7章　納付・徴収

　同じようなことは、各個別税法においても定められている（法法74①・77、相法27①・33、消法45①・49等）。

　(2)　期限後申告、更正等

　国税通則法35条2項は、「次の各号に掲げる金額に相当する国税の納税者は、その国税を当該各号に掲げる日〔略〕までに国に納付しなければならない。」と定めている。この規定による「各号に掲げる金額」及び「各号に掲げる日」は、次のとおりである。

①　期限後申告書の提出により納付すべきものとしてこれに記載した税額又は修正申告書に記載したその修正申告により増加する部分の税額　その期限後申告書又は修正申告書を提出した日

②　更正通知書に記載されたその更正により増加する部分の税額又は決定通知書に記載された納付すべき税額　その更正通知書又は決定通知書が発せられた日の翌日から起算して1月を経過する日

　このように、期限後申告又は修正申告の場合は、当該申告をした日が納期限となり、更正又は決定の場合は、当該更正等の1月後が納期限となる。これらの場合に留意しなければならないのは、相続税又は贈与税について延納又は物納を申請する場合には、更正又は決定については、1月間の申請のための猶予期間があるが、期限後申告又は修正申告については、当該申告をした日に当該申請をしなければ許可が得られなくなることである（相法39①・42①）。

　(3)　加算税の賦課決定

　国税通則法35条3項は、「過少申告加算税、無申告加算税又は重加算税（第68条第1項、第2項又は第4項（同条第1項又は第2項の重加算税に係る部分に限る。）〔略〕の重加算税に限る。以下この項において同じ。）に係る賦課決定通知書を受けた者は、当該通知書に記載された金額の過少申告加算税、無申告加算税又は重加算税を当該通知書が発せられた日の翌日から起算して1月を経過する日までに納付しなければならない。」と定めている。

　この場合にも、更正等の場合と同様、賦課決定後1月間の納付期間が与えられている。なお、源泉徴収による国税、不納付加算税等については、後述する納税申告書に記載された納期限に納付を要することになる（通則法36②）。

5　第三者による納付

　国税通則法41条1項は、「国税は、これを納付すべき者のために第三者が納

第7章　納付・徴収　　195

付することができる。」と定め、第三者が納付するときに、当該国税を納付すべき者の同意を条件にしないことにしている。

これに対し、民法では、同法474条1項が、「債務の弁済は、第三者もすることができる。ただし、その債務の性質がこれを許さないとき、又は当事者が反対の意思を表示したときは、この限りでない。」と定め、同条2項が、「利害関係を有しない第三者は、債務者の意思に反して弁済をすることができない。」と定めている。この場合、当該国税を納付した第三者は、当該国税を納付すべき者に対し、求償権を有することになる（通則法8、民法442等）。

このように、当該国税の納付すべき者の意思に関係なく第三者納付を優先させていることについては、「法律の規定により課され、かつ、大量的、反復的に生ずる租税の特殊性にかんがみ、右のような制限（編注＝民法上の制限）を付さないこととしたのである。」(注131)と解されている。また、国税通則法41条2項は、「国税の納付について正当な利益を有する第三者又は国税を納付すべき者の同意を得た第三者が国税を納付すべき者に代わつてこれを納付した場合において、その国税を担保するため抵当権が設定されているときは、これらの者は、その納付により、その抵当権につき国に代位することができる。ただし、その抵当権が根抵当である場合において、その担保すべき元本の確定前に納付があつたときは、この限りでない。」と定めている。

次いで、同条3項は、「前項の場合において、第三者が同項の国税の一部を納付したときは、その残余の国税は、同項の規定による代位に係る第三者の債権に先だつて徴収する。」と定めている。

これらの規定により国税を納付した第三者は、その国税を担保するために抵当権が設定されているときは、その抵当権につき国に代位することができる。このような第三者は、国税の保証人、第二次納税義務者、連帯納税義務者等のように、その納付について「正当な利益を有する者」又は書面によつて納付すべき者の同意を得たことが証明できる者である。また、当該抵当権が根抵当である場合は、将来において発生すべき国税の担保となっており、具体的な被担保債権が確定していないからである(注132)。

(注131)　前掲（注4）490頁
(注132)　前掲（注4）492頁等参照

第3節　国税の徴収

1　納税の告知

(1)　納税の告知の手続

国税通則法36条1項柱書は、「税務署長は、国税に関する法律の規定により次に掲げる国税〔略〕を徴収しようとするときは、納税の告知をしなければならない。」と定めている。この納税の告知の対象となる国税は、次のとおりである（通則法36①）。

① 賦課課税方式による国税（過少申告加算税、無申告加算税及び前記両加算税に代えて課される重加算税を除く。）

② 源泉徴収による国税でその法定納期限までに納付されなかったもの

③ 自動車重量税でその法定納期限までに納付されなかったもの

④ 登録免許税でその法定納期限までに納付されなかったもの

また、同法36条2項は、「前項の規定による納税の告知は、税務署長が、政令で定めるところにより、納付すべき税額、納期限及び納付場所を記載した納税告知書を送達して行う。ただし、担保として提供された金銭をもつて消費税等を納付させる場合その他政令で定める場合には、納税告知書の送達に代え、当該職員に口頭で当該告知をさせることができる。」と定めている。

この場合に、当該告知書に記載すべき納期限は、当該告知書を発する日の翌日から起算して1月を経過する日（国税に関する法律の規定により一定の事実が生じた場合に直ちに徴収するものとされている国税については、当該告知書の送達に要すると見込まれる期間を経過した日）である（通則令8①）。

この納期限は、前節4で述べた申告納税方式における国税についての更正等の場合に共通している。

(2)　納税の告知の法的性格

この納税の告知については、実務上、最も多く行われ、かつ、法的に問題となるのが、源泉徴収による所得税についてである。例えば、法人の役員が売上げを除外してその資金を私的に流用した場合には、通常、当該法人に対して、法人税の更正と源泉所得税の納税の告知が行われる。

しかも、それらの処分は、税務署の同じ法人課税部門等において処理される。そうすると、当該更正と当該納税の告知は、課税処分としての性質を有

第7章　納付・徴収　　197

するものと解されることがある。

　しかし、前述のように、納税の告知は、国税通則法第3章「国税の納付及び徴収」の中の36条で定められていることであり、かつ、源泉徴収による国税の確定手続として自動確定方式が採用されている（通則法15③）ので、税額を確定する意味での課税処分ではあり得ないことになる。そうであれば、納税の告知は、徴収処分ということになるのであるが、課税処分と徴収処分とでは、それらに違法性がある場合の争訟手段が異なることになる。すなわち、前者については、法が定めた不服申立期間（通則法77①、処分があったことを知った日の翌日から起算して3月）以内（注133）に不服申立てをしなければ、当該処分に無効事由がない限り、不可争となる。

　これに対し、後者については、当該納税の告知によって納付した税額が当該告知の瑕疵によって過誤納となった場合には、当該過誤納金の消滅時効の期間（通則法74、5年）内は争うことが可能になる。このようなことを考えると、課税当局にとっては、課税処分であることが望ましいことになるが、納税者（源泉徴収義務者）にとっては、徴収処分であることが有利になる。

　しかし、かつての最高裁判所は、当該各判決によって、その考え方を異にしていた。すなわち、最高裁昭和45年12月24日第一小法廷判決（民集24・13・2243）（注134）は、次のとおり判示し、納税の告知が徴収処分であることを明確にしている。

　「税務署長が、支払者の納付額を過少とし、またはその不納付を非とする意見を有するときに、これが納税者たる支払者に通知されるのは、前記の納税の告知によるのであり、この点において、納税の告知は、あたかも申告納税方式による場合の更正または決定に類似するかの観を呈するのであるが、源泉徴収による所得税の税額は、前述のとおり、いわば自動的に確定するのであつて、右の納税の告知により確定されるものではない。すなわち、この納税の告知は、更正または決定のごとき課税処分たる性質を有しないものというべきである。」

（注133）　平成26年6月改正の国税通則法が施行された平成28年4月1日前は、「2月以内」であった。

（注134）　本判決の評釈については、村上義弘・別冊ジュリストNo.79（租税判例百選〔第二版〕）172頁等参照

「一般に、納税の告知は、法第36条所定の場合に〔略〕、国税徴収手続の第一段階をなすものとして要求され、滞納処分の不可欠の前提となるものであり、また、その性質は、税額の確定した国税債権につき、納期限を指定して納税義務者等に履行を請求する行為、すなわち徴収処分であ」る。

他方、最高裁昭和48年9月28日第二小法廷判決（税資71・388）は、「旧国税徴収法〔略〕第6条の定める納税の告知は、支払者の納付すべき税額を確定する効力を有する行政処分と解すべきである」と判示している。このような二つの最高裁判決の対立は、昭和45年判決が「民集」に登載されていること、昭和48年判決が旧国税徴収法に定める納税の告知に係るものであり、かつ、「民集」に登載されていないことから、一般に、前者が、納税の告知についての最高裁判所の考え方をオーソライズしたものと解されており、判例としても評価されている。次に、納税の告知が税額の確定処分ではなく徴収処分であるとすると、当該納税の告知が、処分の取消しを求める不服審査の対象となるか否かも問題となる。この点につき、前掲最高裁昭和45年12月24日第一小法廷判決は、次のとおり判示して、納税の告知は不服申立ての対象になる「処分」に当たるとし、かつ、それとは別に、納税の告知を受けた納税義務の不存在の確認の訴えも提起できるとしている。

「源泉徴収による所得税についての納税の告知は、前記により確定した税額がいくばくであるかについての税務署長の意見が初めて公にされるものであるから、支払者がこれと意見を異にするときは、当該税額による所得税の徴収を防止するため、異議申立てまたは審査請求〔略〕のほか、抗告訴訟をもなしうるものと解すべきであり、この場合、支払者は、納税の告知の前提となる納税義務の存否または範囲を争つて、納税の告知の違法を主張することができるものと解される。けだし、右の納税の告知に先だつて、税額の確定（およびその前提となる納税義務の成立の確認）が、納税者の申告または税務署長の処分によつてなされるわけではなく、支払者が納税義務の存否または範囲を争ううえで、障害となるべきものは存しないからである。」

「支払者は、一方、納税の告知に対する抗告訴訟において、その前提問題たる納税義務の存否または範囲を争つて敗訴し、他方、受給者に対する税額相当額の支払請求訴訟（または受給者より支払者に対する控除額の支払請求訴訟）において敗訴することがありうるが、それは、納税の告知が課税処分

第7章　納付・徴収　　199

ではなく、これに対する抗告訴訟が支払者の納税義務また従つて受給者の源泉納税義務の存否・範囲を訴訟上確定させうるものでない故であつて、支払者は、かかる不利益を避けるため、右の抗告訴訟にあわせて、またはこれと別個に、納税の告知を受けた納税義務の全部または一部の不存在の確認の訴えを提起し、受給者に訴訟告知をして、自己の納税義務（受給者の源泉納税義務）の存否・範囲の確認について、受給者とその責任を分かつことができる。」

　以上のように、最高裁昭和45年12月24日第一小法廷判決は、納税の告知が徴収処分であることを明確にし、かつ、納税の告知が自動的に確定した税額を確認したものに過ぎないにもかかわらず、当該告知の行政処分性を容認したもので、その後、正に、判例として機能しているものである。特に、納税の告知の行政処分性については、同じく、納税義務の成立と同時に自動的に確定する延滞税（通則法15③六）に係る税務署長の催告通知について行政処分性が否定されている(注135)ことと対比される。もっとも、行政処分性を容認することは、納税の告知における税額確定性を容認することでもあるので、当該納税の告知が単純に徴収処分であると割り切れないことを意味している。このことは、次の税務調査との関係においてもよく表れている。

　(3)　納税の告知と調査との関係

　納税の告知が徴収処分ではあるが、課税処分的性格を有しているという特性は、当該告知と調査との関係においても見受けられる。すなわち、税額の確定手続である更正、決定又は賦課決定は、前述してきたように、税務署長による「調査」があることを前提にしている（通則法24・25・26・32）。そして、これらの3つの処分は、「更正決定等」という用語で一括りにされ、法58条以下の規定においてはそのように取り扱うこととされている（通則法58①一イ）。

（注135）　東京高裁昭和41年11月26日判決（税資45・523）は、「延滞税納付義務は、本税について納期限を徒過したときに、特別の手続を要しないで成立発生し、その額も確定するものであるから、その納付催告は税の賦課処分であると解することはできない。もとより右納付催告に先行してなんらかの賦課処分がなされるものと解しなければならないものでもない。従つて、これをもつて行政事件訴訟法第3条第2項にいう処分と解することはできない」と判示している。なお、利子税の催告通知についても、同様な判断が下されている（東京地判昭31・6・23行集7・6・1514等参照）。

これに対し、税務署長が納税の告知をするときは、前述のように、「調査」を前提にしていない（通則法36①）。よって、更正決定等については、「調査」をしないと違法になるが、納税の告知については「調査」をしないでもできることになっている。そうであると、納税の告知と調査は無縁であるかのように考えられるが、決してそうではない。すなわち、所得税に関する調査においては、当該職員は、「所得税の納税義務がある者若しくは納税義務があると認められる者」に対し、質問検査権の行使ができる（通則法74の2①一）ところ、「納税義務がある者」とは国税の源泉徴収義務者を含む「納税者」（通則法2五）と共通するものと考えられるから、源泉徴収義務者もその対象になっているものと考えられる(注136)。そして、国税通則法74条の11第1項は、税務署長等は、実地の調査を行った結果、更正決定等をすべきと認められない場合には、更正決定等をすべきと認められない旨を書面により通知する、ことを定めているが、この「更正決定等」には、同法36条1項に規定する「納税の告知」を含むものとしているので、「納税の告知」は実地の調査を前提にしているものと考えられる。もっとも、この規定については、既に述べたように、同法58条1項1号イの規定の整合性を欠くものであるが、更正、決定及び賦課決定という課税処分と納税の告知という徴収処分とが同じ用語で括られていることに、納税の告知の特質を見ることができる。

2 督 促

　国税通則法37条1項は、「納税者がその国税を第35条〔略〕又は前条第2項の納期限〔略〕までに完納しない場合には、税務署長は、その国税が次に掲げる国税である場合を除き、その納税者に対し、督促状によりその納付を督促しなければならない。」と定めている。この場合、督促を要さない国税には、次のものがある。

① 国税通則法38条1項及び3項に規定する繰上請求又は国税徴収法159条に規定する保全差押えの適用を受けた国税

（注136）　もっとも、平成23年の国税通則法の改正により、同じ法律の中で、「納税者」（通則法2五）、「納税義務がある者」（通則法74の2①一）又は「納税義務者」（通則法74の9）とそれぞれ区分されているが、それらの区分の是非について疑問がある。

② 国税に関する法律の規定により一定の事実が生じた場合に直ちに徴収するものとされている国税

以上のうち、①については、追って詳述するが、②については、未納税引取り、輸出免税引取り又は特定用途免税引取りの条件不履行により徴収される消費税等がある（通則法2八ハ、酒法28の3⑥等参照）（注137）。

また、国税通則法37条2項は、「前項の督促状は、国税に関する法律に別段の定めがあるものを除き、その国税の納期限から50日以内に発するものとする。」と定めている。この場合、「国税に関する法律に別段の定め」については、所得税の予定納税額の通知書を第1期又は第2期の納期限の1月前までに発しなかった場合には、その通知書を発した日から起算して1月を経過した日まで督促ができない（所法116）等が定められている。また、納期限から「50日以内」というのは、訓示的なものと解されている。次に、国税通則法37条3項は、「第1項の督促をする場合において、その督促に係る国税についての延滞税又は利子税があるときは、その延滞税又は利子税につき、あわせて督促しなければならない。」と定めている。この場合、延滞税は、本税が未納の間は、その金額が日々の経過によって増加するので、その督促は、延滞税の割合が適用される期間を付記し、金額欄には、「法律による金額」と表示されるにとどまる（通則規16②）。

次に、督促については、これのみで国税の徴収権の消滅時効について時効中断の効力が生じる（通則法73①四）。これは、催告が6月以内に差押え等をすることを条件として時効中断の効力が生ずるものとは異なる（民法153参照）。また、督促は、差押え等の滞納処分の前提要件とされている。すなわち、督促に係る国税がその督促状を発した日から起算して10日を経過した日までに完納されない場合に、差押え等の滞納処分が行われることになる（通則法40、徴収法47①）。督促については、以上のような法的機能を有するところ、その行政処分性について、かつては、これを否定する見解（注138）もみられたが、最高裁判決ではこれを容認している（注139）。

（注137） 詳細については、前掲（注4）148頁、467頁参照
（注138） 東京地判昭46・9・2（税資63・416）、東京高判昭47・5・17（税資65・968）、東京高判平4・7・14（税資192・34）等参照
（注139） 最判（二小）平5・10・8（税資199・215）等参照

3　繰上請求

(1)　繰上請求の意義

　前節4で述べたように、国税にはそれぞれ納期限が定められているが、その納期限は、原則として、納税者の利益のためのものであると解すべきである（民法136参照）。したがって、定められた納期限については、その納期限が到来するまでは、納税者の任意納付によるべきであって、原則として、その納期限を繰り上げて強制的な徴収手続を開始することは許されない。しかし、納税者の資力の状況等により、納期限まで待っては国税の徴収を全うすることができないと見込まれるときは、やむを得ず期限の利益を奪って徴収の確保を図る必要がある。繰上請求は、このような事情があるとき、具体的には、納税者につき法定の事情が生じた場合において、当該国税に係る納期限の到来を待たずに、当該納期限を繰り上げ、その納付を請求する手続である（注140）。

　この場合、納付すべき税額の確定した国税についてその納期限を繰り上げる方法と納付すべき税額の確定前（納税義務成立後）にその税額を決定してその納付を請求する方法（繰上保全差押え）がある。

(2)　確定した税額の繰上請求

　国税通則法38条1項は、「税務署長は、次の各号のいずれかに該当する場合において、納付すべき税額の確定した国税〔略〕でその納期限までに完納されないと認められるものがあるときは、その納期限を繰り上げ、その納付を請求することができる。」と定めている。この場合、繰上請求ができる事由は、次のとおりである（通則法38①）。

① 　納税者の財産につき強制換価手続が開始されたとき。
② 　納税者が死亡した場合において、その相続人が限定承認をしたとき。
③ 　法人である納税者が解散したとき。
④ 　その納める義務が信託財産責任負担債務である国税に係る信託が終了したとき。
⑤ 　納税者が納税管理人を定めないでこの法律の施行地に住所及び居所を有しないこととなるとき。
⑥ 　納税者が偽りその他不正の行為により国税を免れ、若しくは免れようと

（注140）　前掲（注4）471頁等参照

し、若しくは国税の還付を受け、若しくは受けようとしたと認められるとき、又は納税者が国税の滞納処分の執行を免れ、若しくは免れようとしたと認められるとき。

また、同法38条2項は、「前項の規定による請求は、税務署長が、納付すべき税額、その繰上げに係る期限及び納付場所を記載した繰上請求書（源泉徴収による国税で納税の告知がされていないものについて同項の規定による請求をする場合には、当該請求をする旨を付記した納税告知書）を送達して行う。」と定めている。

以上のように、この繰上請求は、前記①から⑥までに掲げる事由が発生した場合に、そのまま当該納期限まで納付請求をしないと当該納付が困難になると見込まれる場合に行われる措置である。しかし、この繰上請求は、税額が確定していることを前提としているため、その適用は限定的となる。すなわち、納税申告書の提出により税額が確定する場合に、法定申告期限に確定申告書を提出するとき、又は修正申告書若しくは期限後申告書を提出するときは、その提出した日に税額が確定し（通則法15①・16①一等）、その日が納期限となる（通則法35①②一）ので、税務署長は、繰上請求をする余地はないことになる。他方、更正・決定又は賦課決定で税額が確定する場合には、その納期限は、当該更正通知書等が「発せられた日の翌日から起算して1月を経過する日」（通則法35②二③）とされている。したがって、確定した税額について繰上請求が行われるのは、通常、更正決定等における最長1月についてである。

(3) 未確定の税額の繰上請求（繰上保全差押え）

国税通則法38条3項は、「第1項各号のいずれかに該当する場合において、次に掲げる国税（納付すべき税額が確定したものを除く。）でその確定後においては当該国税の徴収を確保することができないと認められるものがあるときは、税務署長は、その国税の法定申告期限〔略〕前に、その確定すると見込まれる国税の金額のうちその徴収を確保するため、あらかじめ、滞納処分を執行することを要すると認める金額を決定することができる。この場合においては、その税務署の当該職員は、その金額を限度として、直ちにその者の財産を差し押さえることができる。」と定めている。

この規定の対象となる国税は、次のとおりである。

① 納税義務の成立した国税（課税資産の譲渡等に係る消費税を除く。）

② 課税期間が経過した課税資産の譲渡等に係る消費税

③　納税義務の成立した消費税法42条1項、4項又は6項の規定による申告書に係る消費税

　この繰上請求（保全差押え）については、国税徴収法159条にも同様な規定が設けられているので、同条2項から11項までの規定が準用される（通則法38④）。また、このような繰上請求は、納税義務成立後直ちに必要な税額を決定して財産の差押えが可能となるので、国税の徴収保全のために相当な強制力を伴うものと考えられる。そのことは、各税目について定められている「納税義務の成立」（通則法15②）を最も実効的なものにしている。例えば、申告所得税については、12月末日をもって納税義務が成立するので、翌年3月15日までの確定申告を待たずに翌年1月1日以降繰上請求の手続が可能になる。なお、この繰上請求において決定される税額には、当該国税の本税部分に限られ、法定申告期限（納期限）経過の時に（又はその後に）成立する附帯税は含まれないものと解されている[注141]。

4　債権者代位権・詐害行為取消権

(1)　民法規定の準用

　国税通則法42条は、「民法第423条（債権者代位権）及び第424条（詐害行為取消権）の規定は、国税の徴収に関して準用する。」と定めている。そして、民法423条1項は、「債権者は、自己の債権を保全するため、債務者に属する権利を行使することができる。ただし、債務者の一身に専属する権利は、この限りでない。」と定め、同条2項は、「債権者は、その債権の期限が到来しない間は、裁判上の代位によらなければ、前項の権利を行使することができない。ただし、保存行為は、この限りでない。」と定めている。また、民法424条1項は、「債権者は、債務者が債権者を害することを知ってした法律行為の取消しを裁判所に請求することができる。ただし、その行為によって利益を受けた者又は転得者がその行為又は転得の時において債権者を害すべき事実を知らなかったときは、この限りでない。」と定め、同条2項は、「前項の規定は、財産権を目的としない法律行為については、適用しない。」と定めている。民法は、債務者の一般財産が債権の最終的な担保となっていることに鑑み、その一般財産の不当な減少を防止し債権の確保を図るため、債権者代位権及び詐

（注141）　武田昌輔監修『DHCコンメンタール国税通則法』（第一法規）2057頁等参照

害行為取消権（債権者取消権）を認めている。

　前者は、債務者がその一般財産の減少を放置する場合に、債権者が債務者に代わってその減少を防止する措置を講じるものであり、後者は、債務者がその一般財産を積極的に減少する行為をする場合に、その効力を奪ってその減少を防止するものである。このような私債権に関する法律関係は、国税債権についても同様に論じることができるので、国税の徴収においても、民法423条及び424条が準用されているものである。その中でも、詐害行為取消権の行使については、会社整理等における財産処分について深く関わることになるので、課税の実務においても留意を要する。

　(2)　債権者代位権

　債権者代位権とは、債務者（納税者）が自己の有する権利を行使しないため、債権者（国）が、自己の債権（国税）の十分な弁済を受けることができない場合の救済方法として、債務者の有する権利について債務者に代わって行使することができる権利である。

　この債権者代位権は、次の全ての要件を満たしている場合に行使できる。

①　代位権行使の目的である権利が債務者の一身に専属する権利でないこと及び差押えのできない権利でないこと

②　債務者が当該権利以外無資力であること

③　国税の納期限が到来していること

④　債務者が自らその権利を行使しないこと

　もっとも、以上のような各要件が充足されているからといって、実務上、国は、常に、民法の規定を準用して、債権者代位権を行使するわけではない。けだし、国税徴収法は、独自に、徴収職員に対し、財産一般について差押権限を与えており（徴収法47〜81）、滞納者が有している債権を差し押さえたとき（徴収法62等）には、差し押さえた債権の取立てを認めている（徴収法67）。よって、滞納者が有する債権の取立てについては、通常、国税徴収法の規定が適用されることになる。

　ただし、国税徴収法の規定により難い場合、例えば、不動産が甲から乙へ、乙から丙へと移転し、登記がなお甲にあるときに、丙が乙の甲に対する登記請求権を代位するときがこれに該当する。いずれにせよ、国税の徴収における民法423条の規定の準用は、限定的である。

206 第7章 納付・徴収

(3) 詐害行為取消権

ア 取消権行使の要件

詐害行為取消権は、次の全ての要件を満たした場合に行使できる。この場合、その取消権を行使できる国税の範囲は、行為時に国が有する国税の額を基準とし、原則として、納税者の有する他の財産をもっては徴収不足を来すと認められる金額の範囲内に限られる[注142]。

① 取消権行使の対象となる詐害行為が、債務者の法律行為であり、かつ、財産権を目的とするものであること。この場合、婚姻、縁組、相続の承認又は放棄などは、それらによって債務者の財産状態が悪化しても、それらが財産権を目的としているものでないので、取消権の対象にならない。

② 詐害の意思（悪意）が、納税者及び受益者又は転得者のいずれにも存すること。この納税者の悪意は、一般的に債権者を害することを知っていれば足り、特定の債権者（国）を害することを知っていることまでは要しない（通基通42-5）。また、納税者等の詐害の意思の立証責任は国にあるので、国は、その立証に当たり、㋐納税者の資産の状態、㋑譲渡の対価、㋒納税者と受益者又は転得者との人的関係等、詐害の意思を客観的に推定できる事実を証明しなければならない。

③ 債権者を害する行為があること。この「債権者を害する」とは、債務者の行為によって、一般財産が減少（積極財産の減少、消極財産の増加等）し、債権者の債権を満足させるに不十分となることである。

④ 国税債権が成立しているか又は成立の蓋然性の高い原因が現存すること。詐害行為取消権によって保護される債権は、原則として、詐害行為がされる以前に発生した債権であることを要するが、当該債権が発生していなくても、その発生の蓋然性があることを見越して、あらかじめ財産を処分して強制執行を免れる行為がなされた場合には、後に発生した債権を被保全債権とする取消しの行使が認められることになる。

この取消権の行使は、会社整理等における財産処分における課税関係の発生に伴って最も問題となる。例えば、佐賀地裁昭和32年12月5日判決（訟月4・2・163）は、詐害行為の譲渡時には当該事業年度の終了によって発生する法人

（注142） 会社整理等における財産処分に係る詐害行為取消権の行使問題については、品川芳宣「資産の無償等譲渡をめぐる課税と徴収の交錯(4)」税理平成16年4月号16頁等参照

税債務（通則法15②三参照）は存しなかった旨の被告（注143）の主張に対し、「たとえ譲渡行為が当該事業年度終了の日以前であつても当該事業年度開始後に譲渡が行われた限り、既に租税債権発生の基礎が存し、且つ将来租税債権が発生する蓋然性の高い原因が現存する場合詐害行為取消の対象となるものと解すべく」と判示している。

このような考え方は、その後の裁判例の先例となったが、大阪高裁平成2年9月27日判決（訟月37・10・1769）（注144）も、会社整理に当たって社有地を処分（譲渡）してその代金で親会社等に対する債務を弁済した事案につき、納税義務の成立時期を定めた国税通則法との関係につき、「法が法人税の成立時期を事業年度終了時としたのが、右主張のようにその時期までは法人がその資産の運用を自由に行なえることを保障する趣旨であるということはできない。」と判示し、当該土地の譲渡につき、租税債務が成立する高度の蓋然性があったというべきである旨判示している。

　　イ　取消しの対象となる行為の形態

取消しの対象となる詐害行為は、納税者の一般財産を減少させる次のような行為である。

① 　債務の弁済債務の本旨（履行期の到来等）に従った債務の履行は、原則として、詐害行為とならないが、他の債務者と通謀して行った債務の弁済は、詐害行為となる。

② 　代物弁済が詐害行為となるかどうかは、それが債権者の一般担保を構成する財産でされた場合に限られる。その場合には、不相当な価額によるもののほか、相当な価額による場合も債務者に詐害の意思があるとき、通謀的詐害の意思のある債権譲渡であるとき等が詐害行為となる。

③ 　一部債権者に対する担保の供与（抵当権の設定等）については、詐害行為になり得る。

④ 　不動産及び重要な財産の売却については、これらの財産の売却によって、消費しやすい又は隠匿しやすい金銭等に変えられるので、詐害行為となり得る。

（注143）　詐害行為の取消訴訟は、国が、当該訴訟を提起するので、原告となる。
（注144）　本判決の評釈については、品川芳宣・別冊ジュリストNo.120（租税判例百選〔第三版〕）172頁等参照

⑤　債権譲渡も、財産権の譲渡の一種であるが、代物弁済として債権譲渡が行われる場合が多い。国が債権譲渡につき詐害行為取消訴訟を提起する必要が生じるのは、国の差押えに先行する債権譲渡が第三者対抗要件を具備している場合である。

⑥　財産分与・慰謝料の支払、離婚に伴う財産分与又は慰謝料の支払は、そのこと自体が直ちに詐害行為となり得るものではないが、それらの名を借りた不当な財産処分と認められる特段の事情があれば、詐害行為の取消しの対象となる。

⑦　共同相続人間で成立した遺産分割協議は、財産権の目的とする法律行為ということができるから、詐害行為の取消しの対象となる。

⑧　金銭消費貸借契約の締結は、その消費貸借が著しく長期にわたる場合又は目的物の履行期における返済の見込みが確実でないと認められる場合には、詐害行為となり得る。

　　ウ　取消権行使の方法等

　詐害行為取消権は、納税者と受益者との財産の譲渡等の行為を詐害行為とし、国と受益者又は転得者との関係でその行為の効力を否認し、納税者の財産から逸出した財産を取り戻すことを目的としている。したがって、訴えの原告となる者は、国を代表する法務大臣であり、被告となる者は、受益者又は転得者である。詐害行為が取り消された場合には、対象となった財産は債務者（納税者）の一般財産に復帰することになるが、国税債権を回収するためには、当該一般財産について改めて差押え等を行うことになる。なお、詐害行為取消権は、債権者において債務者の行為が詐害行為であることを知った時から2年間又は債務者の行為の時から20年のいずれか早い期間の経過によって、時効により消滅する（民法426）。

　(4)　第二次納税義務との関係

　　ア　第二次納税義務の意義

　詐害行為取消権と類似又は競合する制度として、国税徴収法に定められている第二次納税義務がある(注145)。すなわち、国税徴収法32条1項は、「税務署

（注145）　第二次納税義務の法律関係については、品川芳宣「租税法における第二次納税義務の意義とその態様」税理平成21年9月号130頁、同「資産の無償等譲渡をめぐる課税と徴収の交錯(5)」税理平成16年5月号14頁等参照

第7章　納付・徴収　209

長は、納税者の国税を第二次納税義務者から徴収しようとするときは、その
者に対し、政令で定めるところにより、徴収しようとする金額、納付の期限
その他必要な事項を記載した納付通知書により告知しなければならない。こ
の場合においては、その者の住所又は居所の所在地を所轄する税務署長に対
しその旨を通知しなければならない。」と定めている。この第二次納税義務
の徴収手続は、原則的には、通常の滞納処分に準じて行われる（徴収法32②③）
が、その特性に鑑み、「第二次納税義務者の財産の換価は、その財産の価額が
著しく減少するおそれがあるときを除き、第1項の納税者の財産を換価に付
した後でなければ、行うことができない。」（徴収法32④）とされ、「この章の規
定は、第二次納税義務者から第1項の納税者に対してする求償権の行使を妨
げない。」（徴収法32⑤）としている。このように、第二次納税義務とは、納税
者と一定の関係を有する者が納税者に代わって租税を納付する義務をいい、
この義務を負担する者を第二次納税義務者という。この制度は、本来の納税
者から租税の全部又は一部を徴収することが不可能と認められる場合に、人
的又は物的に特殊の関係のある者を第二次納税義務者とし、その者に本来の
納税者の納税義務に代わる義務を負担させることによって、租税の徴収確保
を図ることを目的とする（注146）。この第二次納税義務が生じる態様には種々
あるが（注147）、詐害行為取消権と関係が深い（競合する）のは、無償又は著し
い低額の譲受人等の第二次納税義務である。すなわち、国税徴収法39条は、
「滞納者の国税につき滞納処分を執行してもなおその徴収すべき額に不足す
ると認められる場合において、その不足すると認められることが、当該国税
の法定納期限の1年前の日以後に、滞納者がその財産につき行つた政令で定
める無償又は著しく低い額の対価による譲渡〔略〕、債務の免除その他第三者
に利益を与える処分に基因すると認められるときは、これらの処分により権
利を取得し、又は義務を免かれた者は、これらの処分により受けた利益が現
に存する限度〔略〕において、その滞納に係る国税の第二次納税義務を負う。」
と定めている。この規定が適用される財産の無償又は低額譲渡は、前述の詐

（注146）　前掲（注2）152頁等参照
（注147）　第二次納税義務の対象となる者は、無限責任社員、清算人、同族会社、実質所得
　　　者、事業譲受人、財産等の無償譲受人、人格のない社団等の財産の名義人等である（徴
　　　収法33～41）。

害行為取消権の対象となり得る場合が多い。また、会社が清算するに当たって法人税法上の損金不算入となる過大役員退職給与を支給した場合に、当該役員に対し、当該損金不算入によって生じた法人税額等について第二次納税義務が課せられた事例[注148]がある。このような事例も、詐害行為取消権の対象となるものである。

　　イ　詐害行為取消権と第二次納税義務者の対比

　以上のように、詐害行為取消権と第二次納税義務については、特に、国税徴収法39条に定める事項について、それぞれ類似するところがあるので、それぞれ競合することになるが、両者を対比すると、次のような差異もある。

① 　詐害行為の取消しに当たっては、詐害の意思を有することが要件であるのに対し、国税徴収法39条では、その意思のあることを要件としていない。このことは、譲受人等の処分の相手方となった者についても同様である。

② 　国税徴収法39条には、納税者の行為が財産の無償又は著しく低い額による譲渡等の場合に限定されているが、詐害行為の取消しの場合には、そのような制限がない。

③ 　国税徴収法39条では、納税者の財産等の処分が当該国税の法定納期限の1年前の日以後にされたものに限り適用することとされているが、詐害行為の取消しには、そのような制限がない。

④ 　処分の対象となった財産が費消された場合には、利益を受けた者が親族等でない限り、国税徴収法39条の規定が適用されることはないが、詐害行為の取消しには、時効によって消滅（民法426）しない限り、そのような制限はない。

⑤ 　詐害行為の取消しは、必ず訴訟によって行わなければならないが、第二次納税義務は、税務署長の告知処分によって行われる。

　以上の対比によって実務にもたらすことは、詐害行為の取消権と第二次納税義務が競合するときには、前記①と⑤における簡便性から第二次納税義務が優先的に適用されることになる。また、前記③ないし⑤の事由によって第二次納税義務の告知が制限される場合には、詐害行為の取消訴訟が提起されることになる。

（注148）　東京地判平9・8・8（判時1629・43）、品川芳宣『重要租税判決の実務研究〔第三版〕』（大蔵財務協会、平成26年）955頁参照

第7章　納付・徴収　　　211

5　その他の徴収処分等
(1)　強制換価の場合の消費税等の徴収
　国税通則法39条1項は、「税務署長は、消費税等（消費税を除く。以下この条において同じ。）の課される物品が強制換価手続により換価された場合において、国税に関する法律の規定によりその物品につき消費税等〔略〕の納税義務が成立するときは、その売却代金のうちからその消費税等を徴収することができる。」と定めている。この場合、税務署長は、あらかじめその執行機関及び納税者に対し、徴収すべき税額その他必要な事項を通知し（通則法39②）、当該通知をした場合に、当該換価がされたときに、当該通知に係る税額に相当する消費税等が国税通則法25条の規定により確定したものとみなし、当該通知は、国税徴収法に規定する交付要求とみなされる（通則法39③）。この規定は、製造場に存在する酒類、製造たばこ、揮発油等が強制換価手続により換価された場合に、それらの酒類等に係る消費税等の納税義務が成立する（通則法15②七、酒法6の3①四、たばこ税法6③、揮発油税法5③等）ので、当該消費税等の徴収手続を定めたものである。
　なお、課税資産の譲渡等に課される消費税については、強制換価手続による換価によって納税義務が成立するが、課税仕入れに係る消費税額の控除があるので、国税通則法39条の規定は適用されないことになっている。
(2)　滞納処分の開始
　国税通則法40条は、「税務署長は、第37条（督促）の規定による督促に係る国税がその督促状を発した日から起算して10日を経過した日までに完納されない場合、第38条第1項（繰上請求）の規定による請求に係る国税がその請求に係る期限までに完納されない場合その他国税徴収法に定める場合には、同法その他の法律の規定により滞納処分を行なう。」と定めている。
　このように、滞納処分は、原則として、「督促状を発した日からして10日を経過した日」又は同法38条1項に定める「繰上請求に係る期限」までに当該国税が完納されないときに開始される。しかし、同じ繰上請求であっても同法38条3項に定める繰上請求、国税徴収法159条に定める保全差押えについては、税務署長は、「滞納処分を執行することを要すると認められる金額」を決定し、直ちに、滞納処分を開始することになる。この場合の滞納処分には、国税の執行機関が直接執行する狭義の滞納処分と、他の執行機関によって開始された執行手続に参加して配当を受ける交付要求がある。前者の滞納処分は、差

押えに始まり換価を経て配当に至る一連の手続であるが、財産の種類によっては、換価が省略され（現金の場合）、又は本来の換価ではなく取立ての方法（例えば、債権の場合）によることがある。また、交付要求は、単なる配当の要求にとどまる狭義の交付要求と、相手方の執行が中途で解除された場合に直ちに滞納処分による差押えの効力を生ずる参加差押えがある。これらの処分の詳細については、第7節で述べる。

（3）　納付委託

　国税の徴収の実務においては、前述のように、督促状を発してから10日過ぎたら、直ちに差押え・公売というような徴収処分が行われるわけではない。滞納者ができるだけ自主的に納付ができるような種々の措置がとられるが、その一つが納付委託である。すなわち、国税通則法55条1項は、「納税者が次に掲げる国税を納付するため、国税の納付に使用することができる証券以外の有価証券を提供して、その証券の取立てとその取り立てた金銭による当該国税の納付を委託しようとする場合には、税務署〔略〕の当該職員は、その証券が最近において確実に取り立てることができるものであると認められるときに限り、その委託を受けることができる。……」と定めている。この「次に掲げる国税」は、次のとおりである。

①　納税の猶予又は滞納処分に関する猶予に係る国税

②　納付の委託をしようとする有価証券の支払期日以後に納期限の到来する国税

③　①及び②に掲げる国税のほか、滞納に係る国税で、その納付につき納税者が誠実な意思を有し、かつ、その納付の委託を受けることが国税の徴収上有利と認められるもの

　この納付委託については、当該職員による納付受託証書の交付など所要の手続が定められている（通則法55②～④）が、実務上、前記③によることが最も多く、公売等の強制的滞納処分に至るまでの緩衝的納付催告として利用される場合が多い。

（4）　徴収の所轄庁

　国税通則法43条1項は、「国税の徴収は、その徴収に係る処分の際におけるその国税の納税地（以下この条において「現在の納税地」という。）を所轄する税務署長が行う。ただし、保税地域からの引取りに係る消費税等その他税関長が課する消費税等については、当該消費税等の納税地を所轄する税関長

が行う。」と定めている。すなわち、国税の徴収処分も、現在の納税地を所轄する税務署長が行うことを原則とする。

しかし、納税地の異動があった場合には、同法43条2項は、「所得税、法人税、地方法人税、相続税、贈与税、地価税、課税資産の譲渡等に係る消費税又は電源開発促進税については、次の各号のいずれかに該当する場合には、当該各号に定める税務署長は、前項本文の規定にかかわらず、当該各号に規定する国税について徴収に係る処分をすることができる。」と定めている。「次の各号」は、次のとおりである。

① 更正若しくは決定又は賦課決定があった場合において、これらの処分に係る国税につき、これらの処分をした後においても引き続きこれらに規定する事由があるとき。　当該処分をした税務署長

② これらの国税につき納付すべき税額が確定した時以後にその納税地に異動があった場合において、その異動に係る納税地で現在の納税地以外のもの（旧納税地）を所轄する税務署長においてその異動の事実が知れず、又はその異動後の納税地が判明せず、かつ、その知れないこと又は判明しないことにつきやむを得ない事情があるとき。　旧納税地を所轄する税務署長

次に、同法43条3項は、「国税局長は、必要があると認めるときは、その管轄区域内の地域を所轄する税務署長からその徴収する国税について徴収の引継ぎを受けることができる。」と定め、同条4項は、「税務署長又は税関長は、必要があると認めるときは、その徴収する国税について他の税務署長又は税関長に徴収の引継ぎをすることができる。」と定めている。この3項の規定により、滞納税額が極めて高額であるもの、特に悪質・処理困難であるもの等が、国税局徴収部（国税徴収官）に引き継がれ、滞納整理が行われているところである。

なお、同法44条には、更生手続等が開始した場合の徴収の所轄庁の特例が規定されている。

第4節　納税・徴収の猶予等

1　納税の猶予の趣旨

　納税者は、国税債権の確定（税額の確定）した後は、当該国税をその納期限までに納付し、納税義務を消滅させることが要求される。その納期限は、一面において納税者に期限の利益を与えることになるが、他面においてその徒過をもって強制徴収手続を開始させる起点となるほか、延滞税の計算や徴収権の時効の起算日を定める基準日となるなど、重要な意義を有する。このような重要な意義を有する納期限を基準とする納付、徴収等を原則どおりに適用すると、災害等を被った納税者に対して極めて酷なことになる。そこで、国税通則法は、災害、納税者等の罹病等一定の事由が生じたときには、納税者の申請に基づき、納税を猶予することにしている。この納税の猶予が認められると、新たな徴収処分の停止、当該事情による差押えの解除等が行われることになる。また、経済的に重要なことは、延滞税が免除又は軽減されることがあることである。なお、国税通則法上の納税の猶予のほか、法定納期限その他国税債務の履行期限又は履行手続を緩和する措置として、納期限の延長（通則法11、消法51、酒法30の6、法法75・75の2等）、延納（所法131・166、相法38①③）、移転価格課税に係る納税の猶予（措法66の4の2）、農地等又は非上場株式等を贈与した場合又は相続があった場合の納税猶予（措法70の4・70の6・70の6の4・70の7・70の7の2）、換価の猶予（徴収法151）、滞納処分の停止（徴収法153）等がある。

2　納税の猶予の要件等

(1)　災害による場合

　国税通則法46条1項は、「税務署長〔略〕は、震災、風水害、落雷、火災その他これらに類する災害により納税者がその財産につき相当な損失を受けた場合において、その者がその損失を受けた日以後1年以内に納付すべき国税で次に掲げるものがあるときは、政令で定めるところにより、その災害のやんだ日から2月以内にされたその者の申請に基づき、その納期限から1年以内の期間〔略〕を限り、その国税の全部又は一部の納税を猶予することができる。」と定めている。

第7章　納付・徴収　　215

　この規定の対象となる国税は、次に掲げるものである（通則法46①一～三）。
①　次に掲げる国税の区分に応じ、それぞれ次に定める日以前に納税義務の
　成立した国税で、納期限がその損失を受けた日以後に到来するもののうち、
　その申請の日以前に納付すべき税額の確定したもの
　　⑦　源泉徴収による国税並びに申告納税方式による消費税等、航空機燃料
　　　税、電源開発促進税及び印紙税　その災害のやんだ日の属する月の末日
　　④　⑦に掲げる国税以外の国税　その災害のやんだ日
②　その災害のやんだ日以前に課税期間が経過した課税資産の譲渡等に係る
　消費税でその納期限がその損失を受けた日以後に到来するもののうちその
　申請の日以前に納付すべき税額の確定したもの
③　予定納税に係る所得税その他政令で定める国税でその納期限がその損失
　を受けた日以後に到来するもの
　この災害による納税の猶予の特質は、「その災害のやんだ日等以前に納税
義務の成立した国税で、その納期限がその損失を受けた日以後に到来するも
の」という期限的制限が付せられていることにある。これは、災害以前に納
税義務が成立したということは災害による損失が反映されていない（課税標
準等が減額されていない）ものを救済する必要があり、かつ、納期限の制限
は期限内納付済納税者との均衡を図るためである(注149)。また、このような
災害により納税者がその財産につき相当な損失を受けた場合であるというこ
とで、個々の納税者の納付能力を個別的に調査することなく、期間を定めて
納税の猶予が行われ、この猶予期間中は延滞税も全額免除される（通則法63
①）。
　(2)　災害、罹病、事業廃止等による場合
　国税通則法46条2項は、「税務署長等は、次の各号のいずれかに該当する事
実がある場合（前項の規定の適用を受ける場合を除く。）において、その該当
する事実に基づき、納税者がその国税を一時に納付することができないと認
められるときは、その納付することができないと認められる金額を限度とし
て、納税者の申請に基づき、1年以内の期間を限り、その納税を猶予すること
ができる。前項の規定による納税の猶予をした場合において、同項の災害を
受けたことにより、その猶予期間内に猶予をした金額を納付することができ

(注149)　前掲（注4）527頁参照。

ないと認めるときも、また同様とする。」と定めている。

この納税の猶予に該当する事実は、次のとおりである（通則法46②）。

① 納税者がその財産につき、震災、風水害、落雷、火災その他の災害を受け、又は盗難にかかったこと

② 納税者又はその者と生計を一にする親族が病気にかかり、又は負傷したこと

③ 納税者がその事業を廃止し、又は休止したこと

④ 納税者がその事業につき著しい損失を受けたこと

⑤ ①から④のいずれかに該当する事実に類する事実があったこと

これらの事実に基づく納税の猶予は、最も普遍的なものであるので、「一般的な納税の猶予」と称されている。また、納税の猶予の対象となる事実は、種々あるので、それらの事実によって延滞税の減免が異なることになる（通則法63）。なお、災害による納税の猶予については、1項の適用を受ける場合には適用されないが、1項の納税の猶予があってもその期間内に税額を納付できないときは、重ねて2項による納税の猶予の適用を受けることができることになる。

（3）　税額確定の遅延による場合

国税通則法46条3項は、「税務署長等は、次の各号に掲げる国税〔略〕の納税者につき、当該各号に定める税額に相当する国税を一時に納付することができない理由があると認められる場合には、その納付することができないと認められる金額を限度として、その国税の納期限内にされたその者の申請〔略〕に基づき、その納期限から1年以内の期間を限り、その納税を猶予することができる。」と定めている。この納税の猶予の対象となる国税と税額は、次のとおりである。

① 申告納税方式による国税（その附帯税を含む。）

その法定申告期限から1年を経過した日以後に納付すべき税額が確定した場合における当該確定した部分の税額

② 賦課課税方式による国税（その延帯税を含む。）

その課税標準申告書の提出期限（又はその納税義務の成立の日）から1年を経過した日以後に納付すべき税額が確定した場合における当該確定した部分の税額

③ 源泉徴収による国税（その附帯税を含む。）

第7章　納付・徴収　　217

その法定納期限から1年を経過した日以後に納税告知書の送達があった
場合における当該告知書に記載された納付すべき税額

この国税通則法46条3項に定める納税の猶予は、前2項が、災害、納税者の
罹病等という納税者側のやむを得ない事情から納付困難を来していることを
考慮していることと趣を異にしている。すなわち、前記①から③までに掲げ
る法定申告期限等から1年経過して税額が確定するということは、通常、税務
調査による修正申告、更正等によって税額が増額確定することが考えられる
が、その場合、税務調査が遅延したり、更正等の期間制限内で数年分の税額
確定があり得る。そうなると、そのような場合の納税者側の納付上の不測の
事態も考慮せざるを得ない（納税の猶予の根拠）ことになる。

（4）　担保の徴収

国税通則法46条5項は、「税務署長等は、第2項又は第3項の規定による納税
の猶予をする場合には、その猶予に係る金額に相当する担保を徴さなければ
ならない。ただし、その猶予に係る税額が100万円以下である場合、その猶予
の期間が3月以内である場合又は担保を徴することができない特別の事情が
ある場合は、この限りでない。」(注150)と定めている。同法46条1項に基づく納
税の猶予については、担保を必要とされていないが、それは、当該納税の猶
予が災害に限定され、かつ、期限的に限定されているからである。また、担
保を徴する場合において、その猶予に係る国税につき滞納処分により差し押
さえた財産があるときは、その担保の額は、その猶予をする金額からその財
産の価額を控除した額を限度とされる（通則法46⑥）。

（5）　納税の猶予の期間の延長

前記(1)から(3)までに述べたように、納税の猶予の期間は、いずれの場合
も、「その納期限から1年以内の期間」とされ、(1)に掲げる場合のみ、(2)に
掲げる納税の猶予も認められるとされている。しかし、(2)又は(3)に掲げる
場合にも、納税の猶予の期間の延長が認められている。すなわち、国税通則
法46条7項は、「税務署長等は、第2項又は第3項の規定により納税の猶予をし
た場合において、その猶予をした期間内にその猶予をした金額を納付するこ

（注150）　この規定のただし書は、平成26年度税制改正により、平成27年4月1日から施行さ
　　　　れている。それまでは、猶予税額が50万円以下であれば、担保は徴されないことになっ
　　　　ている。

とができないやむを得ない理由があると認めるときは、納税者の申請に基づき、その期間を延長することができる。ただし、その期間は、既にその者につきこれらの規定により納税の猶予をした期間とあわせて2年を超えることができない。」と定めている。

3　納税の猶予の手続等

(1)　申請の手続

前述した納税の猶予は、納税者の申請により認められるのであるが、当該申請につき、国税通則法46条の2第1項は、「前条第1項の規定による納税の猶予の申請をしようとする者は、同項の災害によりその者がその財産につき相当な損失を受けたことの事実の詳細、当該猶予を受けようとする金額及びその期間その他政令で定める事項を記載した申請書に、当該事実を証するに足りる書類を添付し、これを税務署長等に提出しなければならない。」（注151）と定めている。このような申請手続は、同法46条2項及び3項の規定に基づく納税の猶予についても、同様に定められている（通則法46の2②③）。

また、同法46条7項の規定に基づく納税の猶予の期間の延長の申請についても、猶予期間内にその猶予を受けた金額を納付することができないやむを得ない理由を記載した書類等を申請書に添付して税務署長に提出することを要する（通則法46の2④）。

その他、当該各申請に対する税務署長等の審査手続については、別途詳細な規定が設けられている（通則法46の2⑤～⑬）。

(2)　納税の猶予の通知

国税通則法47条1項は、「税務署長等は、第46条〔略〕の規定による納税の猶予〔略〕をし、又はその猶予の期間を延長したとき〔略〕は、その旨、猶予に係る金額、猶予期間、分割して納付させる場合の当該分割納付の各納付期限及び各納付期限ごとの納付金額〔略〕その他必要な事項を納税者に通知しなければならない。」（注152）と定めている。また、税務署長が納税の猶予の申請又は延長を認めないときにも、その旨の通知が行われる（通則法47②）。

（注151）　この法46条の2の規定も、平成27年4月1日から施行されている。
（注152）　この条文も、平成27年4月1日以降施行のものであるが、それ以前も同様な規定が設けられていた。

第7章　納付・徴収　219

(3)　納税の猶予の効果

税務署長が納税の猶予をすると、次のような効果が生じる（通則法48）。

① 税務署長等は、その猶予期間内、その猶予に係る金額に相当する国税につき、新たに督促及び滞納処分（交付要求を除く。）をすることができない。

② 税務署長等は、その猶予に係る国税につき差し押さえた財産があるときは、当該納税者の申請に基づき、その差押えを解除することができる。

③ 税務署長等は、差押えした財産が天然果実を生ずるもの等の特殊なものについては、滞納処分を執行し、その換価代金をその猶予に係る国税に充てることができる。

　この場合、第三債務者から給付を受けた財産のうちに金銭があるときは、当該金銭をその猶予に係る国税に充てることができる。

(4)　納税の猶予の取消し

国税通則法49条1項は、「納税の猶予を受けた者が次の各号のいずれかに該当する場合には、税務署長等は、その猶予を取り消し、又は猶予期間を短縮することができる。」と定めている。その取消事由は、次のとおりである(注153)。

① 繰上請求のいずれかに該当する事実（通則法38①）がある場合において、その者がその猶予に係る国税を猶予期間内に完納することができないと認められるとき

② 納税の猶予の通知の規定（通則法47①）により通知された分割納付の各納付期限ごとの納付金額をその納付期限までに納付しないとき（税務署長等がやむを得ない理由があると認めるときを除く。）

③ その猶予に係る国税につき提供された担保について税務署長等による担保の変更の命令（通則法51①）に応じないとき

④ 新たにその猶予に係る国税以外の国税を滞納したとき（税務署長等がやむを得ない理由があると認めるときを除く。）

⑤ 偽りその他不正な手段によりその猶予又はその猶予の期間の延長の申請がされ、その申請に基づきその猶予をし、又はその猶予期間の延長をしたことが判明したとき

（注153）　この条文も、平成27年4月1日以降施行されたものであるが、取消事由が2項目増加している。

⑥ ①から⑤までに掲げる場合を除き、その者の財産の状況その他の事情の変化によりその猶予を継続することが適当でないと認められるとき

　この納税の猶予の取消しに当たっては、税務署長等は、繰上請求に該当する事実があるときを除き、あらかじめその猶予を受けた者の弁明を聞かなければならないが、その者が正当な理由がなくその弁明をしないときは、その必要はない（通則法49②）。なお、税務署長等は、納税の猶予を取り消し、又は猶予期間を短縮したときは、その旨を納税者に通知しなければならない（通則法49③）。

4　換価の猶予

(1)　制度の趣旨

　第7節の4で述べるように、国税が納付されない場合には、差押財産を換価してその売却代金を滞納国税に充てることになるが、滞納者に一定の事情がある場合には、差押財産の換価を猶予することも必要となる。そこで、国税徴収法は、その一定の事情に応じ、差押財産の換価の猶予をすることとしている。まず、税務署長の権限による換価の猶予は、差押財産の換価により滞納者の事業の継続若しくは生活の維持が困難になるおそれがある場合、又は差押財産を換価するよりもその猶予をした方が徴収上有利である場合において、滞納者に事業を継続させ、又は生活を維持させながら、一定の期間、滞納者の財産の換価を猶予し、滞納国税の弾力的な徴収を図るものである。

　また、滞納者の申請による換価の猶予は、猶予制度の活用を促進するとともに、滞納の早期段階での計画的な納付の履行を確保する観点から設けられたものである。なお、第9章第6節の2で述べるように、差押財産に係る課税処分が不服申立てされた場合に、換価の停止が行われることがあることに留意する必要がある。

(2)　職権による換価の猶予

　税務署長は、滞納者が次のいずれかに該当する場合において、その者が納税について誠実な意思を有すると認められるときは、その納付すべき国税（国税通則法46条に規定する納税の猶予又は国税徴収法151条の2の規定する換価の猶予の適用を受けているものを除く。）につき滞納処分による財産の換価を猶予することができる。ただし、その猶予の期間は1年を超えることができない（徴収法151①）。

第7章 納付・徴収 221

① その財産の換価を直ちにすることによりその事業の継続又はその生活の維持を困難にするおそれがあるとき。
② その財産の換価を猶予することが、直ちにその換価をすることに比して、滞納に係る国税及び最近において納付すべきこととなる国税の徴収上有利であるとき。

　この場合の「納税について誠実な意思」とは、滞納者が現在においてその滞納に係る国税を優先的に納付する意思を有していることをいい、当該意思の有無の判定は、従来において期限内に納付していたこと、過去に納税の猶予又は換価の猶予等を受けた場合において確実に分割納付を履行していたこと、滞納国税の早期完結に向けた経費の節約、借入れの返済額の減額、資金調達等の努力が適切になされていることなどの事情を考慮して行われる（徴基通151－2）。

　また、「事業の継続を困難にするおそれがあるとき」とは、事業に不要不急の資産を処分するなど、事業経営の合理化を行った後においても、なお差押財産を換価することにより、事業を休止し、又は廃止させるなど、その滞納者の事業の継続を困難にするおそれがある場合をいい（徴基通151－3）、「生活の維持を困難にするおそれがあるとき」とは、差押財産を換価することにより、滞納者の必要最低限の生活費程度の収入が期待できなくなる場合をいうものと解されている（徴基通151－4）。

　なお、「徴収上有利であるとき」とは、換価代金が徴収しようとする国税に不足すると認められる場合において、換価の猶予をしたときには、その猶予期間内において新たな滞納が発生せず、その徴収しようとする国税金額を徴収することができると認められるとき等に該当するものとされている（徴基通151－5）。

　さらに、上記の換価の猶予をする場合には、原則として、その猶予に係る金額に相当する担保を徴することになっている（徴収法152③、通則法46⑤等）。

　以上のように、換価の猶予については、相当に厳しい条件が付されるので、安易な換価の延長は期待し難いことになる。

　(3)　申請による換価の猶予
　税務署長は、前記(2)の換価の猶予のほか、滞納者がその国税を一時に納付することによりその事業の継続又はその生活の維持を困難にするおそれがあ

ると認められる場合において、その者が納税について誠実な意見を有すると認められるときは、その国税の納期限（延納又は物納の許可の取消しがあった場合には、その取消しに係る書面が発せられた日）から6月以内にされたその者の申請に基づき、1年以内の期間を限り、その納付すべき国税（国税通則法46条の規定により納税の猶予の適用を受けているものを除く。）につき滞納処分による財産の換価を猶予することができる（徴収法151の2①）。ただし、この規定は、当該申請に係る国税以外の国税の滞納がある場合には、適用されない（徴収法151の2②）。

　この換価の猶予については、「その国税の納期限（通則法37①参照）から6月以内」に申請を有することを要するので、その適用は極めて制限されることになる。

5　滞納処分の停止

（1）　制度の趣旨

　税務署長は、滞納処分を執行することができる財産がない場合など一定の要件に該当するときは、滞納処分を停止することができる。この停止が3年間継続したときは、当該国税債権は消滅する。このような滞納処分の停止が認められる理由は、①滞納処分を執行することにより滞納者の生活が著しく窮迫するおそれがあるときには、滞納処分の停止によってこれを回避すべきであること、②滞納者が無資力又は所在不明で徴収の見込みがない場合において、その滞納国税の消滅時効が完成するまで当該滞納者を滞納処分の対象としておくことは、徴税機関の事案管理等に要する事務量をいたずらに多くさせることになり非効率であることによる。

（2）　滞納処分の停止の要件

　税務署長は、滞納者につき次のいずれかに該当するときは、滞納処分の執行を停止することができる（徴収法153①）。

① 滞納処分の執行及び租税条約等の規定に基づく当該租税条約等の相手国等に対する共助対象国税の徴収の共助の要請による徴収（以下「滞納処分の執行等」という。）をすることができる財産がないとき。

② 滞納処分の執行等をすることによって滞納者の生活を著しく窮迫させるおそれがあるとき。

③　滞納者の所在及び滞納処分の執行等をすることができる財産がともに不
　明であるとき。

　上記の②にいう「生活を著しく窮迫させるおそれがあるとき」とは、滞納
者の財産に滞納処分の執行等をすることにより、滞納者が生活保護法の適用
を受けなければ生活を維持できない程度の状態になるおそれがある場合をい
うものと解されている（徴基通153－3）。

　また、滞納処分の停止は、滞納者の申請に基づくことなく税務署長の職権
により行うものであるが（徴基通153－5）、税務署長は、滞納処分を停止したと
きは、その旨を滞納者に通知しなければならない（徴収法153②）。

　なお、税務署長は、滞納処分の執行を停止した後3年以内にその停止に係る
滞納者につき上記①ないし③に該当する事実がないと認めるときは、その執
行の停止を取り消さなければならない（徴収法154①）。その場合にも、税務署
長はその旨を滞納者に通知しなければならない（徴収法154②）。

(3)　滞納処分の停止の効果

　滞納処分を停止した場合には、次の効果が生じる。

①　滞納処分の停止が3年間継続したときは、納税義務（租税債務）が消滅す
　る（徴収法153④）。

②　滞納処分の停止をした場合において、停止した国税につき差押えがされ
　ているときは、その差押えを解除しなければならない（徴収法153③）。

③　停止した国税に係る延滞税については、その停止期間に対応する金額が
　免除される（通則法63①）。

　税務署長は、滞納処分の執行を停止した場合において、その国税が限定承
認に係るものであるとき、その他その国税を徴収することができないことが
明らかであるときは、上記①の3年間を待たず、その国税を納付する義務を直
ちに消滅させることができる。

　なお、滞納処分の停止中であっても、滞納者が自発的に納付することや還
付金等を滞納税額に充当することは差し支えない（徴基通153－11）。

第5節　担　保

1　担保を徴する場合

　前節で述べたように、納税の猶予においては、一面において納税者に期限の利益を与えることになる「納期限」について、一定の事由が生じた場合には、納税者の申請に基づきその「納期限」を延長することにしているが、その場合に（その見返りに）、当該国税の納付を確実にするために、所定の担保を徴することにしている。

　このような担保の徴収は、次のような場合に行われる。

① 国税について納税の猶予をする場合（通則法46⑤）
② 国税について換価の猶予をする場合（徴収法152）
③ 消費税等の納期限を延長する場合（消法51、酒法30の6、たばこ税法22、揮発油税法13等）
④ 相続税等について延納する場合（相法38④、所法132等）
⑤ 農地等又は非上場株式等について相続税等の納税猶予をする場合（措法70の4・70の6・70の7・70の7の2等）
⑥ 間接税について保全担保をする場合（酒法31、たばこ税法23、揮発油税法18等）
⑦ 保全差押えに代えて担保を提供する場合（通則法38④、徴収法159）
⑧ 不服申立ての際に差押えの解除を求める場合（通則法105③⑤）
⑨ 国外転出をする場合の譲渡所得等の特例を適用する場合（所法137の2）

2　担保の種類とその価額

　国税通則法50条は、「国税に関する法律の規定により提供される担保の種類は、次に掲げるものとする。」と定め、次のものを掲げている。

① 国債及び地方債
② 社債（特別の法律により設立された法人が発行する債券を含む。）その他の有価証券で税務署長等が確実と認めるもの　この場合の有価証券については、実務上、上場有価証券等に限られているが、非上場株式等の納税猶予制度においては、その対象となる非上場株式等が担保として認められることになる（措法70の7・70の7の2）。
③ 土　地

第7章 納付・徴収 225

④ 建物、立木及び登記される船舶並びに登録を受けた飛行機、回転翼航空
機及び自動車並びに登記を受けた建設機械で、保険に附したもの
⑤ 鉄道財団、工場財団、鉱業財団、軌道財団、運河財団、漁業財団、港湾
運送事業財団、道路交通事業財団及び観光施設財団
⑥ 税務署長等が確実と認める保証人の保証
⑦ 金　銭
以上の担保に徴される財産の価額は、通常、その種類によって、次の①〜
⑥のように評価される(注154)。
① 国債及び地方債
国債の担保価額は、原則として、その額面金額による。ただし、割引発行
された国債で担保として提供する日から5年以内に償還期限の到来しないもの
は、当該国債の発行価額と額面金額との差額を発行の日から償還の日までの年数に応じて計算した金額をその発行価額に加算した金額とする。また、
地方債の担保価額は、時価の8割以内において担保の提供期間中の予想される価額変動を考慮した金額による。
② 社債その他の有価証券
特別法人が発行する債券、上場されている株式及び社債並びに投資信託等の受益証券については、その有価証券の時価の8割以内において担保の提供期間中の予想される価額変動を考慮した金額による。
③ 土　地
時価の8割以内において適当と認められる金額による。この場合、相続税等の延納において担保を徴するときは、時価の指標として公示価格が使用されているところ、相続税等の課税の基準となる路線価等（相続税評価額）が公示価格水準の80％で評価されているため、担保価額も当該路線価等による評価額によることになる。
④ 建物、立木、登記される船舶等
時価の7割以内において担保の提供期間中の予想される価値の減耗等を考慮した金額による。

(注154)　前掲（注4）555頁、国税通則法基本通達（徴収部関係）第4章第2節第50条関係10
等参照

⑤　鉄道財団等の財団

④に同じ。

⑥　保証人

保証人となり得る者は、金融機関その他の保証義務を果たすための資力が十分であると認められることが要件とされる。

3　担保に係る手続

(1)　担保の変更等

国税通則法51条1項は、「税務署長等は、国税につき担保の提供があった場合において、その担保として提供された財産の価額又は保証人の資力の減少その他の理由によりその国税の納付を担保することができないと認めるときは、その担保を提供した者に対し、増担保の提供、保証人の変更その他の担保を確保するため必要な行為をすべきことを命ずることができる。」と定めている。

この規定の適用が問題となるのは、相続税の長期間にわたる延納において土地を担保として徴していた場合に、当該土地の価額が下落したときである。特に、主たる相続財産が土地である場合に、増担保として提供できる財産が他になければ、税務署長の命令に従うこともできず、そうなれば、延納自体が取り消されることにもなり得る（相法39㉜）。もっとも、税務署長としても、軽々に延納を取り消すと、いたずらに滞納を発生させることにもなる。したがって、増担保の提供等についての税務署長の「……命ずることができる。」という判断は、慎重に行わざるを得なくなる。

このことは、平成に入ってからのバブル崩壊と長期化する資産デフレの中で、問題になったことである。また、国税通則法51条2項は、「国税について担保を提供した者は、税務署長等の承認を受けて、その担保を変更することができる。」と定めている。よって、新たに提供されるものが担保として適格なものであり、かつ、変更することについて徴収に弊害がないと認められるときは、その申立ては、承認されることになる。次いで、同法51条3項は、「国税の担保として金銭を提供した者は、政令で定めるところにより、その金銭をもつてその国税の納付に充てることができる。」（通則令18参照）と定めている。この規定は、納税者に二重に納税資金の準備を強制させることを避ける趣旨であるが、当然でもある。なお、非上場株式等の納税猶予制度において

第7章　納付・徴収　　227

は、当該対象株式の全部が担保に提供されている場合には、当該発行会社の経営が悪化して当該株式等の価値が下落しても、増担保の提供が命ぜられないこととされている（措法70の7⑥・70の7の2⑥）。

（2）　担保の処分

国税通則法52条1項は、「税務署長等は、担保の提供されている国税がその納期限〔略〕までに完納されないとき、又は担保の提供がされている国税についての延納、納税の猶予若しくは徴収若しくは滞納処分に関する猶予を取り消したときは、その担保として提供された金銭をその国税に充て、若しくはその提供された金銭以外の財産を滞納処分の例により処分してその国税及び当該財産の処分費に充て、又は保証人にその国税を納付させる。」と定めている。

この場合、「滞納処分の例」により処分するとは、国税徴収法第5章（滞納処分）に規定する滞納処分手続その他滞納処分に適用される法令に定めるところにより行うことをいうが、具体的には、差押手続、換価等の処分のことである。なお、国税徴収法14条には、「国税につき徴した担保財産があるときは、前2条の規定にかかわらず、その国税は、その換価代金につき他の国税及び地方税に先だつて徴収する。」と定めている。

また、国税通則法52条2項は、「税務署長等は、前項の規定により保証人に同項の国税を納付させる場合には、政令で定めるところにより、その者に対し、納付させる金額、納付の期限、納付場所その他必要な事項を記載した納付通知書による告知をしなければならない。この場合においては、その者の住所又は居所の所在地を所轄する税務署長に対し、その旨を通知しなければならない。」（通則令19参照）と定めている。

この場合の納付の期限は、当該通知書を発する日の翌日から起算して1月を経過する日としなければならない（通則令19）。そして、この保証人の期限内納付がない場合には、国税通則法52条3項は、「保証人がその国税を前項の納付の期限までに完納しない場合には、税務署長等は、第6項において準用する第38条第1項の規定により納付させる場合を除き、その者に対し、納付催告書によりその納付を督促しなければならない。この場合においては、その納付催告書は、国税に関する法律に別段の定めがあるものを除き、その納付の期限から50日以内に発するものとする。」と定めている。

この督促をした日から起算して10日を経過した日までに完納されない場合

には、その保証人の財産につき滞納処分をすることになる（通則法40参照）。この場合、保証人に対して滞納処分を執行する場合には、税務署長等は、担保を提供した者の財産を換価した後でなければ、その保証人の財産を換価に付することができない（通則法52⑤）。そして、保証人の納付においても、繰上請求（通則法38）、納税の猶予（通則法46等）及び納付委託（通則法55）の各規定が準用されることになる。

　次いで、担保財産の処分について、同法52条4項は、「第1項の場合において、担保として提供された金銭又は担保として提供された財産の処分の代金を同項の国税及び処分費に充ててなお不足があると認めるときは、税務署長等は、当該担保を提供した者の他の財産について滞納処分を執行し、また、保証人がその納付すべき金額を完納せず、かつ、当該担保を提供した者に対して滞納処分を執行してもなお不足があると認めるときは、保証人に対して滞納処分を執行する。」と定めている。

　この規定は、担保に徴した財産を換価して滞納税額に充当してもなお滞納税額が残っている場合には、当該納税者（滞納者）及び保証人のその他の固有の財産に対しても滞納処分が執行されることを定めたものである。そのため、相続税額を延納して相続財産を担保に提供し、当該担保財産（相続財産）が延納中に暴落（かつてのバブル崩壊時のように）した場合には、結果的に、相続財産を上回る相続税額の負担を強いられ、当該相続人の固有の財産をも処分せざるを得ないことに留意を要する。なお、国税庁長官又は国税局長が担保を徴した場合には、当該担保財産の所在地の所轄税務署長にその処分を行わせることにしている（通則法53）。

第6節　還付及び還付加算金

1　還　付

(1)　還付の手続

　国税として納付又は徴収された金額が最終的に確定した納付すべき税額より過大である場合、その他課税の公平の見地から既に負担した国税債務を軽減免除すべき場合等には、既に納付された国税を還付する必要がある。そこ

第7章　納付・徴収　　229

で、国税通則法56条1項は、「国税局長、税務署長又は税関長は、還付金又は
国税に係る過誤納金（以下「還付金等」という。）があるときは、遅滞なく、
金銭で還付しなければならない。」と定めている。この規定にいう「遅滞なく」
については、徴収の実務では、事情の許す限り速やかにということで、正当
又は合理的な理由がある場合には、それらの理由が解消されるまでの遅滞は
許容されるものと解されている(注155)。具体的には、次のような場合に、括弧
書の期間について還付が留保されている。
①　所得税法、法人税法又は消費税法による確定申告書の提出により発生す
　る還付金の額が過大と認められる事由がある場合（その事由の調査を要す
　る間）
②　仕入れに係る消費税額の還付金については、その控除されるべき消費税
　額を証明する書類又は帳簿の提示又は提出を求められた場合（その提示等
　がされるまでの期間）
③　源泉徴収による国税に係る過誤納金で徴収義務者の自主納付に係るもの
　又は給与所得の年末調整に係る過誤納金（徴収義務者又は納税義務者から
　の過誤納金の事実の確認申請書又は還付請求書が提出されるまでの期間）
　等
　その他、法人税については、留意すべき特例がある。すなわち、既に述べ
たように、法人が仮装経理をして法人税額を過大に納付した場合には、当該
法人が当該仮装経理を修正して当該申告書等を提出したときに減額更正が行
われることになる（法法129①）。この場合生じる還付金は、直ちに還付又は充
当をしないで、その更正の日の属する事業年度開始の日から5年以内に開始
する事業年度の所得に対する法人税額から順次控除することとされ、5年間
の繰越控除の適用期間を終了してもなお控除しきれなかった場合には、その
控除しきれなかった金額を還付することとされている（法法70・135③）。ただ
し、この仮装経理した法人税額のうち、その更正の日の属する事業年度開始
の日前1年以内に開始する事業年度に対する法人税額に達するまでの金額は
還付される（法法135②）。
　なお、前述の控除期間5年間に、一定の企業再生事由が生じた場合には、そ
の事実が生じた日以後以内に、仮装経理に係る法人税額の控除残額部分の還

──────────

（注155）　前掲（注4）597頁等参照

付を請求することができ（法法135④⑦）、また、合併又は破産によって解散した場合において控除しきれなかった金額が還付されることになる（法法135③）（注156）。

(2) 還付金等の意義と種類

還付金等は、還付金と過誤納金を総称する（通則法56①）ものであるが、還付金は、各税法に規定する一定の要件に該当する場合において、それぞれの税法の規定に基づいて還付する金額をいう。また、過誤納金は、過納金と誤納金に区分される。過納金は、納付のときは適法なものであったが、その後当該納付に係る国税の額が法令の規定、更正等によって減少したことによって、結果的に過納となった場合の当該過納金額をいう。誤納金は、納付すべき国税がないのに誤って納付したり、又は納付すべき国税の額を超えて納付した金額をいう。

これらの還付金等については、その種類に応じて、後述する還付加算金の金額（計算）にも影響するので、留意を要する。それぞれの具体的な内容は、次のとおりである。

① 還付金

　⑦ 予定的な納税義務が確定したことに基づくもの

　　所得税の予定納税の還付金（所法139等）、法人税の中間納付額の還付金（法法79等）、消費税の中間納付額の還付金（消法53等）がある。

　④ 税額又は所得を通算して計算するため認められるもの

　　所得税の源泉徴収税額等の還付金（所法138等）や純損失の繰戻しによる還付金（所法140等）、法人税の所得税額等の還付金（法法78等）や欠損金の繰戻しによる還付金（法法80等）、消費税の仕入税額の控除不足額の還付金（消法52等）、相続時精算課税に係る贈与税額の還付金（相法33の2）等がある。

　⑦ 租税負担の適正化その他政策的理由に基づき認められるもの

　　酒税の還付金（酒法30等）、たばこ税の還付金（たばこ税法15等）がある。

② 過誤納金・確定税額を超えた納付

　⑦ 納付時において納付すべき確定税額を超えて納付された場合（納付すべき確定税額がないのに納付された場合を含む。）における超過納付額

（注156）　このような規定は、平成21年度税制改正において整備された。

第7章　納付・徴収　231

（「納付すべき確定税額」には、第二次納税義務額、保証人の納付義務額等も含まれる。）

④　減額更正又は課税の取消し等により納付すべき確定税額が減少したため、納付済額が当該確定税額を超過することとなった場合におけるその超過額。

　この場合、確定税額の減額更正等においては、納税者の申告が誤っていたことを事由とするもの、税務署長等の更正決定等が誤っていたことを事由とするもの等があるが、後述するように、その事由によって還付加算金の金額（計算）が異なることになる。

⑰　その他自動車重量税、登録免許税等において、所定の事由によって過誤納金が生じることがある。

（3）　還付金等の発生時期

　還付金等の発生時期は、還付請求権の発生、還付金等の消滅時効（通則法74）等に関係するが、その発生の理由によって、次のように、その発生が認識されることになる。

①　還付金

　その主なものは、次のとおりである。

㋐　納税申告書の提出又は更正決定により発生が認識されるもの

　　個人の源泉所得税額等の還付金（所法138等）、法人の所得税額等の還付金（法法78・79等）、仕入れに係る消費税額の還付金（消法52等）等がある。

㋑　還付請求を認容する処分により発生が認識されるもの

　　純損失等の繰戻しによる還付金は、納税申告書の提出のみでは確定せず、納税者の還付請求を認容する税務署長の処分によって発生が認識される（所法142②、法法80⑥等）。

②　過誤納金

　その主なものは、次のとおりである。

㋐　減額更正、取消裁決、取消判決等課税額の減少に伴うもの

　　減額更正、取消裁決等の処分があった時又は確定判決の効力が生じた時である。

㋑　年末調整による源泉徴収所得税の過誤納金

　　その年末調整がされた時である。

2 充　当

(1)　充当の要件と順位

国税通則法57条1項は、「国税局長、税務署長又は税関長は、還付金等がある場合において、その還付を受けるべき者につき納付すべきこととなつている国税〔略〕があるときは、前条第1項の規定による還付に代えて、還付金等をその国税に充当しなければならない。この場合において、その国税のうちに延滞税又は利子税があるときは、その還付金等は、まず延滞税又は利子税の計算の基礎となる国税に充当しなければならない。」と定めている。

この充当は、還付金等と未納国税とが対立している場合にその両者を対等額において消滅させる相殺類似の処分である。

国税と国に対する債権で金銭の給付を目的とするものとは、原則として、相殺が禁じられている（通則法122）のであるが、還付金等と未納国税とは互いに裏腹の関係にあるだけに、この両者が対立している場合には、相互に請求し、履行し合うことの不便があり、これを制限する理由もないので、逆に、充当を「しなければならない。」こととされている。また、充当の対象となる「納付すべきこととなつている」とは、納付すべき税額が確定し、法定納期限が到来する等いわゆる充当適状になっていることである。

次に、充当の順位について、延滞税又は利子税とその計算の基礎となる本税との相互間においては、まずその計算の基礎となる本税に充当しなければならないことになっている。このことは、一部納付が行われた場合の延滞税の額の計算についても共通している。いずれも、延滞税の発生が減少するということで納税者の利益に資することが考慮されている。

(2)　充当の効果と手続

国税通則法57条2項は、「前項の規定による充当があつた場合には、政令で定める充当をするのに適することとなつた時に、その充当をした還付金等に相当する額の国税の納付があつたものとみなす。」と定めている。すなわち、充当が行われたときは、充当に係る還付金等と未納国税は、対等額において相互に消滅する。また、充当適状となる政令で定める時は、納付すべき税額の確定が法定納期限以前にあった国税に充当する場合にはその法定納期限（ただし、繰上請求（通則法38）に係る期限があるときはその期限等）、納付すべき税額の確定が法定納期限後にあった国税に充当する場合には充当し得る時で最も早い時（例えば、期限後申告又は修正申告により確定した国税に充

当する場合にはその申告があった時）等である（通則令23）。

次に、国税通則法57条3項は、「国税局長、税務署長又は税関長は、第1項の規定による充当をしたときは、その旨をその充当に係る国税を納付すべき者に通知しなければならない。」と定めている。

なお、このような充当は、不服申立ての対象になる処分性（「国税に関する法律に基づく処分」（通則法75①））が認められている[注157]。

3　還付加算金
(1)　還付加算金の意義

還付金等を還付することは、民法上の不当利得の返還義務（民法703等）に類似する。そして、不当利得の返還において受給者が悪意の場合には、所定の利息を付すこととされている[注158]。

他方、租税法においては、国税の納付遅延に対して延滞税が課され、税務署長の承認による延納においても、原則として、利子税が課せられる。これらとの権衡上、還付金等を還付し、又は充当する場合には、原則として、還付加算金が加算され、また、納税義務のない者が誤って納付した場合にも、還付加算金等が加算される。そして、この還付加算金の性格は、損害賠償的なものではなく、延滞税等のバランスを考慮した一種の利子であると解されている[注159]。この還付加算金の加算は、原則として、納税者の善意・悪意を問わないこととされているが、その還付の実態に応じて、加算される期間が異なることになるので、実質的に、善意・悪意の法理と同様な法理が働いているともいえる。なお、所得税の予納、法人税及び消費税の中間納付等においては、確定申告等による還付金について、その納付の時から還付加算金が計算されることがあるので、当該還付加算金が納付戦略の判断要因となることもある。

(2)　還付加算金の割合

国税通則法58条1項は、「国税局長、税務署長又は税関長は、還付金等を還付し、又は充当する場合には、次の各号に掲げる還付金等の区分に従い当該

（注157）　最判（二小）平5・10・8（税資199・215）、最判（三小）平6・4・19（判時1513・94）等参照
（注158）　前掲（注4）613頁等参照
（注159）　前掲（注4）613頁等参照

234 第7章 納付・徴収

各号に定める日の翌日からその還付のための支払決定の日又はその充当の日〔略〕までの期間〔略〕の日数に応じ、その金額に年7.3パーセントの割合を乗じて計算した金額〔略〕をその還付し、又は充当すべき金額に加算しなければならない。」と定めている。

　このように、国税通則法が定めている還付加算金の割合は、年7.3％であり、当該割合は、延滞税の税率にも共通している（通則法60②）。

　しかし、この割合は、平成11年以降、租税特別措置法において、市場の低金利を反映した特別の割合が定められている。平成25年税制改正で改められた還付加算金の割合は、次のとおりである。

　すなわち、現行の租税特別措置法95条(注160)は、還付加算金の割合につき、「各年の特例基準割合が年7.3パーセントの割合に満たない場合には、国税通則法第58条第1項に規定する還付加算金〔略〕の計算の基礎となる期間であつてその年に含まれる期間に対応する還付加算金についての同項の規定の適用については、同項中、「年7.3パーセントの割合」とあるのは、「租税特別措置法第93条第2項（利子税の割合の特例）に規定する特例基準割合」とする。」と定めている。そして、同法93条2項は、「前項に規定する特例基準割合とは、各年の前々年の10月から前年の9月までの各月における短期貸付けの平均利率（当該各月において銀行が新たに行つた貸付け（貸付期間が1年未満のものに限る。）に係る利率の平均をいう。）の合計を12で除して計算した割合（当該割合に0.1パーセント未満の端数があるときは、これを切り捨てる。）として各年の前年の12月15日までに財務大臣が告示する割合に、年1パーセントの割合を加算した割合をいう。」と定めている。

　かくして、現在（平成28年12月12日告示）の短期貸付けの平均利率が0.7％であるので、還付加算金の割合は、1.7％ということになる。ところで、還付加算金の割合は、平成25年度税制改正までは、延滞税の2分の1税率（実務上多くの場合はこの税率が適用）と同じであったが、当該税制改正において、当該2分の1税率が特例基準割合に1％を加算したものとされたので（措法94①）、延滞税の税率と還付加算金の割合が異なることになった。それだけ、延滞税の納付遅延に対する制裁的機能が強化されたといえる。

〔注160〕　同条は、平成26年1月1日以降適用され、それ以前は従前の規定（4％＋公定歩合）による。

第7章　納付・徴収　　235

(3)　加算期間（期間の始期）

ア　国税通則法上の通則

　還付金の金額を計算する場合のもう一つの要件は、その加算期間である。その加算期間については、原則として、その始期とその終期によって決定されるが、後者については、税務官庁が還付金等の還付を実行する「支払決定の日」又は「充当の日」であるが、それが実務上問題となることは少ない。よって、加算期間の始期が専ら問題とされるが、その始期は、過誤納金と還付金によって異なる場合が多い。

　そして、過誤納金に関しては、主として、国税通則法に定めるところによる。また、過誤納金に関しては、過誤納の原因が税務官庁側にあると認められる場合には、税務官庁が過誤納の事実を知った日のいかんにかかわらず、過誤納に係る国税納付の日の翌日に遡って還付加算金を加算するものとし、その他の過誤納金については、税務官庁が過誤納の事実を知り、これを還付するのに通常必要な期間を除く趣旨で、当該期間経過の日の翌日から還付加算金を加算することとしている。

　具体的には、次のように定められている。すなわち、国税通則法58条1項は、前記(2)で述べたように、「次の各号に掲げる還付金等の区分に従い当該各号に定める日の翌日からその還付のための支払決定の日又はその充当の日」に応じて、かつ、前記(2)で述べた割合によって還付加算金の金額を計算しなければならないことを定めている。

　この規定における「当該各号に定める日」は、次のとおりである。

「一　還付金及び次に掲げる過納金　当該還付金又は過納金に係る国税の
　　　納付があつた日（その日が当該国税の法定納期限前である場合には、
　　　当該法定納期限）
　　イ　更正若しくは第25条（決定）の規定による決定又は賦課決定（以
　　　　下「更正決定等」という。）により納付すべき税額が確定した国税〔略〕
　　　　に係る過納金（次号に掲げるものを除く。）
　　ロ　納税義務の成立と同時に特別の手続を要しないで納付すべき税額
　　　　が確定する国税で納税の告知があつたもの〔略〕に係る過納金
　　ハ　イ又はロに掲げる過納金に類する国税に係る過納金として政令で
　　　　定めるもの
　二　更正の請求に基づく更正（当該請求に対する処分に係る不服申立て

又は訴えについての決定若しくは裁決又は判決を含む。）により納付
すべき税額が減少した国税〔略〕に係る過納金　その更正の請求があ
つた日の翌日から起算して3月を経過する日と当該更正があつた日の
翌日から起算して1月を経過する日とのいずれか早い日〔略〕

　　三　前2号に掲げる過納金以外の国税に係る過誤納金　その過誤納とな
つた日として政令で定める日の翌日から起算して1月を経過する日」

　この同法58条1項の規定に関しては、1号イ及びロに定める過納金について
は、先行する更正決定等又は納税の告知による税額が過大に誤っていたとこ
ろ、後行する更正決定等又は納税の告知によって税額が減額されたことによ
り生じる過納金であるため、税務官庁側にその原因があるということで、「納
付があつた日」の翌日から還付加算金が加算されることになる。また、同号
ハにいう「政令で定めるもの」は、①予定納税に係る所得税に係る過納金、
②所定の自動車重量税及び登録免許税に係る過納金及び③第二次納税義務者
が納付した国税の額につき生じた過納金、である（通則令24①）。

　国税通則法58条1項2号に定める更正の請求に基づく更正等があった場合に
は、遅くとも「その更正の請求があつた日の翌日から起算して3月を経過する
日」から還付加算金が加算されることになるが、このことが、争訟形態に変
化をもたらす原因の一つとなっている。

　例えば、国税庁の通達の取扱いが違法であると考えられる場合、通常、適
法と考えられる方法によって納税申告書を提出し、当該取扱いに基づいて課
税処分が行われれば、当該課税処分の取消しを求めて、不服申立て、取消訴
訟を提起することになる。しかし、この方法では、当該課税処分が法廷で適
法であると判断されると、納税者としては、加算税及び延滞税を負担すると
いうリスクを負うことになる。

　これに対し、一旦、当該取扱いに従って納税申告書を提出して納税を済ま
せた後に、更正の請求を行い、それを否認する通知処分の適否を争えば、加
算税及び延滞税の負担を免れるばかりではなく、当該更正の請求が減額更正、
取消判決等によって認容されれば、所定の還付加算金も取得することが可能
になる。そのため、最近の取消訴訟においては、課税処分の取消訴訟よりも
更正をすべき理由がない旨の通知処分の取消訴訟の方が増加している。

　次に、同法58条1項3号に定める「政令で定める日」は、納税申告書の提出
により納付すべき税額が確定した国税に係る過納金についてその更正があっ

た日、源泉徴収による国税に係る過納金について税務署長がその過誤納の事実を確認した日等と定められている（通則令24②）。

なお、同項3号に定める「1月を経過する日」は、税務官庁が確認した過誤納金を還付するために通常要する処理日数を意味しているものと解される。そのほか、同法58条5項は、後発的事由に基づく減額更正により過納となった場合につき、「申告納税方式による国税の納付があつた場合において、その課税標準の計算の基礎となつた事実のうちに含まれていた無効な行為により生じた経済的成果がその行為の無効であることに基因して失われたこと、当該事実のうちに含まれていた取り消しうべき行為が取り消されたことその他これらに準ずる政令で定める理由に基づきその国税について更正〔略〕が行われたときは、その更正により過納となつた金額に相当する国税〔略〕については、その更正があつた日の翌日から起算して1月を経過する日を第1項各号に掲げる日とみなして、同項の規定を適用する。」と定めている。

この規定に定める「政令で定める理由」は、同法23条2項1号及び3号（通則令6条1項5号に掲げる理由を除く。）並びに法以外の国税に関する法律の規定により更正の請求の基因とされている理由（修正申告書の提出又は更正若しくは決定があったことを理由とするものを除く。）で当該国税の法定申告期限後に生じたものである（通則令24④）。この場合、同法施行令24条4項の規定により、後発的事由の内容によって加算期間（始期）が異なることに留意する必要がある。

　イ　個別税法上の特則

個別税法では、主として、還付金に係る還付加算金の加算期間の始期が定められている。その主なものは、次のとおりである。

① 　予納税額の還付金及び中間納付後の還付金　その予納税額又は中間納付額の納付の日（その日が法定納期限より早い場合は、その法定納期限）の翌日から起算する（所法139③、法法79③、消法53③）。

② 　個人の源泉徴収税額等の還付金及び法人の所得税額等の還付金　期限内申告による還付のときは法定申告期限の翌日又は期限後申告による還付のときは申告書提出の日の翌日（所法138③、法法78②等）

③ 　相続時精算課税に係る贈与税相当額の還付金　還付請求書が基準日（被相続人についての相続の開始があった日の翌日から10月を経過する日）までに提出された場合による還付のときはその基準日又は還付請求申告書が

基準日後に提出された場合による還付のときはその提出の日（相法33の2②等）

④ 仕入れに係る消費税額の還付金　期限内申告による還付のときは当該申告書の提出期限又は期限後申告による還付のときは当該申告書の提出があった日の属する月の末日（消法52②等）

⑤ 純損失の繰戻しによる還付金及び欠損金の繰戻しによる還付金　当該還付の請求がされた日（又は法定申告期限）の翌日から起算して3月を経過した日から起算する（所法142③、法法80⑧等）。

　これらの還付金に係る還付加算金の起算日に関しては、法人税の中間納付額につき、前事業年度に多額な法人税額を納付し、翌事業年度に赤字申告が見込まれる場合には、還付加算金の利益を得るために、あえて仮決算による中間申告（法法72）を選択しないことがある。これも、有効な納付戦略である。

　なお、以上の加算期日については、還付金等の請求権につき民事執行法の規定による差押命令又は差押処分が発せられたときには、その処分等の送達を受けた日の翌日から7日を経過した日までの期間、還付金等の請求権につき仮差押えがされたときには、その仮差押えがされている期間については、それぞれ加算期間から除外される（通則法58②）。各税法に定める還付加算金の特則についても、加算期間についての特例が定められているので留意を要する。そのほか、2回以上の分割納付に係る国税につき過誤納が生じた場合、法律の改正によって過納となった場合にも、それら取扱いが定められているので留意を要する（通則法58③④）。

4　予納額の還付の特例

(1)　特例の趣旨

　国税は、納付すべき税額が確定し、納期限までに納付すべきものであるから、その確定前にされた納付は、既に納税義務が成立したものに係るものであっても、不適法なものとして、誤納となる。そして、これらの誤納は、既に述べたように、遅滞なく還付されるか（通則法56①）、充当されることになる（通則法57①）。

　しかし、このような納期限前納付等についても、場合によっては、不適法なものとして、その納付額を還付したり、充当することが適当でないこともあり得る。例えば、民法706条では、「債務者は、弁済期にない債務の弁済と

第7章　納付・徴収　　239

して給付をしたときは、その給付したものの返還を請求することができない。ただし、債務者が錯誤によってその給付をしたときは、債権者は、これによって得た利益を返還しなければならない。」と定めている。このような法理は、租税法にも共通するところである。そこで、国税についても、所定の納期限内納付等を予納と称し、それを適法な納付としてこれを収納するとともに、納付者は、その還付を請求し得ないという特例を設けている。

（2）　予納の要件と効果

国税通則法59条1項は、「納税者は、次に掲げる国税として納付する旨を税務署長に申し出て納付した金額があるときは、その還付を請求することができない。」と定め、「次に掲げる国税」として、次のものを定めている。

①　納付すべき税額の確定した国税で、その納期が到来していないもの
②　最近において納付すべき税額の確定することが確実であると認められる金額

これらの予納のうち、①については、更正決定等に係る税額を当該処分の1月後の納期限（通則法35②二・③）を待たずに納付することがある。この場合には、納税者としても、延滞税の負担を軽減することが可能である。

また、②については、法人税について、確定申告書の提出期限の延長の承認（法法75①）を受けながら、利子税の負担（法法75⑦）を回避するため、確定前の法人税額を法定申告期限（法定納期限）内に納付することがある。この方法は、当該予納が適法なものとして取り扱われるので、法定納期限前の納付について利子税又は延滞税を納付する必要がないことから[注161]、実務上、広く利用されている。また、予納の申出については、後日の紛争を避けるため、納付書にその旨を記載し、又は書面により申し出るべきものとされている[注162]。

なお、予納があった場合において、その納付に係る国税について法律改正等により納付の必要がないことになったときは、その時に過誤納があったものとして、国税通則法56条から58条までの規定が適用される（通則法59②）。

───────────────

（注161）　前掲（注4）620頁等参照
（注162）　前掲（注4）620頁等参照

第7節　滞納処分

1　滞納処分の意義

　第1節で述べたように、租税の意義・本質を考察した場合には、租税が国庫に納入（納付）されて初めてその機能を生じることになるが、その機能を生じさせるために、国税の納付・徴収の手続が重要になる。そして、国税通則法等に定められているそれらの基本手続については、前節までに述べてきた。しかし、前節までに述べてきた手続のみでは、確定した税額が全額国庫に納入されるわけではなく、納入させるための強制手続が必要になる。すなわち、納税者が確定税額をその納期限までに完納しないことを「滞納」というが、国税の滞納について、前節までの定めによって納税者の任意による完納がされないときは、国は、納税者の財産から当該国税債権について強制的に徴収を図ることができる。このように、納税義務の任意の履行がない場合に、納税者の財産から国税（租税）債権の強制的徴収手続をすることを、滞納処分又は強制徴収という。

　この滞納処分は、狭義の滞納処分と交付要求とに分かれる。前者は、国又は地方団体が自ら納税者の財産を差し押さえて、それによって租税債権の回収を図る手続であって、財産の差押え、差押財産の換価（公売）、換価代金の充当（配当）の一連の行政処分からなる。これに対し、交付要求は、現に進行中の強制換価手続の執行機関に換価代金の交付を求め、それによって租税債権の回収を図る手続である（これは、民事執行における配当要求に相当する。）。また、単に滞納処分というときは、狭義の滞納処分を意味する場合と、交付要求を含めて意味する場合がある。

　本節では、このような滞納処分の手続について、国税徴収法の定めるところにより概説することとする。

2　財産の差押え

(1)　差押えの通則

ア　差押えの要件

　国税徴収法47条1項は、「次の各号の一に該当するときは、徴収職員は、滞納者の国税につきその財産を差し押さえなければならない。」と定めている。

第7章　納付・徴収　　241

「次の各号」には、次のように定めている。この場合の差押えとは、滞納処分の最初の手続であって、徴収職員が滞納者^(注163)の特定の財産の処分を禁止し、これを換価できる状態に置く強制的な処分である。この差押えは、強制換価のための第一段階的な機能を有する。

①　滞納者が督促を受け、その督促に係る国税をその督促状を発した日から起算して10日を経過した日までに完納しないとき。

②　納税者^(注164)が国税通則法37条1項の定めによって督促されることとなる国税をその納期限（繰上請求がされた国税については、当該請求に係る期限）までに完納しないとき。

　上記の①については、第3節の2及び5で述べたように、税務署長は、納税者がその国税を納期限までに完納しない場合には、督促状によりその納付を監督し（通則法37①）、その国税が督促状を発した日から起算して10日を経過した日までに完納されないときには、国税徴収法等の定めによって滞納処分が行われる（通則法40）ことになっているが、当該国税通則法の定めに基づくものである。また、上記②についても、同様である。

　次に、督促を受けた滞納者につき、その督促状を発した日から起算して10日を経過した日までに国税通則法38条1項に定める繰上請求の事由に該当する事実が生じたときにも、徴収職員は、直ちにその財産を差し押さえることができる（徴収法47②）。ただし、その事実が破産手続又は企業担保権の実行手続の開始であるときは、差押えをすることなく交付要求を行うことになる（徴収法82①）。

　なお、滞納者が第二次納税義務者又は保証人である場合の差押えの要件も、上記の場合と同様であるが、その場合の納税義務者又は徴収義務者に対する「督促状」に相当するものは、「納付催告書」である（徴収法47③）。

　　イ　超過差押え及び無益な差押えの禁止

　国税徴収法48条1項は、「国税を徴収するために必要な財産以外の財産は、

(注163)　滞納者とは、「納税者でその納付すべき国税をその納付の期限（国税通則法第47条第1項（納税の猶予）に規定する納税の猶予又は徴収若しくは滞納処分に関する猶予に係る期限を除く。）までに納付しないものをいう。」（徴収法2九）ものである。

(注164)　納税者とは、「国税に関する法律の規定により国税〔略〕を納める義務がある者及び当該源泉徴収による国税を徴収して国に納付しなければならない者をいう。」（徴収法2六）ものである。

差し押さえることができない。」と定めている。したがって、差押えのできる財産は、差押えの対象となる財産のうち、その価額が差押えをしようとする時において差押えに係る国税の額を著しく超えないものでなければならない。これを超過差押えの禁止という。

ただし、他に適当な財産がない場合において、差押えをしようとする財産が、例えば、マンションの建物部分と敷地利用権のように、不可分物であるときは一体として差し押さえることができるので、たとえ、その財産の価額が差押えに係る国税の額を超過するときであっても、その差押えは違法ではないと解されている（徴基通48─3参照）。

また、国税徴収法48条2項は、「差し押さえることができる財産の価額がその差押に係る滞納処分費及び徴収すべき国税に先だつ他の国税、地方税その他の債権の金額の合計額をこえる見込がないときは、その財産は、差し押えることができない。」と定めている。これを無益な差押えの禁止という。

この場合の「合計額をこえる見込がないとき」とは、差押えの対象となる財産について、それぞれ個別に判定すると合計額を超える見込みがない場合をいうのであるが、これらの財産の全部又は一部を一体として判定すると合計額を超える見込みがある場合は含まれない（徴基通48─6）。

　ウ　その他の差押えの制限

国税徴収法は、前述の差押えの禁止のほか、次のような差押えの制限を定めている。まず、国税徴収法49条は、「徴収職員は、滞納者〔略〕の財産を差し押さえるに当つては、滞納処分の執行に支障がない限り、その財産につき第三者が有する権利を害さないように努めなければならない。」と定めている。この規定は、滞納処分に慎重を期すべきことを定めた訓示規定であると解され、滞納者の財産を徴収職員が選定し差押えをするに当たり、その者の有する全財産を綿密に調査しなければならないことまでも定めたものではなく、通常の調査によって知った第三者の有する権利を害さないように努めることをいうものと解されている（徴基通49─4参照）。

また、国税債権について特殊な事由が存する場合には、納税者のその特殊な事情に応ずる徴収手続の緩和等のため、所定の期間、差押えが制限されることになる。特殊な事由とは、例えば、納税の猶予（通則法46①～③）、滞納処分の停止（徴収法153①）、更生手続開始の決定がされた場合（会社更生法41①・50②③）、破産手続開始の決定がされた場合（破産法30①・43①）等である（徴基通47

第7章　納付・徴収 243

―16参照）。

　なお、納税者が保全差押金額に相当する担保を提供して保全差押え等をしないことを求めたとき^(注165)（徴収法159④、通則法38④）、換価の猶予に伴う差押えの猶予（徴収法151②）、担保提供による差押えの猶予（通則法105③⑥）等の規定により差押えを猶予した場合にも差押えができない（徴基通47―16なお書）。

　そのほか、第三者の権利の目的となっている財産の差押え（徴収法50）、相続があった場合の差押え（徴収法51）等においても、差押えの制限等が定められている。

　(2)　差押えの手続

　　ア　共通事項

　国税徴収法は、差押えの対象となる財産を次のように定め、それぞれに応じた差押えの手続を定めている。

① 　動産又は有価証券

② 　債権

③ 　不動産、船舶、航空機等

④ 　無体財産権等

　また、徴収職員は、滞納者の財産を差し押さえたときは、所定の事項（捜索の日時、場所等）を記載した差押調書を作成し、これに書名・押印し、その財産が動産、債権等に該当するときは、その謄本を滞納者に交付しなければならない（徴収法54、徴収令21）。

　このような差押えは、滞納者のその財産の法律上又は事実上の処分を禁止する効力を有する。したがって、差押え後におけるその財産の譲渡又は地上権、債権、抵当権等の権利の設定等の法律上の処分は、差押債権者である国に対抗することができない。また、差押えに係る国税については、その差押えが効力を生じた時に時効が中断する（通則法72③）。

　　イ　動産又は有価証券の差押え

　動産又は有価証券の差押えは、徴収職員がその財産を占有して行う（徴収法

（注165）　保全差押えとは、納税義務があると認められる者が脱税の嫌疑に基づき逮捕された場合など、一定の要件に該当するときに納付すべき税額の確定前にその者の財産を差し押さえることをいい（徴収法159①）、保全差押金額とは、その保全差押えにおいて、滞納処分を執行することを要する金額をいう（徴収法159①）。

56①)。そして、徴収職員がその財産を占有した時に、その差押えの効力が生じ（徴収法56②）、徴収職員が金銭を差し押さえたときは、その限度において、滞納者から差押えに係る国税を徴収したものとみなされる（徴収法56③）。また、有価証券を差し押さえたときは、徴収職員は、その有価証券に係る金銭債権を取り立てることができ（徴収法57①）、その金銭を取り立てたときは、滞納者から差押えに係る国税を徴収したものとみなされる（徴収法57②）。

なお、滞納者の動産又は有価証券でその親族その他の特殊関係者以外の第三者が占有しているものは、その第三者が引渡しを拒むときは、差し押さえることができない（徴収法58①）が、税務署長等は当該第三者に対し、所定の手続により、当該財産を徴収職員に引き渡すべきことを命ずることができる（徴収法58②③・59）。

　　ウ　債権の差押え

債権（電子記録債権を除く。）の差押えは、第三債務者に対する債権差押通知書の送達により行う（徴収法62①）。また、徴収職員は、債権を差し押さえるときは、債務者に対し、その履行を、滞納者に対し債権の取立てその他の処分を禁じなければならない（徴収法62②）。この差押えの効力は、債権差押通知書が第三債務者に送達された時に生ずる（徴収法62③）。なお、電子記録債権の差押えについては、上記の一般の債権の差押えに準じた手続が定められている（徴収法62の2）。

債権の差押えについては、その対象となる債権が預金や売掛債権の場合には、滞納者にとっては、重要な取引先に滞納の事実が知られることとなり、取引上の信用問題に関わることになるので、できる限り避けたいところである。そのことは、徴収行政庁にとっては、滞納税額の納付を促進させるための有効な手段ともなる。そのため、徴収実務においては、徴収行政庁と滞納者との間において債権差押えの可否をめぐって、攻防が続くことになる。

　　エ　不動産等の差押え

不動産の差押えは、滞納者に対する差押書の送達により行い（徴収法68①）、差押えの効力は、その差押書の送達によって生ずる（徴収法68②）。また、税務署長は、不動産を差し押さえたときは、差押えの登記を関係機関に嘱託しなければならず（徴収法68③）、上記の差押書の送達前に差押えの登記がされたときには、その時に差押えの効力が生ずる（徴収法68④）。このような登録は、第三者に対して対抗要件を備えるためでもある。

上記の「不動産」とは、次に掲げる財産をいう（徴収法68①かっこ書、徴基通68
－1）。

①　民法上の不動産（土地及びその他の定着物（民法86①））

②　不動産を目的とする物権（地上権、永小作権）

③　不動産とみなされる財産（立木、工場財団等の特定の財団）

④　不動産に関する規定の準用がある財産（鉱業権、漁業権、採石権等）

⑤　不動産として取り扱う財産（鉄道財団、軌道財団、運河財団）

　なお、土地の定着物とは、土地に付着させられ、かつ、取引上の性質とし
てその土地に継続的に付着させられた状態で使用されるもの、例えば、建物
その他の工作物、植栽された樹木、大規模な基礎工事によって土地に固着さ
れた機械等をいう（徴基通68－2(2)）。

　次に、「不動産等」とは、上記の「不動産」のほか、登記をすることができ
る船舶及び登録を受けた航空機（徴収法70）並びに登録を受けた自動車、登記
を受けた建設機械及び登録を受けた小型船舶（徴収法71）も含まれる。

　具体的な差押方法については、それぞれの財産の形態に応じて異なること
になるが、土地は一定の範囲の地面をもって1単位とし、一筆の土地とされる
（不動産登記法2五・14②・35）ことから、これを単位として差し押さえる。また、
建物は、土地に定着した建造物であるが、取引上及び登記上、土地から独立
した不動産とされることから、土地とは別個に差し押さえなければならない
（徴基通68－3）。

　　オ　無体財産権等の差押え

　無体財産権等のうち特許権、著作権その他第三債務者等がない財産の差押
えは、滞納者に対する差押書の送達により行い（徴収法72①）、その差押えの効
力は、その差押書が滞納者に送達された時に生ずる（徴収法72②）。また、税務
署長は、無体財産等でその権利の移転につき登記を要するものを差し押さえ
たときは、差押えの登記を関係機関に嘱託しなければならず（徴収法72③）、そ
の登記が差押書の送達前にされた時は、その時に差押えの効力が生ずる（徴
収法72④）。なお、特許権、実用新案権その他の権利でその処分の制限につき
登記をしなければ効力が生じないものとされているものの差押えの効力は、
差押えの登記がされた時にのみ生ずる（徴収法72⑤）。

　上記の「無体財産権等」とは、動産又は有価証券の差押手続、債権の差押
手続及び不動産等の差押手続の適用を受けない全ての財産をいい（徴収法72

①）、特許権等の第三債務者等がないものと、電話加入権等の第三債務者等があるもの、に区分される。

(3) 差押禁止財産

ア 一般の差押禁止財産

次に掲げる財産は、差し押さえることができない（徴収法75①）。これらの財産は、絶対的差押禁止財産と称され、それが外観上明白であるにもかかわらずそれを差し押さえたときは、その差押えは無効になると解されている（徴基通75－1）。

① 滞納者及びその者と生計を一にする配偶者（届出をしていないが、事実上婚姻関係にある者を含む。）その他の親族の生活に欠くことができない衣服、寝具、家具、台所用具、畳及び建具

② 滞納者及びその者と生計を一にする親族の生活に必要な3月間の食料及び燃料

③ 主として自己の労力により農業を営む者の農業に欠くことができない器具、肥料、労役の用に供する家畜及びその飼料並びに次の収穫まで農業を続行するために欠くことができない種子その他これに類する農産物

④ 主として自己の労力により漁業を営む者の水産物の採捕又は養殖に欠くことができない漁網その他の漁具、えさ及び稚魚その他これに類する水産物

⑤ 技術者、職人、労務者その他の主として自己の知的又は肉体的な労働により職業又は営業に従事する者のその業務に欠くことができない器具その他の物

⑥ 実印その他の印で職業又は生活に欠くことができないもの

⑦ 仏像、位牌その他礼拝又は祭祀に直接供するため欠くことができない物

⑧ 滞納者に必要な系譜、日記及びこれに類する書類

⑨ 滞納者又はその親族が受けた勲章その他名誉の章票

⑩ 滞納者又はその者と生計を一にする親族の学習に必要な書類及び器具

⑪ 発明又は著作に係るもので、まだ公表していないもの

⑫ 滞納者又はその者と生計を一にする親族に必要な義手、義足その他の身体の補足に供する物

⑬ 建物その他の工作物について、災害の防止又は保安のため法令の規定により設備しなければならない消防用の機械又は器具、避難器具その他の備品

第7章 納付・徴収

イ 給与等の差押禁止

給料、賃金、俸給、歳費、退職年金及びこれらの性質を有する給与に係る債権（以下「給料等」という。）については、次に掲げる金額の合計額に達するまでの部分の金額は、差し押さえることができない。この場合において、滞納者が同一の期間につき2以上の給料等の支払を受けるときは、その合計額につき、次の④又は⑤に掲げる金額に係る限度を計算することになる（徴収法76①）。

① 所得税法の規定によりその給料等につき徴収される所得税に相当する金額

② 地方税法の規定によりその給料等につき特別徴収の方法によって徴収される道府県民税及び市町村民税に相当する金額

③ 健康保険法等の規定によりその給料等から控除される社会保険料に相当する金額

④ 滞納者（その者と生計を一にする親族を含む。）に対し、生活保護法に規定する生活扶助の基準となる金額で給料等の支給の基礎となった期間に応ずるものを勘案した所定の金額

⑤ その給料等の金額から④に掲げる金額を控除した金額の100分の20に相当する金額（その金額が④に掲げる金額の2倍に相当する金額を超えるときは、当該金額）

そのほか、退職手当等及び社会保険制度に基づく給付金についても、所定の金額まで差押えが禁止されている（徴収法76④・77）。

(4) 差押えの解除

徴収職員は、次のいずれかに該当するときは、差押えを解除しなければならない（徴収法79①）。これらの事由は、差押えの必要がなくなったことになるから、差押解除の強制である。

① 納付、充当、更正の取消しその他の理由により差押えに係る国税の金額が消滅したとき

② 差押財産の価額がその差押えに係る滞納処分費及び差押えに係る国税に先立つ他の国税、地方税その他の債権の合計額を超える見込みがなくなったとき

上記の強制解除に対し、徴収職員は、次のいずれかに該当するときは、差押財産の全部又は一部について、裁量によってその差押えを解除することができる（徴収法79②）。

① 差押えに係る国税の一部の納付、充当、更正の一部の取消し、差押財産の値上がりその他の理由により、その価額が差押えに係る国税及びこれに先立つ他の国税、地方税その他の債権の合計額を著しく超過すると認められるに至ったこと（超過差押えの状態に至った場合）。
② 滞納者が他に差し押さえることができる適当な財産を提供した場合において、その財産を差し押さえたとき（差押換えの場合）。
③ 差押財産について、3回公売に付しても入札等の買受けの申込みがなかった場合において、その差押財産の形状、用途、法令による利用規制その他の事情を考慮して、さらに公売に付しても買受人がないと認められ、かつ、随意契約による売却の見込みがないと認められるとき（換価不能の場合）。

なお、差押えの解除は、上記の国税徴収法79条の規定によるほか、他の規定によっても解除される場合がある（徴収法50②④・51③・152②・153③・159⑤⑥、通則法48②・105③⑥）。

以上の差押えの解除は、差押えによる処分禁止の効力を将来に向かって失わせるものであるから、例えば、継続収入の債権の差押えに基づいて差押解除前に一部の取立て及び国税への充当がされている場合には、それらの処分には影響を及ぼさない（徴基通79−9）。

3　交付要求

(1)　交付要求の意義

同一の財産について数個の強制換価手続が競合する場合には、特定の場合を除き、個々の執行手続を重複して行わず、先行して執行に着手した執行機関に執行手続を担当させ、後行の執行をこれに吸収させることにしている。この吸収手続について、民事執行法は、配当要求（同法51・105・133・154等）、二重開始決定（同法47）及び事件の併合（同法125）の規定を設けている。

国税徴収法においては、交付要求書による交付要求（狭義の交付要求）と参加差押書による参加差押えの制度を設けているが、両者を合わせて「広義の交付要求」という。交付要求は、先行の強制換価手続に参加し、その換価代金から配当を受ける効力を有するにとどまるが、参加差押えは、滞納処分相互間において特定の財産に限って適用され、交付要求と同様の効果を有するほか、先行の滞納処分による差押えが解除された場合に差押えの効力が生ずるものである。

第7章　納付・徴収　　　249

(2)　交付要求の手続

滞納者の財産につき強制換価手続が行われた場合には、執行機関（滞納処分を執行する行政機関、裁判所等をいう。）に対し、滞納に係る国税につき、交付要求書により交付要求をしなければならない（徴収法82①）。そして、税務署長は、交付要求をしたときは、その旨を滞納者に通知しなければならない（徴収法82②）。また、税務署長は、滞納者が他に換価の安易な財産で第三者の権利の目的となっていないものを有しており、かつ、その財産によりその国税の金額を徴収することができると認められるときは、交付要求をしないものとし（徴収法83）、納付、充当、更正の取消しその他の理由により交付要求に係る国税が消滅したときは、その交付要求を解除しなければならない（徴収法84①）。

(3)　参加差押えの手続

税務署長は、国税徴収法47条の規定により差押えをすることができる場合において、滞納者の財産で次に掲げるものにつき既に滞納処分による差押えがされているときは、当該財産についての交付要求は、前記(2)の交付要求の手続の交付要求書に代えて参加差押書を滞納処分をした行政機関等に交付してすることができる（徴収法86①）。

①　動産及び有価証券

②　不動産、船舶、航空機、自動車、建設機械及び小型船舶

③　電話加入権

税務署長は、参加差押えをしたときは、参加差押通知書により滞納者に通知しなければならず、この場合において、参加差押えをした財産が電話加入権であるときは、あわせて第三債務者にその旨を通知しなければならず、前記②に掲げる財産につき参加差押えをしたときは、参加差押えの登記を関係機関に嘱託しなければならない。

この参加差押えをした場合において、その参加差押えに係る財産につきされていた滞納処分による差押えが解除されたときは、その参加差押えは、次に掲げる財産の区分に応じ、次に掲げる時にさかのぼって差押えの効力を生ずる（徴収法87①）。

①　動産及び有価証券

参加差押書が滞納処分による差押えをした行政機関等に交付された時

②　不動産、船舶、航空機、自動車、建設機械及び小型船舶

参加差押通知書が滞納者に送達された時（その登記がその送達前にされた場合には、その登記がされた時）

③　鉱業権

参加差押えの登録がされた時

④　電話加入権

参加差押通知書が第三債務者に送達された時

4　財産の換価

(1)　換価の通則

ア　換価の意義と方法

滞納処分による「換価」とは、差押えに係る国税を徴収するために、債権者である国が、差し押さえた財産を強制的に金銭に換える処分である。通常、滞納処分による差押財産の換価とは、「動産等の売却処分（狭義の換価）」のことをいうが、これに「差押債権等の取立て」をも含めて換価（広義の換価）と称する場合もある（徴収令4③・48②等参照）。狭義の換価は、債権者である国が、差押えに係る国税の強制的実現を図るために換価処分権を行使して、滞納者の意見にかかわらず滞納者の財産を売却する処分である。

差押財産の換価の方法は、公売（徴収法94）、随意契約による売却（徴収法109）又は国による買入れ（徴収法110）がある。換価は公売によることが通例であるが、①法令の適用を受ける財産等の場合（徴収法109①一）、②取引所の相場がある財産等の場合（徴収法109①二）又は③買受希望者のない財産等の場合（徴収法109①三）には、随意契約による売却が行われる。また、国は、上記③に該当する場合で、必要があるときは、その直前の公売における見積価額でその財産を買い入れることができる（徴収法110）。

イ　換価する財産の範囲とその制限

換価する財産は、次の①から④までに掲げる財産以外の財産であり、当該財産について売却して金銭に換えなければならない（徴収法89①）。

①　金銭及び債権（徴収法56③・67①参照）

②　有価証券のうち、その証券に係る金銭債権の取立てをするもの（手形、小切手、徴収法57①参照）

③　無体財産権等のうち、金銭債権の取立てをするもの（徴収法73⑤参照）

④　振替社債等のうち、金銭債権の取立てをするもの（徴収法73の2④・67①）

第7章 納付・徴収　　251

　換価の制限については、対象となる課税処分について不服申立てが行われ
た場合（通則法105①、後記第9章第6節2(3)参照）のほか、次のような財産
又は国税等に関して、所定の期間換価の制限がある（徴収法90、徴基通89－6等）。
①　果実
②　蚕
③　生産工程中にある仕掛品
④　第二次納税義務者又は保証人から徴収する場合におけるその第二次納税
　義務者又は保証人の納付すべき国税
⑤　国税徴収法151条の規定による換価の猶予がされている国税
⑥　国税通則法23条5項の規定による徴収の猶予がされた国税
⑦　国税通則法46条等の規定による納税の猶予がされた国税
⑧　会社更生法24条2項等の規定による滞納処分の中止又は禁止を命ぜられ
　た国税
　(2)　公　売
　　ア　公売の意義と方法
　公売は、原則的な換価方法であり（徴収法94①）、換価財産を買受希望者の自
由競争に付し、その最高価額により売却価額及び買受人となるべき者を決定
する手続で、入札又は競り売りの方法により差押財産を売却する方法である
（徴収法94②）。
　また、公売は、通常の入札と複数落札入札制による入札（徴収法105）とに分
かれる。入札の方法には、期日入札と期間入札の2つの方法があり（徴基通94
－3）、競り売りの方法にも、期日競り売りと期間競り売りの2つの方法がある。
なお、公売は、入札又は競り売りのいずれの方法によっても差し支えない（徴
収法94②）が、実務上、①公売財産が、美術品、骨董品等でその買受けの競争
が特に激しいと認められる場合、②鮮魚、野菜等の生鮮食品等で公売を迅速
に行う必要があると認められる場合等には、競り売りの方法が検討されてい
る。
　ちなみに、通常の入札とは、換価すべき財産の買受希望者に入札価額その
他必要な事項を記載した入札書により買受けの申出をさせ、見積価額以上で
かつ最高の価額による入札者を最高価申込者とし、その者に対して売却する
方法をいう（徴基通94－2）。また、競り売りとは、買受希望者に口頭等で順次
高価な買受申込みをさせ、見積価額以上でかつ最高の価額による申込者を最

高価申込者とし、その者に対して売却する方法をいう（徴基通94-4）。

イ　公売の手続

税務署長は、差押財産を公売に付するときは、公売の日の少なくとも10日前までに、次に掲げる事項を公告しなければならない。ただし、公売財産が不相応の保存費を要し、又はその価額を著しく減少するおそれがあると認めるときは、この期間を短縮することができる（徴収法95①）。

① 　公売財産の名称、数量、性質及び所在

② 　公売の方法

③ 　公売の日時及び場所

④ 　売却決定の日時及び場所

⑤ 　公売保証金を提供させるときは、その金額

⑥ 　買受代金の納付の期限

⑦ 　公売財産の買受人について一定の資格その他の要件を必要とするときは、その旨

⑧ 　公売財産上に質権、抵当権、先取特権、留置権その他その財産の売却代金から配当を受けることができる権利を有する者は、売却決定の日の前日までにその内容を申し出るべき旨

⑨ 　①から⑧までに掲げる事項のほか、公売に関し重要と認められる事項

上記の公告は、税務署の掲示場その他税務署内の公衆の見やすい場所に掲示して行う。ただし、他の適当な場所に掲示する方法、官報又は時事に関する事項を掲載する日刊新聞紙に掲げる方法その他の方法を併せて用いることを妨げない（徴収法95②）。

また、税務署長は、公売の公告をしたときは、その事項等を滞納者並びに公売財産に係る交付要求をした者及び抵当権等の権利者で知れている者に通知しなければならない（徴収法96①）。公売は、公売財産の所在する市町村において行うこととするが、税務署長が必要と認めるときは、他の場所で行うことができる（徴収法97）。

次に、税務署長は、近傍類似又は同種の財産の取引価額、公売財産から生ずべき収益、公売財産の原価その他の公売財産の価格形成上の事情を適切に勘案して、公売財産の見積価額を決定しなければならない（徴収法98①）。

そして、税務署長は、公売財産のうち所定のものを公売に付するときは、所定の日までに見積価額を公告しなければならない（徴収法99①、例えば、不

第7章　納付・徴収　　253

動産、船舶及び航空機については、公売の日から3日前の日）。

5　換価代金等の配当

(1)　配当の意義及び配当すべき金銭

「配当」とは、滞納処分に基づいて得た金銭を、その滞納処分に係る国税、交付要求を受けた国税、地方税及び公課等に配分し、残余があればこれを滞納者に交付する手続をいう。これにより、その目的となった財産に対する滞納処分が終了する。この場合の「滞納処分に基づいて得た金銭」とは、①差押財産の売却代金、②債権等の差押えにより第三債務者等から給付を受けた金銭、③差し押さえた金銭又は④交付要求により交付を受けた金銭のことであり、これらの金銭が配当すべき金銭となる（徴収法128①）。また、上記の①及び②の金銭は「換価代金等」といわれ（徴収法129①）、狭義の配当ともいわれる。また、上記の③及び④の金銭については、直ちにその国税に充当され、残余金が生ずれば滞納者に交付することとされており（徴収法129②③）、他の債権者に対する配当は予定されていない。

(2)　配当の原則

前記(1)にいう換価代金等は、次に掲げる国税その他の債権に配当する（徴収法129①）。

① 　差押えに係る国税

② 　交付要求を受けた国税、地方税及び公課

③ 　差押えに係る質権、抵当権、先取特権、留置権又は担保のための仮登記により担保される債権

④ 　換価財産が第三者の占有していた動産、有価証券、自動車、建設機械又は小型船舶であった場合のその第三者の損害賠償請求権又は前払借賃に係る債権

なお、滞納処分の共益費用である滞納処分費については、上記①の配当に先立って配当又は充当されることになっている（徴収法10・137）。この場合の滞納処分費とは、財産の差押え、交付要求、差押財産の保管、運搬及び換価、差押財産の修理等の処分、差し押さえた有価証券、債権及び無体財産権等の取立て並びに配当に関する費用である（徴収法136）。

そのほか、国税徴収法128条1項3号及び4号に定める差し押さえた金銭及び交付要求により交付を受けた金銭については、それぞれ差押え又は交付要求

に係る国税に充てる（徴収法129②）。そして、以上の規定により配当した金銭に残余があるときは、その残余の金銭は滞納者に交付する（徴収法129③）。

6 財産の調査

(1) 滞納処分等と調査

第5章及び第6章において、主として税額の確定手続に関して、税務官庁（当該職員）の調査手続について詳説してきた。他方、国税の徴収段階においても、徴収職員による調査が必要とされる。すなわち、国税徴収法は第二次納税義務、滞納処分、滞納処分に関する猶予及び停止等の各制度を定めているが、それらの諸制度において、徴収職員が事実関係を確認するための調査を要することになる。例えば、第二次納税義務については、徴収職員がその要件事実を調査できなければ当該義務を課すこと（告知）はできないし、滞納処分（財産の差押え等）においては、徴収職員の調査によって対象財産を発見できなければ滞納処分もできないことになる。したがって、財産の調査は、租税徴収の円滑かつ公平な実現のために、不可欠な措置となっている。また、このような調査は、第5章及び第6章で述べた課税段階における調査との異同等が問題とされる。

そこで、国税徴収法は、このような財産の調査のために、徴収職員に対し、①任意調査としての「質問及び検査」の権限を、②強制調査としての「捜索」及び「出入禁止」の各権限を与えている。また、これらの調査手続については、平成23年の国税通則法の改正の影響を受けているわけではないので、前記第6章で論じた調査の事前通知等の諸手続の対象にはなっていないし、第11章で論じる犯則調査とは、直接的には関係していない。

(2) 質問及び検査

徴収職員は、滞納処分のため滞納者の財産を調査する必要があるときは、その必要と認められる範囲内において次に掲げる者に質問し、又はその者の財産に関する帳簿書類（その作成又は保存に代えて電磁的記録の作成又は保存がされている場合における当該電磁的記録を含む。）を検査することができる（徴収法141）。

① 滞納者

② 滞納者の財産を占有する第三者及びこれを占有していると認めるに足りる相当の理由がある第三者

③　滞納者に対し債権若しくは債務があり、又は滞納者から財産を取得したと認めるに足りる相当の理由がある者

④　滞納者が株主又は出資者である法人

　上記における「必要があるとき」とは、国税徴収法第5章（滞納処分）の規定による滞納処分のため、滞納者の財産の有無、所在、種類、数量、価額、利用状況、第三者の権利の有無等を明らかにするため調査が必要であるときをいうものと解されている（徴基通141－1）。

　また、徴収職員が質問する場合には、口頭又は書面のいずれによっても差し支えないが、口頭による質問の内容が重要な事項であるときは、なるべく適当と認められる者（徴収職員を含む。）の立会いを求め、必ずその顛末を記録することとし、その顛末を記録した書類に答弁者及び立会人の署名押印を求め、署名押印を拒否されたときは、その旨を付記しておくように取り扱われている（徴基通141－5）。

　次に、検査することができる「その者の財産に関する帳簿書類」とは、検査の相手方となる者の有する金銭出納帳、売掛帳、買掛帳、土地家屋等の賃貸借契約書、預金台帳、売買契約書、株主名簿、出資者名簿等これらの者の債権若しくは債務又は財産の状況等を明らかにするため必要と認められる一切の帳簿書類（電磁的記録を含む。）をいうものと解されている（徴基通141－6）。

　また、検査は、滞納者等に対して財産に関する帳簿書類の提示を求めて行うが、相手方の明示又は黙示の承諾がある場合に限り行うことができ、相手方が検査を拒み、妨げ又は忌避したときは、検査をすることができない。この場合の相手方の承諾は、検査の相手方が法人であるときはその法人を代表する権限を有する者の承諾をいう。後述の捜索の場合と異なり、検査にはその時間の制限はないが、特に必要のある場合を除き、捜索についての時間の制限に準ずるとされている（徴基通141－7）。

　(3)　捜　索

　　ア　捜索の意義

　徴収職員は、滞納処分のため必要があるときは、滞納者又は特定の第三者の物又は住居その他の場所につき捜索をすることができ（徴収法142①②）、捜索の相手方に金庫等を開かせ、又は徴収職員自らこれらを開くための処置をすることができる（徴収法142③）。この捜索の権限は、任意調査である質問及

び検査とは異なり、相手方の意思に拘束されない極めて強力な権限である。このような権限は、賦課（税額の確定手続）のための調査（質問検査権の行使等）にも認められていないものである。そのため、国税徴収法は、次のような捜索の方法、時間制限、立会人等について制限を設けている。

イ　捜索の方法

徴収職員は、滞納処分のため必要があるときは、滞納者の物又は住居その他の場所につき捜索をすることができる（徴収法142①）が、次のいずれかに該当するときに限り、第三者の物又は住居その他の場所につき捜索することができる（徴収法142②）。

① 滞納者の財産を所持する第三者がその引渡しをしないとき。
② 滞納者の親族その他の特殊関係者が滞納者の財産を所持すると認めるに足りる相当の理由がある場合において、その引渡しをしないとき。

また、徴収職員は、上記の捜索に際し必要があるときは、滞納者若しくは第三者に戸若しくは金庫その他の容器の類を開かせ、又は自らこれらを開くため必要な処分をすることができる（徴収法142③）。

なお、捜索をすることができる「物」又は「住居その他の場所」については、その範囲が広範にわたって定められている（徴基通142−5・142−6参照）。

ウ　捜索の時間制限

捜索は、日没後から日出前まではすることができない。ただし、日没前に着手した捜索は、日没後まで継続することができる（徴収法143①）。また、旅館、飲食店その他夜間でも公衆が出入りすることができる場所については、滞納処分の執行のためやむを得ない必要があると認めるに足りる相当の理由があるときは、日没後であっても、公開した時間内は捜索することができる（徴収法143②）。

このような時間制限は、滞納者等の夜間の生活の安穏を妨げない等の理由から行われる。また、日曜日、国民の祝日に関する法律に定める休日その他一般の休日において個人の住居に立ち入って行う捜索については、特に必要があると認められる場合のほかは行わないこととされている（徴基通143−3）。また、日没後も捜索が行われることとなる「公開した時間内」とは、決められた営業時間内に限られず、現実に営業のために公開されている時間内をいうものと解されている（徴基通143−6）。

第7章　納付・徴収

　　エ　捜索の立会人

　徴収職員は、捜索をするときは、その捜索を受ける滞納者若しくは第三者又はその同居の親族若しくは使用人その他の従業者で相当のわきまえのある者を立ち会わせなければならない。この場合において、これらの者が不在であるとき、又は立会いに応じないときは、成年に達した者2人以上又は地方公共団体の職員若しくは警察官を立ち会わせなければならない（徴収法144）。

　上記において、「相当のわきまえのある」とは、捜索の立会いについての趣旨を理解することができる相当の能力を有することをいい、成年に達した者であることを必要としない（徴基通144−5）。また、「地方公共団体の職員」とは、捜索をする場所が所在する市町村の職員とすることとし、「成年に達した2人」には、税務署の職員については、他に立会人を求めることができない場合等、真にやむを得ない事情があるときを除き立会人としないように取り扱っている（徴基通144−8）。

　　オ　捜索調書の作成

　徴収職員は、捜索したときは捜索調書を作成しなければならず（徴収法146①）、捜索調書を作成した場合には、その謄本を捜索を受けた滞納者又は第三者及びこれらの者以外の立会人があるときはその立会人に交付しなければならない（徴収法146②）。

　上記の各規定は、捜索の結果、差押対象財産を発見して差し押さえたことにより、国税徴収法54条の規定により差押調書を作成する場合には、適用しない。この場合においては、差押調書の謄本を滞納者以外の第三者及びその他の立会人にも交付しなければならない（徴収法146③）。

　(4)　その他の手続

　　ア　出入禁止

　徴収職員は、捜索、差押え又は差押財産の搬出をする場合において、これらの処分の執行のため支障があると認められるときは、これらの処分をする間は、次に掲げる者を除き、その場所に出入りすることを禁止することができる（徴収法145）。

①　滞納者

②　差押えに係る財産を保管する第三者及び国税徴収法142条2項の規定により捜索を受けた第三者

③　①及び②に掲げる者の同居の親族

④　滞納者の国税に関する申告、申請その他の事項につき滞納者を代理する
　権限を有する者

　出入禁止は、①徴収職員の許可を得ないで捜索、差押え又は差押財産の搬
出を行う場所へ出入りすることを禁止すること、及び②その場所にいる者を
退去させることができることをいう（徴基通145-5）。この場合、徴収職員は、
次の措置を行うことになる（徴基通145-6・145-7）。

①　出入禁止をした場合には、掲示、口頭その他の方法により、出入りを禁
　止した旨を明らかにする。

②　出入禁止の命令に従わない者に対しては、扉を閉鎖する等必要な措置を
　とることができるが、身体の拘束はできない。

　　イ　官公署等への協力要請

　徴収職員は、滞納処分に関する調査について必要があるときは、官公署又
は政府関係機関に、当該調査に関し参考となるべき帳簿書類その他の物件の
閲覧又は提供その他の協力を求めることができる（徴収法146の2）。

　上記の「…必要があるとき」とは、滞納者の所在調査等を含め滞納処分に
関し必要と認められるときをいい、滞納者の財産調査が必要なときに限らな
いと解されている（徴基通146の2-1）。また、帳簿書類には、国税徴収法141条
1項に規定する電磁的記録も含まれることになる（徴基通146の2-3）。

　　ウ　身分証明書の呈示等

　徴収職員は、滞納処分に関する調査について必要があるときは、官公署又
は政府関係機関に、当該調査に関し参考となるべき帳簿書類その他の物件の
閲覧又は提供その他の協力を求めることができる。この場合、関係者が身分
証明書の呈示を求めず捜索等に応じたときは、その呈示をしなくてもその処
分は違法にはならないが、関係者がその証明書の呈示を求めたときは、それ
を呈示しなければその処分を執行することはできないと扱われている（徴基
通147-4）。

　以上の財産の調査に関する規定（徴収法141～147①）による質問、検査又は捜
索の権限は、犯罪捜索のために認められたものと解してはならない（徴収法
147②）。この規定は、賦課手続としての質問検査権等に定めた国税通則法74
条の8の規定と同様に、刑事手続の前提として質問、検査又は捜索が行われる
ものではないことを明らかにしたものである。

第８章

期間制限・消滅時効

260

第8章　期間制限・消滅時効　　261

第1節　更正決定等の期間制限の原則

1　通常の更正決定等

(1)　国税通則法上の原則

国税通則法70条1項は、国税に係る通常の更正決定等の期間制限について、次のように定めている。

「次の各号に掲げる更正決定等は、当該各号に定める期限又は日から5年〔略〕を経過した日以後においては、することができない。

一　更正又は決定　その更正又は決定に係る国税の法定申告期限（還付請求申告書に係る更正については当該申告書を提出した日とし、還付請求申告書の提出がない場合にする決定又はその決定後にする更正については政令で定める日とする。）

二　課税標準申告書の提出を要する国税に係る賦課決定　当該申告書の提出期限

三　課税標準申告書の提出を要しない賦課課税方式による国税に係る賦課決定　その納税義務の成立の日」

以上のように、国税の更正決定等は、原則として、当該国税の法定申告期限から5年を経過するとすることができないことになるが、これは時効のような中断等によって延長されることがないので、除斥期間ともいう。

この場合、1号かっこ書にいう「政令で定める日」とは、当該国税の法定申告期限であり、2号の課税標準申告書の提出を要する国税に係る賦課決定（納付すべき税額を減少させるものを除く。）については、当該申告書の提出期限から3年に短縮されている（通則法70①かっこ書）。

(2)　他税法による特則

まず、相続税法36条1項は、贈与税についての更正決定等の期間制限の特則について、次のように定めている。

「税務署長は、贈与税について、国税通則法第70条〔略〕の規定にかかわらず、次の各号に掲げる更正若しくは決定〔略〕又は賦課決定〔略〕を当該各号に定める期限又は日から6年を経過する日まで、することができる。〔略〕

一　贈与税についての更正決定　その更正決定に係る贈与税の第28条第1

項又は第2項〔略〕の規定による申告書の提出期限

二　前号に掲げる更正決定に伴い国税通則法第19条第1項〔略〕に規定する課税標準等又は税額等に異動を生ずべき贈与税に係る更正決定　その更正決定に係る贈与税の第28条第1項又は第2項の規定による申告書の提出期限

三　前2号に掲げる更正決定若しくは期限後申告書若しくは修正申告書の提出又はこれらの更正決定若しくは提出に伴い異動を生ずべき贈与税に係る更正決定若しくは期限後申告書若しくは修正申告書の提出に伴いこれらの贈与税に係る国税通則法第69条〔略〕に規定する加算税〔略〕についてする賦課決定　その納税義務の成立の日」

以上のように、贈与税の更正決定等についての期間制限は、原則として、法定申告期限から6年とされている。これは、平成15年度の税制改正において、贈与税の課税原因の特殊性、すなわち、親族間の資産移転のため隠蔽類似の行為が行われやすく、それを発見し課税することも困難であるため、通常の期間制限を延長する必要があったためとされている[注166]。

また、租税特別措置法66条の4第21項は、移転価格税制における独立企業間価格に係る更正決定等について、「更正若しくは決定〔略〕又は国税通則法第32条第5項に規定する賦課決定〔略〕で次の各号に掲げるものは、同法第70条第1項の規定にかかわらず、当該各号に定める期限又は日から6年を経過する日まで、することができる。」と定めている。

この場合の「次の各号」には、次のように定められている。

①　法人が当該法人に係る国外関連者との取引を1項に規定する独立企業間価格と異なる対価の額で行った事実に基づいてする法人税に係る更正決定又は当該更正決定に伴う修正申告に係る更正決定　これらの更正決定に係る法人税の法定申告期限

②　①の事実に基づいてする法人税に係る更正決定若しくは期限内申告書を除く納税申告書の提出又は当該更正決定若しくは当該納税申告書の提出に伴い①に規定する異動を生ずべき法人税に係る更正決定若しくは納税申告書の提出に伴いこれらの法人税に係る加算税についてする賦課決定　その納税義務の成立の日

（注166）　武田昌輔監修『DHCコンメンタール相続税法』（第一法規）2853頁等参照

第8章　期間制限・消滅時効　263

③　①に掲げる更正決定に伴い課税標準等又は税額等に異動を生ずべき地方
　法人税に係る更正決定　当該更正決定に係る地方法人税の法定申告期限
④　①に掲げる更正決定又は①に規定する事実に基づいてする法人税に係る
　納税申告書の提出若しくは①に規定する異動を生ずべき法人税に係る納税
　申告書の提出に伴い課税標準等又は税額等に異動を生ずべき地方法人税に
　係る更正決定又は納税申告書の提出に伴いその地方法人税に係る加算税に
　ついてする賦課決定　その納税義務の成立の日

　このような更正決定等の期間制限の延長は、平成3年度等の税制改正にお
いて行われたものであるが、その趣旨は、移転価格税制事案の調査に当たっ
ては、取引の内容、取引条件等の分析に多くの時間を要するほか、海外の関
係会社の有する情報提供や租税条約に基づく課税当局間の情報交換等にも多
くの時間を要するからであるとされている[注167]。

（3）　期間制限の趣旨

　前述のような更正決定等の期間制限の基礎は、昭和37年の国税通則法の制
定の際に整備されたものであるが、その前年の税制調査会「国税通則法の制
定に関する答申」では、次のとおり提言している[注168]。

　「租税債権は、更正、決定その他税務官庁が租税債権を確定する処分をす
ることができる権利（以下「賦課権」という。）と徴収権とに区分されるが、
現行のこれらに関する期間制限の規定上はその区分が必ずしも明らかではな
く、解釈上問題があり、また各税目を通じて統一されていない点があるので、
この区分に応じて次のように規定の整備合理化を図るものとする。

一　賦課権の期間制限

　1　除斥期間

　　賦課権の期間制限は、中断及び当事者の援用になじまないものである
　から、時効ではなく、除斥期間として定めるものとする。

　2　除斥期間の起算日

　　賦課権の除斥期間の起算日がこの権利を行使することができる日であ
　ることはいうまでもないが、これを明らかにするとともに、同一の課税期

────────────

（注167）　国税庁「平成3年　改正税法のすべて」284頁等参照
（注168）　税制調査会「国税通則法の制定に関する答申（税制調査会第二次答申）及びその
　　説明」（昭和36年7月）6頁

間分に係る賦課権の除斥期間は画一的に満了することとするのが望ましいので、その除斥期間の起算日は、税の性質に応じそれぞれ次に掲げる日の翌日とすることを明定するものとする。」

また、このような期間制限については、税額等を増額する更正決定等が違法となることは争いのないところであるので、当該更正決定等の違法性が法廷で争われることはまずない。しかし、減額更正については、期間制限が厳格に遵守されるべきか否かについて論争がある（後述の裁判例参照）ところであるが、減額更正についても期間制限が設けられている趣旨について、京都地裁昭和51年9月10日判決（行集27・9・1565）は、次のように判示している。

「租税法律関係の早期安定と税負担の適正公平をどのように調和させるかは一つの問題であるが、右国税通則法70条2項1号（編注＝現行70条1項1号）は、このような二つの要請を調整するため、納税者が、過大な課税処分を受けたとしても、これについて争わないままある程度の期間を徒過した場合には、かかる納税者の態度に鑑み、税負担の適正公平を図ることよりもむしろ租税法律関係の早期安定を図る要請を優先させ、右のとおり争いのないままある程度永続した事実状態を確定的なものにまで高めて課税処分の安定を図ることとし、税務官庁における資料の保存期間が通常5年であることも考慮して、減額の再更正については法定申告期限から5年の除斥期間に服するものと解するのが相当である。」

(4) 裁判例の動向

前述のように、更正決定等の期間制限は、租税法律関係の早期安定の要請から減額更正にも及ぶことになるが、当該制限の緩和や当該制限内に減額更正が行われなかったことに対する違法性がまま争われることがある。それらの争いは、第5章第6節で述べた法人税の仮装経理に係る更正の特例（法法129①）の適用に関して争われることが多い。

例えば、新潟地裁昭和62年6月25日判決（税資158・706）、東京高裁昭和63年9月28日判決（税資165・913）及び最高裁平成元年4月13日第一小法廷判決（税資170・14）(注169)では、原告会社（控訴人、上告人）が、法人税法129条1項の適用を受けるため、当該法人税の減額更正期限の約10日前に修正の経理をして

（注169）　品川芳宣『重要租税判決の実務研究〔第三版〕』（大蔵財務協会、平成26年）38頁参照

第8章　期間制限・消滅時効　　265

減額更正を求めた（当該仮装経理の修正については約1年前から所轄税務署長に申し出ていた）が、当該減額更正が行われなかったため、減額更正の期間制限内に納税者が減額更正のための調査に着手等した場合には、当該期間制限に触れないと解すべき旨主張したところ、前掲各判決は、「法第70条第2項第2号（編注＝現行70条1項1号）の立法趣旨を検討するに、同号は租税法律関係の早期安定をはかるために減額更正を5年間の除斥期間に服するものとしたものと解される。このように、同号は除斥期間を定めたものであるから、消滅時効の場合とは異なり中断事由を認める余地はなく、原告が主張するような事由がある場合には一般的に同号の期間制限に触れないと解することはできない。」と判示し、当該事業年度について減額更正をしなかったことは適法である旨判示した（現行法では、更正の請求であれば、当該減額更正の期間制限が6月延長される（通則法70③）が、法人税法129条1項に定める減額更正の申出について当該規定の適用の有無については不明であることは既に述べた。）。このように、減額更正の期間制限を厳格に解釈することについては、東京地裁平成22年9月10日判決（平21（行ウ）380）（注170）においても、仮装経理の修正過程において減額更正の期間制限を徒過した年度分について、減額更正される余地はない旨判示している。

　また、前橋地裁平成14年6月12日判決（平10（ワ）483）及び東京高裁平成15年2月27日判決（平14（ネ）3787）（注171）では、税理士損害賠償事件において、法定申告期限後5年直前（当該期限の半月前）に顧問先会社の法人税の仮装経理を発見した当該税理士が、法人税法129条1項が定める修正手続をせず当該発見事業年度の特別損失として処理したため当該会社に損失を与えた場合に、当該税理士の専門家責任の有無が争われたところ、前掲各判決は、当該税理士が専門家責任を果たしていなかったと判示している。このような判断は、減額更正の期間制限5年の半月前であっても法人税法129条1項が定める修正手続と当該期間制限内の減額更正が可能であったことを前提としているが（注172）、

────────────

（注170）　本各判決の評釈については、前掲（注169）614頁、品川芳宣・T＆Amaster 平成23年1月17日号16頁等参照

（注171）　本判決の評釈については、前掲（注169）1001頁、品川芳宣・T＆Amaster 平成15年10月27日号22頁参照

（注172）　当該各判決の審理において、当該期間制限内の減額更正の申出があれば減額更正する旨の課税庁担当者の証言が採用されている。

前掲新潟地裁判決等の考え方に照らし当該前提の合理性には疑問が残る。

　以上のように、減額更正の期間制限を厳格に解釈する判決とは別に、当該期間制限が徒過した後に行われた減額更正の適法性（違法性）が争われた事件がある。このことは、減額更正の期間制限が徒過した後であっても、場合によっては、国税当局によって減額更正が行われていることを意味している。

　例えば、前掲京都地裁昭和51年9月10日判決では、昭和38年分及び同39年分所得税の更正処分の係争中に被告税務署長が昭和51年に当該処分を理由附記不備等の事由で全部取り消す旨の再更正を行った場合に、期間制限を徒過した当該再更正の適法性について、本判決は、次のとおり判示している。

　「更正処分について被処分者がこれを争い、適正な処分を求めるべく更正処分の取消訴訟を提起しているときは、租税法律関係の早期安定を図る要請は後退し、適正な処分を求める利益が優先すると解するのが相当であり（訴訟手続において顕れた資料によつて右更正処分を是正すべきことが判明したときは、減額再更正をなすのがむしろ課税庁の義務であるともいえる。）、またそのような場合には、税務官庁が右処分に関する資料を訴訟に備えて保存しているのが通常であり、それに訴訟手続において顕れた資料によるときは課税庁の恣意的な取扱いがなされるという虞もないし、課税処分をめぐつて既に紛争状態が生じているのであるから、期間制限を定める際に斟酌された永続した事実状態等は存せず、したがつて、もはや減額更正により法的安定性が害されるわけではないといえる〔略〕。

　そうだとすると、国税通則法第70条第2項第1号（編注＝現行70条1項1号）の規定は、同規定の趣旨に照らし、右のような場合に課税庁が課税処分の一部取消（減額再更正）をすることについてまで期間制限を設けたものと解することはできない。」

　このように、更正等の取消訴訟の係争中に減額更正が行われたことの適法性については、京都地裁昭和52年4月15日判決（税資94・60）、大阪高裁昭和54年6月28日判決（税資105・942）、広島地裁昭和59年3月23日判決（税資135・359）等においても支持されている。

　以上のように、減額更正の期間制限の厳格性については、裁判例の判断は分かれることになるが、前掲京都地裁昭和51年9月10日判決の考え方は、何も課税処分の係争中の事件に限らずその他の事例にも当てはまることにもなる。そうすると、期間制限を超えた減額更正の適法性（逆に減額更正をしな

かったことの違法性）は、今後とも期間制限をめぐる紛争の種になることが
考えられる。

2　純損失等に係る更正

　国税通則法上の更正決定等の期間制限は、前記1で述べたように、当該国
税の法定申告期限から5年が原則である。しかし、国税通則法においても、こ
の5年原則について幾つかの例外を設けている。その一つが、純損失等に係
る更正の期間制限である。すなわち、同法70条2項は、「法人税に係る純損失
等の金額で当該課税期間において生じたものを増加させ、若しくは減少させ
る更正又は当該金額があるものとする更正は、前項の規定にかかわらず、同
項第1号に定める期限から9年を経過する日まで、することができる。」と定め
ている。

　この規定は、法人税法が、欠損金の繰越期間を9年と定めていることに起因
する。すなわち、法人税法57条1項は、「内国法人の各事業年度開始の日前9年
以内に開始した事業年度において生じた欠損金額〔略〕がある場合には、当
該欠損金額に相当する金額は、当該各事業年度の所得の金額の計算上、損金
の額に算入する。」と定めている。

　また、同条10項は、「第1項の規定は、同項の内国法人が欠損金額〔略〕の
生じた事業年度について青色申告書である確定申告書を提出し、かつ、その
後において連続して確定申告書を提出している場合〔略〕であつて欠損金額
の生じた事業年度に係る帳簿書類を財務省令で定めるところにより保存して
いる場合に限り、適用する。」と定めている。なお、このような欠損金の9年
間の繰越しは、青色申告書を提出しなかった事業年度の災害による損失金の
繰越しについても認められている（法法58）。よって、国税通則法70条2項の規
定の適用は、青色申告書を提出している法人には限定されないことになる。

　以上の法定申告期限からの9年の期間制限は、平成30年4月1日から施行さ
れる法人税法57条1項が10年と定めていることに対応し、平成30年4月1日か
ら施行される国税通則法70条2項では10年に変更されている。

3　更正の請求に係る更正

　更正決定等の期間制限の5年原則の例外の一つとして、更正の請求が行わ
れた場合の減額更正がある。すなわち、国税通則法70条3項は、「前2項の規定

により更正をすることができないこととなる日前6月以内にされた更正の請求に係る更正又は当該更正に伴つて行われることとなる加算税についてする賦課決定は、前2項の規定にかかわらず、当該更正の請求があつた日から6月を経過する日まで、することができる。」と定めている。

この規定は、平成23年の国税通則法改正により更正の請求の期限が当該国税の法定申告期限から5年に延長されたことに伴い、減額更正の期間制限直前に更正の請求が行われることに対応して設けられたものである。更正の請求の期限を5年に延長したことの問題点については、既に述べた（第4章第1節〜第3節参照）ところであるが、本項のように、更正の請求があった場合に更正の期間制限を当該請求に合わせて6月延長することにも問題があると考えられる。

けだし、更正の請求の期限延長については、納税者の権利保護を図るため、税務署長が職権によって行う減額更正の期間制限が当該国税の法定申告期限から5年以内に定められているからそれに合わすべきである旨の要望に応えたものであるが、そうであれば、減額更正の事務処理日数（最大6月間）を考慮して、更正の請求の制限を当該国税の法定申告期限から4年6月に制限すべきであったものとも考えられる。この場合、更正の請求の内容次第では、増額更正についても6月延長することも文理上可能であるように考えられるが、制度変更（6月延長）の趣旨に鑑み消極的に考えるべきであろう。

また、これも既に述べた（第4章第2節、第5章第6節）ところであるが、更正の請求の制限を当該国税の法定申告期限から5年に延長して、かつ、当該請求に係る減額更正の期間制限を5年6月に延長すると、法人税法129条1項に定める仮装経理に係る修正の申出に対する減額更正の期間制限との関係も不明確となる。

元来、仮装経理は、国税通則法23条1項1号にいう「法律の規定に従つていなかつたこと」に該当するはずであるから、その修正に基づいて更正の請求をすることも考えられるが、それを課税当局が容認しているか否かについても定かではない。いずれにしても、同法70条3項の規定については、減額更正の期間制限が最長6月間延長されているということのみではなく、その背景にある問題点についても認識されるべきである。なお、贈与税及び移転価格税制における独立企業間価格に係る更正決定等の期間制限が6年に延長されていることに対応し、それらについて更正の請求に伴う減額更正についても、その期限が法定申告期限等から最長6年6月となる（相法36②、措法66の4㉑）。

4 「偽りその他不正の行為…税額を免れ」た場合

(1) 期間制限の延長の内容

前記2及び3の期間制限の延長は、納税者にとっていわば恩典的な特則であるが、逆に、納税申告について不誠実な納税者に対する行政制裁的な措置として更正決定等の期間制限が延長される場合がある。すなわち、国税通則法70条4項は、①偽りその他不正の行為によりその全部若しくは一部の税額を免れ、又はその全部若しくは一部の税額の還付を受けた国税（当該国税に係る加算税及び過怠税を含む。）についての更正決定等及び②偽りその他不正の行為により当該課税期間において生じた純損失等の金額が過大にあるものとする納税申告書を提出していた場合における当該申告書に記載された当該純損失等の金額についての更正について、当該期間制限を当該国税の法定申告期限から7年に延長することを定めている。なお、同項は、所得税法60条の2等に定める国外転出する場合の譲渡所得等の特例等についての更正決定等についても、その期間制限を7年としている。

また、前記1の(2)で述べたように、贈与税及び移転価格税制については、通常の更正決定等の期間制限について、「法定申告期限」等から6年という特則が定められているところであるが、「偽りその他不正の行為により税を免れた」場合には、その期間制限を1年間のみ延長し国税通則法と同じく法定申告期限等から7年に留めている（相法36③、措法66の4㉑）。

(2) 重加算税の賦課要件との関係

他方、納税申告について不誠実な納税者に対する最も厳しい行政制裁である重加算税の賦課については、課税要件事実を「隠蔽し、又は仮装し、その隠蔽し、又は仮装したところに基づき」納税申告書を提出すること等によって当該賦課要件を充足することになるが、当該賦課要件は、同じく行政制裁として機能する更正決定等の期間制限を延長する要件である「偽りその他不正の行為により…税額を免れ」と類似する。そして、両者の各要件の異同についての解釈については、課税の取扱いや裁判例において必ずしも整合性のある解釈が行われるとも認め難い(注173)。したがって、この問題については、今後とも解釈上の明確化を図るとともに、場合によっては立法上の措置によって解決が図られて然るべきであると考えられる。

（注173）　詳細については、品川芳宣『国税通則法の理論と実務』（ぎょうせい、平成29年）310頁、同『附帯税の事例研究〔第四版〕』（財経詳報社、平成24年）397頁等参照

第2節　更正決定等の期間制限の特例

1　裁決等による原処分の異動等があった場合

　国税通則法71条1項は、「更正決定等で次の各号に掲げるものは、当該各号に定める期間の満了する日が前条の規定により更正決定等をすることができる期間の満了する日後に到来する場合には、前条の規定にかかわらず、当該各号に定める期間においても、することができる。」と定めている。そして、その1号は、次のように定めている。

　「更正決定等に係る不服申立て若しくは訴えについての裁決、決定若しくは判決（以下この号において「裁決等」という。）による原処分の異動又は更正の請求に基づく更正に伴つて課税標準等又は税額等に異動を生ずべき国税（当該裁決等又は更正に係る国税の属する税目に属するものに限る。）で当該裁決等又は更正を受けた者に係るものについての更正決定等　当該裁決等又は更正があつた日から6月間」

　この規定における課税処分の取消しを求める抗告争訟とりわけ取消訴訟においては、その争訟が長期にわたって係属し、その裁決や判決が通常の期間制限（法定申告期限等から5年）を徒過してから行われることがままある。この場合、当該裁決等において取消しの対象となった原処分については、改めて原処分を行う必要はないが、当該裁決等による原処分の異動に伴いそれ以外の年分又は事業年度分について更正（減額更正も含む。）すべき場合が生じることがある。そのため、そのような場合に対応するために、更正決定等の期間制限を延長する必要がある。

　このような問題は、争訟事件に係るものに限らず、更正の請求に基づく更正に関しても生じることになる。すなわち、通常の更正の請求（通則法23①）については、その請求期限（法定申告期限から5年）間際に更正の請求が行われても更正の期間制限が最長5年6月に延長されている（通則法70③）から問題が生じないが、後発的事由に基づく更正の請求（通則法23②、所法152、相法32等）の場合には、その更正に対応して、更に更正決定等の期間制限を延長する必要が生じることになる。

　また、上記1号にいう「原処分の異動又は更正の請求に基づく更正に伴つて」の「伴う」には、次のような場合がある。
① 　貸倒引当金等の繰入額について争いがあり、これが異動したことに伴い、翌期の取崩額が異動する場合

② 修繕費支出を資本的支出とした更正が取り消されたことに伴い、翌期以後の減価償却費が異動する場合
③ 法人税又は所得税についての更正決定が取り消され、これに伴って翌期以後の損金又は必要経費となる事業税の額が変動する場合

2 経済的成果の消失等に伴う場合

　次に、国税通則法71条1項2号は、「申告納税方式による国税につき、その課税標準の計算の基礎となつた事実のうちに含まれていた無効な行為により生じた経済的成果がその行為の無効であることに基因して失われたこと、当該事実のうちに含まれていた取り消しうべき行為が取り消されたことその他これらに準ずる政令で定める理由に基づいてする更正（納付すべき税額を減少させる更正又は純損失等の金額で当該課税期間において生じたもの若しくは還付金の額を増加させる更正若しくはこれらの金額があるものとする更正に限る。）又は当該更正に伴い当該国税に係る加算税についてする賦課決定　当該理由が生じた日から3年間」と定めている。

　また、上記の「政令で定める理由」については、国税通則法施行令30条が、「法第71条第1項第2号〔略〕に規定する政令で定める理由は、第24条第4項〔略〕に規定する理由とする。」と定めている。そして、同施行令24条4項は、「法第58条第5項に規定する政令で定める理由は、法第23条第2項第1号及び第3号（特別の場合の更正の請求）（第6条第1項第5号〔略〕に掲げる理由を除く。）並びに法以外の国税に関する法律の規定により更正の請求の基因とされている理由（修正申告書の提出又は更正若しくは決定があつたことを理由とするものを除く。）で当該国税の法定申告期限後に生じたものとする。」と定めている。

　この2号の規定にいう「無効な行為により生じた経済的成果がその行為の無効であることに基因して失われたこと」に基づいて更正が行われるということは、無効な法律行為であっても、それによって経済的成果が有効に維持されている限り、当該経済的成果が課税所得を構成することを意味する。このことは、所得課税における「所得」(所法7等、法法21等)が包括的所得概念に拠ることに起因する(注174)。また、所得税基本通達36－1は、そのことを確認

（注174）　税法上の「所得」は、税法における固有概念（対立するものとして借用概念がある）の最たるものであるが、その「所得」を定義する包括的所得概念は、制限的所得概念に対立するもので、その利得の発生原因を問わず、全ての経済的利得を「所得」と認識するものである。

する意味で、「法第36条第1項に規定する「収入金額とすべき金額」又は「総収入金額に算入すべき金額」は、その収入の基因となった行為が適法であるかどうかを問わない。」と定めている。

かくして、無効な行為により生じた経済的利得、すなわち違法所得等が課税された後に、それが違法（無効）又は取り消し得べき瑕疵が発覚したが故に、その返還等を余儀なくされた場合には、所得税法ではそれを更正の請求の特則の一つとして認めている（所法152、所令274）ところでもあるが、国税通則法71条1項2号の規定によって税務署長が職権で減額更正ができる期間を定めている所以である。また、同法71条1項2号にいう「その他これらに準ずる政令で定める理由」についての同法施行令30条及び24条4項については、次のことについて留意すべきである。

すなわち、同法施行令24条4項は、同法23条2項3号に基づく施行令6条1項1号から5号までの更正の請求の事由からその5号を除外していることである。そのため、国税庁の通達に基づく課税処分が判決等で違法であるとして取り消され、その通達を変更する新たな取扱通達が公表された場合、その公表が当該国税の法定申告期限から5年を経過していると、当該変更通達に関係する納税者は、更正の請求はできるけれども、減額更正は期限徒過ということで受けられないということになる。

換言すると、同法施行令6条1項5号にいう通達変更は、当該国税の法定申告期限から5年以内のものに限定して救済する趣旨であるということになる。

3　その他の場合

国税通則法71条1項3号は、「更正の請求をすることができる期限について第10条第2項〔略〕又は第11条〔略〕の規定の適用がある場合における当該更正の請求に係る更正又は当該更正に伴つて行われることとなる加算税についてする賦課決定　当該更正の請求があつた日から6月間」と定めている。これは、更正の請求の期限について、祭日等による期限の延長及び災害等による期限の延長があった場合に確認的に定めたものである。

また、会社分割等においては、分割法人等の引当金の引継ぎ等が行われることから、分割法人等と分割承継法人等の国税は、いずれか一方の法人の国税の税額等が異動すると他方の法人の国税の税額等が異動する関係があるので、その場合にも、同法71条1項1号の規定が適用されることになる（通則法71②）。

第8章　期間制限・消滅時効　　273

第3節　徴収権の消滅時効

1　消滅時効の原則

　国税通則法72条1項は、「国税の徴収を目的とする国の権利（以下この節において「国税の徴収権」という。）は、その国税の法定納期限〔略〕から5年間行使しないことによつて、時効により消滅する。」と定めている。

　このように、国税の徴収権の消滅時効の期間が5年であることについては、会計法の定めるところと同じであって統一が図られている（同法30）。また、消滅時効の起算日は、民法上は当該時効に係る権利を行使することができる時である（民法166）が、国税の徴収権については、当該国税の法定申告期限を原則とし、更正の請求に係る更正若しくは賦課決定、裁決等による原処分の異動等に伴う更正決定等により納付すべきものについては、これらの規定に規定する更正又は裁決等があった日とし、還付請求書に係る還付金の額に相当する税額が過大であることにより納付すべきもの及び国税の滞納処分費については、これらにつき徴収権を行使することができる日と定められている（通則法72①かっこ書）。

　また、民法上の消滅時効については、原則として、債権が10年、債権又は所有権以外の財産権は20年（民法167）とされ、商事上の代金請求権については、その業種によって1年から5年の短期消滅時効が定められていたが、平成27年の通常国会において民法改正が提出され、商事債権は一律5年に統一されることになっていたが、当該法案は廃案になった後、平成29年の通常国会において成立している（注175）。なお、国税の徴収権の消滅時効が5年であることは、修正申告又は期限後申告の効力にも関わる。すなわち、修正申告又は期限後申告については、それぞれの提出期限に定めはないが、法定申告期限から5年を過ぎて修正申告又は期限後申告等をしても、原則として、国の徴収権が及ばないことになるから、当該修正申告又は期限後申告も、原則として、法定申告期限から5年以内に限られることになる。

　もっとも、この問題については、更正決定等の期間制限が原則として5年であることから説明されることもあるが、納税申告という税額の確定手続の趣

（注175）　当該改正民法の施行の時は、成立後3年以内で政令で定める日とされている。

旨（納税申告による税額確定は、更正決定等による税額確定とは独立して存在する。）に照らし、国税の徴収権の時効の見地から説明する方が妥当であると解される。

2　時効の援用

　民法145条は、「時効は、当事者が援用しなければ、裁判所がこれによって裁判をすることができない。」と定めている。このことは、当事者が時効によって利益を得てもその利益を放棄することは自由であるから、消滅時効が過ぎた債権の債務者が当該債務を返済することも有効である。

　他方、国税通則法72条2項は、「国税の徴収権の時効については、その援用を要せず、また、その利益を放棄することができないものとする。」と定めている。かくして、国税の徴収権は、時効期間の経過によって何らの手続を要せず消滅する。したがって、時効完成後においては、税務官庁は、納税者が時効を援用するかどうかを問わず徴収手続をとることができないし、また、納税者は、時効の利益を放棄することができないから、当該国税を納付しても過誤納金となり、税務署長は、遅滞なく還付しなければならないことになる（通則法56）。

3　民法の準用

（1）　準用の趣旨

　国税通則法72条3項は、「国税の徴収権の時効については、この節に別段の定めがあるものを除き、民法の規定を準用する。」と定めている。「この節の別段の定め」については、既に述べたように、国税の徴収権の消滅時効が当該国税の法定申告期限等から一律に5年と定められていることや消滅時効に援用を要しないことが挙げられる。また、後述するように、税法の特殊性からくる時効の中断及び停止の問題がある。

　このような「別段の定め」以外の事項で留意すべきことは、次のようなものがある。

（2）　時効の中断

　民法上の時効の中断事由には、①請求、②差押え、仮差押え又は仮処分、及び③承認がある（民法147）。これらの中断事由については、次のことに留意を要する。

第8章　期間制限・消滅時効　　275

① 　請求には、裁判上の請求（民法149）、支払督促（民法150）、和解のためにする呼出し（民法151）、任意出頭（民法151）、確定手続参加（民法152）及び催告（民法153）があるが^(注176)、国税の場合には、支払督促、和解のためにする呼出し及び任意出頭は該当がない。なお、課税処分に対する税務署長の応訴行為も裁判上の一態様であり、時効中断の効力があると解されている^(注177)。

② 　差押え、仮差押え及び仮処分差押えによる中断の効力は、差押手続が終了するまで継続するが、差押えが取り消されたときは、中断の効力は生じない（民法154）。また、差押えのため捜索を実施したが差し押さえるべき財産がなく差押えができなかった場合でも、その捜索に着手した時に時効中断の効力が生じると解されている^(注178)。しかし、その差押えが第三者の住居等にされた場合、すなわち、「差押え、仮差押え及び仮処分は、時効の利益を受ける者に対してしないときは、その者に通知をした後でなければ、時効の中断の効力を生じない。」（民法155）とされている。

③ 　民法上の承認については、「時効の中断の効力を生ずべき承認をするには、相手方の権利についての処分につき行為能力又は権限があることを要しない。」（民法156）ことになる。また、承認は、黙示によるものも含まれると解されている^(注179)。国税の場合は、所得税等の期限後申告、修正申告、税金の一部納付（一部として納付する旨の意思表示が認められる場合に限る。）、納期限後の納税の猶予の申請、延納条件変更の申請、納付財産変更の申請、納付委託の申出等国税の納付義務の存在を認識していたと認められる行為がこれに該当する。なお、還付金等の充当は、承認とはならないから中断事由とはならない。また、国税等における納付慫慂等は、催告として時効中断の効力を有する。しかし、「催告は、6箇月以内に、裁判上の請求、支払督促の申立て、和解の申立て、民事調停法若しくは家事事件手続法による調停の申立て、破産手続参加、再生手続参加、更生手続参加、差押え、仮差押え又は仮処分をしなければ、時効の中断の効力は生じない。」

（注176）　前掲（注4）806頁参照
（注177）　前掲（注4）805頁参照
（注178）　名古屋地判昭42・1・31（訟月13・4・490）参照
（注179）　前掲（注4）806頁参照

（民法153）ことになる。この場合、時効期間満了直前に催告をし、その後6月以内に差押えをすれば、催告の時に時効中断を持つものと解されている(注180)。

以上の民法上の時効の中断については、民法157条が、「①中断した時効は、その中断の事由が終了した時から、新たにその進行を始める。②裁判上の請求によって中断した時効は、裁判が確定した時から、新たにその進行を始める。」と定めている。なお、前述した平成29年の改正民法では、中断規定についても字句等が修正されている。

(3)　時効の停止

民法では、時効の期間の満了前6月以内の間に未成年者又は成年被後見人に法定代理人がいないときは、それらの者が行為能力者となった時等から6月間時効は完成しない（民法158）。

また、夫婦の一方が他の一方に対して有する権利については、婚姻の解消の時から6月を経過するまでの間は、時効は完成しない（民法159）。さらに、「相続財産に関しては、相続人が確定した時、管理人が選任された時又は破産手続開始の決定があった時から6箇月を経過するまでの間は、時効は、完成しない。」（民法160）と定められ、「時効の期間の満了に当たり、天災その他避けることのできない事変のため時効を中断することができないときは、その障害が消滅した時から2週間を経過するまでの間は、時効は、完成しない。」（民法161）と定められている。このような時効の停止は、本来の時効期間の進行に関係なく、ただその完成を一定期間だけ猶予するものであり、中断とはその点が相違する。

また、これらの規定は、国税の徴収権の時効についても準用されるから、当該各規定により時効の完成が猶予される期間については、国税の徴収権についても時効の完成が猶予されることになる。そのほか、会社更生法の規定により滞納処分等の中止がされている期間（同法50⑩）及び徴収の猶予の期間（同法207）等は、時効は進行しない。これらは、民法による時効の停止が時効の完成を猶予する効果を持つのに対し、時効の進行を停止する機能を有する。

(注180)　最判（一小）昭43・6・27（民集22・6・1379）参照

第8章 期間制限・消滅時効 277

4 時効の中断及び停止

(1) 処分等による中断と進行

前述の民法の規定の準用と異なって、税法固有の時効の中断及び停止について、まず、国税通則法73条1項は、「国税の徴収権の時効は、次の各号に掲げる処分に係る部分の国税については、その処分の効力が生じた時に中断し、当該各号に掲げる期間を経過した時から更に進行する。」と定めている。

その「次の各号」については、次のように定められている。

① 更正又は決定 その更正又は決定により納付すべき国税の同法35条2項2号の規定による納期限までの期間

② 過少申告加算税、無申告加算税又は重加算税（同法68条1項、2項又は4項（同条1項又は2項の重加算税に係る部分に限る。）の重加算税に限る。）に係る賦課決定 その賦課決定により納付すべきこれらの国税の同法35条3項の規定による納期限までの期間

③ 納税に関する告知 その告知に指定された納付に関する期限までの期間

④ 督促 督促状又は督促のための納付催告書を発した日から起算して10日を経過した日（同日前に国税徴収法47条2項の規定により差押えがされた場合には、そのされた日）までの期間

⑤ 交付要求 その交付要求がされている期間（国税徴収法82条2項の規定による通知がされていない期間があるときは、その期間を除く。）

以上の各事項については、次のことについて留意を要する。

まず、①の更正又は決定については、更正通知書又は決定通知書が納税者に送達されたときに、その更正又は決定により納付すべき国税について時効が中断することになるが、その国税の納期限がその更正通知書又は決定通知書が発せられた日の翌日から起算して1月を経過する日である（通則法35②二）から、その日まで時効が中断し、その日を経過した時から時効が進行する。また、②の賦課決定についても、その納期限等については、更正又は決定の場合と同様である（通則法35③）。③の納税に関する告知については、納税告知書（滞納処分費の納入告知書及び口頭による告知を含む。）が納税者に送達されたときに時効は中断し、その納付期限（当該納税告知書を発する日の翌日から起算して1月を経過する日（通則令8①））まで継続する。

この場合の納税告知書には、前記②以外の加算税すなわち不納付加算税及

び同加算税に代えて徴される重加算税の告知も含まれる（通則法36①一）。なお、第二次納税義務者及び保証人に対する納付通知書がそれらの者に送達されたときに時効は中断し、その納付期限まで継続し、譲渡担保権者に対する告知（徴収法24②）に関する書類については、その書類が送達されたときに時効が中断し、その発した日から10日を経過した日まで継続する。④の督促については、督促状又は督促のための納付催告書が主たる納税者又は第二次納税義務者（若しくは保証人）に送達されたときに時効は中断し、その書類の発した日から10日を経過した日まで継続する。⑤の交付要求については、交付要求書（参加差押書を含む。）が執行機関に送達されたときに時効は中断し、その交付要求がされている期間中継続する。ただし、交付要求の通知（参加差押えの通知を含む。）が遅れて納税者に送達された場合のようにその送達がされていない期間があるときは、その期間は除かれる。

　また、交付要求により時効が中断された場合には、その交付要求に係る強制換価手続が取り消されたときにおいても、その時効中断の効力は、失われることはない（通則法73②）。

　(2)　「偽りその他不正の行為…税額を免れ」た場合の停止

　国税通則法73条3項は、「国税の徴収権で、偽りその他不正の行為によりその全部若しくは一部の税額を免れ、若しくはその全部若しくは一部の税額の還付を受けた国税又は国外転出等特例の適用がある場合の所得税に係るものの時効は、当該国税の法定納期限から2年間は進行しない。ただし、当該法定納期限の翌日から同日以後2年を経過する日までの期間内に次の各号に掲げる行為又は処分があつた場合においては当該各号に掲げる行為又は処分の区分に応じ当該行為又は処分に係る部分の国税ごとに当該各号に定める日の翌日から、当該法定納期限までに当該行為又は処分があつた場合においては当該行為又は処分に係る部分の国税ごとに当該法定納期限の翌日から進行する。」と定めている。

　この規定のただし書における「次の各号に掲げる行為又は処分」及び「当該各号に定める日」は、次のとおりである。

①　納税申告書の提出　当該申告書が提出された日
②　更正決定等（加算税に係る賦課決定を除く。）　当該更正決定等に係る更正通知書若しくは決定通知書又は賦課決定通知書が発せられた日

第8章 期間制限・消滅時効　279

③　納税に関する告知（賦課決定通知書が発せられた国税に係るものを除く。）　当該告知に係る納税告知書が発せられた日（当該告知が当該告知書の送達に代え、口頭でされた場合には、当該告知がされた日）

④　納税の告知を受けることなくされた源泉徴収による国税の納付　当該納付の日

以上の「偽りその他不正の行為…税額を免れ」た場合の時効の停止は、更正決定等の期間制限に関係する。

すなわち、第1節4で述べたように、「偽りその他不正の行為によりその全部若しくは一部の税額を免れ、又はその全部若しくは一部の税額の還付を受けた国税〔略〕についての更正決定等」（通則法70④）等は、当該国税の法定申告期限等から7年を経過する日まですることができる。しかし、このような場合に、更正決定等の期間制限が7年に延長されたとしても、当該国税の徴収権の消滅時効が通常の5年とされたままでは、当該更正決定等は無意味となる。

この場合、当該国税の徴収権の消滅を単純に7年に延長することも考えられるが、そのような法律構成は、民商法に定める現在の国の債権債務の基本となっている5年の消滅時効を基本的に変更することになるので、好ましくないと考えられたからである（注181）。そのため、前述の消滅時効の法律構成は、①脱税者等以外の者には何らの影響も与えず、また、②脱税者等に対しても、7年前に遡って課税されること以外の影響を生じないように配慮されている。

このような法律構成の前例は、民法においても見受けられる。すなわち、民法上の消滅時効は、「消滅時効は、権利を行使することができる時から進行する。」（民法166①）こととし、債権者の知、不知と関係なく進行することとされている。しかし、債権者の知・不知に関係なく消滅時効が進行するとすれば不公平となるような場合については、別途、消滅時効の始期の特例が設けられている。例えば、「債権者は、債務者が債権者を害することを知ってした法律行為の取消しを裁判所に請求することができる。」（民法424①）とする詐害行為取消権につき、民法426条は、「第424条の規定による取消権は、債権者

（注181）　前掲（注4）814頁参照

が取消しの原因を知った時から2年間行使しないときは、時効によって消滅する。行為の時から20年を経過したときも、同様とする。」と定めている。

また、民法724条は、損害賠償請求権の期間制限について、「不法行為による損害賠償の請求権は、被害者又はその法定代理人が損害及び加害者を知った時から3年間行使しないときは、時効によって消滅する。不法行為の時から20年を経過したときも、同様とする。」と定めている。そこで、民法上のこのような制度を脱税等の場合にも採用することとし、納税者は、税務当局にその事実が知られないように不正工作をして課税要件の把握を妨げているのであるから、税務当局がそれを発見するまでは時効は進行しないこととされたのである。

しかし、税務職員には強力な質問検査権が付与されていること等を考慮して、税務当局が脱税等の事実を知り得ることとなる更正、決定、修正申告等の前であっても、当該国税の「法定納期限から2年を経過する日」が到来すれば、その日の翌日から時効が進行するとされたのである(注182)。

以上のような国税通則法73条3項の規定の趣旨からすると、同項ただし書については、「更正通知書若しくは決定通知書又は賦課決定通知書が発せられた日」等(当該国税の法定納期限の翌日から2年以内のものに限る。)の税務当局が脱税等を知った日から時効が進行するのを原則とし、同項本文は、税務当局が当該事実を知らなくても、当該法定納期限から2年経過すれば時効が進行することを定めていることになる。なお、国税の徴収権の消滅時効に係る「偽りその他不正の行為…税額を免れ」ることの意義については、消滅時効の停止がそのような不正工作に係る更正決定等の期間制限の延長(通則法70⑤)に対応して消滅時効の停止が設けられていることに鑑みれば、当然、当該期間制限の延長に係る「偽りその他不正の行為…税額を免れ」ることと同義に解されることになる。

そして、更正決定等の期間制限の延長に関する解釈論については、第1節4で述べたとおりである。

以上の「偽りその他不正の行為…税額を免れ」た場合の徴収権の延長と賦課権の期間制限の延長との関係について図解すると、次図のようにな

(注182) 前掲（注4）815頁参照

る(注183)。

〔図表　偽りその他不正の行為により免れた国税の除斥期間と消滅時効との関係〕

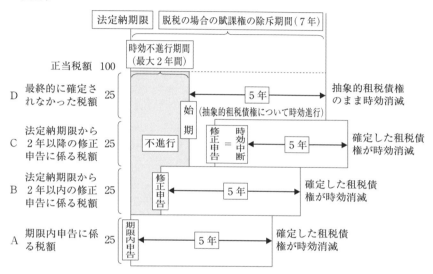

(3)　延納、納税の猶予等に係る停止

　国税通則法73条4項は、「国税の徴収権の時効は、延納、納税の猶予又は徴収若しくは滞納処分に関する猶予に係る部分の国税（当該部分の国税に併せて納付すべき延滞税及び利子税を含む。）につき、その延納又は猶予がされている期間内は、進行しない。」と定めている。これは、これらの期間中は徴収権を行使しないこととしているのであるから、それに対応して時効も停止することになっている。

　この場合、延納は、所得税法、相続税法等で認められているものをいい、納税の猶予は、国税通則法46条に規定するものをいい、徴収若しくは滞納処分に関する猶予は、国税徴収法に規定する換価の猶予及び国税の賦課・徴収に関する処分につき不服申立てがされた場合その他これに類する場合に徴収の所轄庁がする徴収の猶予又は滞納処分の続行の停止をいう。

（注183）　税務大学校「国税通則法（平成26年度版）」327頁から引用。なお、別図では、法定納期限から2年以内に修正申告が行われたケースを示しているが、そのほか、更正決定等、告知等の場合がある。

(4)　延滞税及び利子税の時効

　国税通則法73条5項は、「国税（附帯税、過怠税及び国税の滞納処分費を除く。）についての国税の徴収権の時効が中断し、又は当該国税が納付されたときは、その中断し、又は納付された部分の国税に係る延滞税又は利子税についての国税の徴収権につき、その時効が中断する。」と定めている。延滞税及び利子税を成立させる基本的な請求権は、本税に付随する権利であるから、本税が存続する限り存続し、本税が時効により消滅したときは同時に消滅するものと考えられる。そのため、支分権的な延滞税及び利子税もその消滅時効の起算日は、本税のそれと同じく法定納期限である（通則法72参照）。

　時効の中断についても同様であって、本税について時効が中断されるときは、その中断された本税に係る延滞税又は利子税についての時効が同時に中断する。また、本税が納付されると、その納付された本税に係る延滞税又は利子税について時効が中断するものとされている。これは、国税の収納に当たっては、納税者の利益を考慮して、私債権の場合とは逆に、延滞税又は利子税に優先して本税に充当すべきこととされている（通則法57①・62②・64③）ので、本税の納付は、延滞税及び利子税についての債務の承認であると考えて、その時効を中断するものである。

(5)　他税法による特則

　第1節1(2)で述べたように、贈与税については、更正決定等の期間制限が法定申告期限から6年に延長されている（相法36①）が、贈与税について「偽りその他不正の行為…税額を免れ」た場合の期間制限は、他の税目と同様に法定申告期限から7年とされている（相法36③）。

　この更正決定等の期間制限の延長に対応し、相続税法36条4項は、「第1項の場合において、贈与税に係る国税通則法第72条第1項に規定する国税の徴収権の時効は、同法第73条第3項〔略〕の規定の適用がある場合を除き、当該贈与税の申告書の提出期限から1年間は、進行しない。」と定めている。この規定により、贈与税に係る徴収権の時効は、申告書の提出期限から6年間は完成せず、また、「偽りその他不正の行為…税額を免れ」た場合には、他の税目と同様7年間となる。

　また、移転価格税制の独立企業間価格に係る更正決定等が法定申告期限から6年に延長されている（措法66の4㉑）ことについては既に述べたところであるが、当該法人税及び地方法人税の徴収権の時効についても、当該事項が原則1年間進行しないこととされ、「偽りその他不正の行為…税額を免れ」るこ

第8章　期間制限・消滅時効　　283

とに伴うと他の税目同様、当該時効が2年間進行しないこととされている（措法66の4㉒～㉔）から、更正決定等の期間制限と平仄が合うことになる。

第4節　還付金等の消滅時効

1　消滅時効の内容

　国税の債権・債務関係における消滅時効の問題は、国の徴収権に係るものだけではなく、納税者の還付金等の請求権についても生じることになる。そこで、国税通則法74条1項は、「還付金等に係る国に対する請求権は、その請求をすることができる日から5年間行使しないことによつて、時効により消滅する。」と定めている。この場合、特に、問題となるのが、「その請求をすることができる日」の意義（解釈）である。「請求をすることができる日」とは、民法上の消滅時効の起算日である「権利を行使することができる」（民法166①）と同義であって、法律上権利行使の障害がないことであり、事実上権利を行使できるか否かは問うところではないと解されている(注184)。

　還付金等のうち過誤納金について還付を請求できるのは、過誤納金が生じた時であるから、その翌日が時効の起算日となる。過誤納金が生じた時とは、過誤納金の発生の態様により異なるが、誤納の場合には納付した時であり、不服審査において裁決等により課税処分が取り消された場合又は減額更正があった場合には、裁決書又は更正通知書が送達された時である。また、無効な申告又は課税処分に基づいて納付した場合には、その納付した時に還付請求権が生じる(注185)。

　他方、取り消し得べき瑕疵のある課税処分に関して還付請求権が生じた場合には、当該課税処分は行政処分として公定力を有しているので、当該課税処分が判決等によって取り消された時から還付請求権が生ずるものと解される。

　次に、各個別税法に定めている還付金については、各税法において還付を請求することができる時から時効は進行する。例えば、所得税については、

（注184）　東京高判昭50・4・16（訟月21・6・1345）等参照
（注185）　最判（一小）昭52・3・31（訟月23・4・802）参照

284　　　　第8章　期間制限・消滅時効

提出時期の定めがない還付等を受けるための申告（所法122）により発生する還付金は翌年1月1日が起算日となり、確定申告（損失申告を含む。）により発生する還付金についても、当該申告書を提出することができる翌年1月1日が起算日となる（注186）。また、酒税等の還付金の場合には、当該還付の申告をすることができる日、例えば、酒税の還付金については酒類の戻入れ又は移入のあった日の属する月の翌月1日が起算日となり、その日から時効は進行する。

2　徴収権の消滅時効規定の準用

　国税通則法74条2項は、「第72条第2項及び第3項（国税の徴収権の消滅時効の絶対的効力等）の規定は、前項の場合について準用する。」と定めている。すなわち、還付金等の消滅時効についても、その援用を要せず、その利益を放棄することができない（通則法72②）から、時効完成に絶対的効力を有することになる。また、消滅時効についての民法の規定の準用（通則法72③）については、第3節3において、国税の徴収権の消滅時効について民法の規定が準用されるケースを詳述したところである。

　この場合、還付金等に即して留意すべきことは、時効の中断と停止であるが、具体的には、次のとおりである。

　まず、還付請求は、時効中断の効力がある（民法147一）が、当該請求後6月以内に裁判上の請求等をすることを要する（民法153）。この場合、その請求は、債権者（納税者）が行うものであるから、第三者納付（通則法41①参照）に係る国税につき過誤納が生じた場合にも、当該第三者が還付請求しても時効中断の効力は生じないことになる。また、債務者である国の支払義務の承認行為は、承認（民法147三）したことになるので、時効中断の効力がある。この場合、請求権者に対する国庫金振込通知、一部充当通知、支払通知、支払案内等の通知書が当該請求権者に到達した時に時効は中断する。なお、還付金等の請求権の消滅時効の停止については、実務上例も少ないが、時効期間満了の時に天災等外部的事由により、時効中断の行為をすることができないときに、天災等のやんだ時から2週間は時効の進行が停止するものと考えられる。

（注186）　従来、所得税の確定申告義務のある者の確定申告書の提出期間は、納付申告・還付申告のいずれも2月16日から3月15日まで（第3期）とされていたが、平成23年度改正において、還付金の早期還付等の納税者利便や所得税の確定申告義務のない者とのバランスを勘案し、その提出期間がその年の翌年1月1日から3月15日までとされた。これにより還付金の時効の起算日も一律に1月1日とされた。

第9章

不服審査・訴訟

286

第9章 不服審査・訴訟

第1節 行政不服審査制度の改正

1 行政不服審査制度見直しの趣旨と経緯

　国税通則法に定める不服審査関係の規定は、平成26年6月に大幅に改正された。その改正は、国税通則法の関係規定について単独で行われたわけではなく、行政不服審査の一般法である行政不服審査法の大改正に対応したものである。

　行政不服審査制度は、行政処分に関し、国民がその見直しを求め、行政庁に不服を申し立てる制度であり、国民の権利利益の救済を図るとともに、行政の適正な運営を確保することを目的として設けられているものである。この行政不服審査制度の基本法である行政不服審査法は、各種の行政上の不服申立てに適用されるように定められているが、昭和37年に制定されて以降50年以上経過するが、実質的な改正は行われてこなかった。この間、国民の権利意識の変化や、平成5年には、行政手続法が制定され[注187]、また、平成16年には、行政事件訴訟法が大幅に改正されるなど、制度を取り巻く環境は大きく変化していることから、行政不服審査における審理の公正性の確保など時代の制度の見直しが喫緊の課題であるとされてきた。

　こうした問題意識の下、総務省は、平成25年6月、「行政不服審査制度の見直し方針」を取りまとめ、行政不服審査法に定める不服申立制度について、行政手続法及び行政事件訴訟法との関係を整備し、時代に即した制度とするため、その簡易迅速化を生かしつつ、より公平性が確保され、かつ、利用しやすい制度とする観点から、抜本的な見直しを行うこととした。また、これに伴い関係法令について、いわゆる不服申立前置の見直しを含め、所要の規

（注187）　行政手続法の目的は、「この法律は、処分、行政指導及び届出に関する手続並びに命令等を定める手続に関し、共通する事項を定めることによって、行政運営における公正の確保と透明性（行政上の意思決定について、その内容及び過程が国民にとって明らかであることをいう。〔略〕）の向上を図り、もって国民の権利利益の保護に資することを目的とする。」（同法1①）ことにある。

定の整備を行うこととした(注188)。

　かくして、平成26年3月、上記の改正事項を盛り込んだ「行政不服審査法案」、「行政不服審査法の施行に伴う関係法律の整備等に関する法律案」及び「行政手続法の一部を改正する法律案」(以下「3法案」という。)が、閣議決定され、国会に提出された。同年5月20日、衆議院総務委員会において、与野党共同で、「行政不服審査法案」に対する修正案(注189)が提出され、3法案とともに可決され(注190)、同日、衆議院本会議で可決され、その後、同年6月、参議院本会議で可決・成立し、6月13日に公布された(注191)。

2　国税の不服申立制度の見直しの経緯

　以上の行政不服審査制度の全般的な見直しは、主として、国税通則法において定められている国税の不服申立制度のあり方にも影響を及ぼしてきた。しかし、国税の不服申立手続については、従前、処分の大量性、税法の専門性といった税務の特質に鑑み、行政不服審査法が定める不服申立手続とは一線を画してきたところであるが、当該特殊性をどこまで維持するかが問題とされてきた。

　ともあれ、国税の不服申立制度を定める国税通則法の改正については、次のような平成20年度以降の税制改正大綱において、不服申立手続の改正、国

（注188）　行政不服審査法の見直しについては、それ以前においても、平成19年7月、総務省の「行政不服審査制度検討会」が、「行政不服審査制度検討会最終報告」をとりまとめ、それを基にして、平成20年4月、「行政不服審査法案」、「行政不服審査法の施行に伴う関係法律の整備等に関する法律案」及び「行政手続法の一部を改正する法律案」の三法案が閣議決定を経て国会に提出されたが、衆議院解散により審議未了・廃案となった。その後、平成22年8月、総務大臣と行政刷新担当大臣を共同座長とする行政救済制度検討チームが設けられ、行政不服審査法の改革、不服申立前置の全面的見直し等について検討が行われ、平成23年12月に、その検討結果である「行政救済制度検討チーム取りまとめ」が公表された。これらの検討を踏まえて、平成26年の行政不服審査法等の改正が行われた。
（注189）　同修正案は、同法案の附則に1条を加え、「第6条　政府は、この法律の施行後5年を経過した場合において、この法律の施行の状況について検討を加え、必要があると認めるときは、その結果に基づいて所要の措置を講ずるものとする。」というものである。
（注190）　衆議院の可決の際に、権利救済の実効性を担保できるように適切な人材の選任に配意すべき等の附帯決議があった。
（注191）　参議院の可決の際には、年度改正後の実施状況を踏まえつつ、今後とも不断の見直しを行うべき等とする附帯決議があった。

第9章　不服審査・訴訟　　289

税不服審判所（以下「審判所」という。）の改革等が提言されてきた。
①　平成20年度税制改正大綱（平成19年12月）
②　平成22年度税制改正大綱（平成21年12月）
③　平成23年度税制改正大綱（平成22年12月）
④　平成24年度税制改正大綱（平成23年12月）
　かくして、平成26年度税制改正大綱（平成25年12月）は、前記①から④までの各年度税制改正大綱を踏まえて、不服申立手続等について、次の①から⑥のような提言をした。
①　処分に不服がある者は、直接審査請求ができることとする（異議申立てと審査請求の二段階の廃止）。
②　不服申立期間を処分があったことを知った日の翌日から3月以内に延長する。
③　審理関係人（審査請求人、参加人及び処分庁）は、担当審判官の職権収集資料を含め物件の閲覧及び謄写を求めることができることとする。
④　審査請求人の処分庁に対する質問、審理手続の計画的遂行等の手続規定の整備を行う。
⑤　国税庁長官の法令解釈と異なる解釈等による裁決をするときは、国税不服審判所長は、予めその意見を国税庁長官に通知しなければならないこととする。国税庁長官は、国税不服審判所長の意見を相当と認める一定の場合を除き、国税不服審判所長と併せて国税審議会に諮問することとする。国税不服審判所長は、その議決に基づいて裁決しなければならないこととする。
⑥　その他所要の措置を講ずる。
　以上の提言のうち、⑤については、平成26年3月に成立した「所得税法等の一部を改正する法律」の中で立法化され、他の事項については、平成26年6月の改正において立法化された。

3　行政不服審査法改正（平成26年6月）の概要
(1)　公正性の向上
　改正された行政不服審査法は、その改正の目的である行政の公正性の向上を図るため、次のような制度の創設、審理の拡充（審査請求人の権利保護）を図ることとしている。

290　　　第9章　不服審査・訴訟

① 審理員制度の導入

　審査請求がされた行政庁（以下「審査庁」という。）は、所属する職員の
うちから審理手続を行う者を審理員として指名するとともに、その旨を審
査請求人及び処分庁等に通知しなければならない（行審法9①）。この審理員
は、職員のうち処分に関与しない一定の者でなければならない（行審法9②）。
この「一定の者」については、審理手続を主宰して、審査庁がすべき裁決
に関する意見書を提出するという重要な職務を遂行することに鑑み、処分
部門を異にする管理職クラスの者が想定されている（注192）。

② 第三者機関への諮問手続の導入

　審査庁は、審理員意見書の提出を受けたときは、審査請求に係る処分の
際に審議会等（地方公共団体の議会等）の議を経た場合、裁決の際に審議
会等の議を経て裁決しようとする場合、審査請求人が諮問を希望しない場
合又は行政不服審査会等（行政不服審査会又は地方公共団体に置かれる機
関（行審法81①））によって諮問を要しないものと認められたものである場
合を除き、行政不服審査会等に諮問しなければならない（行審法43①）。改
正前は、個別法において、国民の権利利益の保護の観点から、第三者機関
（関税等不服審査会、社会保険審査会、国税審議会等）が審理に関与する
こととされていたが、行政処分の適否についての客観性・公正性を高める
ため、既存の第三者機関に加え、全ての行政処分に関して第三者機関（行
政不服審査会等）の審理に服させるようにしたものである。

③ 審理手続における審査請求人の権利の拡充

　審理における口頭意見陳述に際し、申立人は、審査請求に係る事件に関
し、処分庁等に対して質問を発することができる（行審法31⑤）。また、審査
請求人又は参加人は、審理手続が終了するまでの間、この法律の規定によ
り提出された書類その他の物件の閲覧又は写し等の交付を求めることがで
きる（行審法38①）。

(2) 国民の利便性の向上

行政処分等に対する不服申立ての利便性の向上を図るため、次のような改
正が行われた。

① 不服申立てをすることができる期間を3月に延長

　処分についての審査請求は、正当な理由があるときを除き、処分があっ

─────────────

（注192）　『改正税法のすべて〔平成26年版〕』（大蔵財務協会、平成26年）1114頁参照

第9章　不服審査・訴訟　　291

たことを知った日の翌日から起算して3月（改正前60日）を経過したときは、することができないこととされた（旧行審法14①、行審法18①）。ただし、当該処分について再調査の請求をしたときは、当該再調査の請求についての決定があったことを知った日の翌日から起算して1月を経過したときは、審査請求ができないことになる（行審法18①）。

② 不服申立ての手続を審査請求に一元化

　　従前、「審査請求」、「異議申立て」又は「再審査請求」が併存していたが、これらを原則として「審査請求」に一元化し、審査請求と選択的な関係にあった異議申立て及び処分権限を委任した場合の再審査請求を廃止することとしたが、具体的には、次のとおりである。行政庁の処分に不服がある者は、審査請求をすることができる（行審法2）。また、法令に基づき行政庁に対して処分についての申請をした者は、当該申請から相当の期間が経過したにもかかわらず、行政庁の不作為がある場合には、当該不作為について審査請求ができる（行審法3）こととされた。なお、審査請求は、法律（条例に基づく処分については、条例）に特別の定めがある場合を除くほか、原則として、処分庁（不作為庁を含む。以下同じ。）に上級行政庁がない場合には当該処分庁に、処分庁に上級行政庁がある場合には当該処分庁の最上級行政庁に対してするものとされた（行審法4）。

　　次に、改正前にあった異議申立てに対応するものとして、他の法律に特別の定めがある場合に、不服申立人の選択により、処分についての審査請求の前段階に処分の見直しを求める「再調査の請求」をすることができる（行審法5）こととされた。これは、後述するように、不服申立てが大量にある国税に係る処分について定められている。また、改正前の再調査請求に相当するものとして、他の法律に特別の定めがある場合について、処分についての審査請求の裁決に不服がある者に対し、例外的に、再審査請求ができることとされた（行審法6）。

　　なお、不作為についての審査請求については、事務処理の促進を図るため、違法又は不当な不作為が認められる場合において、審査庁が申請に対して一定の処分をすべきものと認めるときは、争訟の一回的解決を図る観点から、法令に基づく申請を認容するか拒否するかを判断することを可能にする制度とされた（行審法49③）。

③ 標準審理期間の設定・審理手続の計画的遂行

　　審査庁となるべき行政庁は、審査請求が到達してから当該審査請求に対

する裁決をするまでに通常要すべき標準的な期間を定めるように努めるとともに、これを定めたときは、公にしなければならない（行審法16）。また、審理員は、審査請求に係る事件について、審理すべき事項が多数であり又は錯綜しているなど事件が複雑であることその他の事情により、迅速かつ公正な審理を行うため、口頭意見陳述等一定の審理手続を計画的に遂行する必要があると認める場合は、あらかじめこれらの審理手続の申立てに関する意見の聴取を行うことができるものとする（行審法37①）。これらの措置は、迅速な審理を確保するものである。

④　不服申立前置の見直し

国民の手続的負担や権利利益の保護レベルを考慮し、二重前置（異議申立てと審査請求）を廃止し、次に掲げる場合以外は、不服申立前置を廃止し、国民が審査請求を経ないで、訴えを提起できることとする（行訴法8①）。

㋐　不服申立ての手続に一審代替性（裁決後高等裁判所に提訴）があり、国民の手続負担の軽減が図られている場合（電波法、特許法等）

㋑　大量の不服申立てがあり、直ちに出訴されると裁判所の負担が大きくなると考えられる場合（国税通則法、国民年金法、労働者災害補償保険法等）

㋒　第三者的機関が高度に専門技術的な判断を行う等により、裁判所の負担が低減されると考えられる場合（公害健康被害の補償等に関する法律、国家公務員法等）

(3)　適用時期

以上の行政不服審査法の改正は、公布の日（平成26年6月13日）から起算して2年を超えない範囲内において政令で定める日から施行することになる（行審法附則1）。このように施行日までに2年を要するのは、今回の改正が行政不服審査法を抜本的に見直すものであることから、職員の研修等を含め改正法を適正に運用する体制を構築するなどの準備期間や、国民に混乱が生じないよう周知期間を十分確保する必要があること等を総合的に勘案したものである。そして、上記の改正法は、平成28年4月1日から施行されている。

4　国税通則法改正（平成26年6月）の概要

前記3の行政不服審査法の改正に対応して、国税通則法における不服申立制度も改正されることになったが、その概要（要点）は、次のとおりである。

詳細については、追って、逐条ごとに解説する。

① 不服申立前置の見直し

国税に関する処分に不服がある者は、全ての処分につき、直接国税不服審判所に対して審査請求をすることができることとした（二審制の廃止）。従前の処分庁に対する「異議申立て」は廃止されたが、処分庁に対する処分の見直しを求めることができるように、「再調査の請求」をすることができることとした。

② 適用除外（不服申立てができない処分）

行政不服審査法が、同法に基づく処分に係る不作為を適用除外としていることに対応し、国税についても、裁決等に係る不作為について、不服申立てができないことを明らかにした。

③ 不服申立期間の延長

従前の不服申立ては、異議申立て又は第一審としての審査請求については、処分があったことを知った日の翌日から起算して2月以内にしなければならないとされていたが、この期間を「3月以内」に延長することとした。

④ 行政不服審査法との関係

今回の改正により、国税庁長官の処分に対する不服申立てが国税庁長官に対する審査請求（従前は、国税庁長官に対する異議申立て）とされたことから、その審査請求の手続については、基本的には、行政不服審査法の規定によることとされた。

⑤ 標準審理期間の設定

国税庁長官、国税不服審判所長、国税局長、税務署長又は税関長は、不服申立てがその事務所に到達してから当該不服申立てについての決定又は裁決をするまでに通常要すべき標準的な期間を定めるように努めるとともに、これを定めたときは、その事務所における備付けその他の適当な方法により公にしておかなければならないとされた。

⑥ 再調査の請求の創設

異議申立制度が廃止されたが、原処分の見直しを求めたい納税者に対しては、再調査の請求を選択できることとし、それを選択した者は、原則として、再調査の請求について決定を経た後に審査請求をすることができることになる。

第9章　不服審査・訴訟

⑦　審査請求

　　審査請求の手続、審理手続の計画的遂行、口頭意見陳述の整備、審理関係人による物件の閲覧等について、審理の迅速化、審査請求人の権利救済等を図るために、諸手続が整備された。

⑧　その他

　　誤った教示をした場合の救済、国税庁長官に対する審査請求書の提出等について、所要の整備が行われた。

　　なお、以上の国税の不服申立てに係る審理手続の概要を行政不服審査法のそれと対比すると、別表のとおりである^(注193)。

⑨　適用時期

　　以上の改正国税通則法も行政不服審査法と同様、公布の日（平成26年6月13日）から起算して2年を超えない範囲内において政令で定める日から適用される。そして、同改正法は、平成28年4月1日から施行されている。

〔別表　国税の不服申立てに係る審理手続の概要（行政不服審査法と国税通則法の対比表）〕

（凡例　◎：新設規定）

	項目	改正前		改正後	
		行政不服審査法	国税通則法	行政不服審査法	国税通則法
共通	・標準審理期間の設定	－	－（注）	◎新設（16条・61条）	◎同左（77条の2）
再調査の請求	・口頭意見陳述の整備	○請求人等の申立てにより実施（25条①・48条） ○補佐人とともに出頭可（25条②・48条） －	○同左（84条①前段・109条⑤） ○同左（84条①後段・109条⑤） －	○同左（31条①・61条） ○同左（31条③・61条） ◎期日・場所を指定、請求人等を招集して実施（31条②・61条）	○同左（84条①） ○同左（84条③） ◎同左（84条②）
	・請求人・参加人からの証拠書類等の提出	○（26条・48条）	－	○（32条①③・61条）	◎新設（84条⑥）
	・審理手続の計画的進行	－	－	◎新設（28条）	◎同左（92条の2）
	・原処分庁からの答弁書の提出	○（22条）	○（93条）	○（29条）	○（93条）

(注193)　別表は、前掲（注192）1142頁から引用

第9章　不服審査・訴訟

<table>
<tr><td rowspan="8">審査請求</td><td>・担当審判官等（審理員に相当）の指定</td><td>—
—</td><td>○担当審判官等の指定（94条）
—
（ただし、除斥事由は運用上実施）</td><td>◎審理員の指名(9条①)
◎除斥事由の追加(9条②)</td><td>○担当審判官等の指定（94条①）
◎同左（94条②）</td></tr>
<tr><td>・請求人等からの反論書・参加人意見書の提出</td><td>○反論書の提出（23条）
—</td><td>○同左（95条）
—</td><td>○同左（30条①）
◎参加人の意見書の提出を認容（30条②）</td><td>○同左（95条①）
◎参加人意見書の提出を認容（95条②）</td></tr>
<tr><td>・口頭意見陳述の整備</td><td>○請求人等の申立てにより実施（25条①）
○補佐人とともに出頭可（25条②）</td><td>○同左（84条①前段・101条①・109条⑤）
○同左（84条①後段・101条①・109条⑤）</td><td>○同左（31条①）
○同左（31条③）
◎期日・場所を指定、審理関係人を招集して実施（31条②）
◎原処分庁に対する質問権の認容（31条⑤）</td><td>○同左（95条の2①）
○同左（84条③・95条の2③）
◎同左（84条②・95条の2③）
◎同左（95条の2②）</td></tr>
<tr><td>・請求人・参加人及び原処分庁からの証拠書類等の提出</td><td>○（26条・33条①）</td><td>○（95条・96条①・109条⑤）</td><td>○（32条①②）</td><td>○（96条①②）</td></tr>
<tr><td>・審理のための質問、検査等</td><td>○（27条・28条・29条・30条）</td><td>○（97条・109条④）</td><td>○（33条・34条・35条・36条）</td><td>○（97条）</td></tr>
<tr><td>・審理手続の計画的遂行（争点及び証拠の整理）</td><td>—</td><td>—
（ただし、争点整理は運用上実施）</td><td>◎新設（37条）</td><td>◎同左（97条の2）</td></tr>
<tr><td>・審理関係人による物件の閲覧等</td><td>○（原）処分庁から提出された物件について閲覧可（33条②③）</td><td>○同左（96条②③・109条⑤）</td><td>◎対象を審理員が職権で収集した資料にも拡大（38条）
◎閲覧対象書類の写しの交付についても認容（同上）
—</td><td>◎対象を担当審判官が職権で収集した資料にも拡大（97条の3）
◎同左（同上）
◎審査請求人等のほか、処分庁による物件の閲覧等の認容（同上）</td></tr>
<tr><td>・審理手続の終結</td><td>—</td><td>—</td><td>◎新設（41条）</td><td>◎同上（97条の4）</td></tr>
</table>

（注）　実績の評価において、「異議申立て3か月以内の処理件数割合」及び「審査請求1年以内の処理件数割合」をそれぞれ95％以上とする目標を設定。

第2節　不服審査の法的性格

1　不服審査の概要

　国税の不服審査制度は、前節で述べたように、平成26年6月の改正行政不服審査法及び国税通則法の改正によって、大幅に変更された。すなわち、改正前の国税通則法における不服審査では、処分の取消訴訟を提起するに当たって、原則として、二審制による不服申立前置主義が採用されており、例えば、税務署長の更正決定等の処分に不服がある場合には、まず、当該税務署長に対する異議申立てを行い、異議決定を経た上で、国税不服審判所に対して審査請求をし、その裁決を経た後に、取消訴訟を提起することとされていた（もっとも、青色申告書に係る更正等については、例外的に、直接審査請求をすることができる場合もあった。）。このような不服申立前置の二審制については、前節の4で述べたように、改正後（現行法）では、異議申立制度が廃止され、原則として、審査請求のみの一審制が実施されることになった。

　しかし、処分庁に対して当該処分の見直しを求めることができるという趣旨で、異議申立制度と類似の再調査の請求制度が設けられた。この再調査の請求を選択した場合には、原則として、その決定を受けた後に審査請求をすることになるので、結果的に、納税者の判断で二審制が適用されることになる。

　次に、国税庁長官が行った処分に対する不服申立てについては、改正前は長官に対して異議申立てを行うこととされていたが、異議申立制度の廃止に伴い、長官に対して審査請求を行うこととされた。この場合の手続は、原則として、行政不服審査法の定めるところによる。以上のように、現行法では、いずれの処分についても、原則として、国税不服審判所長及び国税庁長官の裁決を経た後に、当該処分についての取消訴訟を提起することになる。

2　不服審査の法的性格

　前節で述べたように、平成26年の行政不服審査法の改正は、長年の検討の結果、ようやく立法化されたものであるが、国税の不服審査の改正も、その流れの中で長年検討されてきた成果でもある。それらの改正の趣旨は、国民の権利意識の高まりやそれらに対応するという時代に即した制度とするた

第9章 不服審査・訴訟

め、不服審査における簡易迅速化を生かしつつ、一層の公平性を確保し、一層利用しやすいものにするためであった。

この場合、国民がより一層公平性を求めることもあって、不服審査機関の第三者的機能の強化を求める声も強い。国税に関しても、国税不服審判所の第三者的機能を強化すべきだと言われてきた。そのため、国税審判官については、弁護士、税理士等の外部からの登用者を漸次半数にすべきであるということでその登用が進められ、現在では、それも実現している。また、それとは別に、国税不服審判所を国税庁の附属機関として存続させていること自体、第三者的機関としての機能を歪めていることになるから、国税不服審判所という組織を国税庁から切り離すべきであるとの見解も根強い。これらの傾向は、国税の不服審査についての法的性格の変更を求めようとするものであるから、その法的性格を明らかにしておく必要がある。

まず、その法的性格については、原処分庁に対する異議申立て及び現行法の下での再調査の請求と国税不服審判所に対する審査請求とに区分して考察する必要がある。前者の異議申立て及び再調査の請求は、処分を行った者に対する不服申立てであるから、当該処分の見直しを求めるものにほかならない。この場合、再調査の請求に対する審理手続については、申立人の権利救済のために、口頭意見陳述の充実等、公平な手続が行われるように努められている。しかし、それは、国税庁の一組織としての「税務署長」等として原処分の是非を見直すことにほかならない。したがって、当該見直しに当たっては、徴税機関の見地において、行政庁の長の命令手段である「国税庁長官通達」に全面的に従った上での見直しに限られることになる。

他方、審査請求らについては、後述する国税不服審判所の機能について「第三者的機関」の役割を求める声が強いこともあって、裁判所的役割を果たすことが期待されている。確かに、審査請求においては、平成26年の国税通則法の改正等により、前節で述べたように、公平な審理を行うための手続が整備されてきた。そして、国税不服審判所長は、国税通則法99条の規定によって、国税庁長官通達に従わない裁決を行うことの発議も認められている。しかし、同法99条の存在は、本来、国税不服審判所長が国税庁長官の命令（通達）に従う立場にあるからこそ、国税不服審判所長が、所定の手続を取らない限り、通達を無視して自由に裁決を行うことができないことを意味している。

298 第9章 不服審査・訴訟

　また、同法102条は、「裁決は、関係行政庁を拘束する」と定めている。この規定により、原処分庁である税務署長は、更正決定等の原処分が裁決によって取り消されても、それに反論（新たに同じ処分をすること等）することは許されない。そのことは、行政組織論において、当該原処分の当否につき、当該裁決を行った国税不服審判所長が、当該原処分を行った税務署長の上司として機能していることにほかならない。

　以上のことからみても、国税不服審判所は、国税庁という行政組織の一部を担っていることに変わりがなく、国税不服審判所長も、原則として、国税庁長官の命令（通達）に従った判断（裁決）を求められることになる。そうであれば、審査請求における裁決も、原処分の最終見直しを行うという使命を負うことになる[注194]。したがって、不服審査は、国税庁という徴税機関における「原処分の見直し」という法的性格を有することには変わりはない。そうであれば、審査請求の手段及びその結論である裁決については、国税庁という徴税機関たる行政組織における最終的な「原処分の見直し」としてどうあるべきかという観点からなされるべきである。そこには、より公平性が求められるにしても、完全な第三者としての判断が求められているわけではないはずである。

3　国税不服審判所の機能

　前述のように、国税不服審判所における審査請求も、原処分の見直しであると解すると、あるいは解されるべきであるとすると、審査請求手続の一層の公平性を期すために、国税不服審判所を国税庁の組織から切り離して独立させるべきである旨の主張を惹起する。しかし、このような見解にも、メリットとデメリットがある。メリットについては、確かに、第三者的機能が期待され、一層公平な審理が期待されることになる。そして、国税不服審判所も、「行政裁判所」的な存在となり、裁判所に近づくことになる。他方、デメリットについては、まず、国税不服審判所が国税庁とは別の行政（又は司法）組織となるから、国税庁内における原処分の見直しのあり方が問題となる。

（注194）　品川芳宣「国税通則法の改正案の問題点とあるべき方向（下）」税務事例平成23年12月号11頁等参照

第9章　不服審査・訴訟　　299

　この場合、平成26年6月改正により選択的に設けられた「再調査の請求」を
審査請求との選択ではなく、不服申立前置の唯一の手続にすれば足りるとす
る見解もあり得よう。しかし、その場合には、原処分庁の上級庁（現在の国
税不服審判所）による見直しができなくなるので、公平性の見地から問題を
残すことになる。また、国税不服審判所が原処分の見直し機関でないとする
ことは、第三者的機能は強化されようが、その裁決が第三者による判断であ
るということであれば、原処分の一部取消し又は全部取消しを行うとすると、
当該取消裁決について、原処分庁に対しても当該裁決を争うことを認める必
要があり、その手続が複雑になる。そうすると、簡易・迅速な権利救済は、
きわめて困難になる。さらに問題となるのは、国税不服審判所の要員確保が
きわめて困難になるということである。

　国税不服審判所の人事は、国税審判官のみではなく、国税副審判官、審査
官等数百名によって構成されているが、これらの国税事務に熟達した要員を
独立した組織で確保することはきわめて困難であろう。いずれにしても、国
税庁から切り離した新組織が、どのような組織になるのか、どのような法的
機能を与えられるのかは定かではないが、仮に、そのような新組織ができた
としても、「簡易・迅速・公平」を総合的に勘案した場合には、現行の審判所
よりも機能的に優れた組織になるものとは考えられない(注195)。

第3節　不服審査の総則

1　不服申立制度の基本構造
(1)　不服申立ての通則
　国税通則法75条1項は、「国税に関する法律に基づく処分で次の各号に掲げ
るものに不服がある者は、当該各号に掲げる不服申立てをすることができ
る。」と定め、「次の各号」については、次のように定めている。
「一　税務署長、国税局長又は税関長がした処分（次項に規定する処分を除

(注195)　前掲（注194）12頁参照

く。） 次に掲げる不服申立てのうちその処分に不服がある者の選択す
るいずれかの不服申立て

イ その処分をした税務署長、国税局長又は税関長に対する再調査の請
求

ロ 国税不服審判所長に対する審査請求

二 国税庁長官がした処分 国税庁長官に対する審査請求

三 国税庁、国税局、税務署及び税関以外の行政機関の長又はその職員が
した処分 国税不服審判所長に対する審査請求」

この法75条1項の規定は、不服審査制度の骨格を示すものである。すなわ
ち、1号の規定は、第1節で述べたように、不服申立前置における一審制を明
確にしたものである。従来のように、原則として、異議申立てをして決定を
経なければ審査請求ができなかったことに対し、直ちに審査請求ができるこ
とを明確にしたものである。また、これも第1節で述べたように、原処分庁
に対する原処分の見直しを求めるために、再調査の請求もできることを明確
にしている。

この場合には、追って述べるように、原則として、再調査の請求について
の決定を経た後でないと、審査請求ができないことになる（通則法75③）。ま
た、2号に定める国税庁長官がした処分については、従前は同長官に対して異
議申立てをすることとされていた（旧通則法75①三）が、異議申立制度が廃止さ
れたことにより、審査請求に変更されることになった。この場合の審査請求
の手続は、第1節で述べた、行政不服審査法に定めるところによる。

次の3号に定める「国税庁、国税局、税務署及び税関以外の行政機関の長又
はその職員」については、財務省以外の行政機関又はその職責を意味するこ
とになるが、実務的には、法務省の法務局（登記所）及びそこに勤務する登
記官が対象となることがほとんどである。すなわち、登録免許税法における
各種登記に係る登録免許税の課税標準及び税額の認定は、登記機関によって
行われるからである（登録免許税法26等参照）。

(2) 国税局職員等が調査した処分等

国税通則法75条2項は、「国税に関する法律に基づき税務署長がした処分で、
その処分に係る事項に関する調査が次の各号に掲げる職員によつてされた旨
の記載がある書面により通知されたものに不服がある者は、当該各号に定め

第9章　不服審査・訴訟　　301

る国税局長又は国税庁長官がその処分をしたものとそれぞれみなして、国税局長がしたものとみなされた処分については当該国税局長に対する再調査の請求又は国税不服審判所長に対する審査請求のうちその処分に不服がある者の選択するいずれかの不服申立てをし、国税庁長官がしたものとみなされた処分については国税庁長官に対する審査請求ができる。」と定めている。同項各号には、次のとおり定められている。

「一　国税局の当該職員　その処分をした税務署長の管轄区域を所轄する国税局長

　二　国税庁の当該職員　国税庁長官」

　不服申立ての対象となる「国税に関する法律に基づく処分」の大半は、税務署長が行う更正・決定、賦課決定等である（通則法24・25・26・32等参照）。この更正又は決定につき、同法27条は「…国税庁又は国税局の当該職員の調査があつたときは、税務署長は、当該調査したところに基づき、これらの規定による更正又は決定をすることができる。」と定めている。

　このような国税庁又は国税局の当該職員の調査に基づいて税務署長が行う更正又は決定の不服申立ては、当該国税局長又は国税庁長官に対して行うことになる。例えば、国税局の調査査察部（調査部）、課税部資料調査課に所属する当該職員の調査に基づく更正・決定等がこれに当たる。

　また、このような処分者と処分行為者の所属が異なることは、更正、決定等の課税処分に限らず、他の処分についても関係することになる。そこで、同法75条5項は、「国税に関する法律に基づく処分で国税庁、国税局、税務署又は税関の職員がしたものに不服がある場合には、それぞれその職員の所属する国税庁、国税局、税務署又は税関の長がその処分をしたものとみなして、第1項の規定を適用する。」と定めている。

　(3)　再調査の請求後の審査請求

　前述した国税通則法75条1項及び2項の規定により、処分に不服がある者は、税務署長又は国税局長に対し再調査の請求をすることができるが、その後の手続について、次のように定められている。まず、同法75条3項は、「第1項第1号イ又は前項（第1号に係る部分に限る。）の規定による再調査の請求（法定の再調査の請求期間経過後にされたものその他その請求が適法にされていないものを除く。次項において同じ。）についての決定があつた場合において、

当該再調査の請求をした者が当該決定を経た後の処分になお不服があるときは、その者は、国税不服審判所長に対して審査請求をすることができる。」と定めている。

また、同法75条4項は、「第1項第1号イ又は第2項（第1号に係る部分に限る。）の規定による再調査の請求をしている者は、次の各号のいずれかに該当する場合には、当該再調査の請求に係る処分について、決定を経ないで、国税不服審判所長に対して審査請求をすることができる。」と定めている。そして、再調査の請求に係る決定を経ないで審査請求ができる事由については、次のとおり定めている。

「一　再調査の請求をした日（第81条第3項〔略〕の規定により不備を補正すべきことを求められた場合にあつては、当該不備を補正した日）の翌日から起算して3月を経過しても当該再調査の請求についての決定がない場合

　二　その他再調査の請求についての決定を経ないことにつき正当な理由がある場合」

以上のように、再調査の請求をした後、決定を経た後の処分になお不服がある場合、再調査の請求後3月を経過した場合及び決定を経ないことにつき正当な理由がある場合に、それぞれ審査請求をすることができるが、それは、従前の規定により、異議申立てをした場合と同様である。なお、再調査の請求は、不服申立人の選択によって行われるのであるが、不服申立人がその選択をした場合には、その後審査請求ができるのは、上記の事由があった場合に限られることになる。以上の不服申立（不服審査）制度の概要を示すと、次図のとおりである(注196)。

(注196)　前掲（注192）1124頁から引用

第9章　不服審査・訴訟

〔図表　不服申立制度の概要〕

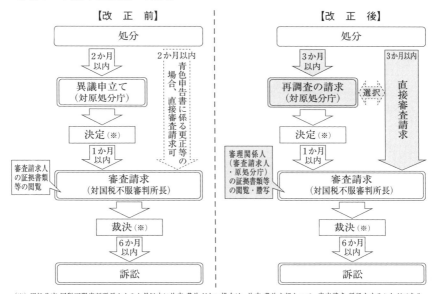

(※) 原処分庁・国税不服審判所長から3か月以内に決定・裁決がない場合は、決定・裁決を経ないで、審査請求・訴訟をすることができる。

(4)　解釈上の論点

　ア　「不服がある者」の意義

　前述した国税通則法75条の規定は、国税に関する不服申立制度の通則を示すものであるが、当該規定について、解釈上幾つかの論点がある。一つは、税務署長等がした処分について不服申立てができる「不服がある者」とは、何人を指し、どの範囲まで認められるかである。二つは、「国税に関する法律に基づく処分」とは、何を意味するかである。三つは、当該「処分」に該当する場合でも、「不利益」ではない処分についても不服申立てが認められるのか、また、当該「不利益」とは何かをどのように判断するかである。

　まず、「不服がある者」の意義については、東京地裁昭和53年12月21日判決（税資103・826）は、「当該処分に対し不服申立てをする法律上の利益を有する者、すなわち、当該処分によつて直接自己の権利又は法的利益が侵害されている者をいうと解すべきである。」と判示している。この場合、「直接自己の権利又は法的利益が侵害されている」ということであるので、直接ということで自ずから限定されることになる。前掲東京地裁判決の事案においても、

304　第9章　不服審査・訴訟

裁決（却下）の適否をめぐる不服申立てに関し、原告が、当該審査請求において、係争対象の差押物件はいずれも第三者の所有にかかるものであって、原告の所有物件ではないと主張している場合に、同判決は、「その限りにおいては、原告が右各差押処分の適否を争つて不服申立てをする法律上の利益を有しないことは明らかである。」と判示している。

　また、「不服がある者」については、必ずしも処分の直接の相手方である必要はないのであるが、この点について、不服審査基本通達（国税庁関係）(注197)は、次のように定めている（同通達75－2）。

　「法第75条第1項の「処分……に不服がある者」は、処分によって直接自己の権利又は法律上の利益を侵害された者であることを要し、処分の直接の相手方のみならず、例えば、差押えに係る財産について抵当権を有する者のように第三者もこれに当たる場合があることに留意を要する。」

　そのほか、処分と不服申立人との関係が区別し難い次のような場合には、それぞれ次の者が申立人になるものと解される(注198)。なお、法人の売上除外金が当該役員の給与と認定され、法人税の更正、源泉所得税の納税の告知、所得税の更正等が行われた場合には、法人税の更正は当該法人、納税の告知は源泉徴収義務者（当該法人）、所得税の更正は当該役員が、それぞれ不服申立人となる。

処分を受けた者等	申立人
人格のない社団等	その名においてできる
財産の共有者	共有者が単独でできる
未成年者等の無能力者	法定代理人

(注197)　同通達は、平成28年4月1日から平成26年改正国税通則法の施行に対応し、平成28年2月5日付で大幅に改正されている。なお、改正前の標題は、「不服審査基本通達＜異議申立関係＞」である。
(注198)　「国税通則法（平成26年度版）」（税務大学校）479頁参照

相続財産管理人がいる場合	相続財産管財人
破産財団に係るもの	破産管財人
更生手続の開始決定があったとき	管財人又は保全管理人
企業担保権の実行手続開始決定があったとき	管財人

イ 「国税に関する法律に基づく処分」の意義

「国税に関する法律に基づく処分」の「処分」の意義について、不服審査基本通達（国税庁関係）75−1は、次のように定めている。

「法第75条第1項の「国税に関する法律に基づく処分」については、次のことに留意する。

(1) 処分は、行政庁の公権力の行使に当たる行為であることを要するから、例えば、国税の賦課徴収に関する事務を行う行政庁（以下「税務官庁」という。）における不用物品の売払行為はこれに該当しないこと。

(2) 処分は、行政庁の公権力の行使に当たる行為が外部に対してされることを要するから、例えば、国税庁長官の国税局長及び税務署長に対する訓令、通達又は指示はこれに該当しないこと。

(3) 処分は、行政庁の公権力の行使によって直接国民の権利義務に影響を及ぼす法律上の効果を生ずるものであることを要するから、例えば、公売予告通知及び徴収法第55条〔略〕の規定による質権者等に対する通知並びに法第74条の2第1項〔略〕に規定する「当該物件…の提示若しくは提出を求めること」はこれに該当しないこと。

(4) 処分には、事実上の行為は含まれないのであるから、例えば、法第74条の7〔略〕に規定する「当該調査において提出された物件を留め置くこと」はこの処分に該当しないこと。

(5) 法第74条の7の規定に基づき同条に規定する「当該職員」が留め置いた物件について、当該物件の提出者から返還の求めがあった場合で、当該職員がこれを拒否したときの当該拒否は処分に該当すること。」

第9章　不服審査・訴訟

　上記各取扱いのうち、(4)及び(5)の規定は、平成23年の国税通則法改正において、「提出物件の留置き」(通則法74の7)制度が設けられたことに対応して設けられたものである。しかし、(5)については、そもそも、提出物件の留置きが、「帳簿書類等を提出した者の理解と協力の下、その承諾を得て実施する。」(調査指針第2章3(5))ものとされているから、提出者から返還の求めがあった場合にそれを拒否することも考え難いし、「返還の求めに応じることができない場合には、その旨及び理由を説明する」(同(注)1)ことが「処分」に該当するのか否かも疑問である。このような返還拒否は、むしろ行政不服審査法7条が適用される「不作為」に当たるものと解すべきであると考えられる。そのほか、取消訴訟等において「処分」の該非が争われた事案には、次のようなものがある(注199)。

① 　還付金等の還付は、納税義務その他法律上の地位を形成するものではないから「処分」に当たらない(広島高判昭54・2・26行集30・2・265等)が、充当は、公権力行使の主体である税務署長等が一方的に行う行為であって、その旨を相手方に通知するものであり、それによって国民の法律上の地位に直接影響を及ぼすものであるから、「処分」に当たる(最判(三小)平6・4・19判時1513・94等)。

② 　予定納税額の通知(所法106)、公売の通知(徴収法96)等は、それ自身が法律効果を発生させる行為ではないから「処分」に当たらない(最判(三小)昭50・6・27裁集民115・211等)が、督促(通則法37)は、滞納処分の前提となるものであり、督促に係る国税を一定の日まで完納しなければ滞納処分を受けることになるから、「処分」に当たる(最判(二小)平5・10・8税資199・215等)。

③ 　自動確定によって確定した税額を通知する行為に関し、延滞税の催告通知は、「処分」に当たらないとされている(最判(三小)平6・9・13税資205・405、東京地判昭41・6・16税資44・789等)が、納税の告知(通則法36)は、「処分」性が認められている(最判(一小)昭45・12・24民集24・13・2243)(注200)。

④ 　税務調査後の申告是認通知は、法律効果を伴わない執行上の行為であるから、「処分」には当たらない(東京地判昭35・12・21行集11・12・3315等)。

――――――――――――

(注199)　詳細については、前掲(注4)924頁等参照
(注200)　本判決の評釈については、村上義弘・別冊ジュリストNo.120(租税判例百選〔第三版〕)170頁等参照

第9章　不服審査・訴訟　　307

　しかし、平成23年の国税通則法改正によって、税務調査後の申告是認通知
が法律上義務付けられ（通則法74の11①）、かつ、申告是認通知後は「新たに得
られた情報」がない限り、調査の再開ができないとされている（通則法74の11
⑥）ので、申告是認通知の処分性について再検討の余地がある（注201）。
　　ウ　不服申立ての利益
　前記イで述べた「国税に関する法律に基づく処分」に形式的に該当する場
合であっても、その処分によって当該処分を受けた者等の権利又は法律上の
利益が害されていなければ、その処分の取消し等を求めて争う意味がないこ
とになる。そのため、ある処分について不服申立てをする場合には、その処
分について不服申立ての利益の有無が問題になる。そして、その処分につい
て不服申立ての利益がなければ、不服申立てができないことになる（その場
合に、不服申立てをしても、後述するように、「却下」されることになる）。
　この不服申立ての利益の有無に関しては、次のような裁判例等があ
る（注202）。
①　課税標準及び税額に不服がなく、単に処分の理由（例えば、否認項目）
　に不服があるときは、不服申立ての利益がないとされている（東京地判昭35・
　3・15税資33・332等）。しかし、青色申告に係る更正の理由については、その
　附記を欠く場合はもちろん、その附記が不備な場合にも当該更正は違法と
　されている（最判（二小）昭38・5・31民集17・4・617等）。この処分理由は、平成
　23年国税通則法の改正によって全処分に強制されることになったので、そ
　の違法性の判断も一層厳しくなるものと考えられる。
②　更正決定についての不服申立ては、再更正があったからといって、その
　目的を失い、不服申立ての利益を欠くことにはならない（通則法104②・29①）。
　つまり、当初更正について不服申立後に再更正がされたときは、請求を却
　下せず、再更正についても併せて審理することになる（不服審査基本通達（国
　税不服審判所関係）104−1参照）。
③　増額更正があっても、申告に係る課税標準等及び税額等を超えない部分
　については、納税者にとって不利益処分とはいえないので、当該申告につ
　き無効事由が存しない限り、当該部分については、その取消しを求める訴

(注201)　品川芳宣『国税通則法講義』（日本租税研究協会、平成27年）205頁等参照
(注202)　詳細については、前掲（注4）927頁等参照

えの利益はない（名古屋地判昭61・7・21税資153・186等）。

④　減額更正については、一般的に、不服申立ての利益はないと解されている（東京地判昭49・10・30税資77・304、前橋地判昭54・4・19訟月25・8・2290等）。

この④に関しては、更正により納付すべき総税額が増加したものの、その納付すべき総税額から控除すべき源泉徴収所得税額又は予定納税額が増加して結果的に申告納税額が減少した（減額更正）場合に、納税者にとって不利益処分であるから、訴えの利益を求めるべきとする裁判例（東京高判昭49・4・24税資75・203）もある。この判決については、減額更正を契機に実質的な更正の請求を認めることとなること、源泉徴収所得税額や予定納税額の基礎となる前年分の課税所得について、それぞれ争訟の機会が与えられていることから、それを疑問視する向きもある[注203]。しかし、減額更正であってもその内容によっては、訴えの利益（不服申立ての利益）を認めるべきとする次のような見解[注204]がある。

「減額更正または減額再更正には、単純に申告または更正にかかる課税標準の一部を取り消す場合と、それに止まらず、申告または更正にかかる課税標準の一部または全部の取消と新たな課税要件事実の認定に伴う課税標準の加算とが複合して行われ、その結果として課税標準の中味が入れ替わる場合があり得る〔略〕。…〔略〕…後者の場合は、課税標準のうち新たに認定された課税要件事実に対応する部分に関する限りは、納税者に不利益な処分であるから、その取消を求める訴えの利益は認められると解すべきである。」

このように、形式的には減額更正であっても実質的に納税者に不利益な処分となる例として、期間損益項目となる「棚卸資産評価損認容2,000万円」と社外流出項目である「役員給与損金不算入1,000万円」とが合わされて、▲1,000万円の減額更正が行われた場合が挙げられる。

この場合には、当該納税者（法人）にとっては、期間損益項目は別途争う機会があるにしても、社外流出項目は当該減額更正のときしかそれを争う機会がないわけであるから、当該減額更正を争う機会が与えられるべきであろう。いずれにしても、国民の権利救済を図るために行政不服審査法が大幅に

（注203）　前掲（注4）929頁等参照
（注204）　金子宏『租税法〔第22版〕』（弘文堂、平成29年）1036頁。なお、同書では、同説を認めた裁判例として、東京高判昭59・7・19（行集35・7・948）を掲げている。

第9章　不服審査・訴訟　　309

改正される折、不服申立ての利益（訴えの利益）を殊更狭く解することにそ
れほどの理があるとも考えられない。

⑤　国税徴収法上の第二次納税税義務の納付告知を受けた場合に、当該第二
次納税義務者が、本来の納税者に対する課税処分の取消しを求める不服申
立ての利益があるか否かが問題となる。この点が争われた事案につき、一
審の東京地裁平成16年1月22日判決（税資254順号9527）は、不服申立ての利益
があるとした上で、その不服申立期間は第二次納税義務が発生した日をも
って起算日とすべき旨判示した。これに対し、控訴審の東京高裁平成16年
6月15日判決（税資254順号9673）は、当該課税処分につき、不服申立ての利益
はない旨判示した。かくして、上告審の最高裁平成18年1月19日第一小法
廷判決（民集60・1・65）（注205）は、第二次納税義務者は本来の納税者に対する
課税処分につき不服申立ての利益がある旨判示した上で、その不服申立期
間の起算日は当該第二次納税義務者に対する納付告知がされた日の翌日で
ある旨判示した。

以上の裁判例にみられるように、不服申立ての利益の存否は、前述した「不
服がある者」の解釈に深く関わることになる。そして、後述する取消訴訟に
おける「原告適格」とも深く関係する。

2　適用除外

国税通則法76条は、同法75条に定める不服申立ての対象となる「国税に関
する法律に基づく処分」から除く処分について、次のように定めている。
「第76条　次に掲げる処分については、前条の規定は、適用しない。

一　この節又は行政不服審査法〔略〕の規定による処分その他前条の規
定による不服申立て〔略〕についてした処分

二　行政不服審査法第7条第1項第7号（国税犯則取締法等に基づく処分）
に掲げる処分」

上記の不服申立てから除外する処分のうち、1号の不服申立てに係る処分
（再調査の請求に係る「決定」、審査請求に係る「裁決」等）について不服申
立ての対象としていないのは、主として、不服申立制度における不服申立て

（注205）　本判決の評釈については、松永暁太『租税法判例実務解説』（信山社、平成23年）
310頁等参照

の循環的発生（決定等に対する不服申立ての繰り返し）を防止することにあるものと考えられる。そのため、国税通則法又は行政不服審査法に基づく、決定、裁決等について不服がある場合（主として、手続上の違法性）には、直接、裁判所に対し、「裁決の取消しの訴え」を提起することを要する（行訴法3③）。

　また、旧国税犯則取締法に基づく処分が適用除外とされているのは、同法上の処分が特殊性を有しているからである。すなわち、同法上の主要な処分は、「通告処分」（旧国犯法14）であるが、通告内容を履行するか否かは犯則者の意思に委ねられているものの、不履行の場合には、結局、刑事訴訟の手続が開始されることになる。さらに、証拠収集のための差押え等の処分については、原則として、裁判官の発する許可状に基づいて行使されるものであるから、行政上の不服申立てになじまないことになる。結局、旧国税犯則取締法又は国税通則法131条以下に定める処分に対して不服がある場合には、直接、裁判所に出訴すべきこととなる（注206）。

　なお、この国税通則法76条1項2号の規定は、平成29年度税制改正によって国税犯則取締法が国税通則法に統合されたことにより、平成30年4月1日施行後には、「行政不服審査法第7条第1項第7号（適用除外）に掲げる処分」となる。

3　不服申立期間

(1)　不服申立期間の原則

　国税通則法75条に定める各処分に対する不服申立ては、次の期間に限りすることができる。すなわち、同法77条は、次のように定めている。

「第77条　不服申立て〔略〕は、処分があつたことを知つた日（処分に係る通知を受けた場合には、その受けた日）の翌日から起算して3月を経過したときは、することができない。ただし、正当な理由があるときは、この限りでない。

　2　第75条第3項の規定による審査請求は、第84条第10項〔略〕の規定による再調査決定書の謄本の送達があつた日の翌日から起算して1月を経過したときは、することができない。ただし、正当な理由があるときは、この限りでない。

（注206）　前掲（注4）938頁等参照

第9章　不服審査・訴訟　　311

　3　不服申立ては、処分があつた日の翌日から起算して1年を経過したと
　　きは、することができない。ただし、正当な理由があるときは、この限
　　りでない。
　4　第22条〔略〕の規定は、不服申立てに係る再調査の請求書又は審査請
　　求書について準用する。」

　不服申立期間は、期間の長さ、期日の起算日及び再調査の請求書又は審査
請求書の提出時期の三つが重要となる。期間の長さは、第1審としての審査
請求又は再調査の請求については、「3月」（改正前は2月）であり、第2審（再
調査の請求後）としての審査請求については、「1月」（改正前と同じ）である。
また、不服申立期間の起算日は、「処分があつたことを知つた日」又は「処分
に係る通知を受けた日」のそれぞれの翌日である。

　この場合、当該処分は、通常、書類の送付によって行われるから、「通知を
受けた日」により判定されることが多い。そして、「通知を受けた日」とは、
通知が社会通念上予知できると認められる客観的状態に置かれたこと、郵便
による場合には、郵便物が名宛人の住所等に配達されることを意味する。こ
の場合、当該名宛人（受取人）が当該郵便物の受領を拒んだこと等があって
も、通知があったことに変わりはなく期間が進行する[注207]。なお、公示送達
の場合には、所定の掲示の始めた日から起算して7日を経過した日に送達が
あったものとみなされる（通則法14③）。

　次に、通知を受けないで「処分があったことを知る」とは、社会通念上、
予知しうべき状態に置かれた場合（例えば、関係者に通知されること）を
意味すると解されるので、特段の事情がない限り、その状態に置かれた日が
「処分があったことを知る」ことになる。その「特段の事情」については、
それぞれの実態に応じて判断されることになる[注208]（なお、国税徴収法上の
第二次納税義務者が本来の納税者に係る課税処分について不服申立てをする
場合には、前掲最高裁平成18年1月19日判決が判示するように、当該第二次納
税義務者の納付通知書の送達の日が「処分があったことを知った日」にな
る。）。

（注207）　広島地判昭25・6・3（税資4・59）、名古屋高判昭49・1・22（税資74・88）等参
　　　照
（注208）　前掲（注4）941頁等参照

312　　第9章　不服審査・訴訟

　次に、再調査の請求書又は審査請求書の提出の日は、原則として、当該書
類を再調査審理庁又は国税不服審判所に現実に提出された日であるが、この
場合にも、国税通則法22条の規定が準用されるので、当該書類が郵便又は信
書便により提出された場合には、その郵便物又は信書便物の通信日付印によ
り表示された日に提出されたものとみなされる。

　以上の不服申立期間については、「処分があったことを知った日」が定かで
なかったり、当該処分後相当長期間経過後になることも想定される。そこで、
同法は、処分の早期安定の要請との調和を図る趣旨から、「処分があった日の
翌日から起算して1年を経過したとき」は、前述の不服申立期間とは関係なく、
もはや不服申立てができないこととしている（除斥期間の設定）。

　(2)　「正当な理由」がある場合

　前記で述べたように、不服申立期間は、不服申立てのそれぞれの条件に応
じて、「3月」、「1月」及び「1年」に制限されている。しかし、それぞれの期
間について、これを徒過したことにつき「正当な理由」があるときは、それ
ぞれの期間が延長されることになる。

　この点に関し、改正前には、「天災その他前2項の期間（編注＝2月又は1月）
内に不服申立てをしなかったことについてやむを得ない理由があるときは、
不服申立ては、これらの規定にかかわらず、その理由がやんだ日の翌日から
起算して7日以内にすることができる。」（改正前通則法77③）と定められていた
が、このような事由も全て「正当な理由」に含まれることになった。また、
「正当な理由」の意義については、行政不服審査法18条に定める「正当な理
由」と同義に解され、例えば、不服申立期間について、教示がなかったとか、
誤って長期の不服申立期間が教示されたとか、当事者が他の方法でも申立期
間を知ることができなかったような場合をいうものと解され、個別の事件ご
とに判断されることになっている^(注209)。

4　標準審理期間

　改正後の行政不服審査法は、審理の遅延を防ぎ、審査請求人の権利利益の
救済を図る観点から、審査庁となる行政庁は、審理期間の目安となるものを
あらかじめ定めるように努め、これを定めたときは、事務所における備付け

(注209)　前掲（注192）1125頁等参照

第9章　不服審査・訴訟　313

その他の適当な方法により公にしなければならないこととしている（行審法16・61で再調査の請求においても準用）。

このような措置は、国税通則法においても採用されている。すなわち、同法77条の2は、「国税庁長官、国税不服審判所長、国税局長、税務署長又は税関長は、不服申立てがその事務所に到達してから当該不服申立てについての決定又は裁決をするまでに通常要すべき標準的な期間を定めるよう努めるとともに、これを定めたときは、その事務所における備付けその他の適当な方法により公にしなければならない。」と定めている。

このような標準審理期間の設定と周知については、審理の迅速化に役立つこともあろうが、その運用において、審理期間の短縮が優先されるようになると、審査請求人の反論等の期限が厳格になり、十分な反論等ができなくなることも予測される。そうなると、審査請求人の立場からすると、期限が優先されて権利救済が疎かにされるという本末転倒の結果を招くことになりかねない(注210)。

5　国税不服審判所関係

(1)　国税不服審判所

国税に関する法律に基づく処分に係る審査請求は、主として、国税不服審判所において審理されるのであるが、その国税不服審判所の組織等については、次のように定められている。まず、国税通則法78条は、国税不服審判所について、次のように定めている。

「第78条　国税不服審判所は、国税に関する法律に基づく処分についての審査請求（第75条第1項第2号及び第2項（第2号に係る部分に限る。）〔略〕の規定による審査請求を除く。〔略〕）に対する裁決を行う機関とする。

2　国税不服審判所の長は、国税不服審判所長とし、国税庁長官が財務大臣の承認を受けて、任命する。

3　国税不服審判所の事務の一部を取り扱わせるため、所要の地に支部を

（注210）　最近の国税不服審判所の審理事案においては、標準審理期間の実施を控えて、審理の迅速化が図られており、審査請求人に対する反論等の提出期限が原処分庁の答弁書提出後2週間以内というように制限されているようであるが、代理人となる税理士等の職務状況等を考えると、かなり厳しい制限と考えられる。これでは、権利救済の趣旨にかえって反することになる。

置く。

4　前項の各支部に勤務する国税審判官のうち1人を首席国税審判官とする。首席国税審判官は、当該支部の事務を総括する。

5　国税不服審判所の組織及び運営に関し必要な事項は政令で、支部の名称及び位置は財務省令で定める。」

上記規定のうち、1項において、国税不服審判所が審査請求に対する裁決を行う機関であることが明確にされているが、その審査請求には、国税庁長官に対する審査請求（通則法75①二②二）は含まれないことになる（通則法75①かっこ書）。また、2項は、国税不服審判所が国税庁の附属機関として設置されている以上は当然のことであるが、国税不服審判所長の任命権者が国税庁長官であること（国税庁長官が審判所長の上司であること）を明確にしている。それが故に、国税不服審判所長が裁決するに当たって国税庁長官の命令である長官通達に従うことは当然であるが、その唯一の例外が、後述する同法99条に定める「国税庁長官の法令の解釈と異なる解釈等による裁決」をするときである。また、3項の規定により、国税不服審判所の支部が置かれることになるが、現在、各国税局ごとに12の支部が置かれ、支部によっては、主要都市に7つの支所が置かれている[注211]。

(2)　国税審判官等

国税不服審判所において審査請求を実際に審理するのは、国税審判官等であるが、国税通則法79条は、国税審判官等の役割について、次のように定めている。

「第79条　国税不服審判所に国税審判官及び国税副審判官を置く。

2　国税審判官は、国税不服審判所長に対してされた審査請求に係る事件の調査及び審理を行ない、国税副審判官は、国税審判官の命を受け、その事務を整理する。

3　国税副審判官のうち国税不服審判所長の指名する者は、国税審判官の職務を行なうことができる。ただし、この法律において担当審判官の職務とされているものについては、この限りでない。

4　国税審判官の資格は、政令で定める。」

（注211）　支所が置かれている都市は、横浜、長野、新潟、京都、神戸、静岡及び岡山の7市である。

第9章　不服審査・訴訟　　315

　上記規定のうち、2項に定める国税審判官の職務である「調査及び審理」については、追って関係条項を踏まえて説明する。また、国税審判官になれる資格については、同法施行令31条が、次のように定めている。

「第31条　国税審判官の任命資格を有する者は、次の各号のいずれかに該当する者とする。
　　一　弁護士、税理士、公認会計士、大学の教授若しくは准教授、裁判官又は検察官の職にあつた経歴を有する者で、国税に関する学識経験を有するもの
　　二　職務の級が一般職の職員の給与に関する法律〔略〕第6条第1項第1号イ〔略〕に掲げる行政職俸給表（一）による6級若しくは同項第3号に掲げる税務職俸給表による6級又はこれらに相当すると認められる級以上の国家公務員であつて、国税に関する事務に従事した経歴を有する者
　　三　その他国税庁長官が国税に関し前2号に掲げる者と同等以上の知識経験を有すると認める者」

　上記規定のうち、1号は、外部から登用する資格者について定めており、2号は、国税庁内部から認容する資格を定めている。国税不服審判所では、同所の第三者的機能の強化と審理の公平を期すために、審査請求について直接調査審理を行う国税審判官の約半数を1号該当者（外部国税審判官）によることとし、既に、約50名の外部国税審判官が登用されている。

6　行政不服審査法との関係

　国税通則法と行政不服審査法との関係は、後者が一般法であり、前者が特別法の関係にあるが、国税に関する不服申立てについては、特別法である国税通則法が、自律的・網羅的に規定しており、その一部について、同法80条が、両者の関係を次のように定めている。

「第80条　国税に関する法律に基づく処分に対する不服申立て（次項に規定する審査請求を除く。）については、この節その他国税に関する法律に別段の定めがあるものを除き、行政不服審査法（第2章及び第3章まで（不服申立てに係る手続）を除く。）の定めるところによる。
　2　第75条第1項第2号又は第2項（第2号に係る部分に限る。）〔略〕の規定による審査請求については、この節〔略〕その他国税に関する法律に別段の定めがあるものを除き、行政不服審査法の定めるところによる。

316　　第9章　不服審査・訴訟

3　酒税法第2章〔略〕の規定による処分に対する不服申立てについては、行政不服審査法の定めるところによるものとし、この節の規定は、適用しない。」

上記規定の1項は、国税に関する法律に基づく処分に対する不服申立て（国税庁長官に対する審査請求を除く。）については、行政不服審査法上の審査請求及び再調査の請求に係る手続を除き（これらの手続は国税通則法の定めによる。）、行政不服審査法の定めが適用されることになる。その結果、国税に関する法律に基づく処分については、行政不服審査法が適用されるのは、同法1条（目的等）、82条（不服申立てをすべき行政庁等の教示）、83条（教示をしなかった場合の不服申立て）と後述するところの国税庁長官の処分及び酒税関係の処分に限られることになる(注212)。

なお、不作為については、国税通則法に何ら定めがないので、一般法である行政不服審査法により不服申立てをすることになる(行審法3)(注213)。次に、3項において、酒税法上の酒類の製造免許等に係る処分については、行政不服審査法の定めに委ねているところである。これは、これらの処分が、国税の課税・徴収に関する処分と異なり、むしろ一般の行政処分に共通しているので、一般法である行政不服審査法の規定により不服申立て及び審理・裁決をすることとしているものである(注214)。

第4節　再調査の請求

1　再調査の請求書の記載事項等

前述したように、国税の不服申立制度は、異議申立制度が廃止され、審査

(注212)　前掲（注192）1126頁等参照
(注213)　行政不服審査法3条は、「法令に基づき行政庁に対して処分についての申請をした者は、当該申請から相当の期間が経過したにもかかわらず、行政庁の不作為（法令に基づく申請に対して何らの処分をもしないことをいう。以下同じ。）がある場合には、次条の定めるところにより、当該不作為についての審査請求をすることができる。」と定めている。
(注214)　前掲（注4）960頁参照

第9章　不服審査・訴訟　317

請求制度に一本化されたが、不服申立人の選択により、原処分に対する原処分の見直しを求めるため、再調査の請求制度が設けられた（通則法75①一イ）。この場合、再調査の請求の手続は、異議申立手続に準じる方法が採られている。すなわち、国税通則法81条1項は、「再調査の請求は、次に掲げる事項を記載した書面を提出してしなければならない。」と定めている。その記載事項は、次のように定められている。

「一　再調査の請求に係る処分の内容
　二　再調査の請求に係る処分があつたことを知つた年月日（当該処分に係る通知を受けた場合には、その受けた年月日）
　三　再調査の請求の趣旨及び理由
　四　再調査の請求の年月日」

　この1項の記載事項により、当該再調査の請求が、不服申立期間内に行われたものか否かがわかることになる。また、3号の「再調査の請求の理由」については、平成23年の国税通則法の改正によって全ての「処分」に理由が付されることになったので、その処分理由に対応した理由を付す必要があるものと考えられる。また同条2項は、「前項の書面（以下「再調査の請求書」という。）には、同項に規定する事項のほか、第77条第1項又は第3項〔略〕に規定する期間の経過後に再調査の請求をする場合においては、同条第1項ただし書又は第3項ただし書に規定する正当な理由を記載しなければならない。」と定めている。

　同法81条3項は、「再調査の請求がされている税務署長その他の行政機関の長（以下「再調査審理庁」という。）は、再調査の請求書が前2項又は第124条〔略〕の規定に違反する場合には、相当の期間を定め、その期間内に不備を補正すべきことを求めなければならない。この場合において、不備が軽微なものであるときは、再調査審理庁は、職権で補正することができる。」と定めている。

　再調査の請求書には、前述のように、1項及び2項に定める事項の記載を要するほか、同法124条に定めるところにより、税務署長等に所定の書類を提出する者は、その氏名（法人の名称）、住所又は居所、法人の代表者等の所定の事項を記載しなければならないことになっている。これらの記載事項が不備（違反）な場合には、それが補正可能なものであれば、再調査審理庁は、当該再調査の請求人に対し、当該不備の補正を求めるか、不備が軽微であれば

職権で補正することになる。この場合、再調査審理庁は、当該再調査の請求書に記載がない（白紙）などのように補正が困難なときには、後述するように、却下することになるが、補正が可能であるにもかかわらず却下すれば、当該却下が違法な処分になる。

同法81条4項は、「再調査の請求人は、前項の補正を求められた場合には、その再調査の請求に係る税務署その他の行政機関に出頭して補正すべき事項について陳述し、その陳述の内容を当該行政機関の職員が録取した書面に押印することによつても、これをすることができる。」と定めている。この4項は、補正の方法について、再調査の請求人の陳述によっても補正することが可能であることを明確にしている。

同法81条5項は、「第3項の場合において再調査の請求人が同項の期間内に不備を補正しないとき、又は再調査の請求が不適法であつて補正することができないことが明らかなときは、再調査審理庁は、第84条第1項から第6項まで（決定の手続等）に定める審理手続を経ないで、第83条第1項（決定）の規定に基づき、決定で、当該再調査の請求を却下することができる。」と定めている。この5項の規定は、再調査の請求に変更された際に新設されたものであるが、内容については、従前の異議決定の手続の一部を取り込んだことと補正不能な場合には却下することを明確にしたもので、異議決定の手続と実質的に変更はない。

2 再調査の請求書の提出先

再調査の請求書は、原則として、「その処分をした税務署長、国税局長又は税関長」（通則法75①一イ）又は国税局の当該職員がした調査に基づく処分に係る「その処分をした税務署長の管轄区域を所轄する国税局長」（通則法75②一）に提出することになるが、次のような特例が設けられている。まず、国税局の調査に係る処分についての再調査の請求について、国税通則法82条1項は、「当該再調査の請求に係る処分をした税務署長を経由してすることもできる。この場合において、再調査の請求人は、当該税務署長に再調査の請求書を提出してするものとする。」と定めている。この場合には、当該税務署長は、直ちに、再調査の請求書を管轄区域を所轄する国税局長に送付しなければならない（通則法82②）。そして、この場合の再調査の請求期間の計算については、当該税務署長に再調査の請求書が提出された時に再調査の請求がされた

第9章　不服審査・訴訟　319

ものとみなされる（通則法82③）。

　次に、所得税、法人税等に係る更正等の「処分」が行われた後、当該納税者の納税地に異動（住所の変更等）が生じる場合（移動後の納税地を「現在の納税地」という。）がある。この場合、同法85条1項は、「その再調査の請求は、これらの規定にかかわらず、現在の納税地を所轄する税務署長等に対してしなければならない。この場合においては、その処分は、現在の納税地を所轄する税務署長等がしたものとみなす。」と定めている。

　この規定により再調査の請求をする者は、「再調査の請求書にその処分に係る税務署又は国税局の名称を付記しなければならない。」（通則法85②）ことになる。

　他方、同法85条3項は、「第1項の場合において、再調査の請求書がその処分に係る税務署長等に提出されたときは、当該税務署長等は、その再調査の請求書を受理することができる。この場合においては、その再調査の請求書は、現在の納税地を所轄する税務署長等に提出されたものとみなす。」と定めている。この規定により再調査の請求書を受理した税務署長等は、「その再調査の請求書を現在の納税地を所轄する税務署長等に送付し、かつ、その旨を再調査の請求人に通知しなければならない。」（通則法85④）ことになる。

3　再調査の請求の決定手続

(1)　口頭意見陳述

　異議申立ての審理においても、異議申立人の申立て等によって、異議申立人等による口頭意見陳述の機会は設けられている（改正前通則法84①②）。この口頭意見陳述については、再調査の請求の下で、審理の一層の公平性を期すため、その陳述の方法、証拠書類の提出等について、一層拡充されたものとなっている。すなわち、国税通則法84条1項は、「再調査審理庁は、再調査の請求人又は参加人〔略〕から申立てがあつた場合には、当該申立てをした者〔略〕に口頭で再調査の請求に係る事件に関する意見を述べる機会を与えなければならない。ただし、当該申立人の所在その他の事情により当該意見を述べる機会を与えることが困難であると認められる場合には、この限りでない。」と定めている。

　また、同条2項は、「前項本文の規定による意見の陳述〔略〕は、再調査審理庁が期日及び場所を指定し、再調査の請求人及び参加人を招集してさせる

ものとする。」と定めている。

次いで、同条3項は、「口頭意見陳述において、申立人は、再調査審理庁の許可を得て、補佐人とともに出頭することができる。」と定め、同条4項は、「再調査審理庁は、必要があると認める場合には、その行政機関の職員に口頭意見陳述を聴かせることができる。」と定め、同条5項は「口頭意見陳述において、再調査審理庁又は前項の職員は、申立人のする陳述が事件に関係のない事項にわたる場合その他相当でない場合には、これを制限することができる。」と定めている。

このような口頭意見陳述の手続において改正された点は、その1項において、参加人に対しても、口頭意見陳述の機会が与えられたことである。この「参考人」とは、「利害関係人（不服申立人以外の者であつて不服申立てに係る処分の根拠となる法令に照らし当該処分につき利害関係を有するものと認められる者をいう。）」（通則法109①）であって、当該不服申立てに参加する者をいう（通則法109③）。また、1項ただし書において、口頭意見陳述の機会を与えることが困難であると認められる場合には、その機会が制限される旨定めているが、口頭意見陳述がその再調査の請求人等の申立てによって行われることに鑑みると、それが困難になるということは、当該申立人があえて審理を妨害するようなレア・ケースしか想定できない。

次の2項及び3項の規定は、口頭意見陳述の具体的な手続を定めたものであり、4項の行政機関の職員に口頭意見陳述を聴かせることは、異議申立ての審理の場合と同じである。いずれにしても、このような口頭意見陳述は、その手続が詳細に定められることになったものの、再調査の請求人らが、当該処分について一方的に「不服」をいう機会が与えられているのみであって、異議申立ての審理と基本的には変わりはない。なお、5項は、口頭意見陳述の範囲について制限規定を設けているが、これは、口頭意見陳述が当該処分に対する不服申立ての理由とは関係のない不満を述べる機会ではないことを確認したものであろう。

次に、同条6項は、「再調査の請求人又は参加人は、証拠書類又は証拠物を提出することができる。この場合において、再調査審理庁が、証拠書類又は証拠物を提出すべき相当の期間を定めたときは、その期間内にこれを提出しなければならない。」と定めている。この規定は、再調査の請求に変わって初めて設けられたものであるが、口頭意見陳述の充実とともに審理の充実に資

第9章 不服審査・訴訟　　321

するものと考えられる。

(2)　決定の方法

　前記1で述べたように、再調査の請求人が再調査の請求書の記載事項等に係る不備の補正に応じないこと等があれば、当該再調査の請求は、却下されることになる。その却下を免れ、前記(1)で述べた口頭意見陳述等の審理を経て、再調査の請求に対する決定が行われる。その決定の内容は、次のとおりである。国税通則法83条1項は、「再調査の請求が法定の期間経過後にされたものである場合その他不適法である場合には、再調査審理庁は、決定で、当該再調査の請求を却下する。」と定め、同条2項は、「再調査の請求が理由がない場合には、再調査審理庁は、決定で、当該再調査の請求を棄却する。」と定め、同条3項は、「再調査の請求が理由がある場合には、再調査審理庁は、決定で、当該再調査の請求に係る処分の全部若しくは一部を取り消し、又はこれを変更する。ただし、再調査の請求人の不利益に当該処分を変更することはできない。」と定めている。

　上記規定のうち、1項の却下の事由については、「法定の期間経過後にされたもの」とは、前述した同法77条に定められる不服申立期間を徒過したものにほかならないが、「その他不適法」とは、再調査の請求書の提出先を間違えたとか、再調査の請求の対象にした処分が取消し等によって消滅したとか、あるいは当該処分が不服申立てができない処分（通則法76）に該当するとか、等が考えられる。いずれも、却下されれば、再調査の請求の内容については審理（本案審理）されることはない。他方、却下を免れて本案審理が行われた場合には、再調査の請求に理由がなければ棄却され、理由があれば、その処分の全部若しくは一部の取消しが行われ、又は変更が行われる。

　この場合、取消しは、更正、決定等のように金額で表示される処分が対象となり、変更は、法定耐用年数の短縮（法令57）や納税猶予期間（通則法46・47）のように期間で表示される処分が対象となる。この変更は、再調査の請求人が請求する期間よりも不利益に変更することはできない。上記のような内容を有する「決定」は、次のような手続を要することになる。

　まず、同法84条7項は、「再調査の請求についての決定は、主文及び理由を記載し、再調査審理庁が記名押印した再調査決定書によりしなければならない。」と定め、同条8項は、「再調査の請求についての決定で当該再調査の請求に係る処分の全部又は一部を維持する場合における前項に規定する理由にお

いては、その維持される処分を正当とする理由が明らかにされていなければならない。」と定めている。この決定における原処分を正当とする理由の明示については、平成23年の国税通則法改正前においては、処分理由の附記が青色申告に係る更正等に限られていたので、他の処分については、異議決定の段階で初めてその内容が明らかにされるという意義があった。その点では、再調査決定書における原処分維持の理由附記の意義が薄れている。

　そのほかの手続については、同法84条9項が、「再調査審理庁は、第7項の再調査決定書〔略〕に、再調査の請求に係る処分につき国税不服審判所長に対して審査請求することができる旨〔略〕及び審査請求期間を記載して、これを教示しなければならない。」と定め、同条10項が、「再調査の請求についての決定は、再調査の請求人〔略〕に再調査決定書の謄本が送達された時に、その効力を生ずる。」と定め、同条11項が、「再調査審理庁は、再調査決定書の謄本を参加人に送付しなければならない。」と定めている。

　なお、上記の手続においては、当該処分を全部取り消す決定については、審査請求についての教示は不要となり（通則法84⑨かっこ書）、却下の決定については、当該却下が違法の場合に審査請求できる旨教示を要することになる（同前）。上記の各教示については、実務上、再調査決定書に印刷されているので、教示が不十分である旨の違法問題が生じることはないと考えられる。

(3)　決定機関の特則

　前記2で述べた再調査の請求書の提示先の特例と同様、再調査の請求後、その処分に係る国税の納税地に異動があった場合には、決定機関の特例が設けられている。

　まず、国税通則法86条1項は、「……その処分に係る国税の納税地に異動があり、その再調査の請求がされている税務署長等と異動後の納税地を所轄する税務署長等とが異なることとなるときは、当該再調査の請求がされている税務署長等は、再調査の請求人の申立てにより、又は職権で、当該再調査の請求に係る事件を異動後の納税地を所轄する税務署長等に移送することができる。」と定めている。

　次いで、同条2項は、「前項の規定により再調査の請求に係る事件の移送があつたときは、その移送を受けた税務署長等に初めから再調査の請求がされたものとみなし、当該税務署長等がその再調査の請求についての決定をする。」と定め、同条3項が、「第1項の規定により再調査の請求に係る事件を移

第9章　不服審査・訴訟　　323

送したときは、その移送をした税務署長等は、その再調査の請求に係る再調
査の請求書及び関係書類その他の物件〔略〕をその移送を受けた税務署長等
に送付し、かつ、その旨を再調査の請求人及び参加人に通知しなければなら
ない。」と定めている。

　この決定機関の特例については、異議申立ての場合と同様であるが、同じ
納税地の異動であっても、再調査の請求書の提出先については、現在の納税
地を所轄する税務署長等に対してすることを原則とするが、決定機関の特例
においては、「再調査の請求人の申立てにより、又は職権」でその事件が移送
されることに留意を要する。

第5節　審査請求

1　審査請求書の記載事項等

　国税通則法87条1項は、「審査請求は、政令で定めるところにより、次に掲
げる事項を記載した書面を提出してしなければならない。」と定めている。
この項にいう書面が、審査請求書（通則法87②）である。そして、記載事項は、
次のとおりである。

① 　審査請求に係る処分の内容
② 　審査請求に係る処分があったことを知った年月日（当該処分に係る通知
　を受けた場合には、その通知を受けた年月日とし、再調査の請求について
　の決定を経た後の処分について審査請求をする場合には、再調査決定書の
　謄本の送達を受けた年月日）
③ 　審査請求の趣旨及び理由
④ 　審査請求の年月日

　上記③の趣旨については、処分の取消し又は変更を求める範囲を明らかに
するように記載するものとし、その理由については、処分に係る通知書その
他の書面により通知されている処分の理由に対する審査請求人の主張が明ら
かにされていなければならない（通則法87③）。この場合の「処分の理由」につ
いては、再調査の請求に関しても述べたように、平成23年国税通則法改正以
降、全ての処分について理由が附されていることに留意する必要がある（通

324 第9章 不服審査・訴訟

則法74の14、行政手続法8・14参照）。

　また、審査請求書には、次のような事情がある場合には、次に掲げる事項を記載しなければならない（通則法87②）。

①　再調査の請求をしている者が再調査の請求をした日の翌日から起算して3月を経過した後に審査請求をする場合（通則法75④一）　再調査の請求をした年月日

②　再調査の請求をしている者がその決定を経ないことにつき正当な理由がある場合（通則法75④二）　その正当な理由

③　国税通則法77条に規定する不服申立期間の経過後において審査請求する場合　当該期間内に不服申立てができなかったことについての正当な理由

　なお、審査請求人は、審査請求が課税標準などの計数的な争いである場合には、その趣旨及び理由を計数的に説明する資料（例えば、収支計算書など）を審査請求書に添付するように努めなければならない（通則令32）。この規定は、審査請求人に対する努力義務として規定されているものであって、当該資料を欠いても法的効力に影響しない（注215）。

2　審査請求書の提出先とみなす審査請求

(1)　審査請求書の提出先

　審査請求は、国税庁長官に対するものを除き、国税不服審判所長に対するものである（通則法75①一）から、同所長に対して審査請求書を提出するのは当然である。しかし、国税通則法は、審査請求人の便宜に配慮して、次のような特例を設けている。すなわち、同法88条1項は、「審査請求は、審査請求に係る処分（当該処分に係る再調査の請求についての決定を含む。）をした行政機関の長を経由してすることもできる。この場合において、審査請求人は、当該行政機関の長に審査請求書を提出してするものとする。」と定めている。そして、同法88条2項は、「前項の場合には、同項の行政機関の長は、直ちに、審査請求書を国税不服審判所長に送付しなければならない。」と定めている。このような場合には、同法77条に定める不服申立期間が問題となるので、同法88条3項は、「第1項の場合における審査請求期間の計算については、同項の行政機関の長に審査請求書が提出された時に審査請求がされたものとみな

───────────

（注215）　前掲（注4）998頁参照

第9章　不服審査・訴訟　　　325

す。」と定めている。

　以上のように、実務上、審査請求は、所轄税務署長（処分行政機関）に対して、審査請求書を提出すれば足りることになる。

　(2)　みなす審査請求

　　ア　合意によるみなす審査請求

　前述したように、国税通則法の下では、不服申立ては、原則として、国税不服審判所長に対する審査請求に一本化されたが、処分行政庁に対する再調査の請求も認められているため、同種又は類似の不服申立てが審査請求と再調査の請求に別々にされることがある。この場合には、審査請求に一本化することが、むしろ審査請求人の利益にも適うものと考えられる場合がある。

　そこで、同法89条1項は、「税務署長、国税局長又は税関長に対して再調査の請求がされた場合において、当該税務署長、国税局長又は税関長がその再調査の請求を審査請求として取り扱うことを適当と認めてその旨を再調査の請求人に通知し、かつ、当該再調査の請求人がこれに同意したときは、その同意があつた日に、国税不服審判所長に対し、審査請求がされたものとみなす。」と定めている。

　この合意によるみなす審査請求については、次のような手続が定められている。すなわち、同法89条2項は、「前項の通知に係る書面には、再調査の請求に係る処分の理由が当該処分に係る通知書その他の書面により処分の相手方に通知されている場合を除き、その処分の理由を付記しなければならない。」と定め、同条3項は、「第1項の規定に該当するときは、同項の再調査の請求がされている税務署長、国税局長又は税関長は、その再調査の請求書等を国税不服審判所長に送付し、かつ、その旨を再調査の請求人及び参加人に通知しなければならない。この場合においては、その送付された再調査の請求書は、審査請求書とみなす。」と定めている。

　このような合意によるみなす審査請求については、例えば、売上除外の除外金が不明のため役員給与と認定され、法人税の更正又は決定と源泉所得税の納税の告知が同時に行われた場合に、いずれも不服申立てが提起されたものの、一方が審査請求となり、他方が再調査の請求となることも考えられる。このような場合に、当該処分の基礎となる事実関係が同一であるから、国税不服審判所において同時に審理し、裁決した方がより効率的であり、矛盾した判断が出されるおそれもないと考えられる。よって、審査請求人の合意が

あれば、審査請求に一本化されることになる。

　　イ　他の審査請求に伴うみなす審査請求

　前記アに類似するが、同一の国税の課税標準等又は税額等についてされた
複数の更正、決定等の処分の一つが審査請求されていて、追って別の処分が
再調査の請求がされた場合に、税務署長等が職権で当該再調査請求書を国税
不服審判所長に対して送付して、当該再調査の請求を審査請求とみなす制度
がある。すなわち、国税通則法90条1項は、「更正決定等〔略〕について審査
請求がされている場合において、当該更正決定等に係る国税の課税標準等又
は税額等〔略〕についてされた他の更正決定等について税務署長、国税局長
又は税関長に対し再調査の請求がされたときは、当該再調査の請求がされた
税務署長、国税局長又は税関長は、その再調査の請求書等を国税不服審判所
長に送付し、かつ、その旨を再調査の請求人に通知しなければならない。」と
定めている。

　また、同条2項は、「更正決定等について税務署長、国税局長又は税関長に
対し再調査の請求がされている場合において、当該更正決定等に係る国税の
課税標準等又は税額等についてされた他の更正決定等について審査請求がさ
れたときは、当該再調査の請求がされている税務署長、国税局長又は税関長
は、その再調査の請求書等を国税不服審判所長に送付し、かつ、その旨を再
調査の請求人及び参加人に通知しなければならない。」と定めている。そし
て、このように再調査の請求書等が国税不服審判所長に送付された場合には、
その送付がされた日に、国税不服審判所長に対し、当該再調査の請求に係る
処分についての審査請求がされたものとみなされ（通則法90③）、当該処分の
理由の付記に関しては、前述の同法89条2項の規定が準用される（通則法90④）。

　このようなみなす審査請求については、例えば、役員に対する経済的利益
の供与が役員給与の支給と認定され、法人税の更正等と源泉所得税の納税の
告知等が累年（度）にわたって行われている場合に、それぞれの処分が再調
査の請求と審査請求とが別々に行われる（先行処分が審査請求となり、後行
処分が再調査の請求となる。）ことが想定されるが、その場合の後行処分に係
る再調査の請求について、審査請求として国税不服審判所で一括審理させよ
うとするものである。

第9章　不服審査・訴訟　　327

3　実質審理前の審理手続

(1)　形式審理

　前記1及び2で述べたように、審査請求書には所定の事項が記載され、当該審査請求書が所定の提出先に提出され、また、審査請求されている処分に関連する処分については再調査の請求がされている場合（された場合）には、当該再調査の請求について所定のみなす審査請求の手続がとられ、そして、審査請求の審理の開始が整うことになる。しかし、当該審査請求の是非についての実質審理（本案審理）が即開始されるわけではない。その実質審理に入る前に、国税不服審判所の職員によって、当該審査請求が所定の手続要件を満たしているかについて審理が行われる。これを形式審理又は要件審理という。その形式審理は、概ね次の事項について行われる^(注216)。

①　審査請求が法定の期間内にされているか。

②　再調査の請求を選択した場合には、所定の手続を経て、審査請求をしているか。

③　審査請求の対象である処分は存在するか。また、その処分は審査請求をすることができるものか。

④　審査請求の利益があるか。

⑤　原処分は特定されているか。

⑥　原処分の通知を受けた日又は再調査決定書の謄本の送達を受けた日等の記載があるか。

⑦　審査請求の趣旨及び理由の記載が十分か。

⑧　審査請求の年月日の記載があるか。

⑨　審査請求人等の氏名、住所が記載され、押印されているか。

⑩　審査請求書は、正副2通が提出されているか。

⑪　代理人より、又は総代を通じて審査請求をする場合には、これらの者の資格を証する書面の添付があるか。

⑫　計数的に説明する資料が添付されているか。

(2)　審査請求書の補正

　前述の形式審理によって、提出された審査請求書の記載事項等について、不備（違法事由）が発見されることがある。そこで、国税通則法91条1項は、

（注216）　前掲（注4）1011頁等参照

「国税不服審判所長は、審査請求書が第87条（審査請求書の記載事項等）又は第124条（書類提出者の氏名、住所及び番号の記載等）の規定に違反する場合には、相当の期間を定め、その期間内に不備を補正すべきことを求めなければならない。この場合において、不備が軽微なものであるときは、国税不服審判所長は、職権で補正することができる。」と定めている。また、同条2項は、「審査請求人は、前項の補正を求められた場合には、国税不服審判所に出頭して補正すべき事項について陳述し、その陳述の内容を国税不服審判所の職員が録取した書面に押印することによつても、これをすることができる。」と定めている。

　この審査請求書の補正については、補正を求められた期間内に不備が補正されたときは、当初から適法な審査請求がされたものとして取り扱われる。しかし、補正を求められた期間内に不備が補正されなかつたときは、その審査請求についての却下事由になるが[注217]、その却下前に補正されたときは、適法な補正として扱って差し支えないと解されている[注218]。

(3)　実質審理前の却下裁決

　前記(1)及び(2)の手続を経た後、当該審査請求が不適法であって、実質審理をするまでもないと判断される場合には、実質審理の手続を経ないで却下裁決が下される。すなわち、国税通則法92条1項は、「前条第1項の場合において、審査請求人が同項の期間内に不備を補正しないときは、国税不服審判所長は、次条から第97条の4〔略〕までに定める審理手続を経ないで、第98条第1項（裁決）の規定に基づき、裁決で、当該審査請求を却下することができる。」と定めている。また、同条2項は、「審査請求が不適法であつて補正することができないことが明らかなときも、前項と同様とする。」と定めている。

　このような実質審理前の却下については、平成26年6月改正前は、「審査請求が法定の期間経過後にされたものであるとき、不適法であるときは、国税不服審判所長は、裁決で、当該審査請求を却下する。」（旧通則法92）と定めていたものを、改正後は、前述のように、「…当該審査請求を却下することができる。」として、国税不服審判所長の裁量事項とした。これは、平成26年6月改正の行政不服審査法24条の規定に合わせたものである[注219]。そのため、

（注217）　大阪地判昭32・3・19（税資25・251）等参照
（注218）　前掲（注4）1013頁等参照
（注219）　前掲（注192）1133頁参照

第9章　不服審査・訴訟　　329

国税不服審判所長は、前述の却下事由があっても、実質審理に入ることも可能となる。

　また、国税通則法92条2項にいう「審査請求が不適法であつて補正をすることができないことが明らかなとき」とは、例えば、審査請求の期間を徒過し、そのことについての正当な理由が認められないことが明らかな場合や審査請求人に不服申立ての適格がないことが明らかな場合が考えられる(注220)。

4　実質審理の手続
(1)　審理手続の計画的遂行
　行政不服審査法では、審理手続を迅速に行うためには、審理を計画的に進めることが必要であり、かつ、審理関係人の相互の協力が必要であるという認識の下、同法28条は、「審査請求人、参加人及び処分庁等（以下「審理関係人」という。）並びに審理員は、簡易迅速かつ公正な審理の実現のため、審理において、相互に協力するとともに、審理手続の計画的な進行を図らなければならない。」と定めている。

　この規定に合わせて、国税通則法92条の2は、「審査請求人、参加人及び次条第1項に規定する原処分庁（以下「審理関係人」という。）並びに担当審判官は、簡易迅速かつ公正な審理の実現のため、審理において、相互に協力するとともに、審理手続の計画的な進行を図らなければならない。」と定めている。このような審理手続の計画的進行は、簡易迅速な不服審査を行うために、平成26年改正の一つの目玉であろうが、例えば、審理期間を「6月」とするような計画を立て、審査請求人の主張・立証のための期間を不当に短くするようにすると、むしろ権利救済の趣旨に反することになりかねないことに留意しなければならない。原処分庁は、専担者を設けて迅速な処理をすることができるが、審査請求人（特に、代理人である税理士等）側は、必ずしもそのような体制を設けられない場合がある。

(2)　答弁書の提出等
　国税通則法93条1項は、「国税不服審判所長は、審査請求書を受理したときは、その審査請求を第92条〔略〕の規定により却下する場合を除き、相当の期間を定めて、審査請求の目的となつた処分に係る行政機関の長（第75条第

（注220）　前掲（注192）1128頁、1133頁参照

2項（第1号に係る部分に限る。）（国税局の職員の調査に係る処分についての再調査の請求）に規定する処分にあつては、当該国税局長。以下「原処分庁」という。）から、答弁書を提出させるものとする。この場合において、国税不服審判所長は、その受理した審査請求書を原処分庁に送付するものとする。」と定めている。また、同条2項は、「前項の答弁書には、審査請求の趣旨及び理由に対応して、原処分庁の主張を記載しなければならない。」と定め、同条3項は、「国税不服審判所長は、原処分庁から答弁書が提出されたときは、これを審査請求人及び参加人に送付しなければならない。」と定めている。

　上記2項によって答弁書に記載しなければならない「原処分庁の主張」は、具体的には、審査請求の趣旨に対応して、いかなる態様の裁決を求めるかを明らかにするとともに、審査請求の理由により特定された事項に対応して、原処分庁の主張を具体的に記載するものとされている（不服審査基本通達（国税庁関係）93－1参照）。

　(3)　担当審判官の指定

　国税通則法94条1項は、「国税不服審判所長は、審査請求に係る事件の調査及び審理を行わせるため、担当審判官1名及び参加審判官2名以上を指定する。」と定めている。この「担当審判官」とは、指定された審査請求事件について、自ら又は国税副審判官その他の職員を指揮命令して、必要な調査を行い、中心となって事件を審理、合議し、議決する職務を有する者で、国税審判官の中から指定される。また、「参加審判官」とは、指定された審査請求事件の審理に関与し、担当審判官とともに合議して、議決をする職務を有する者で、国税審判官の中から指定される。ただし、国税副審判官のうち審判所長の指名する者は、参加審判官の職務を行うことができる（通則法79③）。また、参加審判官は、国税審判官又は国税不服審判官の資格で、担当審判官の嘱託により、又はその命を受けて、審理を行うため必要な調査を行うことができる（通則法97②）。

　次に、平成26年改正において、国税不服審判所において実質審理を行う担当審判官及び参加審判官について除斥事由が創設（明記）された。すなわち、同法94条2項は、「国税不服審判所長が前項の規定により指定する者は、次に掲げる者以外の者でなければならない。」と定めている。担当審判官等から除外される者は、次のとおりであり、いずれも、当該処分に関与した者か、審査請求人の関係者である。

第9章　不服審査・訴訟　　331

① 　審査請求に係る処分又は当該処分に係る再調査の請求についての決定に
　関与した者
② 　審査請求人
③ 　審査請求人の配偶者、4親等内の親族又は同居の親族
④ 　審査請求人の代理人
⑤ 　③及び④に掲げる者であった者
⑥ 　審査請求人の後見人、後見監督人、保佐人、保佐監督人、補助人又は補
　助監督人
⑦ 　同法109条1項に規定する利害関係人（不服申立人以外の者であって不服
　申立てに係る処分の根拠となる法令に照らし当該処分につき利害関係を有
　すると認められる者）
　　このような除外事由のうち、注目されるのは、③の親族の範囲を4親等に制
限したことである。従来の各税法においては、利害関係を有するということ
で、何らかの規制の対象となる同族関係者の範囲を「親族」[注221]全員として
きたところであるが[注222]、その範囲が広すぎるという批判もあった[注223]。
その点では、同法94条2項は、現実的な対応をしたものと考えられる。
　　(4)　反論書等の提出
　　担当審判官の指定が終わると、審査請求人の反論が始まるが、改正前では、
審査請求人は、原処分庁から送付された答弁書に対する反論書又は証拠書類
若しくは証拠物を提出することができ、担当審判官からその提出期限を定め
られたときは、その期間内に提出しなければならないこととされていた（旧
通則法95）。この点について、行政不服審査法が、審査請求人及び参加人に対
し主張する機会を十分に与えるために、審査請求人の反論書の提出に加え、
参加人の意見書の提出についても規定した（行審法30②）ことに対応し、国税
通則法でも、次のように定めている。すなわち、同法95条1項は、「審査請求
人は、第93条第3項〔略〕の規定により送付された答弁書に記載された事項に

────────────

（注221）　民法上の「親族」の範囲は、6親等内の血族、配偶者及び3親等内の姻族である（民
　　法725）。
（注222）　法人税法施行令4条1項1号、財産評価基本通達188等参照
（注223）　品川芳宣＝緑川正博『相続税財産評価の理論と実践』（ぎょうせい、平成17年）
　　204頁、品川芳宣編『資産・事業承継対策の現状と課題』（大蔵財務協会、平成28年）580
　　頁等参照

対する反論を記載した書面（以下この条及び第97条の4第2項第1号ロ〔略〕において「反論書」という。）を提出することができる。この場合において、担当審判官が、反論書を提出すべき相当の期間を定めたときは、その期間内にこれを提出しなければならない。」と定め、同条2項は、「参加人は、審査請求に係る事件に関する意見を記載した書面（以下この条及び第97条の4第2項第1号ハにおいて「参考人意見書」という。）を提出することができる。この場合において、担当審判官が、参加人意見書を提出すべき相当の期間を定めたときは、その期間内にこれを提出しなければならない。」と定めている。なお、担当審判官は、このようにして提出された反論書を参加人及び原処分庁に、参加人意見書を審査請求人及び原処分庁に、それぞれ送付しなければならない（通則法95③）。

(5) 口頭意見陳述

改正前には、審査請求の場合においても、異議申立ての場合に準じて、審査請求人から口頭で意見の陳述をしたい旨の申立てがあったときには、担当審判官はその機会を与えなければならない（旧通則法101①による同法84①の準用）とされ、参加人についても、同様な機会が与えられている（旧通則法109⑤による同法84①の準用）。また、この場合において、担当審判官の許可があれば、補佐人を帯同してその場所に出頭することができる（旧通則法101①による同法84①の準用）。この口頭意見陳述について、改正後の行政不服審査法において、一層充実した審理とするため、全ての審理関係人を招集してさせるとともに（行審法31②）、相当でない場合の陳述の制限（行審法31④）、申立人の処分庁等に対する質問（行審法31⑤）が規定された。

この見直しに合わせて、国税通則法においても、所要の整備が行われた。すなわち、同法95条の2第1項は、「審査請求人又は参加人の申立てがあつた場合には、担当審判官は、当該申立てをした者に口頭で審査請求に係る事件に関する意見を述べる機会を与えなければならない。」と定め、同条2項は、「前項の規定による意見の陳述（次項及び第97条の4第2項第2号〔略〕において「口頭意見陳述」という。）に際し、前項の申立てをした者は、担当審判官の許可を得て、審査請求に係る事件に関し、原処分庁に対して、質問を発することができる。」と定めている。

また、同条3項は、「第84条第1項ただし書、第2項、第3項及び第5項〔略〕の規定は、第1項の口頭意見陳述について準用する。」と定めているので、次

第9章　不服審査・訴訟　　333

のような再調査の請求に関する決定手続が、審査請求の口頭意見陳述においても行われることになる。

① 　審査請求人の所在その他の事情により当該意見を述べる機会を与えることが困難であると認められる場合には、その機会が与えられないことになる（通則法84①ただし書）。

② 　口頭意見陳述は、担当審判官が期日及び場所を指定し、全ての審理関係人[注224]を招集してさせることになる（通則法84②）。

③ 　口頭意見陳述において、申立人は、担当審判官の許可を得て、補佐人とともに出頭することができる（通則法84③）。

④ 　口頭意見陳述において、担当審判官は、申立人がする陳述が事件に関係のない事項にわたる場合その他相当でない場合には、これを制限することができる（通則法84⑤）。なお、参加審判官は、担当審判官の命を受け、申立人が審査請求に係る事件に関し原処分庁に対する質問を許可し、その意見陳述を制限することができる（通則法95の2④）。

以上のように、審査請求における口頭意見陳述は、相当細かく規定され、原処分庁に対する質問の機会を与えられることになったが、ただ、これらの規定のみでは、その口頭意見陳述において、質問を受ける原処分庁（税務署長等）が同席するのか、その質問に応答するのか等が明らかではない。それらが明らかにされないと、口頭意見陳述は、審査請求人からの一方的な陳述となり、実質的な審理の充実は図られないものと考えられる。

(6)　証拠書類等の提出

改正前の国税通則法は、「原処分庁は、処分の理由となつた事実を証する書類その他の物件を担当審判官に提出することができる。」（旧通則法96①）と定め、「審査請求人は、担当審判官に対し、原処分庁から提出された書類その他の物件の閲覧を求めることができる。」（旧通則法96②）と定めて、原処分庁からの物件の提出と当該物件の閲覧を一括して定めていた。

しかし、改正後は、上記規定については、後述のように、証拠書類の提出、物件の閲覧方法等を大幅に改正（充実）したので、まず、証拠書類等の提出

（注224）　再調査の請求の場合には、再調査の請求人及び参加人が招集の対象とされているが、審査請求の場合には、「全ての審理関係人」が招集の対象となっている（通則法95の2）。

334　第9章　不服審査・訴訟

について、審査請求人等もできることとし、次のように定めている。すなわち、国税通則法96条1項は、「審査請求人又は参加人は、証拠書類又は証拠物を提出することができる。」と定め、同条2項は、「原処分庁は、当該処分の理由となる事実を証する書類その他の物件を提出することができる。」と定めている。また、同条3項は、「前2項の場合において、担当審判官が、証拠書類若しくは証拠物又は書類その他の物件を提出すべき相当の期間を定めたときは、その期間内にこれを提出しなければならない。」と定めている。

(7)　審理のための質問、検査等

ア　総額主義と争点主義（訴訟物）

　租税争訟における訴訟物（審理の対象となる事項）は、総額主義と争点主義の対立としてとらえることができる。総額主義とは、確定処分に対する争訟の対象はそれによって確定された税額（租税債務の内容）の適否である、とする見解であり、争点主義とは、確定処分に対する争訟の対象は処分理由との関係における税額の適否である、とする見解である[注225]。この見解の対立については、最高裁昭和49年4月18日第一小法廷判決（訟月20・11・175）が、「本件決定処分取消訴訟の訴訟物は、右総所得金額に対する課税の違法一般であり、所謂給与所得の金額が、総所得金額を構成するものである以上、原判決が本件審査裁決により訂正された本件決定処分の理由をそのまま是認したことには、所論の違法は認められない。」と判示し、総額主義を採用したことにより、判例上は、一応解決している[注226]。

　もっとも、国税不服審判所では、審査請求における権利救済の趣旨に配慮し、原処分を洗い晒し的に見直すことなく、いわゆる争点主義的運営を行っている[注227]。この点について、不服審査基本通達（国税不服審判所関係）97－1は、「実質審理は、審査請求人の申立てに係る原処分について、その全体の当否を判断するために行うものであるが、その実施に当たっては、審査請

（注225）　前掲（注204）964頁等参照
（注226）　この最高裁判決は、取消訴訟における処分理由の差替えを容認したものとしても評価されている。総額主義の下では、処分理由の差替えも容認されることになろうが、青色申告に係る更正の理由附記については、例えば、最高裁昭和56年7月14日第三小法廷判決（民集35・5・901）が、「一般的に更正の理由とは異なるいかなる事実も主張することができると解すべきかどうかはともかく」として留保をつけながらも、当該事案については理由の差替えを認めている。
（注227）　前掲（注4）1024頁等参照

第9章　不服審査・訴訟　　335

求人及び原処分庁双方の主張により明らかとなった争点に主眼を置いて効率的に行うことに留意する。」と定めて、争点主義にも配慮している。また、総額主義と争点主義の対立は、争訟における審理方法にも影響する。すなわち、前者においては、審判官又は裁判官が所得金額（税額）の真実を把握できる体制が望ましいことになるから、職権主義による審理が一層適することになる。

　他方、争点主義においては、当該争点を中心に審理すれば足りるから、取消訴訟において原則として採用されている弁論主義による審理で足りることになる。かくして、審査請求の実質審理においては、前述したように、審査請求の趣旨及び理由に対応して、原処分庁から答弁書が提出され、その答弁書に対して審査請求人から反論書の提出があり、かつ、審査請求人又は参加人の申立てによって口頭意見陳述が行われ、その上で、審査請求人及び参加人並びに原処分庁から証拠書類等が提出されることになる。前述した弁論主義であれば、審査請求人及び原処分庁によるこのような主張・立証を繰り返していけば足りる。しかし、国税通則法は、前述した総額主義と職権主義を前提にしているが故に、担当審判官等に対して、審理を行うために、次のような質問、検査等の権限を与えている(注228)。

　　ロ　質問、検査等の内容

　国税通則法97条1項は、「担当審判官は、審理を行うため必要があるときは、審査関係人の申立てにより、又は職権で、次に掲げる行為をすることができる。」と定めている。

① 　審査請求人若しくは原処分庁又は関係人その他の参考人に質問すること。

② 　①に規定する者の帳簿書類その他の物件につき、その所有者、所持者若しくは保管者に対し、相当の期間を定めて当該物件の提出を求め、又はこれらの者が提出した物件を留め置くこと。

③ 　①に規定する者の帳簿書類その他の物件を検査すること。

④ 　鑑定人に鑑定させること。

　また、このような質問、検査等は、担当審判官のみが行使できるわけではなく、同法97条2項は、「国税審判官、国税副審判官その他の国税不服審判所

────────────

（注228）　前掲（注4）1036頁等参照

の職員は、担当審判官の嘱託により、又はその命を受け、前項第1号又は第3号（編注＝前記①又は③）に掲げる行為をすることができる。」と定めている。このような国税不服審判所の職員に与えられている審査請求人らに対する質問、検査等の権限は、所得税、法人税等に関する調査について認められている質問検査権（通則法74の2等）とはその性質を異にする。すなわち、所得税、法人税等の調査について認められている質問検査権は、既に述べたように、納税申告等によって確定した税額等の正否を確認するために行われるものであるから、質問検査権行使の対象等も広範に定められ、かつ、その強制力も強いといえる。そのため、「国税の調査」のために定められている同法74条の2等の規定は、質問検査についての一般法的機能を有しているが、その強制力も強いといえる。

　他方、同法97条の規定は、審査請求についての審理のために限定し、かつ、質問検査の対象も当該審理に必要な者等に限定されているので、いわば特別法的機能を有している。もっとも、審査請求の審理のための質問、検査であっても、審査請求人らに対して調査権限が与えられた国税職員による調査であることには変わりがないから、その調査手続については、一般法である「国税の調査」に係る質問検査権の行使の場合と同様な規定が設けられている。すなわち、同法97条3項は、「国税審判官、国税副審判官その他の国税不服審判所の職員は、第1項第1号及び第3号に掲げる行為をする場合には、その身分を示す証明書を携帯し、関係者の請求があつたときは、これを提示しなければならない。」と定めている。

　この規定は、一般の質問検査権の行使に係る同法74条の13の規定と同様である。また、同法97条5項は、「第1項又は第2項に規定する当該職員の権限は、犯罪捜査のために認められたものと解してはならない。」と定めている。この規定も、一般の質問検査権の行使に係る同法74条の8の規定と同様である。もっとも、一般の質問検査権の行使とそれによる資料収集が犯罪捜査に直結する査察調査の端緒になることもある[注229]が、審査請求の審理のための質問、検査等については、そのような問題に関わることは考えられない。

　　ウ　審査請求人の主張との関係
　審査請求の審理における国税審判官らの質問、検査等と一般の質問検査権

（注229）　最判（二小）平16・1・20（刑集58・1・26、判時1849・133）等参照

第9章　不服審査・訴訟　　337

の行使との相違は、審査請求人の主張との関係においても生じる。すなわち、同法97条4項は、「国税不服審判所長は、審査請求人等（審査請求人と特殊な関係がある者で政令で定めるものを含む。）が、正当な理由がなく、第1項第1号から第3号まで又は第2項の規定による質問、提出要求又は検査に応じないため審査請求人等の主張の全部又は一部についてその基礎を明らかにすることが著しく困難になつた場合には、その部分に係る審査請求人等の主張を採用しないことができる。」と定めている。

　この規定にいう「審査請求人等」には、審査請求人、その配偶者（事実上婚姻関係と同様の事情にある者を含む。）、審査請求人と生計を一にし又はその財産により生計を維持している親族、審査請求人の使用人、審査請求人が法人である場合のその代表者、同族関係者、審査請求人の代理人等が含まれる（通則令34）。また、「正当な理由」とは、誰が判断しても、質問検査に協力しないことが当然であると考えられるような事情をいうものと解されている[注230]。

　なお、一般の質問検査権の行使に関しては、「当該職員の質問に対して答弁せず、若しくは偽りの答弁をし、又はこれらの規定による検査、採取、移動の禁止若しくは封かんの実施を拒み、妨げ、若しくは忌避した者」に対して、1年以下の懲役又は50万円以下の罰金に処せられるが（通則法127二）、国税審判官等の質問、検査等についても、「答弁せず、若しくは偽りの答弁をし、又は同条第1項第3号若しくは第2項の規定による検査を拒み、妨げ、若しくは忌避し、若しくは当該検査に関し偽りの記載若しくは記録をした帳簿書類を提示した者」に対し、30万円以下の罰金に処することとしている（通則法128）。しかし、同法97条4項の規定によってその主張を採用されなかった審査請求人等に対しては、この罰則規定は適用されないことになっているので、実務上、この罰則規定が適用されることはないであろう。この点についても、一般の質問検査権の行使と異なっている。

　(8)　審理手続の計画的遂行

　行政不服審査法では、審理すべき事項が多数あり又は錯綜しているなど事件が複雑である場合には、弁明書及び反論書が提出されたのみでは審査請求の趣旨や審査請求人と処分庁の主張の対立等が正確に把握できないことが考

（注230）　前掲（注4）1037頁等参照

えられることから、簡易迅速に国民の権利利益の救済を図るため、審理員は、このような場合をはじめその他の事情により、迅速、公正かつ適正な審理を行うため必要があると認めるときは、同法36条に基づく質問を適切に行いつつ、争点及び証拠の整理を行うことができるよう、審理関係人を招集し、あらかじめ、審理手続（口頭意見陳述、物件の提出要求等）の申立てに関する意見の聴取を行うことができるとされている（行審法37①②）。また、当該意見の聴取は、審理の迅速化の観点から行うものであるから、それ以降の手続が計画的になされるよう、審理員が審理関係人に審理予定を通知することとしている（行審法37③）。

　この行政不服審査法の趣旨に合わせ、国税通則法も、同様の規定を設けることとした。すなわち、同法97条の2第1項は、「担当審判官は、審査請求に係る事件について、審理すべき事項が多数であり又は錯綜しているなど事件が複雑であることその他の事情により、迅速かつ公正な審理を行うため、第95条の2から前条第1項まで（口頭意見陳述等）に定める審理手続を計画的に遂行する必要があると認める場合には、期日及び場所を指定して、審理関係人を招集し、あらかじめ、これらの審理手続の申立てに関する意見の聴取を行うことができる。」と定めている。また、同条2項は、「担当審判官は、審理関係人が遠隔の地に居住している場合その他相当と認める場合には、政令で定めるところにより、担当審判官及び審理関係人が音声の送受信により通話をすることができる方法によつて、前項に規定する意見の聴取を行うことができる。」と定めている。

　次いで、同条3項は、「担当審判官は、前2項の規定による意見の聴取を行つたときは、遅滞なく、第95条の2から前条第1項までに定める審理手続の期日及び場所並びに第97条の4第1項（審理手続の終結）の規定による審理手続の終結の予定時期を決定し、これらを審理関係人に通知するものとする。当該予定時期を変更したときも、同様とする。」と定めている。

　以上のような審理手続の計画的遂行については、従前、その一部について国税不服審判所の審理事務において実施されてきたところであるが、それが法律上明確にされたものといえる。

(9)　審理関係人による物件の閲覧等
　ア　制度の概要
改正前の国税通則法では、原処分庁が、処分の理由となった事実を証する

第9章　不服審査・訴訟　　339

書類その他の物件を担当審判官に提出することができることとされ、審査請求人は、担当審判官に対し、原処分庁から提出された当該物件の閲覧（これのみ）を求めることができるとされていた（旧通則法96①②）。なお、この閲覧請求権は、参加人にも準用される（旧通則法109⑤）。

　これに対し、改正後の行政不服審査法では、審査請求人及び参加人の手続保障の充実を図る見地から、閲覧請求権の対象を、処分庁等から提出された物件に限らず、処分庁等以外の所持人から提出された物件等についても拡大するとともに、閲覧のみならず、写し等の交付も請求することができるとされた（行審法38①）。

　この行政不服審査法の改正に対応し、国税通則法においても、審査請求人等の閲覧等の充実を図ることとした。すなわち、同法97条の3第1項は、「審理関係人は、次条第1項又は第2項の規定により審理手続が終結するまでの間、担当審判官に対し、第96条第1項若しくは第2項〔略〕又は第97条第1項第2号〔略〕の規定により提出された書類その他の物件の閲覧（電磁的記録にあつては、記録された事項を財務省令で定めるところにより表示したものの閲覧）又は当該書類の写し若しくは当該電磁的記録に記録された事項を記載した書面の交付を求めることができる。この場合において、担当審判官は、第三者の利益を害するおそれがあると認めるとき、その他正当な理由があるときでなければ、その閲覧又は交付を拒むことができない。」と定めている。また、同条2項は、「担当審判官は、前項の規定による閲覧をさせ、又は同項の規定による交付をしようとするときは、当該閲覧又は交付に係る書類その他の物件の提出人の意見を聴かなければならない。ただし、担当審判官が、その必要がないと認めるときは、この限りでない。」と定めている。

　次いで、当該閲覧等の手続については、同条3項は、「担当審判官は、第1項の規定による閲覧について、日時及び場所を指定することができる。」と定め、同条4項は、「第1項の規定による交付を受ける審査請求人又は参加人は、政令で定めるところにより、実費の範囲内において政令で定める額の手数料を納めなければならない。」と定め、同条5項は、「担当審判官は、経済的困難その他特別の理由があると認めるときは、政令で定めるところにより、前項の手数料を減額し、又は免除することができる。」と定めている。

　以上のように、改正法の下での閲覧等は、まず、閲覧等をできる者が、従前の審査請求人及び参加人から原処分庁を含む審査関係人全員とされ、閲覧

等の対象は、従前の原処分庁の提出物件にとどまらず、審査関係人が提出した全ての物件及び担当審判官等が質問検査権を行使して収集した物件も含まれることとされた。

さらに、審査関係人は、従前の閲覧のみに限定されることなく、関係書類の写しの交付をも要求できることとされた。しかし、担当審判官は、上記のような閲覧又は交付に当たっては、原則として、当該書類その他の物件の提出人の意見を聴かなければならないこととされている。

　イ　閲覧拒否の「正当な理由」

以上のように、現行法の下では、閲覧等ができる者、閲覧等の対象物件、閲覧等の方法等は、大幅に拡充されることになった。しかし、そのような閲覧等の請求に対し、担当審判官が拒否できる理由は、従前と同様である。すなわち、「担当審判官は、第三者の利益を害するおそれがあると認めるとき、その他正当な理由があるとき」（通則法97の3①）は、当該閲覧又は交付の請求を拒むことができることになる。

この場合、「第三者の利益を害するおそれがある」とは、「例えば、同項の規定による閲覧又は交付を求める者以外の者の権利、競争上の地位その他正当な利益を害するおそれがあるとき」である（不服審査基本通達（国税不服審判所関係）97の3−2）と解されている。また、「その他正当な理由があるとき」とは、「例えば、国の機関、地方公共団体等が行う事務又は事業に関する情報であって、閲覧又は交付の対象とすることにより、当該事務又は事業の性質上、それらの適正な遂行に支障を来すおそれがあるとき」（同通達97の3−2）と解されている。

その他、「正当な理由」については、第三者の営業上の秘密保持及び行政上の機密保持の必要から、第三者に係る所得調査書の閲覧を拒否し、これに代えて審査請求人の防御に必要な部分を抽出要約した所得調査書等要約書を閲覧させることは当該条文に違反しないと解される（注231）が、行政上の秘密にわたる部分がそれ以外の部分と混然一体となって分離困難であることをもって、そのすべての部分の閲覧を拒否することは「正当な理由」に当たらないと解されている（注232）。

（注231）　大阪高判昭54・1・26（訟月25・5・1445）、東京高判昭59・11・20（税資140・237）等参照
（注232）　大阪高判昭50・9・30（行集26・9・1158）等参照

第9章　不服審査・訴訟　　　　341

(10)　審理手続の終結

改正行政不服審査法では、迅速な処理及び審理関係人の手続的権利を保障する観点から、必要な審理を終えた場合や相当の期間内に書面が提出されない場合等に、審理員は、審理手続を終結し、その旨及び審理員意見書等を審査庁に提出する予定時期を審理関係人に対し通知する旨の規定を創設した（行審法41）。この終結規定に合わせ、国税通則法においても、同様の趣旨から、審理手続の終結に関する規定を設けることとした。すなわち、同法97条の4第1項は、「担当審判官は、必要な審理を終えたと認めるときは、審理手続を終結するものとする。」と定めている。

次いで、形式的基準の終結については、同条2項は、次のように定めている。
「2　前項に定めるもののほか、担当審判官は、次の各号のいずれかに該当するときは、審理手続を終結することができる。

一　次のイからホまでに掲げる規定の相当の期間内に、当該イからホまでに定める物件が提出されない場合において、更に一定の期間を示して、当該物件の提出を求めたにもかかわらず、当該提出期間内に当該物件が提出されなかつたとき。

イ　第93条第1項前段（答弁書の提出等）　答弁書

ロ　第95条第1項後段（反論書の提出）　反論書

ハ　第95条第2項後段　参加人意見書

ニ　第96条第3項（証拠書類等の提出）　証拠書類若しくは証拠物又は書類その他の物件

ホ　第97条第1項第2号（審理のための質問、検査等）　帳簿書類その他の物件

二　第95条の2第1項（口頭意見陳述）に規定する申立てをした審査請求人又は参加人が、正当な理由がなく、口頭意見陳述に出頭しないとき。」

上記1号に定める書類、物件等の提出については、ロからホまでに掲げるものについては、審査請求人等に対して課せられるものであるから、その提出を怠ったために審理が終結したときには、審査請求人側に不利な裁決が下される可能性が強いことになる。また、2号に定める口頭意見陳述に出頭しないときにも、同様なことになるものと考えられる。しかし、上記1号イに定める原処分庁が答弁書の提出を怠ったときには、原処分庁側に不利な裁決が下

されることが考えられるが、現実の行政庁の職務状況からみて想定できないといえる。

以上の各規定によって審理手続を終結したときには、同法97条の4第3項は、「担当審判官が前2項の規定により審理手続を終結したときは、速やかに、審理関係人に対し、審理手続を終結した旨を通知するものとする。」と定めている。

(11) 裁 決

ア 裁決の内容

審査請求の審理手続が終結すると、国税不服審判所長による裁決が行われることになる。その裁決の内容は、次のとおりである。まず、国税通則法98条1項は、「審査請求が法定の期間経過後にされたものである場合その他不適法である場合には、国税不服審判所長は、裁決で、当該審査請求を却下する。」と定めている。

次いで、同条2項は、「審査請求が理由がない場合には、国税不服審判所長は、裁決で、当該審査請求を棄却する。」と定め、同条3項は、「審査請求が理由がある場合には、国税不服審判所長は、裁決で、当該審査請求に係る処分の全部若しくは一部を取り消し、又は変更する。ただし、審査請求人の不利益に当該処分を変更することはできない。」と定めている。

以上の裁決の内容は、再調査の請求の場合と同様であるため、再調査の請求の決定手続について述べたことが参考になる。他方、裁決固有の手続について、同法98条4項は、「国税不服審判所長は、裁決をする場合（第92条〔略〕の規定により当該審査請求を却下する場合を除く。）には、担当審判官及び参加審判官の議決に基づいてこれをしなければならない。」と定めている。

この規定は、国税不服審判所内の裁決に係る意思決定が二重になっていることを意味する。その一つは、担当審判官及び参加審判官（いわゆる合議体）による議決であり、もう一つが、国税不服審判所長による裁決である。この場合、「裁決」は「議決」に「基づいて」行われることになるが、「議決」に完全に拘束されるわけではない(注233)。しかし、「基づく」ことを要するわけであるから、少なくとも「議決」に基礎を置かなければならず、その「議決」

(注233)　前掲（注4）1040頁等参照

とは全くかけ離れた裁決をすることはできない(注234)。もっとも、後述する同法99条の定めによって裁決が行われる場合には、「議決」とは別個の裁決が行われることがあり得る。

なお、「議決」については、担当審判官及び参加審判官の判断が一致するとは限らないので、「法第98条第3項（裁決）の担当審判官及び参加審判官の議決は、これらの者の過半数の意見による。」（改正前通則令35）ことになる。

　　イ　長官通達等と異なる裁決

既に述べたように、現行の国税通則法の下における不服審査は、行政庁内の原処分の見直しとして行われるものであり、国税不服審判所長による裁決は、原処分についての最終的判断（結論）でもある。したがって、国税不服審判所長も、国税庁という行政庁を構成する一員として、国税庁長官の指示、命令（多くの場合国税庁長官通達）に従う立場にある。しかし、国税通則法は、できるだけ公正な裁決を行うことができるようにするため、国税不服審判所の第三者的機能を強化し、国税不服審判所長の独立性を保障する定め（通則法99）を置いている。

その法99条は、行政不服審査法の改正に対応した平成26年6月の国税通則法の改正ではなく、同年3月の国税通則法独自の改正において改正され、国税不服審判所長の独立性を一部強化している(注235)。すなわち、同法99条1項は、「国税不服審判所長は、国税庁長官が発した通達に示されている法令の解釈と異なる解釈により裁決をするとき、又は他の国税に係る処分を行う際における法令の解釈の重要な先例となると認められる裁決をするときは、あらかじめその意見を国税庁長官に通知しなければならない。」と定めている。この1項の規定は、平成26年3月の改正前には、「……その意見を国税庁長官に申し出なければならない。」と定められていた。

この「申し出」を「通知」に変更したのは、国税不服審判所長の国税庁長

（注234）　前掲（注4）1040頁等参照。なお、東京国税不服審判所のような大きな支部においては、「裁決」案をまとめるために「法規審査部」が設けられている。筆者が同法規審査部に勤務していた当時（昭和50～51年）、「議決に基づいて」ということは、当該議決の結論（棄却、全部取消し、一部取消し、変更等）は変更できないが、その理由付けは変更できるものと解されていた。

（注235）　なお、同法99条のタイトルについても、「国税庁長官の指示等」から「国税庁長官の法令の解釈と異なる解釈等による裁決」に変更されている。

官に対する従属性を弱めたものと解される。また、この規定は、長官通達に反する裁決を行う場合に限らず、「他の国税に係る処分を行う際における法令の解釈の重要な先例となると認められる裁決」を行う場合にも適用されるが、その趣旨については、次のように解されている(注236)。

「法令の解釈の先例とは、判例、学説又は通達、慣行等が未だ確定していない法令の規定について国税不服審判所長がする新たな解釈で、その解釈がその後の解釈の前例となるものをいい、重要とは、他の処分を行う際にその解釈が重要な先例となるという意味であって、その事件の税額の多寡とか内容の複雑さとは必ずしも関係がない。」

もっとも、この規定にいう「重要な先例」とは、裁判官が判決する場合の判断の規範となる「判例法」(注237)とは異なり、国税庁内部における処分上の規範になるものを指すものと解されるが、それに反した課税処分も行われなくなる。

次に、同法99条2項は、「国税庁長官は、前項の通知があつた場合において、国税不服審判所長の意見が審査請求人の主張を認容するものであり、かつ、国税庁長官が当該意見を相当と認める場合を除き、国税不服審判所長と共同して当該意見について国税審議会に諮問しなければならない。」と定めている。この国税審議会の諮問については、平成26年3月改正前は、国税庁長官が国税不服審判所長の申出に同意しないときに、国税庁長官が単独で国税審議会に諮問することとされていたが、国税庁長官と国税不服審判所長が共同で諮問することとされた。これも、国税不服審判所長の独立性を尊重したものと解される。

次いで、同条3項は、「国税不服審判所長は、前項の規定により国税庁長官と共同して国税審議会に諮問した場合には、当該国税審議会の議決に基づいて裁決をしなければならない。」と定めている。この規定も、国税不服審判所長の独立性を強化したものであるが、平成26年3月改正前においては、国税庁長官が、国税審議会の議決を受理し、それに従って裁決を行うよう国税不服審判所長に対して指示することとされていた。

(注236)　前掲（注4）1043頁参照
(注237)　「判例法」の意義については、品川芳宣『租税法律主義と税務通達』（ぎょうせい、平成15年）29頁、前掲（注204）112頁等参照

第9章　不服審査・訴訟　　345

　　ウ　裁決の方式等

　改正後の行政不服審査法が、裁決の方式（行審法50①）と裁決の効力発生（行審法52①④）を規定したことに合わせ、国税通則法においても、同様の規定を設けることとした。すなわち、同法101条1項は、「裁決は、次に掲げる事項を記載し、国税不服審判所長が記名押印した裁決書によりしなければならない。」と定めている。この規定により裁決書に記載すべき事項は、次のとおりである。

①　主　　文
②　事案の概要
③　審理関係人の主張の要旨
④　理　　由

　以上の記載事項については、現行の実務においても、判決書に準じて、行われているところであるが、そのことが法律上一層明確にされたものといえる。また、同条2項は、「第84条第8項〔略〕の規定は、前項の裁決について準用する。」と定めている。同法84条8項は、再調査の請求についての決定手続の一部であり、「再調査の請求についての決定で当該再調査の請求に係る処分の全部又は一部を維持する場合における前項に規定する理由においては、その維持される処分を正当とする理由が明らかにされていなければならない。」と定めている。

　この場合の原処分維持の理由を明らかにすることの意義については、平成23年12月の国税通則法の改正により、原処分の段階で全ての処分について理由が附記されることになったことにより、その意義（機能）を薄めている（そのことについては、再調査の請求の決定手続に関して、述べたところである。）。

　次に、同法101条3項は、「裁決は、審査請求人（当該審査請求が処分の相手方以外の者のしたものである場合における第98条第3項（裁決）の規定による裁決にあつては、審査請求人及び処分の相手方）に裁決書の謄本が送達された時に、その効力を生ずる。」と定めている。この処分の効力発生日と不服申立期間の起算日（通則法77）とが異なることに留意を要する。また、同法101条4項は、他の審理関係人に対しても裁決書の謄本を送るものとし、「国税不服審判所長は、裁決書の謄本を参加人及び原処分庁（第75条第2項（第1号に係る部分に限る。）〔略〕に規定する処分に係る審査請求にあつては、当該処分に係る税務署長を含む。）に送付しなければならない。」と定めている。

エ　裁決の拘束力

　裁決は、行政処分であるから、一般の行政処分が有する効力と同様の効力を有すると同時に、特別の審査手続を経た裁決としての固有の効力を有している。また、国税通則法は、この裁決の効力について、一般法である行政不服審査法と同様、裁決の拘束力についてのみ規定し、その他の効力については、解釈に委ねることにしている。まず、国税通則法102条1項は、「裁決は、関係行政庁を拘束する。」と定めている。

　この場合、裁決が原処分を取り消し、又は変更すれば、その裁決自体の効力により、違法又は不当とされた原処分は当然に取り消され、又は変更される。しかし、その後、再び原処分庁が裁決で取り消された処分と同様の処分ができるということであれば、行政処分が二重構造となって、権利救済の目的も達することができない。そこで、そのような誤りを犯すことのないよう「裁決は、関係行政庁を拘束する。」と定めたのである(注238)。つまり、原処分の適法性の判断については、国税不服審判所長が原処分庁（税務署等）の上級庁としての役割（機能）を果たすことになる。また、このような拘束力は、棄却及び却下の裁決については生じない。したがって、裁決が棄却であるときは、国税不服審判所長が原処分は違法ではないと判断したにとどまるから、税務署長が再更正をする妨げにはならない(注239)。同様に、裁決によって棄却されたため、当該原処分の取消訴訟において、当該原処分の適法性を根拠付けるための国側の主張が、裁決の理由中の判断と同一でなければならないものではなく、裁決は、そのような意味での拘束力を有するものではない(注240)。

　次に、裁決の拘束力は、裁決の主文及び主文と不可分一体となる理由について生ずる。例えば、譲渡所得の帰属について、その物件の譲渡所得が審査請求人に帰属していないとして更正を取り消す裁決があったときは、原処分庁は、その後、その譲渡所得がその審査請求人に帰属するものとして再更正することはできない。また、裁決が原処分の全部又は一部の取消しであるときには、原処分庁は、同一理由に基づく再更正をすることはできない(注241)。

（注238）　前掲（注4）1055頁等参照
（注239）　前掲（注4）1055頁等参照
（注240）　東京地判昭63・4・20（行集39・3―4・302）等参照
（注241）　不服審査基本通達（国税庁関係）102―2等参照

第9章　不服審査・訴訟　　347

　しかし、その譲渡所得が誰に帰属する（審査請求人以外の者に帰属する。）
かということについてまで拘束力を有するものではない。また、裁決の当時
判明しなかったような脱税等が後日発見された場合には、裁決は、それにつ
いて何らの判断をしていないのであるから、原処分庁は、当該裁決にかかわ
らず、当該別個の理由に基づいて再更正をすることができることにな
る(注242)。

　ただ、ここでの「関係行政庁」とは、「審査請求に係る処分をした行政庁及
び当該処分に関係をもつ行政庁をいい、例えば原処分があった後に所轄税務
署長を異にする納税地の異動があった場合における異動後の納税地を所轄す
る税務署長のほか、登記機関の登録免許税の課税標準及び税額の認定通知に
係る審査請求についての裁決にあっては当該審査請求人の住所地を所轄する
税務署長、滞納処分の引継ぎを受けた税務署長の処分に係る審査請求につい
ての裁決にあっては当該処分の引継ぎをした税務署長がこれに当たる」(注243)
ことになる。

　そのほか、裁決は、原則として、他の行政処分と同様、適法の推定を受け、
取り消されるまでその効力を否定し得ず（公定力）、裁決の取消訴訟の提訴期
間（6月）を経過すれば、原則として、その拘束を争い得なくなる（不可争力）。
もっとも、裁決の同一性を害さない範囲内で、計算上の誤りや書類上等の軽
微な誤りは訂正することができると解されている(注244)。さらに、原処分を
変更する裁決は、その裁決の内容を実現させる効力を有する（執行力）。

　次に、以上のような裁決の直接的拘束力のほか、処分の取消裁決等があっ
た場合には、次のような事後措置を要することになる。すなわち、同法102条
2項は、「申請若しくは請求に基づいてした処分が手続の違法若しくは不当を
理由として裁決で取り消され、又は申請若しくは請求を却下し若しくは棄却
した処分が裁決で取り消された場合には、当該処分に係る行政機関の長は、
裁決の趣旨に従い、改めて申請又は請求に対する処分をしなければならな
い。」と定めている。このような規定が適用される事例として、更正の請求に
対してした「更正をすべき理由がない旨の通知処分」（通則法23④）が、裁決で
取り消された後の処分が挙げられる。また、同条3項は、「国税に関する法律

（注242）　前掲（注4）1055頁、前掲（注241）等参照
（注243）　前掲（注241）102―1等参照
（注244）　東京高判昭53・6・21（税資101・555）等参照

に基づいて公示された処分が裁決で取り消され、又は変更された場合には、当該処分に係る行政機関の長は、当該処分が取り消され、又は変更された旨を公示しなければならない。」と定めている。

処分が公示される事例として、納税者の住所又は居所が明らかでない場合等における公示送達（通則法14）がある。さらに、同条4項は、「国税に関する法律に基づいて処分の相手方以外の第109条第1項（参加人）に規定する利害関係人に通知された処分が裁決で取り消され、又は変更された場合には、当該処分に係る行政機関の長は、その通知を受けた者（審査請求人及び参加人を除く。）に、当該処分が取り消され、又は変更された旨を通知しなければならない。」と定めている。

以上の裁決後の手続が終了した後、同法103条は「国税不服審判所長は、裁決をしたときは、すみやかに、第96条第1項又は第2項〔略〕の規定により提出された証拠書類若しくは証拠物又は書類その他の物件及び第97条第1項第2号〔略〕の規定による提出要求に応じて提出された帳簿書類その他の物件をその提出人に返還しなければならない。」と定めている。なお、審査請求人又は参加人が同法95条の規定により任意に提出した反論書又は参加人意見書については、本条により返還義務が定められていないが、これらの物件等についても、裁決が終了し、提出された物件等を留め置く必要がなくなったと認められるときは、提出者から返還要求の有無にかかわらず、速やかに返還すべきであろう[注245]。

第6節　雑　則

1　併合審理等
(1)　併合審理
　不服申立てが数個に及ぶ場合には、通常、それぞれ別個に審理し、裁決すべきことになる。しかし、それらの不服申立てが相互に関連する場合には、審理の重複、判断の抵触等を避ける必要から、それらを併合して審理するこ

(注245)　前掲（注4）1059頁等参照

第9章　不服審査・訴訟　　349

とが望ましいこともある。それが、簡易迅速な権利救済を図る趣旨にも適うことになる。そこで、国税通則法104条1項は、「再調査審理庁又は国税不服審判所長若しくは国税庁長官（以下「国税不服審判所長等」という。）は、必要があると認める場合には、数個の不服申立てに係る審理手続を併合し、又は併合された数個の不服申立てに係る審理手続を分離することができる。」と定めている。

　この規定により併合審理ができる場合に「必要があると認めるとき」とは、具体的には、①複数の不服申立てに係る基本的な事実関係又は証拠関係を共通する場合、②同一の処分について数人から不服申立てがされた場合、③一つの手続を構成する複数の処分について不服申立てがされた場合、④本税と加算税のように牽連関係にある処分について不服申立てがされた場合等に該当するものと考えられる（注246）。

　例えば、法人税について売上計上漏れがあり、その資金を役員が取得したと認められる場合には、法人税の更正処分と当該役員に対する認定給与に係る源泉所得税の納税の告知処分が行われることがあるが、それぞれの処分について不服申立てがされたときは、それらを併合して審理することが望ましいことになる。

　その他、同一年分の国税に係る当初の更正決定についての不服申立てと再更正についての不服申立て、本税の更正決定についての不服申立てと当該更正決定に係る加算税の賦課決定についての不服申立て、青色申告の取消しについての不服申立てと当該取消しを前提とする更正決定についての不服申立て、等がある。なお、この併合審理については、不服申立人から数個の処分について不服を併合して不服申立てをすることができるかが問題となる。この点については、明文の規定はないが、共同不服申立て（通則法108）が認められていることから、これを禁止しているものではないと解されている（注247）。

（2）　あわせ審理

　前述のように、同一の国税について更正と再更正がされ、それぞれについて不服申立てがされた場合に、それらを併合審理するのは問題はない。しかし、このような場合に、一方の処分についてのみ不服申立てがされていると

（注246）　前掲（注4）1061頁等参照
（注247）　前掲（注4）1062頁等参照

350 第9章 不服審査・訴訟

きに、他の処分についても審理の対象にできるかが、問題となる。そこで、国税通則法104条2項以下は、上記のような場合に、審理の範囲を拡張して不服申立てがされていない他の処分についてもあわせ審理をすることができることを定めている。これは、更正と再更正の間に不可分の牽連関係があることを考慮して、二つの処分に対する判断の矛盾、抵触を避け、納税者の手続を軽減して権利救済の目的を達する趣旨であると解されている(注248)。

　具体的には、同条2項が、「更正決定等について不服申立てがされている場合において、当該更正決定等に係る国税の課税標準等又は税額等についてされた他の更正決定等があるときは、国税不服審判所長等は、前項の規定によるもののほか、当該他の更正決定等について併せて審理することができる。ただし、当該他の更正決定等について不服申立ての決定又は裁決がされているときは、この限りでない。」と定めている。また、同条3項は、「前項の規定の適用がある場合には、国税不服審判所長等は、当該不服申立てについての決定又は裁決において当該他の更正決定等の全部又は一部を取り消すことができる。」と定めている。

　このようなあわせ審理がされるケースとしては、当初の更正決定について不服申立てがされている場合において、当該不服申立ての係属中に同一国税について再更正がされたとき、再更正について不服申立てがされた場合において、決定又は裁決を経ていない当初の更正があるとき、本税の更正決定又は納税の告知について不服申立てがされている場合において、当該本税に係る加算税の賦課決定がされたとき、等がある。また、上記3項の規定により、不服申立ての対象になっていない更正決定等についても、全部又は一部の取消しの決定又は裁決が行われるが、当該更正決定等の違法事由がなく、不服申立ての対象になっている処分についてのみ違法事由があれば、後者の処分についてのみ取消裁決等をすれば足りる（この場合においても、あわせ審理をした旨を明らかにする必要がある。）。

　以上の併合審理及びあわせ審理については、更正の請求に対する処分についても、準用される。すなわち、同法104条4項は、「前2項の規定は、更正の請求に対する処分について不服申立てがされている場合において、当該更正の請求に係る国税の課税標準等又は税額等についてされた他の更正又は決定

(注248)　前掲（注4）1063頁等参照

があるときについて準用する。」と定めている。

2　不服申立てと国税の徴収との関係

(1)　不服申立てと徴収との関係

　不服申立てがあった場合に、これにより直ちに原処分についての執行を停止するとすれば、租税収入の確保を旨とする行政の運営を不当に阻害することになる。また、そのような執行停止をすると、乱訴の弊害が生じることになり、争訟制度のあり方にも問題を惹起することになる。他面、そのような弊害を恐れて執行の停止を全く認めないこととすると、不服申立人が決定又は裁決において課税処分の全部取消しの処分を得ても、差押えの対象となった財産が処分（換価）された後であると、権利回復に実効を伴わないことも起こり得る。

　そこで、行政不服審査法では、「審査請求は、処分の効力、処分の執行又は手続の続行を妨げない。」（行審法25①）と定めて、執行不停止を原則としながらも、審査庁等が、必要があると認める場合には、審査請求人の申立て又は職権でそれぞれの実態に応じ執行停止の手続をとることができるとされている（行審法25②〜⑦）。また行政事件訴訟法でも、処分の取消しの訴えがあった場合にも、執行不停止を原則としながらも（行訴法25①）、「重大な損害を避けるため緊急の必要があるとき」には、裁判所は、申立て又は決定をもって、執行停止ができるとされている（行訴法25②）。

　国税通則法においては、この問題について、大要を次のように定めている。

①　執行不停止を原則とするが、滞納処分による差押財産の換価は、原則として、することができない。

②　国税不服審判所長等は、必要に応じ、不服申立人の申立て又は職権で、徴収の猶予又は滞納処分の続行の停止をすることができる。

③　不服申立人は、担保を提供して、他の財産について差押えをしないこと又は他の財産にした差押えの解除を求めることができる。

(2)　執行不停止の原則

　国税通則法105条1項本文は、「国税に関する法律に基づく処分に対する不服申立ては、その目的となつた処分の効力、処分の執行又は手続の続行を妨げない。」と定めている。これは、執行不停止の原則を宣明したものである。処分の効力の不停止とは、例えば、更正決定の場合に、納付すべき税額が確

定していること、その税額を所定の期限までに納付すべきであること等の効力が、不服申立てによっても影響されないことをいう。

また、処分の執行の不停止とは、例えば、更正決定による税額が所定の期限までに納付されない場合に、不服申立てがされても、督促等の滞納処分が続行することをいう（ただし、換価については、後述するように、原則として、禁止される。）。手続の不停止とは、例えば、滞納処分手続において、先行処分（差押え）に不服申立てがされても、それに続く処分（差押債権の取立て、取り立てた金銭の充当等）をすることができることをいう。

(3)　換価の停止

前述のように、課税処分が違法であるということで不服申立てがされても、原則として、徴収処分は続行されるのであるが、その中で、原則として、換価（公売等）は禁止されることになる。すなわち、国税通則法105条1項ただし書は、「ただし、その国税の徴収のため差し押さえた財産の滞納処分（その例による処分を含む。以下この条において同じ。）による換価は、その財産の価額が著しく減少するおそれがあるとき、又は不服申立人（不服申立人が処分の相手方でないときは、不服申立人及び処分の相手方）から別段の申出があるときを除き、その不服申立てについての決定又は裁決があるまで、することができない。」と定めている。

この規定における「換価」とは、公売、随意契約又は国による買入れによる差押財産を金銭化することである。したがって、差押債権等の取立て、果実の収得及び交付要求に係る配当金銭の収受並びにこれらにより取得した金銭の配当は、換価には含まれない。また、「換価は、…することができない」とは、一般的には、公売公告以外の換価手続をしない趣旨であるが、公売公告後に不服申立てがされた場合は、一応入札又は競り売りの終了の告知までの手続を進め、売却決定以後の手続を留保することも可能であるし、さらに、売却決定について不服申立てがされた場合には、買受人は代金を納付することができないことになる(注249)。

次に、差押財産の価額が「著しく減少するおそれがあるとき」とは、生鮮食料品等速やかに換価しなければ価額が著しく減少する場合のことであるが、実務上は、製造中又は保存中の酒類を差し押さえているような場合が考

───────────────

(注249)　前掲（注4）1070頁等参照

えられる。また、不服申立人から別段の申出がある場合とは、例えば、株式等についてその価格が急に下落するおそれがある場合等が考えられる。なお、不服申立人からの「申出」については、書面を提出して行わせることとしている（不服審査基本通達（国税不服審判所関係）105−1）。

以上の換価の停止は、「その不服申立てについての決定又は裁決があるまで」であるから、当該不服申立ての対象となる処分が取消訴訟に移行した場合には、その保障がないことになる。もっとも、実務上、取消訴訟に移行しても、直ちに換価が行われるわけではなく、不服申立て中に準じた措置が継続してとられているようである。

(4)　再調査審理庁等による徴収の猶予等

国税通則法105条2項は、「再調査審理庁又は国税庁長官は、必要があると認める場合には、再調査の請求人又は第75条第1項第2号若しくは第2項（第2号に係る部分に限る。）〔略〕の規定による審査請求をした者（次項において「再調査の請求人等」という。）の申立てにより、又は職権で、不服申立ての目的となつた処分に係る国税の全部若しくは一部の徴収を猶予し、若しくは滞納処分の続行を停止し、又はこれらを命ずることができる。」と定めている。

この規定は、平成26年6月の国税通則法の改正によるものであるが、実質的にはそれ以前の規定と同義であり、文理上の改正（整備）が行われたものである。すなわち、同改正前は、税務署長がした処分又は国税庁長官がした処分（国税庁の当該職員の調査による処分を含む。）について、異議申立てができることとされていたので、同法105条2項の規定も、その主語を「異議審理庁」とすれば足りたが、改正後は、上記の「異議申立て」が「再調査の請求」と「審査請求」とに区別されることになったので、それぞれに対応して、主語を変更したものである。しかし、再調査の審理庁又は国税庁長官も、自己がした処分について続行してする徴収処分に関し、「必要があると認める場合」には、それぞれ自己の判断で、徴収を猶予若しくは滞納処分の続行を停止し、又は国税庁長官の権限によってそれらを命ずれば足りることになる。このような措置は、前記改正後も同じである。

また、同条3項は、「再調査審理庁又は国税庁長官は、再調査の請求人等が担保を提供して、不服申立ての目的となつた処分に係る国税につき、滞納処分による差押えをしないこと又は既にされている滞納処分による差押えを解除することを求めた場合において、相当と認めるときは、その差押えをせず、

若しくはその差押えを解除し、又はこれらを命ずることができる。」と定めている。この規定も、再調査の請求人等が、しかるべき担保を提供して、差押えをしないこと等を求めてきた場合には、再調査審理庁等は、それぞれ自己の判断で、再調査の請求人等の求めに対処すればよいことになる。

　なお、上記の同法105条2項の徴収の猶予等に関する「必要があると認める場合」とは、次のいずれかに当たる場合をいうものと解されている（不服審査基本通達（国税庁関係）105－2参照）。

① 　再調査の請求等の対象となった処分の全部又は一部につき取消しが見込まれる場合。

② 　徴収の猶予をしても再調査の請求等の対象となった処分に係る国税の徴収に不足を生ずるおそれがないと認められる場合（不服申立てに理由がないと認められるときを除く。）。

③ 　不服申立てにある程度理由があり、かつ、滞納処分を執行することにより納税者の事業の継続又は生活の維持を困難にするおそれがあると認められる場合。

　次に、同条3項にいう「相当と認めるとき」とは、再調査の請求等の対象となった処分に係る国税の徴収が確実であると見込まれる担保の提供があったことをいうものと解されている（不服審査基本通達（国税庁関係）105－3参照）。なお、国税庁長官がした処分及び国税庁の当該職員の調査に基づいてした処分に係る徴収の猶予等については、当該審査請求の審理を担当する審理官は、必要があると認める場合には、国税庁長官に対し、同条2項の規定に基づき徴収を猶予し、若しくは滞納処分の続行を停止すること又は同条3項の規定に基づき差押えをせず、若しくはその差押えを解除することを徴収の所轄庁に命ずべき旨の意見書を提出することができる（通則法105⑧）。

(5)　国税不服審判所長の求めによる徴収の猶予等

　国税不服審判所長は、審査請求の審理において、徴収の猶予等の必要を認めたときには、自己の判断で徴収の猶予等をし、又はそれらを命じることができないので、徴収の所轄庁に対し、徴収の猶予等を求めることになる。すなわち、国税通則法105条4項は、「国税不服審判所長は、必要があると認める場合には、審査請求人の申立てにより、又は職権で、審査請求の目的となつた処分に係る国税につき、第43条及び第44条〔略〕の規定により徴収の権限を有する国税局長、税務署長又は税関長（以下この条において「徴収の所轄

庁」という。）の意見を聴いた上、当該国税の全部若しくは一部の徴収を猶予し、又は滞納処分の続行を停止することを徴収の所轄庁に求めることができる。」と定めている。また、同条5項は、「国税不服審判所長は、審査請求人が、徴収の所轄庁に担保を提供して、審査請求の目的となつた処分に係る国税につき、滞納処分による差押えをしないこと又は既にされている滞納処分による差押えを解除することを求めた場合において、相当と認めるときは、徴収の所轄庁に対し、その差押えをしないこと又はその差押えを解除することを求めることができる。」と定めている。

上記の国税不服審判所長の求めに関し、同条6項は、「徴収の所轄庁は、国税不服審判所長から第4項の規定により徴収の猶予若しくは滞納処分の続行の停止を求められ、又は前項の規定により差押えをしないこと若しくはその差押えを解除することを求められたときは、審査請求の目的となつた処分に係る国税の全部若しくは一部の徴収を猶予し、若しくは滞納処分の続行を停止し、又はその差押えをせず、若しくはその差押えを解除しなければならない。」と定めている。

結局、徴収の所轄庁は、国税不服審判所長の求めに応じて、自動的に徴収の猶予等を行わざるを得ないことになる。なお、国税不服審判所長等が徴収の所轄庁に対し徴収の猶予等を求めることとなる「必要があると認める場合」及び「相当と認めるとき」は、前述の再調査審理庁が徴収の猶予等をする場合と同様に解される。

(6) 徴収の猶予等の取消し

前記(4)及び(5)によって徴収の猶予等の処分が行われた場合であっても、不服申立人側に所定の事由が生じた場合には、当該処分が取り消されることになる。この場合、国税通則法105条7項は、「第49条第1項第1号及び第3号、第2項並びに第3項」の規定、すなわち、納税の猶予の取消規定を準用することを定めている。すなわち、徴収の猶予等を受けた者について、①同法38条1項に規定する繰上請求のいずれかに該当する事実がある場合において、その者がその猶予に係る国税を猶予期間内に完納することができないと認められるとき及び②その猶予に係る国税につき提供された担保について、同法51条1項に定める税務署長の変更命令に応じなかったときには、徴収の所轄庁は、国税不服審判所長の同意を得て、その猶予等を取り消すことができる（通則法49①一・三・105⑦）。

また、この猶予等の取消しに当たっては、徴収の所轄庁は、繰上請求に該当する事実があるときを除き、あらかじめ、その猶予を受けた者の弁明を聞かなければならない。ただし、その者が正当な理由がなくその弁明をしないときは、この限りではない（通則法49②）。そして、徴収の所轄庁は、徴収の猶予等を取り消したときは、その旨を不服申立人に通知しなければならない（通則法49③）。

3　不服申立人の地位の承継

不服申立てにおいて、不服申立人について相続、合併があった場合又は不服申立ての目的である処分に係る権利の譲渡があった場合には、不服申立人の地位が承継されることになる。まず、国税通則法106条1項は、「不服申立人が死亡したときは、相続人（民法第951条（相続財産法人の成立）の規定の適用がある場合には、同条の法人）は、不服申立人の地位を承継する。」と定めている。この相続による不服申立人の地位の承継は、当然に生じる。それ故、相続があっても不服申立てについては、中断、停止ということはない。

また、相続人には、包括受遺者も含まれる（通則法5①）が、限定承認をした場合にも、不服申立てについて格別の制限があるわけではない。相続人が複数いる場合には、各相続人が承継国税の不服申立人となるが、この場合には、必要に応じ、相続人のうちから書類を受領する代表者を定めることができる（通則法13）。相続人であることが明らかでないときは、相続財産法人（民法951）が不服申立人の地位を承継する。

次に、国税通則法106条2項は、「不服申立人について合併又は分割（不服申立ての目的である処分に係る権利を承継させるものに限る。）があつたときは、合併後存続する法人若しくは合併により設立した法人又は分割により当該権利を承継した法人は、不服申立人の地位を承継する。不服申立人である人格のない社団等の財産に属する権利義務を包括して承継した法人についても、また同様とする。」と定めている。

不服申立人である法人が合併した場合には、その国税は、合併法人が承継するところとなり（通則法6）、不服申立ての地位も合併法人が承継することになる。また、人格のない社団等が法人となった場合等には、その人格のない社団等に属する権利義務を包括して承継した法人が、不服申立ての地位も承継する。なお、不服申立人である法人が分割した場合には、分割前の国税は

引き続き分割法人に帰属することから、原則的にはその分割前の国税に関する処分に係る不服申立人の地位を分割承継法人に承継させる必要はないが、分割により、不服申立ての目的である滞納処分による差押え等された財産を承継させる分割があったときは、その財産を承継した分割承継法人が、不服申立人の地位を承継する。

　上記の不服申立人の地位の承継の手続について、同条3項は、「前2項の場合において、不服申立人の地位を承継した者は、書面でその旨を国税不服審判所長等に届け出なければならない。この場合においては、届出書には、死亡若しくは分割による権利の承継又は合併の事実を証する書面を添附しなければならない。」と定めている。

　次に、同条4項は、「不服申立ての目的である処分に係る権利を譲り受けた者は、国税不服審判所長等の許可を得て、不服申立人の地位を承継することができる。」と定めている。これは、滞納処分について不服申立てが係属中に差押財産が第三者に譲渡された場合等不服申立ての目的である権利を譲り受けた者がある場合には、その譲受人が、国税不服審判所長等の許可を得て、不服申立人の地位を承継することができることを定めたものである。この場合、国税不服審判所長等の許可を条件としているのは、権利承継の事実、その内容等に関する争いが不服申立ての処理に悪影響を及ぼさないように配慮するものである。そのため、このような許可の申請は、当該権利の譲渡人と譲受人が連署した書面を提出して行わせることと取り扱われている（不服審査基本通達（国税庁関係）106-5参照）。

4　代理人

(1)　代理人制度の意義

　前述してきたように、国税の不服申立制度は、行政不服審査法にならって、審査請求に一本化されたが、原処分庁による原処分の見直しを求めるための再調査の請求についても不服申立人が選択できることとした。そして、これらの不服審査は、基本的には、原処分の見直しであるが故に、原処分の調査手続とも共通性がある。しかし、これらの不服審査においては、前述したように、単なる原処分の見直しではなく、不服申立人の権利救済を図るため、司法的手続に準じた方法で審理が行われることになる。そのことは、審査請求の審理において特に顕著である。そして、このような審査手続においては、

358　　第9章　不服審査・訴訟

争訟法についての専門的知識が求められることになる。そのため、不服審査
における不服申立人の主張・立証については、弁護士、税理士等の税法、争
訟法等の専門家を代理人とする必要がある。

　そこで、行政不服審査法でも、代理人による審査請求を認め、同法12条1項
は、「審査請求は、代理人によってすることができる。」と定め、同条2項は、
「前項の代理人は、各自、審査請求人のために、当該審査請求に関する一切
の行為をすることができる。ただし、審査請求の取下げは、特別の委任を受
けた場合に限り、することができる。」と定めている。よって、国税通則法に
おいても、租税手続の特質に応じて、次のように定めている。

(2)　代理人制度の内容

　まず、国税通則法107条1項は、「不服申立人は、弁護士、税理士その他適当
と認める者を代理人に選任することができる。」と定めている。ここで、代理
人の選定対象について弁護士及び税理士を例示しているが、適任者がいれば
両者に制限されることはない。また、公認会計士については、そのままの地
位でも代理人になれるが、通常、税理士名簿に登録することにより、税理士
として代理人になる場合が多い。また、不服申立人の代理を業とすること（代
理を反復継続して行うこと）については、税理士法51条及び52条の規定によ
る規制があるので、税理士若しくは税理士法人又は税理士法51条1項の規定
の手続を経た通知弁護士若しくは通知弁護士法人に限られることにな
る[注250]。また、代理人の権限につき、国税通則法107条2項は、「前項の代理
人は、各自、不服申立人のために、当該不服申立てに関する一切の行為をす
ることができる。ただし、不服申立ての取下げ及び代理人の選任は、特別の
委任を受けた場合に限り、することができる。」と定めている。

　このように、代理人が不服申立てに関する一切の行為をすることができる
としたのは、代理人の権限が当事者の契約によって任意に伸縮されるならば、
審査庁はいちいち代理人の権限の範囲を調査しなければならないことにな
り、迅速な権利救済と手続の安定の妨げになるからである。また、不服申立
てに関する一切の行為とは、不服申立書の提出等の能動的な行為のほか、通
知の受領等の受動的な行為を含む一切の行為である。もっとも、代理人が選
任された場合であっても、不服申立人本人は、不服申立てに関する一切の行

(注250)　前掲（注4）1098頁等参照

第9章　不服審査・訴訟　　359

為をする権限を有するから、審査庁等がこれらの行為をすることは妨げることはない(注251)。

　前述したように、代理人は、不服申立てに関する一切の行為をすることができるのであるが、不服申立ての取下げ及び復代理人の選任については、不服申立人から特別の委任を受けなければすることはできない。これは、不服申立人の権限の保護を図る趣旨から定められたものである。この場合の特別の委任とは、不服申立てに関し一般的にされた委任ではなく、特にこれらの事項に限ってされた特別の委任である。なお、複数の代理人が選任された場合においても、各代理人は、それぞれが一切の行為を代理する権限を有し、不服申立人が代理権の範囲を制限することができない。不服申立ての取下げの手続については、追って、詳述する（通則法110）。

　次に、同法107条3項は、代理人の権限行使の手続につき、「代理人の権限の行使に関し必要な事項は、政令で定める。」と定めている。この点について、同法施行令37条の2第1項は、「法第107条第1項〔略〕〔略〕の代理人の権限は、第31条の2〔略〕及び第32条第3項〔略〕の規定の適用がある場合のほか、書面で証明をしなければならない。法第107条第2項ただし書〔略〕に規定する特別の委任についても、同様とする。」と定めている。このように、代理人の権限行使は、いずれも書面によって証明を要することになる。

5　総　代

　国税通則法108条は、共同不服申立てに関し、総代の規定を定めている。多数人が共同して不服申立てをする場合としては、差押えの取消しを納税者及び抵当権者が請求する場合、差押えの取消しと公売の取消しとをそれぞれの関係者が請求する場合、同一の被相続人に係る相続税の課税価格等について、複数の相続人が不服申立てをする場合等がある。それらの場合には、その不服審査において代表者を定めておく必要がある。そこで、同法108条1項は、「多数人が共同して不服申立てをするときは、3人を超えない総代を互選することができる。」と定め、同条2項は、「共同不服申立人が総代を互選しない

（注251）　不服審査の実務では、代理人が選任されているときであっても、異議決定通知書及び裁決書は、できるだけ不服申立人本人に送付されることになっている（不服審査基本通達（国税庁関係）84-18、同通達（国税不服審判所関係）101-4）。

場合において、必要があると認めるときは、国税不服審判所長等は、総代の互選を命ずることができる。」と定めている。

また、総代の職務等につき、同条3項は、「総代は、各自、他の共同不服申立人のために、不服申立ての取下げを除き、当該不服申立てに関する一切の行為をすることができる。」と定め、同条4項は、「総代が選任されたときは、共同不服申立人は、総代を通じてのみ前項の行為をすることができる。」と定めている。

そのほかの手続等については、同条5項は、「共同不服申立人に対する国税不服審判所長等〔略〕の通知その他の行為は、2人以上の総代が選任されている場合においても、1人の総代に対してすれば足りる。」と定め、同条6項は、「共同不服申立人は、必要があると認める場合には、総代を解任することができる。」と定めている。

次いで、同条7項は、「総代の権限の行使に関し必要な事項は、政令で定める。」と定めている。この7項の規定については、代理人に関して説明したところと同じことである（通則令37の2③）。

6　参加人

不服申立てに参加することは、不服申立人ではない者（不服申立人にはなれない者）が、他人のした不服申立てについて意見の陳述、証拠の提出等の行為をすることである。このような参加の途を開く実益は、例えば、滞納処分による公売について不服申立てがあった場合に認められる。すなわち、公売財産の買受人は、その公売処分について不服申立人になることができないが、その不服申立ての結果について重大な利害関係を有することになる。そこで、参加の制度によって、このような利害関係人について、自己の立場から不服申立てについての攻撃、防御の機会を与えようとするものである。そこで、国税通則法109条1項は、「利害関係人（不服申立人以外の者であつて不服申立てに係る処分の根拠となる法令に照らし当該処分につき利害関係を有するものと認められる者をいう。次項において同じ。）は、国税不服審判所長等の許可を得て、当該不服申立てに参加することができる。」と定めている。

この場合、実際に「利害関係人」に当たるには、「例えば滞納者から公売処分取消しの審査請求がされた場合の公売財産の買受人のように審査請求人と利害の相反する者で当該処分の取消しによって法律上の不利益を被る者又は

共同審査請求人となり得る立場にありながら自らは審査請求をしなかった者がこれに当たる」（不服審査基本通達（国税不服審判所関係）109―1）と解されている。また、「利害関係人」は、不服申立ての決定又は裁決の結果につき利害関係を有する者であることを要するから、単に迷惑を被ったこと又は経済的な損害を受けたことを理由とする感情上又は事実上の利害関係を有する者はこれに当たらないと解されている（同通達（注））。

　このような利害関係人の申出とは別に、同条2項は、「国税不服審判所長等は、必要があると認める場合には、利害関係人に対し、当該不服申立てに参加することを求めることができる。」と定めている。これにより、利害関係人の不服申立てへの参加は、利害関係人及び国税不服審判所長等双方の申出によって行われることになる。また、同条3項は、「第107条（代理人）の規定は、参加人（前2項の規定により当該不服申立てに参加する者をいう。）の不服申立てへの参加について準用する。」と定めている。この手続規定については、追って、政令で定めることになっているので、その点については前記4（代理人）のところで述べたとおりである。なお、参加人は、他人のした不服申立てについて、次のような行為をすることができる。

① 　再調査審理庁又は担当審判官に対する口頭による意見の陳述をすること（通則法84①・95の2①）。

② 　審査請求に係る事件に関する意見を記載した書面（参加人意見書）を提出すること（通則法95②）。

③ 　証拠書類又は証拠物を提出することができること（通則法96①）。

④ 　審査請求人が提出した証拠書類及び証拠物、原処分庁が提出した原処分の理由となる事実を立証する書類その他の物件並びに担当審判官等の審理のための質問、検査等により提出された書類その他の物件の閲覧又は当該書類の写しの交付を求めること（通則法97の3①）。

7　不服申立ての取下げ

(1)　不服申立人による取下げ

　不服申立ては、国税に関する法律に基づく処分について不服がある場合に行うものである（通則法75①）から、不服申立人の当該不服が解決されるまでの間、通常、当該不服申立人が、自主的に、不服申立てを取り下げることは想定し難い。しかし、不服申立て後、その審理の進展において、その不服が

錯誤によることが判明する場合もあるであろうし、不服審査の段階でその審理に対処することの煩わしさから不服申立てを取り下げることも考えられる。特に、後段の事由については、不服審査の審理が基本的には原処分の見直しであるため、その審理手続において総額主義が採用されており、担当審判官等に対して質問検査の権限が与えられている。そうなると、不服申立人からすると、不服申立てを行ったために、実質的には、二重の税務調査を受けることにもなり、その調査段階において、不服申立ての対象とした事項以外について過少申告等の事実が発覚し得ることがあり得る。そのため、不服申立人にとっても、不服審査の審理の継続を望まなくなる場合もあり得る。

　そこで、国税通則法110条1項は、「不服申立人は、不服申立てについての決定又は裁決があるまでは、いつでも、書面により当該不服申立てを取り下げることができる。」と定めている。この不服申立人によって不服申立てを取り下げることは、始めから不服申立てがなかった状態に戻すことになる。不服申立人は、決定又は裁決があるまでは、いつでも不服申立てを取り下げることができるが、いったん決定又は裁決があったときは、不服申立てを取り下げることができず、その決定又は裁決によって不服申立てが終結する。また、不服申立ての取下げは、後日の紛議を避けるため、その事実を明確にした書面でしなければならない。

　代理人によって不服申立てを取り下げるときは、そのことについて特別の委任が必要であり、そのことを書面で証明しなければならない（通則法107②等）。総代は、不服申立ての取下げをすることができない（通則法108③）。

　(2)　みなす取下げ

　不服申立ての審理中に（特に、再調査の請求後に審査請求した場合）、不服申立ての対象となった処分を全部取り消す決定等が行われ、既に、不服申立てを継続する実質的利益を失うことがある。その場合には、当該不服申立ては、取り下げられたものとみなされることになる。すなわち、国税通則法110条2項は、「第75条第4項（再調査の請求についての決定を経ない審査請求）の規定による審査請求がされたときは、次の各号に掲げる場合の区分に応じ、当該各号に定める不服申立ては、取り下げられたものとみなす。」と定めている。「次の各号」とは、以下のとおりである。

①　再調査審理庁において当該審査請求がされた日以前に再調査の請求に係る処分の全部を取り消す旨の再調査決定書の謄本を発している場合　当該

審査請求

② 再調査審理庁において当該審査請求がされた日以前に再調査の請求に係る処分の一部を取り消す旨の再調査決定書の謄本を発している場合　その部分についての審査請求

③ その他の場合　その決定を経ないで当該審査請求がされた再調査の請求

上記のうち、①及び②の場合は、再調査の請求後3月を経過し、その決定を経ないで審査請求された場合に、郵送期間等の関係で、再調査決定書が当該審査請求の日以後に送達されたときに生じる。③については、争訟経済の立場から、再調査の請求が取り下げられたものとみなされる。

8　教　示

(1)　3月後の教示

不服審査手続における教示は、不服申立人が制度・法令について不知のため、せっかくの権利救済の機会を失することのないようにとの配慮から定められたものである。この教示には、再調査の請求後3月経過した場合にできる審査請求等がある。また、行政機関が教示を誤った場合の救済手続が定められている。しかし、これらの教示等は、実務上、それぞれの処分の通知書に活字で刷り込まれているので、実務の上で問題になることも少ないものと考えられる。

再調査の請求後3月経過した場合について、国税通則法111条1項は、「再調査審理庁は、再調査の請求がされた日（第81条第3項〔略〕の規定により不備を補正すべきことを求めた場合にあつては、当該不備が補正された日）の翌日から起算して3月を経過しても当該再調査の請求が係属しているときは、遅滞なく、当該処分について直ちに国税不服審判所長に対して審査請求をすることができる旨を書面でその再調査の請求人に教示しなければならない。」と定めている。このような教示については、異議申立制度のときにも設けられていたが、同制度のときには、異議決定を経ないと審査請求ができない場合があったので、当該教示にも重要性があった。しかし、再調査の請求制度の下では、直ちに審査請求ができるにもかかわらず、あえて再調査の請求を選択しているのであるから、当該教示の意義も低いものと考えられる。

次いで、同条2項は、「第89条第2項〔略〕の規定は、前項の教示に係る書面について準用する。」と定めている。この89条2項は、合意によるみなす審査

請求における再調査の請求人に対する通知の理由付記につき、「前項の通知に係る書面には、再調査の請求に係る処分の理由が当該処分に係る通知書その他の書面により処分の相手方に通知されている場合を除き、その処分の理由を付記しなければならない。」と定めている。このような規定は、審査請求に移行するに当たって、原処分の理由を当該再調査の請求人に事前に明らかにしておこうとするものであろうが、既に述べたように、平成23年12月の国税通則法の改正によって、実質的には、全ての処分について理由が付記されることになっているので、その実効性が乏しいものと考えられる。

（2）　誤った教示をした場合の救済

　ア　改正前

　誤った教示をした場合の救済については、平成26年6月に大幅に改正されたが、それは、主として、異議申立制度から再調査の請求制度へ変更したことに起因している。この場合、改正前は不服申立制度について二審制を採用していたので、原則として、異議申立てを経ないと審査請求ができなかったのに対し、改正後の再調査の請求は、不服申立人の選択によることになっているので、それぞれの制度の差異に応じて誤った教示の救済も異なることになる。すなわち、改正前の国税通則法112条1項は、「国税に関する法律に基づく処分をした行政機関が、不服申立てをすべき行政機関を教示する際に、誤つて当該行政機関でない行政機関を教示した場合において、その教示された行政機関に対し教示された不服申立てがされたときは、第75条第4項第2号〔略〕の規定により審査請求がされた場合を除き、当該行政機関は、すみやかに異議申立書又は審査請求書を異議申立てをすべき行政機関又は国税不服審判所長に送付し、かつ、その旨を不服申立人に通知しなければならない。」と定めている。そして、同条2項は、「前項の規定により異議申立書又は審査請求書が異議申立てをすべき行政機関又は国税不服審判所長に送付されたときは、はじめから異議申立てをすべき行政機関に異議申立てがされ、又は国税不服審判所長に審査請求がされたものとみなす。」と定めている。

　上記の場合、不服申立先を誤って教示するとは、「不服申立てをすべき行政機関ではない行政機関」を不服申立先として教示することであるが、具体的には、①不服申立ての種類は正しく教示されたが、不服申立先の行政庁を誤った場合（例えば、納税地の異動等があって異議申立先の税務署長を誤ったとき）、及び②不服申立ての種類を誤り、その結果、不服申立先の教示も誤っ

第9章　不服審査・訴訟　　　365

た場合（例えば、登記機関の処分について当該登記機関に異議申立てができる旨教示したとき）がある。

　なお、改正前の同法75条4項2号では、その処分をした者が、その処分につき異議申立てをすることができる旨の行政不服審査法の規定による教示をしなかったときには、その者の選択により審査請求ができるので、その場合には、前記国税通則法112条1項の規定の適用がないことになる。

　　イ　改正後

　平成26年6月改正後においては、不服申立制度が一審制となり、再調査の請求が選択制になったこと等に対応し、誤った教示をした場合の救済も、次のように改められている。

　まず、国税通則法112条1項は、「国税に関する法律に基づく処分をした行政機関が、不服申立てをすべき行政機関を教示する際に、誤つて当該行政機関でない行政機関を教示した場合において、その教示された行政機関に対し教示された不服申立てがされたときは、当該行政機関は、速やかに、再調査の請求書又は審査請求書を再調査の請求をすべき行政機関又は国税不服審判所長又は国税庁長官に送付し、かつ、その旨を不服申立人に通知しなければならない。」と定めている。この規定においては、改正前のように教示を誤った場合に異議申立てを経ないで審査請求ができるという特例も必要なくなったので、不服申立先を誤った教示においては、本来の不服申立てすべき機関に再調査の請求書等を送付することになる。また、同条2項は、「国税に関する法律に基づく処分（再調査の請求をすることができる処分に限る。次項において同じ。）をした行政機関が、誤つて再調査の請求をすることができる旨を教示しなかつた場合において、国税不服審判所長に審査請求がされた場合であつて、審査請求人から申立てがあつたときは、国税不服審判所長は、速やかに、審査請求書を再調査の請求をすべき行政機関に送付しなければならない。ただし、第93条第3項〔略〕の規定により審査請求人に答弁書を送付した後においては、この限りでない。」と定めている。この規定は、原処分庁が原処分の段階で再調査の請求ができることを教示しなかった場合の救済規定で、誤って審査請求したというのであれば、審査請求人の申立てによって、再調査の請求に変更できることを定めている。しかし、その変更も、原処分庁から答弁書が提出されるまでであるとしている。

　前記とは逆に、同法112条3項は、「国税に関する法律に基づく処分をした行

政機関が、誤つて審査請求をすることができる旨を教示しなかつた場合におい
いて、税務署長、国税局長又は税関長に対して再調査の請求がされた場合で
あつて、再調査の請求人から申立てがあつたときは、当該税務署長、国税局
長又は税関長は、速やかに、再調査の請求書等を国税不服審判所長に送付し
なければならない。」と定めている。この規定は、原処分庁の誤った教示によ
って、再調査の請求をした場合には、当該請求人の申立てによって審査請求
に変更できることを定めたものである。

　上記のように、審査請求を再調査の請求に変更し、また、再調査の請求を
審査請求に変更した場合には、同条4項は、「前2項の規定により審査請求書又
は再調査の請求書等の送付を受けた行政機関又は国税不服審判所長は、速や
かに、その旨を不服申立人及び参加人に通知しなければならない。」と定め、
不服申立人等に対する通知義務を明確にしている。

　次いで、同条5項は、「第1項から3項までの規定により再調査の請求書又は
審査請求書が再調査の請求をすべき行政機関又は国税不服審判所長若しくは
国税庁長官に送付されたときは、初めから再調査の請求をすべき行政機関に
再調査の請求がされ、又は国税不服審判所長若しくは国税庁長官に審査請求
がされたものとみなす。」と定めている。これにより、不服申立先を誤った不
服申立人にとっては、不服申立期間を徒過しないで済むことになる。

9　首席国税審判官への権限の委任

　国税不服審判所は、全国を管轄する一体的な組織である。そのことは、全
ての裁決が審判所長名で行われていることに現れている。しかし、納税者の
便宜及び事件の効率的な処理に資するため、その事務の一部を取り扱う支部
を所要の地に置くこととされている（注252）。この支部を総括する者が、首席
国税審判官である（通則法78④）。また、支部は、審判所の一部であって、下級
機関ではない。したがって、事物管轄においては、本部の審判所と異なるこ
とはないが、本部との役割分担が問題となる。

　そこで、国税通則法113条は、「この法律に基づく国税不服審判所長の権限
は、政令で定めるところにより、その一部を首席国税審判官に委任すること

（注252）　現在、支部は、各国税局の所在地と沖縄国税事務所の所在地に計12箇所が置かれ
　　ている（通則法78）。

ができる。」と定めている。そして、同法施行令38条1項は、「法及びこの政令
に規定する国税不服審判所長の権限のうち次に掲げるものは、首席国税審判
官に委任する。」と定めている。その委任される権限は、次のとおりである。

① 災害等による不服申立期限の延長（通則法11）
② 相続人に対して国税不服審判所長又は国税審判官が発する書類を受領す
　る相続人の代表者の指定（通則法13②）
③ 審査請求書の補正要求及び職権補正（通則法91①）
④ 答弁書の提出要求及びその副本の審査請求人への送付（通則法93①③）
⑤ 担当審判官及び参加審判官の指定（通則法94①）並びに担当審判官の指定
　又は変更の通知（通則令33）
⑥ 裁決があった際の証拠書類等の返還（通則法103）
⑦ 数個の不服申立てについての審理の併合及び分離並びに当初更正・再更
　正等のあわせ審理（通則法104）
⑧ 不服申立てに基因する徴収の猶予、滞納処分の続行の停止又は差押えを
　しないこと若しくは既にされている差押えの解除の求め及びこれらの求め
　に係る猶予等の処分の取消しについての同意（通則法105④⑤⑦）
⑨ 特定承継人に係る不服申立人の地位の承継の許可（通則法106④）
⑩ 共同不服申立人の総代の互選命令（通則法108②）
⑪ 利害関係人の参加の許可及び参加への求め（通則法109①②）
⑫ 誤った教示をした場合の救済に関する権限（通則法112②④）

　以上の首席国税審判官に対する権限委任と異なって、いわゆる「99条案件」
については、権限委任は行われないことになる。すなわち、同法施行令38条
2項は、「国税不服審判所長が、審査請求に係る事件について法第99条第1項
〔略〕の規定が適用されると見込まれる等のため、国税不服審判所の支部に
所属しない国税審判官をその担当審判官とすることが適当であると認めて、
その旨を前項の首席国税審判官に通知したときは、その時以後における当該
事件に係る同項の権限は、同項の規定にかかわらず、国税不服審判所長が行
う。この場合においては、国税不服審判所長は、遅滞なく、審査請求人、参
加人及び原処分庁にその旨を通知しなければならない。」と定めている。な
お、審査請求事件は、前述のように、通例、審判所の支部において処理され
るが、各支部相互間については、管轄区域を定め（国税不服審判所組織規則1）、
権限の重複を避ける措置が講じられている。

368 第9章　不服審査・訴訟

　そこで、審査請求人に対しても、審査請求書その他審査請求に関して提出する書類は、事件の原処分庁の管轄区域を管轄する支部の首席国税審判官に提出することが要請されている（通則規12①）。ただ、国税不服審判所においては、本来的には全国一体のものとして構成されているので、管轄区域を誤って審査請求が管轄外の支部の首席国税審判官に対してされた場合においても、却下せず、国税不服審判所の内部の措置として事件を移送することとしている。

10　国税庁長官に対する審査請求書の提出等

　国税庁長官がした処分及び国税庁の当該職員の調査によりした処分に不服がある場合には、平成26年6月の改正により、異議申立てから審査請求に変更された（通則法75①二②二）。その審査請求については、国税に関する法律に別段の定めがあるときを除き、行政不服審査法の定めによることとされた（通則法80②）。そして、行政不服審査法19条1項は、「審査請求は、他の法律〔略〕に口頭ですることができる旨の定めがある場合を除き、政令で定めるところにより、審査請求書を提出してしなければならない。」と定めている。

　次いで、同条2項は、「処分についての審査請求書には、次に掲げる事項を記載しなければならない。」と定めている。「次に掲げる事項」は、次のとおりである。

① 　審査請求人の氏名又は名称及び住所又は居所
② 　審査請求に係る処分の内容
③ 　審査請求に係る処分（当該処分について再調査の請求についての決定を経たときは、当該決定）があったことを知った年月日
④ 　審査請求の趣旨及び理由
⑤ 　処分庁の教示の有無及びその内容
⑥ 　審査請求の年月日

　上記の行政不服審査法の定めに対し、国税通則法では、別段の定めとして、次のような規定を設けている。すなわち、同法113条の2第1項は、「第75条第1項第2号又は第2項（第2号に係る部分に限る。）〔略〕の規定による審査請求をする場合における行政不服審査法第19条第2項〔略〕の規定の適用については、同項第1号中「及び住所又は居所」とあるのは、「、住所又は居所及び国

第9章　不服審査・訴訟　　　369

税通則法〔略〕第74条の13の2に規定する番号（当該番号を有しない者にあっては、その氏名又は名称及び住所又は居所）」とする。」と定めている。この定めにより、国税庁長官に対する審査請求については、審査請求人の「住所又は居所」のほか、原則として、行政手続における特定の個人を識別するための番号の利用等に関する法律（平成25年法律27号）に規定する個人番号又は法人番号の記載を要することになる。

　次に、国税通則法75条2項2号の規定による国税庁長官に対する審査請求については、国税庁の当該職員の調査に基づいて税務署長がした処分に係るものであるため、当該審査請求について、次のような特例が設けられている。

　まず、同法113条の2第2項は、「第75条第2項（第2号に係る部分に限る。）の規定による審査請求は、当該審査請求に係る処分をした税務署長を経由してすることもできる。この場合において、審査請求人は、当該税務署長に審査請求書を提出してするものとする。」と定めている。そして、同条3項は、「前項の場合には、同項の税務署長は、直ちに、審査請求書を国税庁長官に送付しなければならない。」と定めている。また、上記の場合の審査請求期間については、同条4項は、「第2項の場合における審査請求期間の計算については、同項の税務署長に審査請求書が提出された時に審査請求がされたものとみなす。」と定めている。

　次いで、国税庁長官が裁決をした後の手続について、同法113条の2第5項は、「国税庁長官は、第75条第2項〔略〕の規定による審査請求についての裁決をした場合には、裁決書の謄本を、審査請求人のほか、参加人及び当該審査請求に係る処分をした税務署長に送付しなければならない。」と定めている。

　以上のように、平成26年6月の行政不服審査法及び国税通則法の改正により、国税の不服審査についても、大幅な改正が行われたが、当該不服審査手続の改正に対応し、国税徴収法、税理士法等においても所要の改正が行われているので、留意を要する(注253)。

───────────────

（注253）　詳細については、前掲（注192）1143頁等参照

第7節　訴　訟

1　税務訴訟の機能と特徴

(1)　不服審査との関係

　税務争訟については、「争訟」という用語の中で、とかく不服審査と訴訟は一緒に議論され、両者は同じ性質を有するものとして論じられることもある。しかし、既に述べたように、不服審査は、本質的には、課税処分等の原処分の見直しという性質を有し、それに対応した不服審査手続が採用されている。

　これに対し、訴訟は、行政庁（国税庁）から完全に独立した司法機関である裁判所において、審理・判断（判決）されるものであり、それに対応した手続が採用される。また、司法機関（裁判所）の最終的な（上告審の）判断（判決）は、その判断に不満があっても、法治国家の下では、納税者も国もそれに従わざるを得なくなるわけであり、不服審査の処分（裁決等）とは全く法的性質を異にする。思うに、租税法律主義における執行上の原則としての合法性の原則は、税務官庁には、租税を減免する自由はなく、法律の定められたとおりに賦課・徴収しなければならないことを意味するが、その前提として、当該法律の解釈について税務官庁と納税者とが適合していることが必要である。しかし、税法上の一つの条文をめぐって、納税者としては、経済取引等における税金というコストをできるだけ引き下げるために、当該条文を有利に解釈しようとするであろうし、税務官庁としては、与えられた職務としての課税の公平・税収の確保という目的に適合するように解釈しようとするであろうから、両者の間には、必然的に解釈・適用上の対立が生じることになる。また、税務官庁と納税者との間では、解釈等の前提となる事実関係についても、対立が生じることがある。

　そのような対立は、提訴前の両者の折衝によって多くは解決するであろうが、解決できないものが法廷で争われることになり、それが税務訴訟である。そして、その効果が判決という形で最終的に結着するが、そのことは、合法性の原則のゴールであるといえる。したがって、このような税務訴訟は、原処分の見直しを行う不服審査とは法的にその性質を異にしていることになる。

第9章　不服審査・訴訟　　　　371

(2)　訴訟の審理方法

　不服審査については、前述したように、国税通則法の下で、基本的には、職権主義と総額主義が採用されており、国税審判官等の担当職員の調査・審理によって当該原処分の当否が判断される。もちろん、不服審査においても、納税者の権利救済が重視されており、裁判所の審理方法等が採用されている。

　他方、訴訟においては、訴訟物それ自体は原則として総額主義が採用されているが、基本的には、当事者の弁論主義によって審理が行われ、裁判官の自由心証主義によって判断（判決）が下される。この場合の弁論主義とは、原告、被告等の訴訟当事者の弁論によって主張・立証が行われることを意味する。また、自由心証主義とは、裁判官が何事にもとらわれることなく独立した立場で良心に従って判断（判決）することを意味する。このことは、行政庁の職員が当該行政庁の長の意思決定（命令）に従わなければならないことと全く異なる。

　このような訴訟審理における弁論主義と自由心証主義は、真実の追求にとって一見理論的であるとも考えられるが、それなりに問題を抱えている。すなわち、弁論主義では、当事者の主張・立証の巧拙が、裁判官の判断に大きな影響を及ぼすこととなり、必ずしも真実の追求に役立つことにならないこともある。

　他方、自由心証主義においては、裁判官が独立した立場で良心に従って判断（判決）を下すことは良いとしても、裁判官の価値観と当該事案についての知識の有無が反映されることになるので、この場合にも、真実の追求から乖離することもあり得る。このような訴訟審理の特徴があるからこそ、国民は、一審、控訴審及び上告審の3回の裁判を受ける権利が与えられているものと考えられる（換言すると、3回裁判を行うことによって真実に近づけようとする人智である。）。

　次に、税務訴訟のような行政訴訟においては、後述するように、当該訴訟の当事者である行政庁（例えば、税務署長）が直接訴訟の当事者になるわけではない。国の行政訴訟においては、国が当事者（通常、被告）となり、「国の利害に関係のある訴訟についての法務大臣の権限等に関する法律」（一般に、「権限法」と称される。）によって、法務大臣が当該訴訟の指揮・監督を行うことになる。

　そのため、法務省には、訟務局が設置され、税務訴訟については租税訟務

課が所轄している。なお、税務訴訟に関しては、裁判所及び法務省にそれぞれ国税職員が派遣されているが、それは、税法の解釈等に専門的な知識が求められているからでもある。

(3) 立証責任

前述のように、訴訟審理においては、弁論主義と自由心証主義が採用されているため、訴訟当事者の主張・立証の巧拙が当該判決に大きな影響を及ぼすことになる。また、そのこととの関係から、特に、当事者の主張・立証責任[注254]が問題にもなる。訴訟当事者のいずれかが立証責任を負うかという立証責任の分配については、一般的には、権利関係の発生・変更・消滅等の法律効果を主張する者が、これを直接規定する条項の要件事実の立証責任を負うとされている。

この考え方からすると、税務訴訟の大部分を占める更正決定等の課税処分の取消訴訟における立証責任は、租税債権の発生を主張する課税庁がその債権の発生・存在を立証すべきこととなる。現に、最高裁昭和38年3月3日第三小法廷判決（訟月9・5・668）は、「所得の存在及びその金額について決定庁が立証責任を負うことはいうまでないところである。」と判示している。これは、民事訴訟における債権者主義に由来しているといわれる。

このような最高裁判決の考え方は、課税処分の取消訴訟において、一般的に、判例法として確立されているといえるが、租税法における「原則課税、特例非課税」のような特別な場合には、納税者側に立証責任が課せられることがある。例えば、最高裁昭和39年2月7日第二小法廷判決（訟月10・4・669）は、申告納税の所得税について一旦申告書を提出した以上、申告所得金額が真実に反することの立証責任は納税者にある旨判示しており、大阪高裁昭和46年12月21日判決（税資63・1233）は、推計課税における特別経費の存在については納税者に立証責任がある旨判示している。

そのほか、課税処分の無効確認訴訟における処分の無効事由の立証責任に

（注254）　主張責任とは、訴訟当事者が権利又は法律関係の存否を主張し、自己に有利な判決を求めるために必要な事実を主張しなければならない責任若しくは負担をいう。立証責任とは、訴訟上一定の事実の存否が確定されない結果、不利な法律判断を受けるように定められている当事者の一方が負う危険又は不利益である。立証責任は、訴訟の最終段階に至ってその機能を発揮するが、当事者のいずれが立証責任を負担するかは当初から抽象的に定まっているといえる。

ついては、その処分の公定力を例外的に排除して無効を主張する者が、その処分の無効原因（重大かつ明白な瑕疵）を具体的事実に基づいて主張すべきとする最高裁昭和34年9月22日第三小法廷判決（民集13・11・1426）、最高裁昭和44年2月6日第一小法廷判決（税資65・7）等があり、租税特別措置法上の所得計算の特例の適用を受けようとする者は、その要件に該当する事実につき、主張・立証責任を負うとした大阪地裁昭和50年2月5日判決（訟月21・4・889）、大阪高裁昭和52年12月14日判決（税資96・434）等がある。

　また、過少申告加算税等の賦課決定を免れる「正当な事由」の主張・立証責任は納税者にあるとした横浜地裁昭和51年11月26日判決（税資90・640）、東京高裁昭和55年5月27日判決（税資113・459）等があり、同様に、過少申告加算税等の賦課決定を免れる（又は税率軽減）こととなる「調査により更正があるべきことを予知していないこと」等の主張・立証責任は納税者にあるとした東京地裁昭和56年7月16日判決（税資120・129）、東京高裁昭和61年6月23日判決（税資152・419）等がある。

(4)　判例法と解釈等への影響

　租税法の法律関係は、それが強行法であるが故に、何が「法」であるかが一層重視される。また、租税法律主義においては、課税要件法定主義が最も重視されるが、この場合の「法」とは何かが最重要である。これらの「法」については、通常、成文法がその役割を果たすが、慣習法、とりわけ、判例法も重要な役割を果たす。

　この判例法は、いうまでもなく、訴訟における判決の積み重ねによって形成される。この場合、個々の判決は、前述のように、弁論主義と自由心証主義の下に出されるわけであるから、個別性が強いのでその判決がそのまま判例法になるわけではない。

　しかし、当該法律の解釈について同じ判断を示す判決の積み重ねがあって、それがどの裁判官にとっても判断規範になれば、「判例法」として認められることになる。また、裁判官の判断規範ということであれば、最高裁判所（特に大法廷）の判決が、その判断規範となって「判例法」を形成することもある。

　なお、個々の判決については、それらが直ちに「判例法」として位置付けられなくても、当該条項の解釈において一つの先例として重視されることがあり、特に、訴訟審理において顕著である。これらのことは、訴訟審理等に

374 第9章 不服審査・訴訟

おいては、個々の判決について、何が「先例」であり、何が「判例法」であるかを見極めることが重要である。そのような見極めを行うために、実務においても、いわゆる判例研究が重視される。

　ところで、何が「判例法」であるかについて、その代表例を示すこととする。まず、最高裁昭和60年3月27日大法廷判決（民集39・2・247）（注255）が示した税務訴訟における違憲審査についての考え方がある。この事件では、同志社大学の大島教授が、昭和39年分所得税について、給与収入170万円を得たが、それに係る給与所得控除が13万5,000円だったので、当該給与所得控除では必要経費を賄うことができず、事業所得者と比べて不平等に扱われているという理由から、当該給与所得控除が憲法14条に違反する旨等を争ったものである。これに対し、上記大法廷判決は、次のとおり判示し、当該給与所得控除を合憲とした。

　「租税法の定立については、国家財政、社会経済、国民所得、国民生活等の実態についての正確な資料を基礎とする立法府の政策的、技術的な判断にゆだねるほかはなく、裁判所は、基本的にはその裁量的判断を尊重せざるを得ないものというべきである。」

　このような立法府の立法政策の裁量的判断を尊重するという考え方は、正に「判例法」として機能しており、その後の租税法規についての違憲訴訟において、違憲判断を消極的にするなど、重要な影響を及ぼしている（注256）。その他の判例法としては、既に述べたように、青色申告の理由附記の制度に関

（注255）　この判決は、「大島判決」等と称され、租税判決の中で最も有名な判決といえる。税務訴訟について大法廷が開催されるのは、戦後数件しか存しない。

（注256）　例えば、大阪地裁平成7年10月17日判決（行集46・10-11・942）は、土地・家屋について3年間は取得価額で相続税の課税価格を算定することを定めた、租税特別措置法69条の4（昭和63年制定、平成8年廃止）の規定が合憲であると判示している（当該事案では、約23億円で取得した土地が相続時に9億円に下落し、約13億円の相続税が課せられたものであるが、上訴審の大阪高裁平成10年4月14日判決（訟月45・6・1112）及び最高裁平成11年6月11日第二小法廷決定（税資243・270）も同旨の判断をしている。）。その他、最高裁平成23年9月30日第二小法廷判決（裁集民237・519）は、土地建物の売却損の損益通算を禁じた租税特別措置法の規定が平成16年3月末に成立し、それを同年1月1日に遡及適用した場合に、遡及立法の禁止に反しない旨判示している。更に、使用人賞与の損金算入時期を定めた規定（現行法人税法施行令72条の3）を合憲と判断した大阪地裁平成21年1月30日判決（判タ1298・140）、大阪高裁平成21年10月16日判決（判タ1319・79）、東京地裁平成24年7月5日判決（平23（行ウ）106）等も、上記大法廷判決の影響を受けている。

第9章　不服審査・訴訟　　375

する最高裁昭和38年5月31日第二小法廷判決（民集17・4・617）があるが、この判決は、平成23年12月の国税通則法の改正によって全ての処分について理由附記が要求されることになったところ、同理由附記の程度についての先例として一層重視されることとなるものと考えられる。

　次に、成文法である法律は、その改正等の立法手続によって変更されるが、慣習法である判例法は、最高裁判所が、従前の判例法とは異なった判断を示すことにより、又は、従前の判例法と異なった成文法が成立することによって、それぞれ変更される。後者についての租税法に関する判例法としては、既に述べたように、質問検査権行使の程度等を判示した最高裁昭和48年7月10日第三小法廷決定（刑集27・7・1205）が、平成23年12月の国税通則法の改正によって変更された事例がある。

2　行政事件訴訟法との関係

(1)　国税通則法上の例外規定

　国税通則法114条は、「国税に関する法律に基づく処分に関する訴訟については、この節及び他の国税に関する法律に別段の定めがあるものを除き、行政事件訴訟法〔略〕その他の一般の行政事件訴訟に関する法律の定めるところによる。」と定めている。この規定により、「この節」すなわち、後述する同法115条に定める「不服申立ての前置等」及び同法116条が定める「原告が行うべき証拠の申出」が主たる「別段の定め」であって、それ以外の税務訴訟は、行政事件訴訟法とその他の一般の行政事件訴訟に関する法律（主として、民事訴訟法）の定めるところによる。

　これらの規定により、税務訴訟については、国税通則法等の国税に関する法律においては一部の例外規定が設けられているに過ぎず、ほとんどの手続規定が、行政事件訴訟法等の一般法に委ねられている。このことは、既に述べたように、不服審査については国税通則法において自己完結的に定められ、一般法である行政不服審査法には一部の例外手続が委ねられていることと対称的である。よって、税務訴訟においては、行政事件訴訟法等の一般法の定めについて留意する必要がある。また、行政事件訴訟法も、民事訴訟法の特別法であるが故に、その一般法である民事訴訟法の規定にも留意を要する。

(2)　税務訴訟からみた行政事件訴訟法の骨子

ア　行政事件訴訟法の態様

　行政事件訴訟法1条は、「行政事件訴訟については、他の法律に特別の定め

がある場合を除くほか、この法律の定めるところによる。」と定めている。この場合、行政事件訴訟法の一般法は、民事訴訟法であるから、「他の法律に特別の定めがある場合」とは、主として、民事訴訟法の定めを指すことになる（行訴法7参照）。

　次に、行政事件訴訟法2条は、「この法律において「行政事件訴訟」とは、抗告訴訟、当事者訴訟、民衆訴訟及び機関訴訟をいう。」と定めている。税務訴訟については、そのほとんどが抗告訴訟に該当するものである。抗告訴訟とは、一般に、「行政庁の処分または裁決の取消しを求めるなど、行政庁の公権力の行使に関する不服の訴訟」と解されているが、「抗告」とは、行政庁の公権力に対抗することを意味する。その点では、税務訴訟に適合する概念である。抗告訴訟の意義・内容については、行政事件訴訟法3条は、次のように定めている。

「第3条　この法律において「抗告訴訟」とは、行政庁の公権力の行使に関する不服の訴訟をいう。

　2　この法律において「処分の取消しの訴え」とは、行政庁の処分その他公権力の行使に当たる行為（次項に規定する裁決、決定その他の行為を除く。以下単に「処分」という。）の取消しを求める訴訟をいう。

　3　この法律において「裁決の取消しの訴え」とは、審査請求その他の不服申立て（以下単に「審査請求」という。）に対する行政庁の裁決、決定その他の行為（以下単に「裁決」という。）の取消しを求める訴訟をいう。

　4　この法律において「無効等確認の訴え」とは、処分若しくは裁決の存否又はその効力の有無の確認を求める訴訟をいう。

　5　この法律において「不作為の違法確認の訴え」とは、行政庁が法令に基づく申請に対し、相当の期間内に何らかの処分又は裁決をすべきであるにかかわらず、これをしないことについての違法の確認を求める訴訟をいう。

　6　この法律において「義務付けの訴え」とは、次に掲げる場合において、行政庁がその処分又は裁決をすべき旨を命ずることを求める訴訟をいう。

　　一　行政庁が一定の処分をすべきであるにかかわらずこれがされないとき（次号に掲げる場合を除く。）。

　　二　行政庁に対し一定の処分又は裁決を求める旨の法令に基づく申請又は審査請求がされた場合において、当該行政庁がその処分又は裁決を

第9章　不服審査・訴訟　　377

すべきであるにかかわらずこれがされないとき。

7　この法律において「差止めの訴え」とは、行政庁が一定の処分又は裁
決をすべきでないにかかわらずこれがされようとしている場合におい
て、行政庁がその処分又は裁決をしてはならない旨を命ずることを求め
る訴訟をいう。」

上記のほか、行政事件訴訟法においては、当事者訴訟（行訴法4）、民衆訴訟
（同法5）及び機関訴訟（同法6）が定められているが、税務訴訟については、そ
れらの訴訟に関係することはほとんどなく、大部分が抗告訴訟である。また、
その抗告訴訟についても、差止めの訴えについては、ほとんどその例をみる
ことはなく、義務付けの訴えも、極めて限られている。

イ　審査請求の前置

行政事件訴訟法3条2項に定める「処分の取消しの訴え」については、審査
請求の前置を要するか否かが問題となる。この点につき、同法8条1項は、「処
分の取消しの訴えは、当該処分につき法令の規定により審査請求をすること
ができる場合においても、直ちに提起することを妨げない。ただし、法律に
当該処分についての審査請求に対する裁決を経た後でなければ処分の取消し
の訴えを提起することができない旨の定めがあるときは、この限りではな
い。」と定め、行政事件訴訟法は、原則として、処分の取消訴訟において審査
請求の前置を採用していない。しかし、ただし書の適用がある場合には、当
該前置を要するが、後述するように、国税通則法においては、当該前置を求
めている。

また、行政事件訴訟法8条2項は、「前項ただし書の場合においても、次の各
号の一に該当するときは、裁決を経ないで、処分の取消しの訴えを提起する
ことができる。」と定めている。「次の各号」とは、次のとおりである。

①　審査請求があった日から3箇月を経過しても裁決がないとき。

②　処分、処分の執行又は手続の続行により生ずる著しい損害を避けるため
緊急の必要があるとき。

③　その他裁決を経ないことにつき正当な理由があるとき。

このような裁決を経ないで取消訴訟ができる事由については、後述するよ
うに、国税通則法においても同様である（通則法115①）。なお、行政事件訴訟
法8条3項は、「第1項本文の場合において、当該処分につき審査請求がされて
いるときは、裁判所は、その審査請求に対する裁決があるまで（審査請求が

第9章　不服審査・訴訟

あつた日から3箇月を経過しても裁決がないときは、その期間を経過するまで)、訴訟手続を中止することができる。」と定め、任意に審査請求がされた場合には、訴訟進行に弾力的に対処することとしている。

　ウ　原告適格

　処分の取消訴訟においては、誰が訴訟を提起できるかという原告適格が問題となる。この点につき、行政事件訴訟法9条1項は、「処分の取消しの訴え及び裁決の取消しの訴え（以下「取消訴訟」という。）は、当該処分又は裁決の取消しを求めるにつき法律上の利益を有する者〔略〕に限り、提起することができる。」と定めている。

　税務訴訟については、既に述べたように、国税通則法75条が「国税に関する法律に基づく処分」について「不服がある者」が不服申立てができる旨を定めており、当該「処分」及び「不服がある者」の解釈についても述べたところである。したがって、税務訴訟においては、「原告適格」についても、当該「不服がある者」に共通するものと考えられる。また、行政事件訴訟法9条2項は、「裁判所は、処分又は裁決の相手方以外の者について前項に規定する法律上の利益の有無を判断するに当たつては、当該処分又は裁決の根拠となる法令の規定の文言のみによることなく、当該法令の趣旨及び目的並びに当該処分において考慮されるべき利益の内容及び性質を考慮するものとする。この場合において、当該法令の趣旨及び目的を考慮するに当たつては、当該法令と目的を共通にする関係法令があるときはその趣旨及び目的をも参酌するものとし、当該利益の内容及び性質を考慮するに当たつては、当該処分又は裁決がその根拠となる法令に違反してされた場合に害されることとなる利益の内容及び性質並びにこれが害される態様及び程度をも勘案するものとする。」と定めている。このような規定からすると、原告適格は、相当幅広く解すべきであるように考えられるが、税務訴訟においては、被告側からすると、訴訟上の有利性を確保するため、「原告適格」の範囲をできる限り狭く解するように求めることになる。

　エ　被告適格

　処分の取消訴訟の被告については、平成15年の行政事件訴訟法の改正において大幅に改正されている。税務訴訟においては、当該改正前は、被告は、更正決定等又は異議決定をした税務署長等か、又は裁決をした国税不服審判所長であった。しかし、当該改正後は、行政事件訴訟法11条1項が、「処分又

第9章　不服審査・訴訟　　　379

は裁決をした行政庁（処分又は裁決があつた後に当該行政庁の権限が他の行政庁に承継されたときは、当該他の行政庁。以下同じ）が国又は公共団体に所属する場合には、取消訴訟は、次の各号に掲げる訴えの区分に応じてそれぞれ当該各号に定める者を被告として提起しなければならない。」と定めている。

　上記の「次の各号」には、次のとおり定められている。
①　処分の取消しの訴え　当該処分をした行政庁の所属する国又は公共団体
②　裁決の取消しの訴え　当該裁決をした行政庁の所属する国又は公共団体
　かくして、国税に係る税務訴訟（取消訴訟）については、全て国が被告になる。また、行政事件訴訟法11条2項は、「処分又は裁決をした行政庁が国又は公共団体に所属しない場合には、取消訴訟は、当該行政庁を被告として提起しなければならない。」と定め、同条3項は、「前2項の規定により被告とすべき国若しくは公共団体又は行政庁がない場合には、取消訴訟は、当該処分又は裁決に係る事務の帰属する国又は公共団体を被告として提起しなければならない。」と定めている。税務訴訟の実務においては、これらの規定が適用されることはほとんどないものと考えられる。

　なお、前記行政事件訴訟法11条1項の規定により、国が被告になる場合には、実際に当該処分又は裁決をした行政庁については、当該訴状に記載しなければならないこととされている（行訴法11④）。そして、処分又は裁決をした行政庁は、国又は公共団体を被告とする当該処分又は裁決に係る取消訴訟について、裁判上の一切の行為をする権限を有することになる（行訴法11⑥）。

　　オ　裁判管轄
　次に、取消訴訟については、どの裁判所に提起すべきかが問題となる。この点につき、行政事件訴訟法12条1項は、「取消訴訟は、被告の普通裁判籍の所在地を管轄する裁判所又は処分若しくは裁決をした行政庁の所在地を管轄する裁判所の管轄に属する。」と定めている。この規定により、例えば、長崎税務署長がした処分については、東京地方裁判所又は長崎地方裁判所に取消訴訟を提起しなければならないことになる。また、行政事件訴訟法12条2項は、「土地の収用、鉱業権の設定その他不動産又は特定の場所に係る処分又は裁決についての取消訴訟は、その不動産又は場所の所在地の裁判所にも、提起することができる。」と定めている。さらに、行政事件訴訟法12条3項は、「取消訴訟は、当該処分又は裁決に関し事案の処理に当たつた下級行政機関の所在地の裁判所にも、提起することができる。」と定めている。

この規定により、例えば、福岡国税不服審判所が行った裁決については、同審判所が国税不服審判所の支部であって下級行政庁といえるわけではないが、福岡地方裁判所に取消訴訟を提起できることになる(注257)。次いで、行政事件訴訟法12条4項は、「国又は独立行政法人通則法〔略〕第2条第1項に規定する独立行政法人若しくは別表に掲げる法人を被告とする取消訴訟は、原告の普通裁判籍の所在地を管轄する高等裁判所の所在地を管轄する地方裁判所〔略〕にも、提起することができる。」と定めている。

以上の裁判管轄の規定により、長崎市内に住所を有する納税者がその所得税につき長崎税務署長から更正を受け、当該更正について取消訴訟を提起する場合には、東京地方裁判所、長崎地方裁判所又は福岡地方裁判所のいずれにも提起できることになる。

このように、国民にとっては、処分又は裁決の取消訴訟を提起できる地方裁判所の範囲が広がったのであるが、税務訴訟についての平成15年改正後の動向を見ると、東京地方裁判所で提起することが非常に多くなっている。これは、税務訴訟に詳しい弁護士が東京に集中していると認められることと東京地方裁判所には行政部が独立していて税務訴訟に詳しい裁判官がいることに起因しているものと考えられる。

　カ　出訴期間

出訴期間については、不服申立期間と起算日等が異なるので留意を要する。すなわち、行政事件訴訟法14条1項は、「取消訴訟は、処分又は裁決があつたことを知つた日から6箇月を経過したときは、提起することができない。ただし、正当な理由があるときは、この限りでない。」と定めている(注258)。そして、同条2項は、「取消訴訟は、処分又は裁決の日から1年を経過したときは、提起することができない。ただし、正当な理由があるときは、この限りでない。」と定めている。

次いで、同条3項は、「処分又は裁決につき審査請求をすることができる場合又は行政庁が誤つて審査請求をすることができる旨を教示した場合において、審査請求があつたときは、処分又は裁決に係る取消訴訟は、その審査請

(注257)　前掲（注4）1105頁等参照
(注258)　この出訴期間は、平成15年改正で6月に延長されたものであり、それ以前は3月であった。

求をした者については、前2項の規定にかかわらず、これに対する裁決があつたことを知つた日から6箇月を経過したとき又は当該裁決の日から1年を経過したときは、提起することができない。ただし、正当な理由があるときは、この限りでない。」と定めている。

以上のように、出訴期間の起算日については、処分等があつたことを「知つた日」からであり、不服申立期間が「知つた日の翌日」（通則法77①）であることに比し、1日早い（出訴期間が1日短い）ことになる。この点について、最高裁昭和52年2月17日第一小法廷判決（訟月23・2・427）は、「行政事件訴訟法第14条第4項（編注＝現行同法14条1項）を適用して取消訴訟の出訴期間を計算する場合には、裁決があつたことを知つた日又は裁決があつた日を初日とし、これを期間に算入して計算すべきものと解するのが相当であり、これと同旨の原審の判断は正当である。」と判示している。

この考え方は、その後の裁判例に引き継がれている。また、東京高裁昭和54年10月31日判決（訟月26・2・315）は、「知つた日」について、「裁決があつたことを現実に知つた日」であることを明確にしている。この事案では、同居している姉が裁決書を受領した場合に、税務署長はその受領した日から起算したが、上記判決は、納税者本人と姉との関係は単なる事務管理に過ぎないとし、本人が旅行先から帰って同裁決書の封筒を開封した日を「知つた日」と認定して、納税者側の主張を認めている。

この判決とは逆に、東京高裁昭和53年9月28日判決（訟月25・1・332）は、本人が出張中に、家事一切を切り盛りしていた妻が裁決書を受領した場合に、その妻が裁決書を受領した日を「知つた日」に該当すると判断している。その他、最高裁昭和55年12月9日第三小法廷判決（訟月27・4・824）は、裁決書の訂正行為（主文には関係なく、裁決書中の経費の金額30万円を3万円に訂正）があった場合に、それを追完と認め、当該訂正書を受領した日を「知つた日」として出訴期間を算定すべき旨判示している。

　　　キ　執行停止等

国税通則法には、既に述べたように、不服申立て中には、換価処分を禁止する等徴収の猶予規定が設けられている。しかし、それらの規定は、取消訴訟へ移行すればその効力を失うことになる。しかし、行政事件訴訟法においても、相応の執行停止規定が設けられている。

まず、行政事件訴訟法25条1項は、「処分の取消しの訴えの提起は、処分の

効力、処分の執行又は手続の続行を妨げない。」と定め、執行不停止の原則を明確にしながらも、同条2項以下で、その例外規定を設けている。すなわち、同条2項は、「処分の取消しの訴えの提起があつた場合において、処分、処分の執行又は手続の続行により生ずる重大な損害を避けるため緊急の必要があるときは、裁判所は、申立てにより、決定をもつて、処分の効力、処分の執行又は手続の続行の全部又は一部の停止（以下「執行停止」という。）をすることができる。ただし、処分の効力の停止は、処分の執行又は手続の続行の停止によつて目的を達することができる場合には、することができない。」と定めている。

　また、同条3項は、「裁判所は、前項に規定する重大な損害を生ずるか否かを判断するに当たつては、損害の回復の困難の程度を考慮するものとし、損害の性質及び程度並びに処分の内容及び性質をも勘案するものとする。」と定め、同条4項は、「執行停止は、公共の福祉に重大な影響を及ぼすおそれがあるとき、又は本案について理由がないとみえるときは、することができない。」と定めている。なお、執行停止の決定は、疎明(注259)に基づいて行い（行訴法25⑤）、口頭弁論を経ないですることができるが、あらかじめ、当事者の意見を聞かなければならない（行訴法25⑥）こととされている。

　以上のように、処分の取消訴訟における執行停止の決定は、訴えを提起した者の申立てにより、当事者の意見を聞いた上で、裁判所が行うことになる。もっとも、税務訴訟における執行の停止は、訴訟当事者である税務官庁側が、不服申立段階における執行（徴収）停止を訴訟中も継続する場合が多いので、行政事件訴訟法上の執行停止の決定が行われることは少ないものと考えられる。その他、不服審査に係る国税通則法の規定と対比されるものに、取消判決等の効力がある。

　まず、行政事件訴訟法32条1項は、「処分又は裁決を取り消す判決は、第三者に対しても効力を有する。」と定め、同条2項は、「前項の規定は、執行停止の決定又はこれを取り消す決定に準用する。」と定めている。

（注259）　疎明とは、訴訟上、裁判官に確信を抱かせるには至らないが、一応確からしいとの蓋然的推測を抱かせることをいう。手続進行に関する申立てなどで、証明を待っていたのでは時機に遅れたり手続が遅延するので、処理の迅速を図るために、特に疎明で足りると法定されている場合に認められる。

第9章　不服審査・訴訟　　　383

　次いで、行政事件訴訟法33条1項は、「処分又は裁決を取り消す判決は、その事件について、処分又は裁決をした行政庁その他の関係行政庁を拘束する。」と定めている。この規定は、執行停止の決定にも準用される（行訴法33④）。また、同条2項は、「申請を却下し若しくは棄却した処分又は審査請求を却下し若しくは棄却した裁決が判決により取り消されたときは、その処分又は裁決をした行政庁は、判決の趣旨に従い、改めて申請に対する処分又は審査請求に対する裁決をしなければならない。」と定めている。そして、この規定は、申請に基づいてした処分又は審査請求を認容した裁決が判決により手続に違法があることを理由として取り消された場合に準用される（行訴法33③）。

3　不服申立て（審査請求）の前置
(1)　前置の原則
　前記2の(2)で述べたように、行政事件訴訟法においては、取消訴訟の提起において、原則として不服申立て（審査請求）を前置としていない。しかし、国税通則法では、その例外として、不服申立前置を原則としている。すなわち、同法115条1項は、「国税に関する法律に基づく処分〔略〕で不服申立てをすることができるものの取消しを求める訴えは、審査請求についての裁決を経た後でなければ、提起することができない。ただし、次の各号のいずれかに該当するときは、この限りでない。」と定めている。「次の各号」は、次のとおり定めている。
① 　国税不服審判所長又は国税庁長官に対して審査請求がされた日の翌日から起算して3月を経過しても裁決がないとき。
② 　更正決定等の取消しを求める訴えを提起した者が、その訴訟の係属している間に当該更正決定等に係る国税の課税標準等又は税額等についてされた他の更正決定等の取消しを求めようとするとき。
③ 　審査請求についての裁決を経ることにより生ずる著しい損害を避けるため緊急の必要があるとき、その他その裁決を経ないことにつき正当な理由があるとき。
　以上のように、国税通則法は、その一般法である行政事件訴訟法の例外として、不服申立て（審査請求）を経なければ、処分の取消訴訟を提起できないこととし、いわゆる訴願前置主義を採用している。これは、次の理由によ

るものと解されており（注260）、そのことは、平成26年6月の行政不服審査法及び国税通則法の改正においても変わりがなかったということである。

「租税の賦課に関する処分については、課税標準の認定が複雑かつ専門的であるから、出訴に先立って不服申立手続を要求することは、行政庁の知識と経験を活用して訴訟にいたることなく事件の解決を図ることができること及び訴訟に移行した場合に事実関係の明確化に資することができるという二重の意味において意義を有し、かつ、合理的な根拠をもつし、他面、国税の賦課は大量的・回帰的であるから、不服申立ての前置を要求することは、上記のことと相まって、裁判所が訴訟のはん濫に悩まされることを回避しうること及び税務行政の統一的運用に資することが大きいことに重要な意義を認めうるからである。」

なお、この不服申立前置については、不適法な不服申立てが行われた場合、又は適法な不服申立てが行われてもそれが不服申立審理の段階で不適法とされた場合に、それぞれ「前置」の要件を満たしているか否かが問題となる。この場合、当該不服申立てが不服申立期間経過後にされたものである等の不適法なものについて、当該不服申立手続において却下されているときには、それは当然のことながら前置の要件を満たさないことになる（注261）。しかし、不適法な不服申立てであるにもかかわらず、行政庁がこれを受理して本案審理をした場合に不服申立ての前置をしたか否かにつき、前審手続を満たしているとする見解（注262）もあるが、制度の趣旨に照らし、満たしていないとする見解（注263）の方が妥当であろう（注264）。

他方、適法な不服申立てがされていたにもかかわらず審査請求において不適法であるとして却下された場合には、それが取消訴訟において適法と認められれば前審手続を経たことになる（注265）。

（2）　前置を要しない場合

前述したように、国税通則法115条1項は、不服申立前置を原則としながら

（注260）　前掲（注4）1116頁
（注261）　東京地判昭52・1・31（税資91・78）、東京地判昭52・6・28（税資94・825）等参照
（注262）　仙台高判昭35・5・7（税資33・632）等参照
（注263）　東京地判昭29・7・21（行集5・7・1673）等参照
（注264）　前掲（注4）1118頁等参照
（注265）　最判（二小）昭26・7・21（民集15・7・1966）等参照

第9章　不服審査・訴訟　　385

も、次の場合には、前置を要しないとしている。

① 審査請求後3月経過しても裁決がない場合

② 同一国税の課税標準等を同じくする他の更正決定等について取消訴訟が
提起されている場合

③ 裁決を経ないことについて緊急の必要性がある場合又は正当な理由があ
る場合

　以上の事由のうち、①については、審査請求後3月経過しているか否かが問
題となるが、その経過前に取消訴訟を提起した場合であっても、3月経過した
後に裁決がなければ、その瑕疵が治癒されるので、当該取消訴訟が却下され
ることはない(注266)。また、②については、同一の国税の課税標準等を同じく
する更正決定等を同じ裁判所の審理の対象とすることが、紛争を矛盾なく、
かつ、迅速に解決する上に有益であると考えられるからである。なお、この
ような場合には、原告は、取消訴訟の口頭弁論の終結に至るまでは、関連請
求に係る訴えを追加的に併合して提起できる（行訴法19①）し、請求の基礎に
変更がない限り、請求又は請求の原因を変更することができる（行訴法19②、
民訴法143）。

　次に、実務上、最も問題となるのが、③に掲げる「緊急の必要性」と「正
当な理由」である。前者については、他人の滞納処分のため自己の財産を差
し押さえられた者がその滞納処分を知ったときには既に公売期日が切迫して
いて当該財産の所有権を失う危険があるとき(注267)、職務上必要な物件の差
押えを受け、その物件に対する占有の排除、公売の結果によって職務遂行上
支障を来すおそれがあると認められるとき(注268)等がある。また、「正当な
理由」については、贈与税の課税処分について審査請求をしても、その決定
までには相当の期間を要することが認められ、かつ、その課税処分に基づく
滞納処分のため現に家族とともに居住中の家屋を差し押さえられ、その公売
の通知を受けている場合には、資産の決定を経ないで当該課税処分の取消し
の訴えを提起できるとした事例(注269)、源泉徴収所得税の徴収処分について

（注266）　福岡高判昭31・1・30（高民9・2・36）等参照
（注267）　大阪地判昭24・7・19（行月18・76）等参照
（注268）　松山地判昭27・1・31（行集3・1・160）等参照
（注269）　京都地判昭29・9・24（行集5・12・2968）等参照

再調査及び審査の請求を経ている場合には、その加算税の徴収処分については、これらの手続を踏まないで取消しの訴えを提起できるとした事例[注270]等がある。

他方、青色申告承認取消処分と同時又はこれに引き続いて更正処分がされた場合に、その両処分の基礎とされた事実関係の全部又は一部が共通であって、これに対する納税者の不服の事由も同一であると認められるときでも、後者に対し適法に不服申立てを経たからといって、前者に対する不服申立て不経由につき正当な理由があるとは認められないとした事例[注271]等がある。

4 原告が行うべき証拠の申出

(1) 制度の内容

国税通則法116条1項は、「国税に関する法律に基づく処分（更正決定等及び納税の告知に限る。以下この項において「課税処分」という。）に係る行政事件訴訟法第3条第2項〔略〕に規定する処分の取消しの訴えにおいては、その訴えを提起した者が必要経費又は損金の額の存在その他これに類する自己に有利な事実につき課税処分の基礎とされた事実と異なる旨を主張しようとするときは、相手方当事者である国が当該課税処分の基礎となつた事実を主張した日以後遅滞なくその異なる事実を具体的に主張し、併せてその事実を証明すべき証拠の申出をしなければならない。ただし、当該訴えを提起した者が、その責めに帰することができない理由によりその主張又は証拠の申出を遅滞なくすることができなかつたことを証明したときは、この限りでない。」と定めている。

また、同条2項は、「前項の訴えを提起した者が同項の規定に違反して行つた主張又は証拠の申出は、民事訴訟法〔略〕第157条第1項〔略〕の規定の適用に関しては、同項に規定する時機に後れて提出した攻撃又は防御の方法とみなす。」と定めている。この法116条は、要するに、所定の課税処分の取消訴訟を提起した者は、自己に有利な必要経費又は損金の額の存在を遅滞なく具体的な事実に基づいて主張することを要し、それを怠ると民事訴訟法157条1項に定める時期に遅れて提出した攻撃又は防御の方法とみなす、ことを

（注270） 東京高判昭36・7・12（税資35・613）等参照
（注271） 最判（三小）昭57・12・21（民集36・12・2409）等参照

定めている。このような規定は、前記２で述べた取消訴訟の審理における主張・立証の方法とは異質なもの（特例）である。なぜ、このような規定が設けられた（必要とされた）かについては、次のとおりである。

(2) 制度の趣旨

国税通則法116条の規定は、昭和59年度税制改正における納税環境の整備の一環として、従前の規定を改正したものである。その趣旨については、次のように説明されている[注272]。

「現行国税通則法第116条は、証拠申出の順序（税務訴訟においては、裁判所が税務当局側の主張を合理的と認めたときは、原告（納税者）がまず証拠の申出をするものとする。）について定めている。この規定は、納税者は政府の行政上の決定が誤つていることを示す証拠をまず最初に持つて来る責任を負うべきであるという指摘（シャウプ勧告）に基づき設けられたものであるが、訴訟手続上、活用されているとは言えない状況にあるので、この規定の適正な活用を図り、併せて、訴訟経済に資する観点から、同条の規定を例えば次のように改正することが適当である。『課税処分取消訴訟においては、訴えを提起した者が必要経費の存在及びその金額その他の自己に有利な事実につき課税処分の基礎とされた事実と異なる旨を主張しようとするときは、税務署長等がその課税処分の基礎となつた事実を明らかにした日以後遅滞なくその異なる事実を具体的に主張し、併せてその事実を証明すべき証拠の申出をするものとする。なお、その者の責めに帰すべき事由がない場合を除き、その後に提出した攻撃防御方法は、時機に遅れた攻撃防御方法とみなして、民事訴訟法第139条の規定を適用するものとする。』」

このような税制調査会の答申が行われ、それが立法化されたことには、次のような背景がある[注273]。すなわち、国税通則法116条が適用されるのは、ほとんどが推計課税（課税処分）の取消訴訟においてであるが、推計課税においては、通常、売上げを実額で把握して経費を推計する方法か、仕入れを実額で把握して売上げを推計する方法が採用されるところ、例えば、下請企業の場合、幾つかの親会社があれば、課税庁が、その親会社を調査して売上

（注272）　前掲（注4）1125頁（税制調査会「今後の税制のあり方についての答申」（昭和58年11月）引用）
（注273）　品川芳宣『国税通則法講義』（日本租税研究協会、平成27年）248頁等参照

げの実額（例えば、1億円）を把握して、同業者の経費率（例えば8割）を適用して8,000万円の経費を算定し、所得金額2,000万円を推計して課税した場合に、その取消訴訟においては、原告が、当初、売上げも経費も争うことにし、何回かの弁論を経て、売上げについては争わないことにすると、裁判官は、当該売上金額については当事者に争いがないということで、実額として認定することになるが、その後、原告は、推計された経費8,000万円を上回る経費の証拠を提出し、当該課税処分が違法であることを主張し、裁判官もそれを認めることになる。

　しかし、国は、このような後出しじゃんけんは信義則に反するとか、時機に後れた攻撃防御である等とその違法性を争ってきたが、その主張が認められることもなかったため、結局は、前記のような立法措置による解決を行ったことになる。しかし、その後の推計課税の取消訴訟においても、同法116条の規定は訓示的機能しか有していないようであり、それほどの実効性があるとも認められないようである。

(3)　立証責任との関係

　税務訴訟における主張・立証責任の問題については、前記1 (3)で述べたところであるが、国税通則法116条の規定は、その主張・立証責任について、一つの特例を定めたものといえる。もっとも、課税処分の取消訴訟における立証責任が原則として課税庁にあると解されているところ、同法116条の規定は、納税者に対し、自己に有利な事実を遅滞なく主張・立証することを促すのみであって、その立証責任を納税者に転嫁したものではない。

　推計課税において立証責任を転嫁する方法は、例えば、所得税法156条が、「財産若しくは債務の増減の状況、収入若しくは支出の状況又は生産量、販売量その他の取扱量、従業員数その他事業の規模」により、その者の所得金額を推計できる旨定めているところ、同条に2項を設け、「当該推計課税に必要性と合理性が認められる場合には、当該推計した金額をその者の所得金額とみなす」旨を規定することも考えられる。

　そのような規定が設けられることになれば、当該立証責任は納税者側に転嫁されることになり、国税通則法116条の規定の存在自体意味をなさなくなることになる。このようなみなし規定の立法が可能かどうかは、他の条項にも関わることでもあり、一層の検討が必要とされる。

第10章

行政手続上の雑則・罰則

390

第10章　行政手続上の雑則・罰則

第1節　国税通則法上の雑則・罰則

　本書の目的は、「はしがき」において述べたように、「租税手続」についての「現状と課題」を論じることにある。そして、「租税手続」の中核となるのが「国税の手続」であり、「国税の手続」についての法律関係は国税通則法によってよく整備されており、地方税の手続についてもそれに準ずる方法が採用されている。

　そこで、本書においては、「国税の手続」を中心に論じているところであるが、「国税の手続」についても、賦課徴収に係る通常の行政手続と脱税の摘発・告発に係る刑事的手続に区分することができる。これらの両者のうち、従前、前者については、主として、国税通則法に定められているところであり、後者については、国税犯則取締法に定められてきたところである。

　しかしながら、国税通則法と国税犯則取締法が統合されたことにより、前述のような行政手続と刑事的手続との区分が曖昧になっているのではないかと懸念する向きもある。確かに、同じ法律の中で、通常の行政手続と刑事的手続が共に規定されることは、両者が混同されることへの違和感を感じる向きもあろう。しかし、両者とも、国税庁という同一の行政組織の下で、同じ国税に係る各税法の執行として行われるわけであるから、それぞれ共通事項も多いわけであり、かつ、地方税法や関税法も両者を同じ法律の中で律しているところでもある。したがって、両者が同一の法律の中で課せられることは、必ずしも、不自然・不合理のことでもない。

　しかしながら、両者の質的な差異もあるので、国税通則法でも区分しているように、本章では、第1章から第9章までに説明してきた通常の行政手続の最終章としての「行政手続上の雑則・罰則」について説明することとする。そして、次の第11章において、「犯則事件の調査・処分」について論じることとする。

第2節　雑　則

1　納税管理人

　経済のグローバル化に対応し、個人が国境をまたがって往来し、法人がその本拠地（本店所在地）とは関係なく（他国において）経済取引を行うことも頻繁となる。そして、その経済取引において、国内税法上の課税関係が生じることがある。そのため、我が国の居住者が国外に転出したり、我が国に本店等を有しない法人が我が国において課税取引等を行う場合等には、当該居住者又は当該法人の我が国における納税義務を代行する納税管理人を設ける制度が必要となる。

　そこで、国税通則法117条1項は、「個人である納税者がこの法律の施行地に住所及び居所（事務所及び事業所を除く。）を有せず、若しくは有しないこととなる場合又はこの法律の施行地に本店若しくは主たる事務所を有しない法人である納税者がこの法律の施行地にその事務所及び事業所を有せず、若しくは有しないこととなる場合において、納税申告書の提出その他国税に関する事項を処理する必要があるときは、その者は、当該事項を処理させるため、この法律の施行地に住所又は居所を有する者で当該事項の処理につき便宜を有するもののうちから納税管理人を定めなければならない。」と定めている。

　また、同条2項は、「納税者は、前項の規定により納税管理人を定めたときは、当該納税管理人に係る国税の納税地を所轄する税務署長〔略〕にその旨を届け出なければならない。その納税管理人を解任したときも、また同様とする。」と定めている。

　なお、納税管理人の事務の範囲については、「納税申告書の提出その他（その委任された）国税に関する事項」であるが、具体的には、納税者がすることとされている申告、申請、請求、還付金等の受領、送達された書類の受領等である。しかし、再調査の請求、審査請求及び訴訟の代理については、別途代理制度が定められているので、納税管理人の資格のみでそれらの代理をすることはできない（通則法107・114、行訴法7、民訴法54等参照）。

第10章　行政手続上の雑則・罰則　　393

2　国税の端数計算
(1)　国税の課税標準

　国税通則法118条1項は、「国税（印紙税及び附帯税を除く。以下この条において同じ。）の課税標準（その税率の適用上課税標準から控除する金額があるときは、これを控除した金額。以下この条において同じ。）を計算する場合において、その額に千円未満の端数があるとき、又はその全額が千円未満であるときは、その端数金額又はその全額を切り捨てる。」と定めている。このように、国税の課税標準は、原則として、千円未満の端数は切り捨てられるのであるが、その例外について、次の規定がある。

　まず、同条2項は、「政令で定める国税の課税標準については、前項の規定にかかわらず、その課税標準に1円未満の端数があるとき、又はその全額が1円未満であるときは、その端数金額又はその全額を切り捨てる。」と定めている。この1円基準に基づいて課税標準が算定される国税は、源泉徴収の対象となる所得税である（通則令40①）。また、同法118条3項は、「附帯税の額を計算する場合において、その計算の基礎となる税額に1万円未満の端数があるとき、又はその税額の全額が1万円未満であるときは、その端数金額又はその全額を切り捨てる。」と定めている。なお、印紙税については、上記の端数計算から除外されているので、その課税標準は、法律の定めるところにより、その端数計算は行われないことになる。

(2)　国税の確定金額

　国税通則法119条1項は、「国税（自動車重量税、印紙税及び附帯税を除く。以下この条において同じ。）の確定金額に百円未満の端数があるとき、又はその全額が百円未満であるときは、その端数金額又はその全額を切り捨てる。」と定めている。

　このように、国税の確定金額については、原則として、百円未満を切り捨てるのであるが、その特例について、次のような定めがある。まず、同条2項は、「政令で定める国税の確定金額については、前項の規定にかかわらず、その確定金額に1円未満の端数があるとき、又はその全額が1円未満であるときは、その端数金額又はその全額を切り捨てる。」と定めている。この規定により、1円単位で計算される国税は、源泉徴収の対象となる所得税である（通則令40②）。なお、自動車重量税及び印紙税については、税率がその必要がないように定められているので、端数切捨てをしない。

　次に、同条3項は、「国税の確定金額を、2以上の納付の期限を定め、一定の

金額に分割して納付することとされている場合において、その納付の期限ごとの分割金額に千円未満（前項に規定する国税に係るものについては、1円未満）の端数があるときは、その端数金額は、すべて最初の納付の期限に係る分割金額に合算するものとする。」と定めている。

この規定が適用される例としては、所得税の延納税額に千円未満の端数があるときは、その端数金額は延納以外の税額に合算されることになり、相続税又は贈与税の延納年割額に千円未満の端数があるときは、その端数金額は、最初の納期の税額に合算されることになる。また、同条4項は、「附帯税の確定金額に百円未満の端数があるとき、又はその全額が千円未満（加算税に係るものについては、五千円未満）であるときは、その端数金額又はその全額を切り捨てる。」と定めている。

(3) 還付金等

以上の納付される税額の算定についての端数計算に対し、納税者に還付される還付金等についても端数計算が規定されているが、それは、納税者に対し若干有利になるような配慮がなされている。すなわち、国税通則法120条1項は、「還付金等の額に1円未満の端数があるときは、その端数金額を切り捨てる。」と定め、同条2項は、「還付金等の額が1円未満であるときは、その額を1円として計算する。」と定め、それぞれ1円単位で還付金等を計算することとしている。また、同条3項は、「還付加算金の確定金額に百円未満の端数があるとき、又はその全額が千円未満であるときは、その端数金額又はその全額を切り捨てる。」と定め、同条4項は、「還付加算金の額を計算する場合において、その計算の基礎となる還付金等の額に1万円未満の端数があるとき、又はその還付金等の額の全額が1万円未満であるときは、その端数金額又はその全額を切り捨てる。」と定めている。

この還付加算金の計算については、附帯税の計算に平仄が合っていることになる。

3 供 託

国税通則法121条は、「民法第494条（供託）並びに第495条第1項及び第3項（供託の方法）の規定は、国税に関する法律の規定により納税者その他の者に金銭その他の物件を交付し、又は引き渡すべき場合について準用する。」と定めている。この供託の規定が適用される「納税者その他の者に金銭その他の物件を交付し、又は引き渡すべき場合」には、次のような場合がある。

① 国税の還付金又は過誤納金を還付する場合
② 滞納処分による配当金又は残余金を質権者、抵当権者等又は滞納者に交付する場合
③ 差押えを解除した場合において、その差押物件を返還する場合
④ 滞納処分による換価財産等を買受人に交付する場合

　また、供託について準用する民法494条は、「債権者が弁済の受領を拒み、又はこれを受領することができないときは、弁済をすることができる者〔略〕は、債権者のために弁済の目的物を供託してその債務を免れることができる。弁済者が過失なく債権者を確知することができないときも、同様とする。」と定めている。

　次いで、民法495条1項は、「前条の規定による供託は、債務の履行地の供託所にしなければならない。」と定め、同条3項は、「前条の規定により供託をした者は、遅滞なく、債権者に供託の通知をしなければならない。」と定めている。なお、供託により、国の債務は消滅し、債権者はその還付請求権を取得する（供託法8①）。

4　国税に関する相殺

　国税通則法122条は、「国税と国に対する債権で金銭の給付を目的とするものとは、法律の別段の規定によらなければ、相殺することができない。還付金等に係る債権と国に対する債務で金銭の給付を目的とするものについても、また同様とする。」と定めている。

　国に対する金銭債権には、国に対する物品売払代金のような一般私債権のほか、私人が国に対して有する公法上の金銭債権をも含んでいる。税法上の還付金又は過誤納金の還付請求も含まれることになる。

　このような国に対する金銭債権と国税との相殺が原則として禁じられているのは、国税が大量的現象であり多数の納税義務者を債務者としているところ、これらの者もまた、国に対して各種の債権を有することが考えられ、他方、国の会計機関が多数分立している状況のもとにおいて、的確に反対債権の存否及び額の確認をして徴収手続を進めることが困難であると考えられるからである[注274]。なお、既に、同法57条の規定について説明した納付すべき

（注274）　前掲（注4）1157頁等参照

国税と還付金等との充当は、実質的には、法律が定めた別段の定めによる相殺である。

5 納税証明書の交付等

(1) 納税証明書の交付

　納税者が納付した税額等は、当該納税者の資力、信用力等を表示するものであるから、経済取引等においても重要な指標となる。そのため、納税証明は、それを必要とする合理的な理由がある限り、それが入手されることが必要であるが、納税者の意に反して第三者がそれを請求し得るというのはプライバシー保護等の見地から適当ではない。また、納税者本人からの請求であっても、それが乱用されることも税務官庁の事務処理上望ましいことではない。

　そこで、国税通則法123条1項は、「国税局長、税務署長又は税関長は、国税に関する事項のうち納付すべき税額その他政令で定めるものについての証明書の交付を請求する者があるときは、その者に関するものに限り、政令で定めるところにより、これを交付しなければならない。」と定め、同条2項は、「前項の証明書の交付を請求する者は、政令で定めるところにより、証明書の枚数を基準として定められる手数料を納付しなければならない。」と定めている。

　以上のように、同条は、納付証明書の交付について、基本的な事項を定め、証明事項等の詳細については、次のように、政令に委ねている。

(2) 証明する事項

　納税証明を請求することができるのは、次の①から⑤までの事項に限られている（通則令41①）。

① 税額等関係

　次に掲げる事項

　⑦　申告納税方式又は賦課課税方式による国税については、申告、更正、決定又は賦課決定により確定した納付すべき税額並びに当該税額に係る延滞税及び利子税（計算期間が確定したものに限る。）

　⑦　特別の手続を要しないで納付すべき税額が確定する国税については、国税通則法36条の納税の告知がされた税額並びにその延滞税（計算期間が確定したものに限る。）

　⑦　第二次納税義務者又は保証人が納付すべき国税については、同法52条

第10章　行政手続上の雑則・罰則　　397

2項等の規定により納付通知書による告知がされた税額
- ㋓　㋐から㋒までの税額中納付した税額と未納の税額またその税額がないときはその旨
- ㋔　その国税に係る国税徴収法15条1項に規定する法定納期限等

② 所得関係

申告又は更正決定による確定した次に掲げる事項
- ㋐　所得税の課税標準たる総所得金額、退職所得金額及び山林所得金額
- ㋑　㋐の金額から所得控除を差し引いた後の課税総所得金額、課税退職所得金額及び課税山林所得金額
- ㋒　所得税の総所得金額を構成する不動産所得又は事業所得の金額
- ㋓　法人税の課税標準たる各事業年度の所得金額、退職年金等積立金の額及び連結法人の各連結事業年度の連結所得の金額
- ㋔　㋐から㋓までの各金額がないときは、その旨

③ 保全差押関係

国税徴収法159条3項の保全差押金額又は同法38条4項の繰上保全差押金額として通した金額

④ 滞納処分関係

滞納処分を受けたことがないこと（酒税の免許その他の要件とされる事項が多いことから、納税証明事項とされている。）

⑤ その他

地方税法14条の9第2項各号に掲げる地方税の額を算出するため必要な事項。なお、次に掲げる事項は、前記①から⑤までに関する事項であっても、証明事項に含まれないこととされている（通則令41②③）。
- ㋐　源泉所得税。ただし、強制徴収として納税告知を受けた部分は、証明の対象となる。
- ㋑　印紙税。ただし、申告納税方式によるもの及び過怠税は、証明書の対象となる。
- ㋒　自動車重量税。ただし、納税の告知を受けた部分は、証明の対象となる。
- ㋓　登録免許税。ただし、納税の告知を受けた部分は、証明の対象となる。
- ㋔　証明請求をする日の4年前の日に属する会計年度終了の日以前に法定納期限が到来している国税。ただし、未納の税額がある場合は、確定税額、納付税額及び未納税額は、証明の対象となる。

(3) 証明書の交付手続等

納税証明は、その請求をする者の国税に関するものに限られるが、納税証明書の交付を受けようとする者は、次に掲げる事項を記載した請求書を国税局長、税務署長又は税関長に提出しなければならない（通則令41④）。

① 証明を受けようとする事項

② ①の証明を受けようとする国税の年度及び税目又は期間

③ 証明書の使用目的

④ 証明書の枚数

また、納税証明書の交付を請求する者は、証明書の枚数に応じ、1枚につき400円[注275]の交付手数料を納付しなければならない（通則令42①）。ただし、その証明書を災害被害者の災害復旧資金借入れのために使用する場合及び生計の維持について困難な状況にある者が法律に定める扶助等を受けるために使用する場合については、その手数料を納付しないで請求することができる（通則令42④）。なお、この手数料の納付方法は、原則として、納税証明請求書に収入印紙を貼る方法によるべきこととされている。

6 書類提出者の氏名及び住所の記載等

国税通則法124条1項は、「国税に関する法律に基づき税務署長その他の行政機関の長又はその職員に申告書、申請書、届出書、調書その他の書類〔略〕を提出する者は、当該税務書類にその氏名（法人については、名称。以下この項において同じ。）、住所又は居所及び番号〔略〕を記載しなければならない。この場合において、その者が法人であるとき、納税管理人若しくは代理人（代理の権限を有することを書面で証明した者に限る。以下この条において同じ。）によつて当該税務書類を提出するとき、又は不服申立人が総代を通じて当該税務書類を提出するときは、その代表者（人格のない社団等の管理人を含む。次項において同じ。）、納税管理人若しくは代理人又は総代の氏名及び住所又は居所をあわせて記載しなければならない。」と定めている。

また、同条2項は、「税務書類には、次の各号に掲げる場合の区分に応じ、当該各号に定める者が押印しなければならない。」と定めている。「次の各号」は、次のように定められている。

① 当該税務書類を提出する者が法人である場合 当該法人の代表者

（注275） 電子情報処理組織を使用して請求する場合には、1枚ごとに370円（通則令42①）

第10章　行政手続上の雑則・罰則　　399

② 　納税管理人又は代理人によって当該税務書類を提出する場合　当該納税
　管理人又は代理人
③ 　不服申立人が総代を通じて当該税務書類を提出する場合　当該総代
④ 　①から③までに掲げる場合以外の場合　当該税務書類を提出する者
　以上の国税に関する法律に基づき税務官庁に書類を提出する場合に当該提
出する者が氏名、住所等を記載し、押印することは、国税通則法の制定当初
（昭和37年）は当然のこととして格別規定が設けられていなかったが、昭和
45年の国税通則法の改正の際に明文化されたものである。

第3節　罰　　則

1　煽動・脅迫等

　前述してきたように、平成29年度税制改正によって国税犯則取締法が国税
通則法に統合され、平成30年4月1日から施行されることになったが、それに
関連して本章関係の従前の条文についても一部修正されることになり、かつ、
罰則については、国税通則法において、従前国税犯則取締法22条において定
められていた次の罰則が編入されることになった[注276]。
　すなわち、国税通則法126条1項は、「納税者がすべき国税の課税標準の申告
〔略〕をしないこと、虚偽の申告をすること又は国税の徴収若しくは納付を
しないことを煽動した者は、3年以下の懲役又は20万円以下の罰金に処する。」
と定めている。また、同条2項は、「納税者がすべき申告をさせないため、虚
偽の申告をさせるため、又は国税の徴収若しくは納付をさせないために、暴
行又は脅迫を加えた者も、前項と同様とする。」と定めている。
　このような罰則規定が国税犯則取締法に制定された趣旨については、次の
ように説明されている[注277]。
　「法22条は、国税の納税義務者のなすべき国税の課税標準の申告（当該申

（注276）　国税通則法のこれらの改正事項は、平成30年4月1日以降施行される。また、本節
　　で引用する国税通則法上の条文は、平成30年4月1日以降施行されるものであるが、同法
　　127条以下の現行法上の条文は、1条ずつ繰り上がることになる（例：127条→現行126条）。
（注277）　臼井滋夫『国税犯則取締法』（信山社、平成2年）230頁

告の修正を含む。以下同じ。)をしないこと、若しくは虚偽の申告をすること、又は国税の徴収若しくは虚偽の申告をすること、又は国税の徴収若しくは納付をしないことを煽動する行為、及び国税の納税義務者のなすべき申告をさせないようにし、若しくは虚偽の申告をさせ、又は国税の徴収若しくは納付をさせないようにする目的で暴行又は脅迫を加える行為を処罰する趣旨の規定である。

徴税の秩序を維持し国の租税収入を確保するために、各税法に各種の罰則が設けられていることはすでに述べたところであるが、戦後、新憲法において表現の自由が強く保障され、言論が活発化したことに便乗して悪質な反税運動が種々の形で展開されるにいたったので、このような事態に対処するため、昭和23年7月7日法律第107号によって、本条が新設されたのである。」

以上のように、納税義務者の納税義務回避の煽動、脅迫等に対する罰則規定は、戦後の反税運動が盛んであった時期に国税犯則取締法に織り込まれたものであるが、当時の国税犯則取締法の中でも異質な規定であったといえる。そして、国税通則法と国税犯則取締法の統合に当たって、当該統合前に、調査妨害等の秩序罰が国税通則法に定められていたともあって、当該秩序罰の一端として、「罰則」に組み入れられたものと解される。もっとも、現在のような租税法の執行が比較的安定している時期に反税運動を罰する規定が必要であるか否かという議論もあろうが、反税運動がなければ本条が適用されないだけのことであるので、規定それ自体を否定する必要もないものと考えられる。

2 守秘義務違反

所得税、法人税等の調査に関する事務に従事する者等に対する守秘義務違反の罰則については、従前は各個別税法に定められていたが、平成29年度税制改正において、国税通則法に取りまとめられることになった。すなわち、国税通則法127条は、「国税に関する調査（不服申立てに係る事件の審理のための調査及び第131条第1項〔略〕に既定する犯則事件の調査を含む。）若しくは租税条約等の実施に伴う所得税法、法人税法及び地方税法の特例等に関する法律の規定に基づいて行う情報の提供のための調査に関する事務又は国税の徴収若しくは同法の規定に基づいて行う相手国等の租税の徴収に関する事務に従事している者又は従事していた者が、これらの事務に関して知ることのできた秘密を漏らし、又は盗用したときは、これを2年以下の懲役又は100

第10章　行政手続上の雑則・罰則　　401

万円以下の罰金に処する。」と定めている。

　このような税務調査等に従事した者に対する守秘義務は、国家公務員法
100条1項が、「職員は、職務上知ることのできた秘密を漏らしてはならない。
その職を退いた後といえども同様とする。」と定め、これに反すると、1年以
下の懲役又は50万円以下の罰金に処せられる（同法109十二）ことと重複する。

　このように、国税職員は、二重の守秘義務が課せられていることになるが、
それが納税者のプライバシーを守ることになるとともに、そのことが、政治
家の課税関係も開示されないということで、政治問題となることもある。

3　質問検査権行使に対する非協力等

　国税通則法128条は、「次の各号のいずれかに該当する者は、1年以下の懲役
又は50万円以下の罰金に処する。」と定めている。「次の各号」には、次のよ
うに定められている。

①　同法23条3項に規定する更正請求書に偽りの記載をして税務署長に提出
　した者

②　同法74条の2、74条の3若しくは74条の4から74条の6までの規定による当
　該職員の質問に対して答弁せず、若しくは偽りの答弁をし、又はこれらの
　規定による検査、採取、移動の禁止若しくは封かんの実施を拒み、妨げ、
　若しくは忌避した者

③　同法74条の2から74条の6までの規定による物件の提示又は提出の要求に
　対し、正当な理由がなくこれに応じず、又は偽りの記載若しくは記録をし
　た帳簿書類その他の物件（その写しを含む。）を提示し、若しくは提出した
　者

　以上のうち、①については、平成23年12月の国税通則法の改正において、
更正の請求の期限を当該国税の法定申告期限から1年であったのを5年に延長
したこと等に対応し、不正な更正の請求を罰しようとしたものであろう。し
かし、「偽りの記載」が何を意味するのかが明らかではなく、「偽り」の認識
（故意）を明らかにすることの困難性からみて、およそ実効性のある罰則規
定になるとは考えられない。②及び③の罰則規定は、平成23年12月の国税通
則法の改正において、当該職員の質問検査権に係る規定が国税通則法に統合
されたことに対応して、個別税法から国税通則法に移行したものである。こ
れらのいわゆる秩序罰は、解釈論として種々の問題があるが、最近の課税実
務において立件されることがほとんどないので、条文の記述にとどめる。

　次に、審査請求の審理においても、国税審判官等に対して質問、検査等の

権限が与えられているが、その場合にも、罰則規定が設けられている。しかし、その場合には、審査請求人の主張の採用とのバランスがとられている。すなわち、同法129条は、「第97条第1項第1号若しくは第2項〔略〕の規定による質問に対して答弁せず、若しくは偽りの答弁をし、又は同条第1項第3号若しくは第2項の規定による検査を拒み、妨げ、若しくは忌避し、若しくは当該検査に関し偽りの記載若しくは記録をした帳簿書類を提示した者は、30万円以下の罰金に処する。ただし、同条第4項に規定する審査請求人等は、この限りでない。」と定めている。この場合、審査請求人等（審査請求人と特殊な関係のある者（通則令34参照）を含む。）が、質問、検査等に応じないため、審査請求人の主張が採用されないときには、当該審査請求人等は、この罰則の適用の対象にならない。

4　両罰規定

　前記3の各条の適用において、当該納税者が法人である場合等には、当該法人等と行為者の双方に罰則が適用されることがある。すなわち、国税通則法130条1項は、「法人の代表者（人格のない社団等の管理人を含む。）又は法人若しくは人の代理人、使用人その他の従業者が、その法人又は人の業務又は財産に関して前2条の違反行為をしたときは、その行為者を罰するほか、その法人又は人に対して当該各条の罰金刑を科する。」と定めている。また、同条2項は、「人格のない社団等について前項の規定の適用がある場合には、その代表者又は管理人がその訴訟行為につきその人格のない社団等を代表するほか、法人を被告人又は被疑者とする場合の刑事訴訟に関する法律の規定を準用する。」と定めている。

　以上の罰則の規定については、従前、守秘義務違反や質問検査権行使非協力等に対する規定が個別税法に定められていた頃には、当該各規定の適用をめぐって法廷で争われることも多く、多くの解釈問題を惹起してきた。しかし、守秘義務違反については、主として、国の行政内部の問題として議論される事柄であり、質問検査権行使非協力の問題については、かつて、反税運動が激しかった頃には関心を集めたが、最近の課税実務ではほとんど問題にされることもない。また、これらの問題については、主として、刑法学的見地から論じられるものであるから、行政手続を主題とする本書の目的にやや距離を置くものである。

　よって、本書では、罰則規定については、各条文の記述にとどめることとし、当該各規定の解釈論については別稿に譲ることとする。

第11章

犯則事件の調査・処分

404

第11章 犯則事件の調査・処分 405

第1節 国税通則法編入の趣旨

1 編入の趣旨

　前述したように、平成29年度税制改正において、従前国税犯則取締法に定められていた「犯則事件の調査・処分」に関する手続規定が国税通則法に編入されることとなり、国税犯則取締法が廃止されることになった。国税犯則取締法は、明治33年に制定され、最終改正が平成23年に行われているものの、犯則事件の調査・処分についての基本的な規定が改正されたわけではなく、その文体も他にほとんど例を見ることのない片仮名書きであった。また、犯則調査手続については、犯則調査をめぐる環境変化に対応するため、電磁的記録に係る証拠収集手続の整備等の実質的改正も求められていた。

　そこで、与党の「平成29年度税制改正大綱」において、納税環境整備の一環として、「国税犯則調査手続等の見直し」と題し、国税通則法への編入について、次のような提言が行われた。

「(3)　法律の現代語化等の整備等

　①　法律の現代語化等の整備

　　　国税犯則調査手続に係る規定について、平仮名・口語体表記に改める等の現代語化を行うとともに、国税通則法に編入（国税犯則取締法は廃止）する。

　②　租税条約等の相手国等への情報提供のための調査手続に関する規定の整備

　　　国税犯則調査手続の見直しに伴い、租税条約等の相手国等から犯則事件の調査に必要な情報の提供要請があった場合における租税条約等の相手国等への情報提供のための調査手続についても、同様の見直しを行うこととする。

　③　その他所要の措置を講ずる。」

　かくして、上記趣旨に則って平成29年度税制改正において、国税通則法の改正が行われたのであるが、当該改正の経緯等について、立法担当者は、次のように説明している[注278]。

（注278）　『改正税法のすべて〔平成29年版〕』（大蔵財務協会、平成29年）992頁

「この国税犯則取締法については、昭和23年を最後に大幅な改正がなされ
ておらず、条文が片仮名・文語体であるなど表現形式が現代離れしているば
かりではなく、内容的にも同じ性格の関税法に基づく犯則調査手続の諸規定
と比較して不備な点が少なからず認められるとの指摘がなされていました。

これに加えて、近年、業務連絡における電子メールの活用や電子データの
外部サーバへの保管など経済活動のICT化が進展する中にあって、犯則嫌疑
者の故意や脱税金額の立証等に必要な客観的証拠の収集が一層困難になって
いるとの指摘もなされていたところです。

そうした中、平成28年10月の政府税制調査会において、国税犯則調査手続
について経済社会の構造変化に対応した見直しを行うべきとの問題提起がな
され、外部有識者も交えた検討が行われました。その検討の報告では、刑事
訴訟法を参考として電磁的記録の証拠収集手続の整備を行うことや、関税法
とバランスをとる観点から規定の現代語化を含めた所要の見直しが必要とさ
れ、政府税制調査会においてもこの見直し方針が了承されたところです。」

また、国税犯則調査という刑事的性質の強い手続を国税通則法へ編入する
ことについて、立法担当者は、次のように説明している（注279）。

「今回の改正においては、国税犯則取締法を廃止し、国税犯則調査に係る
規定が国税通則法に編入されています。これは、国税犯則調査に係る規定を
現代語化することに併せて、法形式面での整備が図られたものです。なお、
国税以外で犯則調査手続を定めた「関税法」、「金融商品取引法」及び「独占
禁止法」においても、これらの犯則調査の権限や手続は、行政調査にかかる
権限や手続と同じ法律に規定されています。

また、上記の国税通則法への編入については、国会における審議において、
「今般の改正で国税犯則取締法を廃止して国税犯則調査に係る規定を国税通
則法に編入することとしておりますのは、この改正につきましては、国税犯
則調査も、国税通則法に定めます課税調査と同じように、納税義務のありな
しに関する事実の確認を行うというものでありますので、国税に関する共通
的な手続というものを定めます国税通則法での規定になじむのではないか。
また、課税調査と犯則調査を同一の法律に規定することによって一覧性が高

（注279）　前掲（注278）993頁

第11章　犯則事件の調査・処分　　　407

まり、そして納税者から見て分かりやすい法体系となるのではないかと考えられること等を踏まえれば、これは適当ではないかというように考えておるのがその背景であります。」との答弁がなされているところです（平成29年2月22日　衆・財務金融委員会における麻生財務大臣の答弁）。」

2　課税調査と犯則調査との区分

犯則調査手続を国税通則法に編入することの趣旨については、前記1のように説明し得るとしても、既に述べてきたように、国税通則法74条の8が、当該職員の質問検査権の行使等に係る当該職員の権限は、犯罪調査のために認められたものと解してはならない旨定めているところ、そのようなファイヤ・ウォールが崩されるのではないかと懸念する向きもある。そのため、課税調査と犯則調査との区分について、立法担当者は、次のように説明している(注280)。

「国税に関する調査権限には、課税調査の権限（質問検査権）と犯則調査の権限があります。課税調査は、適正な課税を行うことを目的として実施するものであり、国税通則法第7章の2に規定されている「質問検査権」に基づき、納税義務者等への質問や帳簿書類その他の物件について検査を行うものです。他方、犯則調査は、脱税事件として検察官に告発して刑事訴追を求めることを主たる目的として実施するものであり、改正後の国税通則法第11章（改正前は国税犯則取締法）に規定されている任意調査や強制調査の権限に基づいて行われるものです。

なお、上記の課税調査と犯則調査の関係については、国会における審議において、「課税調査を犯則調査の証拠集めの手段として位置づけようとするものではありません。この点につきましては、法律案におきまして、国税犯則調査手続の規定を一つの独立した章に規定いたしまして、相互に関連する規定とはなっていないことなどからも明らかであると考えております。」との答弁がなされているところです（平成29年2月22日　衆・財務金融委員会における星野主税局長の答弁）。」

(注280)　前掲（注278）993頁

408　　第11章　犯則事件の調査・処分

第2節　犯則調査手続の改正内容

　前節で述べたように、国税の犯則調査手続については、従前それを定めていた国税犯則取締法が廃止され、国税通則法へ編入されたのであるが、そのような形式的改正にとどまらず、経済活動のICT化の進展等に対応して、実質的にも改正を余儀なくされていた。そこで、与党の「平成29年度税制改正大綱」では、次のような改正をするように提言した。
「1　国税犯則調査手続等の見直し
　（国　税）
　　国税犯則調査手続について、次の見直しを行う。
　（1）　電磁的記録に係る証拠収集手続の整備
　　①　電磁的記録に係る記録媒体の差押えの執行方法の整備
　　　　差し押さえるべき物件が記録媒体であるときは、その差押えに代えて、当該記録媒体に記録された電磁的記録を他の記録媒体に複写、印刷又は移転の上、当該他の記録媒体を差し押さえることができることとする。
　　②　接続サーバ保管の自己作成データ等の差押えの整備
　　　　差し押さえるべき物件が電子計算機であるときは、当該電子計算機に電気通信回線で接続している記録媒体であって、当該電子計算機で作成等をした電磁的記録等を保管するために使用されていると認めるに足りる状況にあるものから、その電磁的記録を当該電子計算機等に複写した上、当該電子計算機等を差し押さえることができることとする。
　　③　記録命令付差押えの整備
　　　　電磁的記録の保管者等に命じて、必要な電磁的記録を記録媒体に記録又は印刷させた上、当該記録媒体を差し押さえることができることとする。
　　④　差押え等を受ける者への協力要請の整備
　　　　差し押さえるべき物件等が電磁的記録に係る記録媒体であるときは、差押え等を受ける者に対し、電子計算機の操作その他の必要な協力を求めることができることとする。

第11章　犯則事件の調査・処分　　409

⑤　通信履歴の電磁的記録の保全要請の整備

　　差押え又は記録命令付差押えをするため必要があるときは、通信事業者等に対し、通信履歴の電磁的記録について、30日（特に必要があって延長する場合には、通じて60日）を超えない期間を定めて、消去しないよう求めること（この場合において、必要があるときは、みだりにこれらに関する事項を漏らさないよう求めること）ができることとする。

(2)　関税法に定める犯則調査手続等を踏まえた国税犯則調査手続の整備

①　遺留物の検査・領置の整備

　　犯則嫌疑者等が置き去った物件を検査し、又は領置することができることとする。

②　郵便物等の差押えの整備

　　許可状の交付を受けて、通信事務取扱者が保管等をする郵便物等について差し押さえることができることとし、その差押えをした場合には、その旨を発信人又は受信人に通知することとする。

③　臨検等の夜間執行の整備

　　許可状に夜間でも執行することができる旨の記載がある場合には、日没後においても臨検等を開始することができることとする。

④　領置・差押物件を還付できない場合の手続の整備

　　領置・差押物件の所有者が所在不明等の事由により、当該物件を還付することができない場合には、その旨を公告することとした上、当該公告の日から6月を経過しても還付請求がないときは、当該物件は国庫に帰属することとする。

⑤　管轄区域外における職務執行の整備

　　犯則事件を調査するため必要があるときは、所属する国税局又は税務署の管轄区域外においても、その職務を執行することができることとする。

⑥　その他国税犯則調査における具体的な手続について、次の事項につき整備を行うこととする。

　イ　許可状請求の手続

　　　許可状を請求する場合には、犯則事件が存在すると認められる

資料を提供しなければならないこととする。

ロ　許可状の記載事項

　　許可状について、臨検すべき物件、捜索すべき場所、有効期間経過後は執行に着手することができず許可状は返却しなければならない旨及び交付年月日をその記載事項として法令上明確化するとともに、犯則事実に代えて、罪名を記載することとする。

ハ　許可状の提示

　　臨検、捜索又は差押えの許可状は、これらの処分を受ける者に提示しなければならないこととする。

ニ　身分証明書の提示

　　質問、検査等をする場合に携帯する身分証明書について、関係者の請求に応じて、提示しなければならないこととする。

ホ　臨検等における立会い

　　住居の所有者等の立会いを必要とする処分の範囲に臨検及び差押えを、住居の所有者等を立ち会わせることができない場合の代替的な立会人の範囲に都道府県職員を、それぞれ加えることとする。また、国税徴収手続における代替的立会人の範囲についても、同様の整備を行うこととする。

ヘ　領置・差押目録の謄本交付等

　　領置又は差押えをしたときは、その目録を作成し、所有者等にその謄本を交付しなければならないこととするとともに、捜索をした場合において証拠物又は没収すべき物件がないときは、捜索を受けた者の請求に応じて、その旨の証明書を交付しなければならないこととする。

ト　鑑定、通訳又は翻訳の嘱託

　　犯則事件を調査するため必要があるときは、鑑定、通訳又は翻訳を嘱託することができることを法令上明確化し、鑑定の嘱託を受けた者は、裁判官の許可を受けて、鑑定に係る物件を破壊することができることとする。

チ　質問に係る調書の作成手続

　　質問に係る調書については、質問を受けた者に閲覧又は読み聞かせ、内容の変更の申立てがあるときは、その陳述を調書に記載

第11章　犯則事件の調査・処分　　411

しなければならないこととする。

　リ　調査のための出頭要請

　　犯則事件を調査するため必要があるときは、犯則嫌疑者等に対して出頭を求めることができることを法令上明確化する。

　ヌ　執行を中止する場合の処分

　　許可状の執行を中止する場合には、執行が終わるまでその場所を閉鎖し、又は看守者を置くことができることを法令上明確化する。

⑦　間接国税に係る犯則調査手続の整備

　イ　通告処分の対象範囲の見直し

　　申告納税方式の間接国税について、そのほ脱犯及び受還付犯を通告処分の対象から除外するとともに、重加算税の対象とし、加えて取引先に対する質問検査権限を整備する。

　ロ　告発が訴訟条件であることの明確化

　　通告処分の対象となる犯則事件については、国税局長等の告発が訴訟条件であることを法令上明確化する。

　ハ　瑕疵ある通告処分に対する更正手続の整備

　　通告処分に計算違い等の明白な誤りがあるときは、職権で通告処分を更正することができることとする。

　ニ　通告処分による公訴時効の整備

　　通告処分による公訴時効について、停止制度（現行：中断制度）に改めた上で、通告から20日を経過した時からその進行を始めることとする。

　ホ　犯則事件に係る検査拒否に対する罰則の廃止

　　間接国税に関する犯則事件に係る検査拒否に対する罰則を廃止する。」

　ところで、既に述べてきたように、上記の国税通則法改正は、平成30年4月1日から施行されるのであるが、上記の(2)⑦の改正については、同日以後にした違反行為について適用されることになる。

　以下、上記の各改正事項が織り込まれた改正後の国税通則法の各規定を基にして、国税の犯則調査手続を説明する。

412　　第11章　犯則事件の調査・処分

第3節　犯則事件の調査

1　犯則事件の調査の意義

　国税通則法第11章第1節に定める調査の対象は、国税に関する犯則事件である。国税に関する犯則事件は、関税、とん税及び特別とん税を除き（通則法131①・2一）、国税の納付、賦課、徴収に直接的な犯則事件すなわち狭義の租税犯に含まれる事件に限るものと解されている[注281]。

　そのため、同じ国税に関する調査であっても、国税通則法第10章までに定められている「調査」[注282]が純然たる行政手続であるのに対し、犯則事件の調査は、犯則の存在することの嫌疑の下に、通告処分又は告発を終局の目標として行う犯則者及び証拠を発見・収集する手段であるから、形式的には行政手続であっても実質的には刑事手続に近い性格を有する[注283]。このような両者の目的・性格の相違から、前者の調査にあっては、検査拒否等に対し罰則による間接的強制が認められているのに対し、後者の調査にあっては、直接強制の途が開かれているとともに、これについては刑事手続と同様に、いわゆる令状主義の建前がとられる等、人権保障の観点から厳格な制約が設けられている。また、両者の調査が混同されるべきでないこと（行政上の調査と犯罪捜査との区分）については、本書第5章第7節4において述べたところである。

2　任意調査と強制調査

　犯則事件の調査といっても、その調査が全て令状によって強制的に行われるわけではない。犯則事件の調査については、旧国税犯則取締法の時から、いわゆる任意調査と強制調査に区分されてきており、それは国税通則法においても受け継がれている。

　すなわち、任意調査の方法としては、質問、検査又は領置があり（通則法131）、強制調査の方法としては、臨検、捜索又は差押え等がある（通則法132）。これ

（注281）　臼井滋夫『国税犯則取締法』（信山社、平成2年）101頁等参照
（注282）　この「調査」の意義については、本書の第5章及び第6章において詳述したが、国税通則法の解釈上必ずしも統一されていない。
（注283）　前掲（注281）102頁等参照

第11章　犯則事件の調査・処分　　　413

は、間接国税に関する犯則事件、間接国税以外の国税に関する犯則事件のいずれにも共通している。

　このような任意調査と強制調査とは、いわば、刑事訴訟法の任意調査と強制調査の区分に相応するといわれる(注284)。刑事訴訟法197条1項は、「捜査については、その目的を達するため必要な取調をすることができる。但し、強制の処分は、この法律に特別の定のある場合でなければ、これをすることができない。」と定めている。そのため、刑事訴訟法の捜査については、任意調査が原則であり、強制調査は例外的な場合に限られるものと解されている(注285)。

　この点について、旧国税犯則取締法及び国税通則法においては、このような規定がないので、任意調査と強制調査のいずれが原則であるかが問題とはなるが、刑事訴訟法の場合と別異に解する必要はないものと解されている。その理由については、次のように解されている(注286)。

　「けだし、本法〔編注＝旧国税犯則取締法〕に基づく調査は、捜索と同様に、その性質上事案の真相の発見を目的とし実体的真実発見主義の要請が強いのであるが、他面において、個人の基本的人権の保障との調和が必要であり、そのためには、個人の権利を侵害する強制の処分は例外的な場合に限ると解するのが相当であるからである。したがって、一般論としては、強制捜査は基本的人権を侵害するおそれが大きいから、慎重にこれを行わなければならないことは当然であるが、他面、人権侵害の声におびえていたずらに消極的な態度に堕し、いわゆる呑舟の大魚を逸したりすることのないよう、機に応じて強制調査を行う決断と勇気が必要である。

　また、強制調査については、刑事訴訟法の上記法条にいうように特別の定めがある場合に限られるとの趣旨の明文はないが、やはり、法の認める強制処分以外は許されないと解すべきである。これに反し、任意調査については、任意捜査におけると同様に、調査の目的を達するために必要であり、かつ、その方法が憲法や本法の趣旨に反しないものである限り、本法に個別に定められた任意調査以外の方法も許されると解すべきである。現に、鑑定、照会、書面提出等の方法による任意調査は、実務上しばしば行われている。」

（注284）　前掲（注281）104頁等参照
（注285）　前掲（注281）104頁等参照
（注286）　前掲（注281）104頁

3 任意調査

(1) 任意調査の内容

国税通則法131条1項は、「国税庁等の当該職員〔略〕は、国税に関する犯則事件〔略〕を調査するため必要があるときは、犯則嫌疑者若しくは参考人（以下この項及び次条第1項において「犯則嫌疑者等」という。）に対し出頭を求め、犯則嫌疑者等に対して質問し、犯則嫌疑者等が所持し、若しくは置き去つた物件を検査し、又は犯則嫌疑者等が任意に提出し、若しくは置き去つた物件を領置することができる。」と定めている。また、同条2項は、「当該職員は、犯則事件の調査について、官公署又は公私の団体に照会して必要な事項の報告を求めることができる。」と定めている。

上記の調査は、次条以下に述べるような裁判所の許可状なくして調査が可能であるということで任意調査と称される。もっとも、査察の調査実務においては、許可状をもって行う強制調査は限定的であるので、任意調査を中心に行われている。また、質問等の意義については、旧国税犯則取締法の下では次のように解されている。

(2) 質問等の意義

「質問」とは、犯則嫌疑者等である自然人に対し、その犯則事件に関係のある事件について問いを発し答を求めることをいう。質問の相手方となるのは、法が当然口頭による質問を予定しているものと解されるので、自然人に限ると解される。したがって、法人に対する質問は、その法人の代表者たる自然人を参考人としてなされる質問であると解されている[(注287)]。また、質問ができる参考人の範囲には制限はなく、当該職員の判断にまかされているものと解されている[(注288)]。そのため、参考人である未成年者の供述であっても、その者に証言内容につき事理をわきまえる能力がある限り、証拠能力が認められるから、これに対して質問をしてその答弁を証拠とすることができるものと解されている[(注289)]。

「検査」とは、犯則嫌疑者等の承諾を得て、これらの者の所持するその犯則事件に関係のある帳簿、書類その他の物件又は住居その他の場所について、その存在及び性質、形状、現象その他の状態を五感の作用によって知覚実験

(注287)　前掲（注281）107頁参照

(注288)　大判明36・7・3（刑録9・1217）等参照

(注289)　前掲（注281）107頁、最判（二小）昭23・4・17（刑集2・4・364）等参照

第11章 犯則事件の調査・処分 415

し、認識を得ることと解されている(注290)。例えば、帳簿を閲覧し、織物に手を触れ、液体の香を嗅ぎ、その味をみるなどの方法によってその認識を得ることを意味する。検査と後述する臨検とは、いずれも犯則に関係のある物又は場所について、その存在及び状態を五感の作用によって実験し認識を得ることであり、その目的は全く同じであるが、両者の差異は、検査が任意に行われるのに対し、臨検が強制的に行われることに差異がある。

　「領置」とは、犯則嫌疑者等が任意に提出したその犯則事件の証ひょうと思料される物件又は没収品に該当する物品と思料される物件の占有を取得することをいう。領置と後述する差押えとは、いずれも証ひょうに思料される物件又は没収品に該当する物品と思料される物件の占有を取得することであり、その目的は同じであるが、両者の差異は、占有取得の方法が、領置が任意提出を前提としているのに対し、差押えが強制的である点にある。

4　強制調査
(1)　強制調査の内容
　国税通則法132条1項は、「当該職員は、犯則事件を調査するため必要があるときは、その所属官署の所在地を管轄する地方裁判所又は簡易裁判所の裁判官があらかじめ発する許可状により、臨検、犯則嫌疑者等の身体、物件若しくは住居その他の場所の捜索、証拠物若しくは没収すべき物件と思料するものの差押え又は記録命令付差押え〔略〕をすることができる。ただし、参考人の身体、物件又は住所その他の場所については、差し押さえるべき物件の存在を認めるに足りる状況にある場合に限り、捜索することができる。」と定めている。

　また、同条2項は、「差し押さえるべき物件が電子計算機であるときは、当該電子計算機に電気通信回線で接続している記録媒体であつて、当該電子計算機で作成若しくは変更をした電磁的記録又は当該電子計算機で変更若しくは消去をすることができることとされている電磁的記録を保管するために使用されていると認めるに足りる状況にあるものから、その電磁的記録を当該電子計算機又は他の記録媒体に複写した上、当該電子計算機又は当該他の記録媒体を差し押さえることができる。」と定めている。

(注290)　前掲（注281）113頁参照

416 第11章 犯則事件の調査・処分

　次いで、同条3項は、「前2項の場合において、急速を要するときは、当該職員は、臨検すべき物件若しくは場所、捜索すべき身体、物件若しくは場所、差し押さえるべき物件又は電磁的記録を記録させ、若しくは印刷させるべき者の所在地を管轄する地方裁判所又は簡易裁判所の裁判官があらかじめ発する許可状により、前2項の処分をすることができる。」と定めている。

　なお、上記許可状の請求手続等については、同条4項から6項までに定められている。

　以上のように、強制調査とは、強制力を用いる調査で、調査の目的のために調査を受ける者の承諾の有無を問わず、実力をもってその目的を達する方法である。強制調査は、刑事訴訟法における強制捜査と同様、法律（国税通則法）に特別の定めがある場合に限り許される。強制調査の方法としては、臨検、捜索及び差押えの三者が規定されているが、いずれも、対物的強制措置であり、刑事訴訟法に定められている対人的強制措置、すなわち、被疑者の自由に強制を加える逮捕・勾留、証拠の収集保全のための証人尋問、身体検査、鑑定留置等は国税通則法では認められていない。

(2)　臨検等の意義

　「臨検」とは、犯則嫌疑者等の所持するその犯則事件に関係のある帳簿、書類その他の物件又は住居その他の場所について、その存在及び性質、形状、現象その他の状態を五感の作用によって知覚実験し、認識することを目的とする強制措置をいう[注291]。それは、刑事訴訟法における検証（同法218①・128）と、その目的及び性格を同じくする。臨検は、任意調査としての検査と同様の目的を有するものであるが、それと異なり強制的であるから、調査を受ける者の承諾の有無にかかわらず、これを強制することができる。すなわち、臨検の対象となるべき物件、場所の管理権者や居住権者は、臨検を受忍しなければならない。強制するということは、犯則嫌疑者等の口頭、有形力等による拒絶にかかわらずこれを実行することを意味する。犯則嫌疑者等が、当該職員の適法な臨検を阻止するためこれに対して暴行又は脅迫を加えたときは、公務執行妨害罪（刑法95）が成立する。

　「捜索」とは、犯則嫌疑者等の身体又は物件について、差し押さえるべき物件を発見するために行う強制調査である[注292]。それは、刑事訴訟法にお

───────────

（注291）　前掲（注281）129頁参照
（注292）　前掲（注281）130頁参照

第11章　犯則事件の調査・処分　　417

ける捜索（同法218①・102）と、その目的及び性格を同じくする。捜索を受ける者の受忍義務及び強制の意味は、臨検について述べたところと同じである。受忍すべき者のない場合、例えば、公道その他の公共の場所等において、差し押さえるべき物件を発見することを目的として捜索行為を行う場合には、裁判官の許可を必要としない。

　「差押え」とは、その犯則事件の証ひょうと思料される物件又は没収品に該当する物品と思料される物件の占有を取得する強制措置である(注293)。差押えは、領置と目的を同じくするが、調査を受ける者の承諾の有無にかかわらず、当該職員によって強制的に占有が取得される点においてこれと異なる。占有取得後の効力については、両者の間に全く差異はない。刑事訴訟法においては、両者を併せて押収と呼称している（同法99以下）。差押えを受ける者の受忍義務及び強制の意味は、臨検について述べたところと同じである。

（3）　強制調査の主要手続

　ア　通信事務を取り扱う者等に対する差押え

　国税通則法133条1項は、「当該職員は、犯則事件を調査するため必要があるときは、許可状の交付を受けて、犯則嫌疑者から発し、又は犯則嫌疑者に対して発した郵便物、信書便物又は電信についての書類で法令の規定に基づき通信事務を取り扱う者が保管し、又は所持するものを差し押さえることができる。」と定めている。また、同条2項は、「当該職員は、前項の規定に該当しない郵便物、信書便物又は電信についての書類で法令の規定に基づき通信事務を取り扱う者が保管し、又は所持するものについては、犯則事件に関係があると認めるに足りる状況があるものに限り、許可状の交付を受けて、これを差し押さえることができる。」と定めている。

　なお、当該職員が、上記各規定により処分をした場合には、その旨を発信人又は受信人に通知しなければならないが、その通知によって犯則事件の調査が妨げられるおそれがある場合にはその限りでない（通則法133③）。

　次に、国税通則法134条1項は、通信履歴の電磁的記録の保全要請について、次のとおり定めている。

　「当該職員は、差押え又は記録命令付差押えをするため必要があるときは、電気通信を行うための設備を他人の通信の用に供する事業を営む者又は自己

───────────

（注293）　前掲（注281）134頁参照

の業務のために不特定若しくは多数の者の通信を媒介することのできる電気通信を行うための設備を設置している者に対し、その業務上記録している電気通信の送信元、送信先、通信日時その他の通信履歴の電磁的記録のうち必要なものを特定し、30日を超えない期間を定めて、これを消去しないよう、書面で求めることができる。この場合において、当該電磁的記録について差押え又は記録命令付差押えをする必要がないと認めるに至つたときは、当該求めを取り消さなければならない。」

なお、上記の30日の制限については、60日を超えない範囲で延長することができる（通則法134②）。

　イ　現行犯事件の臨検等

国税通則法135条1項は、「当該職員は、間接国税（消費税法第47条第2項〔略〕に規定する課税貨物に課される消費税その他の政令で定める国税をいう。以下同じ。）に関する犯則事件について、現に犯則を行い、又は現に犯則を行い終わつた者がある場合において、その証拠となると認められるものを集取するため必要であつて、かつ、急速を要し、許可状の交付を受けることができないときは、その犯則の現物において第132条第1項〔略〕の臨検、捜索又は差押えをすることができる。」と定めている。

このような規定は、特定の消費税、酒税、揮発油税等の特定の税目（通則令46参照）については、脱税の現場に早急に対処せざるを得ないことから定められたものと解される。また、このような緊急性を要する場合の対処として、国税通則法135条2項は、次のように定めている。

「当該職員は、間接国税に関する犯則事件について、現に犯則に供した物件若しくは犯則により得た物件を所持し、又は顕著な犯則の跡があつて犯則を行つてから間がないと明らかに認められる者がある場合において、その証拠となると認められるものを集取するため必要であつて、急速を要し、許可状の交付を受けることができないときは、その者の所持する物件に対して第132条第1項の臨検、捜索又は差押えをすることができる。」

　ウ　電磁的記録に係る差押えに代わる処分等

国税通則法136条1項は、「差し押さえるべき物件が電磁的記録に係る記録媒体であるときは、当該職員は、その差押えに代えて次に掲げる処分をすることができる。」と定めている。その処分は、次のとおりである。

①　差し押さえるべき記録媒体に記録された電磁的記録を他の記録媒体に複写し、印刷し、又は移転した上、当該他の記録媒体を差し押さえること。

② 差押えを受ける者に差し押さえるべき記録媒体に記録された電磁的記録を他の記録媒体に複写させ、印刷させ、又は移転させた上、当該他の記録媒体を差し押さえること。

また、国税通則法138条は、処分を受ける者に対する協力要請につき、「臨検すべき物件又は差し押さえるべき物件が電磁的記録に係る記録媒体であるときは、当該職員は、臨検又は捜索若しくは差押えを受ける者に対し、電子計算機の操作その他の必要な協力を求めることができる。」と定めている。

エ　臨検等における必要な処分・手続

臨検等を円滑に実施できるようにするために、次のような規定が設けられている。まず、国税通則法137条1項は、「当該職員は、臨検、捜索、差押え又は記録命令付差押えをするため必要があるときは、錠をはずし、封を開き、その他必要な処分をすることができる。」と定め、同条2項は「前項の処分は、領置物件、差押物件又は記録命令付差押物件についても、することができる。」と定めている。

また、犯則事件の調査において犯則嫌疑者等の抵抗等があったときに対処するため、国税通則法141条は、「当該職員は、臨検、捜索、差押え又は記録命令付差押えをするに際し必要があるときは、警察官の援助を求めることができる。」と定めている。

他方、当該臨検等を正当化するため、あるいは、犯則嫌疑者等の権利を保障するため、次のような規定が設けられている。まず、国税通則法139条は、「臨検、捜索、差押え又は記録命令付差押えの許可状は、これらの処分を受ける者に提示しなければならない。」と定めている。また、同法140条は、「当該職員は、この節の規定により質問、検査、領置、臨検、捜索、差押え又は記録命令付差押えをするときは、その身分を示す証明書を携帯し、関係人の請求があつたときは、これを提示しなければならない。」と定めている。

オ　所有者等の立会い

犯則事件の強制調査は、前述してきたように、犯則嫌疑者等の人権にも深く関わることであるから、当該職員の恣意的な調査が許されるものではない。そのため、前記エで述べた手続に加え、当該調査の遂行において、次の手続も定められている。まず、国税通則法142条1項は、「当該職員は、人の住居又は人の看守する邸宅若しくは建造物その他の場所で臨検、捜索、差押え又は記録命令付差押えをするときは、その所有者若しくは管理者（これらの者の代表者、代理人その他これらの者に代わるべき者を含む。）又はこれらの者の

使用人若しくは同居の親族で成年に達した者を立ち会わせなければならない。」と定めている。

　このような立会いについての特例的規定として、同条2項は、「前項の場合において、同項に規定する者を立ち会わせることができないときは、その隣人で成年に達した者又はその他の警察官若しくは地方公共団体の職員を立ち会わせなければならない。」と定め、同条3項は、「第135条〔略〕の規定により臨検、捜索又は差押えをする場合において、急速を要するときは、前2項の規定によることを要しない。」と定めている。

　なお、同条4項は、「女子の身体について捜索をするときは、成年の女子を立ち会わせなければならない。ただし、急速を要する場合は、この限りでない。」と定めている。

　　カ　領置物件等に係る処置等

　国税通則法143条は、「当該職員は、領置、差押え又は記録命令付差押えをしたときは、その目録を作成し、領置物件、差押物件若しくは記録命令付差押物件の所有者、所持者若しくは保管者〔略〕又はこれらの者に代わるべき者にその謄本を交付しなければならない。」と定めている。

　また、国税通則法144条1項は、「運搬又は保管に不便な領置物件、差押物件又は記録命令付差押物件は、その所有者又は所持者その他当該職員が適当と認める者に、その承諾を得て、保管証を徴して保管させることができる。」と定め、同条2項は、「国税庁長官、国税局長又は税務署長は、領置物件又は差押物件が腐敗し、若しくは変質したとき、又は腐敗若しくは変質のおそれがあるときは、政令で定めるところにより、公告した後これを公売に付し、その代金を供託することができる。」と定めている。

　次に、領置物件等が調査に必要がなくなったときには、それらを関係者に返還することになるが、その手続が次のように定められている。すなわち、国税通則法145条1項は、「当該職員は、領置物件、差押物件又は記録命令付差押物件について留置の必要がなくなつたときは、その返還を受けるべき者にこれを還付しなければならない。」と定めている。また、同条2項は、「国税庁長官、国税局長又は税務署長は、前項の領置物件、差押物件又は記録命令付差押物件について、その返還を受けるべき者の住所若しくは居所がわからないため、又はその他の事由によりこれを還付することができない場合においては、その旨を公告しなければならない。」と定めている。この場合、当該公告の日から6月を経過しても還付できないときは、これらの物件は国庫に帰

属する（通則法145②）ことになるので、国の判断によって処分されることになろう。このように、「返還を受けるべき者」が不明になることは、脱税という犯罪事件に関わる事柄であるため、実務上まま生じることが予測される。

　また、領置物件等の還付と類似する事項について、国税通則法146条1項は、「当該職員は、第136条〔略〕の規定により電磁的記録を移転し、又は移転させた上差し押さえた記録媒体について留置の必要がなくなつた場合において、差押えを受けた者と当該記録媒体の所有者、所持者又は保管者とも異なるときは、当該差押えを受けた者に対し、当該記録媒体を交付し、又は当該電磁的記録の複写を許さなければならない。」と定めている。また、このような交付又は複写について、交付等を受ける者等が不明なときは、前述の国税通則法145条2項の規定が準用され（通則法146②③）、公告の日から6月を経過しても交付等の請求がないときは、それらをしないことができる（同146③）。

　　キ　臨検等の夜間執行の制限等
　国税通則法148条1項は、「臨検、捜索、差押え又は記録命令付差押えは、許可状に夜間でも執行することができる旨の記載がなければ、日没から日出までの間には、してはならない。ただし、第135条〔略〕の規定により処分をする場合及び消費税法第2条第1項第11号〔略〕に規定する課税貨物に課される消費税その他の政令で定める国税について旅館、飲食店その他夜間でも公衆が出入りすることができる場所でその公開した時間内にこれらの処分をする場合は、この限りでない。」と定めている。また、同条2項は、「日没前に開始した臨検、捜索、差押え又は記録命令付差押えは、必要があると認めるときは、日没後まで継続することができる。」と定めている。

　以上の規定により、臨検等の強制調査は、特定の消費税、酒税等を除き（通則令51）、通常、日出以降開始されるのであるが、強制調査開始後の日没後の継続規定があるため、強制調査初日は夜間遅くまで調査が継続される場合が多い。

　そのほか、強制調査又は任意調査を行う場合に必要な処置として、国税通則法149条は、「当該職員は、この節の規定により質問、検査、領置、臨検、捜索、差押え又は記録命令付差押えをする間は、何人に対しても、許可を受けないでその場所に出入りすることを禁止することができる。」と定め、同法150条は、「臨検、捜索、差押え又は記録命令付差押えの許可状の執行を中止する場合において、必要があるときは、執行が終わるまでその場所を閉鎖し、又は看守者を置くことができる。」と定めている。

422　　第11章　犯則事件の調査・処分

　なお、上記のような執行上の手続とは別に、国税通則法151条は、「捜索を
した場合において、証拠物又は没収すべき物件がないときは、捜索を受けた
者の請求により、その旨の証明書を交付しなければならない。」と定め、当該
捜索の適正化を図っている。

ク　調書の作成

　国税通則法152条1項は、「当該職員は、この節の規定により質問をしたとき
は、その調書を作成し、質問を受けた者に閲覧させ、又は読み聞かせて、誤
りがないかどうかを問い、質問を受けた者が増減変更の申立てをしたときは、
その陳述を調書に記載し、質問を受けた者とともにこれに署名押印しなけれ
ばならない。ただし、質問を受けた者が署名押印せず、又は署名押印するこ
とができないときは、その旨を付記すれば足りる。」と定めている。

　この規定において、質問を受けた者が犯則嫌疑者である場合には、その質
問内容に係る調書がその脱税についての告発、起訴に際しての間接的な証拠
になることがあるので、当該調書の内容について十分吟味した上での署名押
印を要することになる。

　また、犯則事件の調査が適正に行われることを担保するために、同条2項は、
「当該職員は、この節の規定により検査又は領置をしたときは、その調書を
作成し、これに署名押印しなければならない。」と定め、同条3項は、「当該職
員は、この節の規定により臨検、捜索、差押え又は記録命令付差押えをした
ときは、その調書を作成し、立会人に示し、立会人とともにこれに署名押印
しなければならない。ただし、立会人が署名押印せず、又は署名押印するこ
とができないときは、その旨を付記すれば足りる。」と定めている。

第4節　犯則事件の処分

1　間接国税以外の国税に関する告発

　犯則事件に係る刑事訴訟法における公訴は、検察官によって行われる（刑
訴法247）。この公訴は、検察官独自の判断によって行われることもあるが、当
事者による告訴、告発によって行われることが多い。特に、国税に係る公訴
については、国税当局からの告発によって行われる場合が多い。

　この告発については、刑事訴訟法では、「何人でも、犯罪があると思料する

第11章　犯則事件の調査・処分　　423

ときは、告発することができる。」（同法239①）としているが、国税庁のような脱税事件という刑事事件に係る職務を遂行する官公署があるため、「官吏又は公吏は、その職務を行うことにより犯罪があると思料するときは、告発をしなければならない。」（同法239②）と定めている。

　この刑事訴訟法に対する特別規定として、国税通則法155条は、次のように定めている。

「第155条　当該職員は、次に掲げる犯則事件の調査により犯則があると思料するときは、検察官に告発しなければならない。
　一　間接国税以外の国税に関する犯則事件
　二　申告納税方式による間接国税に関する犯則事件（酒税法第55条第1項又は第3項（罰則）の罪その他政令で定める罪に係る事件に限る。）」

　上記の規定における「間接国税」とは、次に掲げる税目をいう（通則法135①、通則令46）。

① 消費税法47条2項に規定する課税貨物に課される消費税
② 酒　税
③ たばこ税
④ 揮発油税
⑤ 地方揮発油税
⑥ 石油ガス税
⑦ 石油石炭税

　よって、上記国税通則法155条1号に定める税目は、所得税、法人税、相続税、消費税（賦課課税方式が適用される課税貨物に係る消費税を除く。）等であり、2号に定める税目は、所定の罰則規定が適用される酒税等の所定の間接国税である。

2　間接国税に関する犯則事件についての報告等

　前記1で述べた告発の対象にならない犯則事件につき、国税通則法156条1項は、「国税局又は税務署の当該職員は、間接国税に関する犯則事件（前条第2号に掲げる犯則事件を除く。以下同じ。）の調査を終えたときは、その調査の結果を所轄国税局長又は所轄税務署長に報告しなければならない。ただし、次の各号のいずれかに該当する場合においては、直ちに検察官に告発しなければならない。」と定めている。上記告発の対象となる場合は、次のとおりである。

① 犯則嫌疑者の居所が明らかでないとき。

② 犯則嫌疑者が逃走するおそれがあるとき。

③ 証拠となると認められるものを隠滅するおそれがあるとき。

　また、同条2項は、「国税庁の当該職員は、間接国税に関する犯則事件の調査を終えたときは、その調査の結果を所轄国税局長又は所轄税務署長に通報しなければならない。ただし、前項各号のいずれかに該当する場合においては、直ちに検察官に告発しなければならない。」と定めている。

3　間接国税に関する犯則事件についての通告処分等

(1)　通告処分の意義

　通告処分とは、国税局長又は税務署長が通告の理由を明示して、罰金又は科料に相当する金額、没収品に該当する物品、徴収金に相当する金額、書類の送達に要した費用並びに差押物件の運搬及び保管に要した費用を納付すべきことを犯則者に通知する処分をいい、これを履行するかどうかは犯則者の任意であって強制ではない。このように、通告処分は、行政機関である国税局長又は税務署長が、罰金又は科料に相当する金額その他の財産上の負担の納付を通知するものであって、その納付を命ずるものではなく、これを履行するかどうかは犯則嫌疑者の任意にゆだねられているのであるが、その納付をしないときには、後述するように、告発されることがあり得ることになる。

　このような手続が認められている理由は、間接国税の犯則のような財政犯の犯則者に対しては、財産的負担を通告し、これを任意に履行したときには刑罰をもってこれに臨まないこととすることが、間接国税の納税義務を履行させ、その徴収を確保するという財政行政上の目的を達成するうえからみて適当であるという理由に基づいている(注294)。

(2)　通告処分の手続

　国税通則法157条1項は、「国税局長又は税務署長は、間接国税に関する犯則事件の調査により犯則の心証を得たときは、その理由を明示し、罰金に相当する金額、没収に該当する物件、追徴金に相当する金額並びに書類の送達並びに差押物件又は記録命令付差押物件の運搬及び保管に要した費用を指定の場所に納付すべき旨を書面により通告しなければならない。この場合におい

（注294）　前掲（注281）174頁、最判（大）昭28・11・25（刑集7・11・2288）等参照

第11章　犯則事件の調査・処分　　425

て、没収に該当する物件については、納付の申出のみをすべき旨を通告することができる。」と定めている。

　また、同条2項は、「前項の場合において、次の各号のいずれかに該当すると認めるときは、同項の規定にかかわらず、国税局長又は税務署長は、直ちに検察官に告発しなければならない。」と定めている。上記の直ちに告発を要する場合は、次のとおりである。

① 　情状が懲役の刑に処すべきものであるとき
② 　犯則者が通告の旨を履行する資力がないとき

　次に、同条3項は、「第1項の規定による通告に計算違い、誤記その他これらに類する明白な誤りがあるときは、国税局長又は税務署長は、犯則者が当該通知の旨を履行し、又は前項若しくは次条の規定により告発するまでの間、職権で、当該通告を更正することができる。」と定め、同条4項は、「第1項の規定により通告があつたときは、公訴の時効は、その進行を停止し、犯則者が当該通告を受けた日の翌日から起算して20日を経過した時からその進行を始める。」と定めている。

　そのほか、同条5項は、「犯則者は、第1項の通告の旨〔略〕を履行した場合においては、同一事件について公訴を提起されない。」と定め、同条6項は、「犯則者は、第1項後段の通告の旨を履行した場合において、没収に該当する物件を所持するときは、公売その他の必要な処分がされるまで、これを保管する義務を負う。ただし、その保管に要する費用は、請求することができない。」と定めている。

4　間接国税に関する犯則事件についての通告処分の不履行（告発）

　国税通則法158条1項は、「犯則者が前条第1項の通告〔略〕を受けた場合において、当該通告等を受けた日の翌日から起算して20日以内に当該通告の旨を履行しないときは、国税局長又は税務署長は、検察官に告発しなければならない。ただし、当該期間を経過しても告発前に履行した場合は、この限りでない。」と定めている。

　また、同条2項は、「犯則者の居所が明らかでないため、若しくは犯則者が通告等に係る書類の受領を拒んだため、又はその他の事由により通告等することができないときも、前項と同様とする。」と定めている。

426　　　第11章　犯則事件の調査・処分

　上記のような国税局長等による告発規定があるため、前述した国税通則法
157条1項に規定する通告処分は間接的に強制力を有することになる。

5　その他の手続

　国税通則法160条は、「国税局長又は税務署長は、間接国税に関する犯則事
件を調査し、犯則の心証を得ない場合においては、その旨を犯則嫌疑者に通
知しなければならない。この場合において、物件の領置、差押え又は記録命
令付差押えがあるときは、その解除を命じなければならない。」と定めている。
　以上により、間接国税に関する犯則事件については、通告処分が履行され
れば当該犯則事件は終了し、通告処分が履行されないため告発されると当該
犯則事件が検察官に引き継がれ（通則法159）、犯則の心証が得られなかったと
きは、上記手続により当該犯則事件は終了することになる。

第5節　国税通則法改正後の課題

　前記第1節から第4節までに述べてきたように、平成29年度税制改正にお
いて、旧国税犯則取締法に定められていた国税の犯則調査手続が国税通則法
に編入されたのであるが、その編入の趣旨、当該編入に際して犯則調査手続
が改正された事項、改正後の犯則事件手続を述べてきた。しかし、この改正
によって、国税に係る犯則事件の全てが国税通則法において定められたわけ
ではない。
　すなわち、納税者が、滞納処分の執行を免れる目的で、その財産を隠蔽、
損壊等した場合には、所定の刑罰が科される（徴収法187）。この刑罰は、一般
に滞納処分免脱罪と称される。この滞納処分免脱罪については、徴収職員は、
第7章第7節で述べた滞納処分に係る調査を行うことになるが、その場合に
は前節までに述べてきた犯則事件の調査に準じた調査手続を行うことにな
る。そのため、そのような調査手続についても、国税通則法に統一して規定
することも考えられる。しかし、そのような改正は、平成29年度税制改正で
は行われなかったので、将来の課題として残されている。

現代税制の現状と課題
（租税手続編）

平成29年12月12日　初版発行

著　者　品　川　芳　宣
発行者　新日本法規出版株式会社
　　　　代表者　服　部　昭　三

発 行 所　新日本法規出版株式会社
本　　社　（460-8455）　名古屋市中区栄１－23－20
総轄本部　　　　　　　　電話　代表　052（211）1525
東京本社　（162-8407）　東京都新宿区市谷砂土原町2－6
　　　　　　　　　　　　電話　代表　03（3269）2220
支　　社　札幌・仙台・東京・関東・名古屋・大阪・広島
　　　　　高松・福岡
ホームページ　http://www.sn-hoki.co.jp/

※本書の無断転載・複製は、著作権法上の例外を除き禁じられています。
※落丁・乱丁本はお取替えします。　　　ISBN978-4-7882-8334-3
323301　現代税制租税手続　　　　ⒸＣ品川芳宣 2017 Printed in Japan